南开大学"十四五"规划精品教材丛书

# 知识产权法案例教程

（第二版）

张玲 主　编
向波 副主编

南开大学出版社
NANKAI UNIVERSITY PRESS
天津

**图书在版编目(CIP)数据**

知识产权法案例教程 / 张玲主编；向波副主编.
2版. -- 天津：南开大学出版社, 2025.9. --（南开大学"十四五"规划精品教材丛书）. -- ISBN 978-7-310-06655-1

Ⅰ. D923.405

中国国家版本馆CIP数据核字第2025KP1814号

## 版权所有　侵权必究

知识产权法案例教程（第二版）
ZHISHI CHANQUANFA ANLI JIAOCHENG（DI-ER BAN）

南开大学出版社出版发行
出版人：王　康

地址：天津市南开区卫津路94号　　邮政编码：300071
营销部电话：(022)23508339　营销部传真：(022)23508542
https://nkup.nankai.edu.cn

天津创先河普业印刷有限公司印刷　全国各地新华书店经销
2025年9月第2版　　2025年9月第1次印刷
240×170毫米　16开本　30印张　3插页　520千字
定价：105.00元

如遇图书印装质量问题，请与本社营销部联系调换，电话：(022)23508339

# 修订说明（第二版）

本书的此次修订是南开大学"十四五"规划核心课程精品教材建设工程的项目成果。

在当今世界经历百年未有之大变局的背景下，知识产权作为国家发展战略性资源和国际竞争力核心要素的作用更加凸显。习近平总书记高度重视知识产权强国建设，并作出了一系列重要指示论述，强调创新是引领发展的第一动力，保护知识产权就是保护创新。全面建设社会主义现代化国家，必须从国家战略高度和进入新发展阶段要求出发，全面加强知识产权保护工作。知识产权保护工作关系国家治理体系和治理能力现代化、关系高质量发展、关系人民生活幸福、关系国家对外开放大局，关系国家安全。为统筹推进知识产权强国建设，全面提升知识产权创造、运用、保护、管理和服务水平，充分发挥知识产权制度在社会主义现代化建设中的重要作用，中共中央、国务院制定了《知识产权强国建设纲要（2021—2035年）》，绘就了知识产权强国建设的宏伟蓝图。党的二十大报告明确指出，坚持创新在我国现代化建设全局中的核心地位。坚持科技是第一生产力、创新是第一动力，深入实施创新驱动发展战略。加快构建新发展格局，着力推动高质量发展。加强知识产权法治保障，形成支持全面创新的基础制度。为加快推进知识产权强国建设，我国知识产权法快速发展，持续修订《中华人民共和国著作权法》《中华人民共和国专利法》《中华人民共和国商标法》《中华人民共和国反不正当竞争法》及其配套法规、规范性文件，完善知识产权制度体系。

教程修订组成员在修订过程中，认真学习、理解党的二十大精神，坚持以习近平总书记关于知识产权工作的重要指示论述为指引，深入贯彻习近平法治思想的核心要义，充分反映知识产权强国建设发展成就。挖掘、提炼知识产权法律制度体系中蕴含的课程思政元素，搜集、整理相关案例素材，吸收、更新国家知识产权局、最高人民法院和地方人民法院知识产权规范性文件、年度报告、年度典型案例中的新规则，以及学界科研成果中的新动向、新观点。

教程修订工作具体分工如下：

张玲：第一编"知识产权总论"；

陈杰：第二编"著作权"；

向波：第三编"专利权"；

孙山：第四编"商标权"第十五章、第十六章、第十七章；第五编"其他知识产权"第二十一章、第二十三章；

朱冬：第四编"商标权"第十八章、第十九章；第五编"其他知识产权"第二十章、第二十二章。

南开大学出版社王冰编辑敬业、高效，为本书的出版进行了辛勤编校，并给予了大力支持，在此表示衷心感谢。

数字经济、生成式人工智能、生物技术、文化创意产业、网络平台经济、新业态等的快速发展，给知识产权法不断带来新课题，知识产权内容日益丰富，制度规则不断创新。教程修订组成员虽然付出了努力，密切关注前沿动态，凝练热点问题，认真撰写，但书中观点和表述难免仍有问题和不足之处，真诚期待读者批评指正。

# 编写说明（第一版）

知识产权法经过改革开放四十多年的发展，已经成为一门精深的法律学科。知识产权法的理论研究和司法实践取得了丰硕成果，论文、专著、典型案例不断出新，教科书更是版本繁多。马克思主义理论研究和建设工程重点教材《知识产权法学》已由高等教育出版社于2019年8月出版。在此背景下，如何撰写一本有特色的教材成为难题。在考察中外教科书写作版本，结合知识产权法教学中的体验，决定摒弃传统教科书独白式叙述风格，采用"核心知识点＋典型案例＋拓展思考"模块式体例，强化纸面上的法律与行动中的法律的融合。突出问题意识，将撰写思路的重点定位为：知识产权法律适用中的问题，引导学生从被动看书、识记看书转变为主动探究、思考问题，进而达到超越知识、培养能力的效果。

"核心知识点"部分对知识产权法基本制度予以凝练、归纳，供学生了解知识产权法的体系、框架，学习、把握知识产权法的重点内容。"典型案例"部分以"以案释法"为指导思想，选取我国司法实践中具有创新性、示范性的经典案例，有针对性地解读法律适用中的关键词，使学生感悟司法实践中形成的裁判规则。"拓展思考"部分针对该知识点在法学理论和法律适用中所存在的争议，分别梳理了不同学说，以及同案异判的裁判规则，并提出一些开放性话题，将其作为讨论素材，留待教师、学生在教学过程中进一步探讨。该板块意在弱化"权威定论"，引导学生打破固有的线性思维，养成思辨习惯，拓展思维空间，鼓励学生在分析比较、讨论中独立思考问题，体验不同的价值判断和审理思路，启发学生理解法律文本中所蕴含的价值、功能。

本书由南开大学法学院张玲教授、向波副教授、谢晴川博士，厦门大学知识产权研究院朱冬博士，西北政法大学经济法学院孙山副教授，天津师范大学法学院于文萍老师，天津商业大学法学院王果博士，天津科技大学文法学院陈杰副教授，南开大学滨海学院法政学系金松老师，国家知识产权局专利复审委员会万琦博士，天津市高级人民法院张楠、张军强法官合作完成。具体撰写分工如下：

第一编"知识产权总论"：张玲。

第二编"著作权"：谢晴川（第四章"著作权的内容"、第六章"著作权的行使"、第八章"著作权的保护"）、王果（第二章"著作权的客体"、第七章"著作权的限制"）、陈杰（第三章"著作权的主体"、第五章"邻接权"）。

第三编"专利权"：万琦（第九章"专利权的客体"、第十章"专利权的授权条件"）、向波（第十一章"专利权的主体"、第十二章"专利权的内容、行使及限制"、第十三章"专利权的宣告无效及终止"、第十四章"专利权的保护"）。

第四编"商标权"：孙山（第十五章"商标权的客体"、第十六章"商标权的取得"、第十七章"商标权的终止"）、朱冬（第十八章"商标权的内容和行使"、第十九章"商标权的保护"）。

第五编"其他知识产权"：张楠（第二十章第一节"《反不正当竞争法》概述"、第二节"混淆行为"）、张军强（第二十章第三节"网络中的不正当竞争行为"）、于文萍（第二十一章"商业秘密权"）、金松（第二十二章"集成电路布图设计权"、第二十三章"植物新品种权"）。

全书由主编张玲统筹规划，副主编向波统稿。

南开大学出版社王乃合编辑为本书的编写出版付出了辛勤劳动，在此致以诚挚的谢意。

知识产权法内容博大精深，发展迅速。书中观点及表达恐有错误和不足之处，敬请广大读者批评指正。

# 第一编 知识产权总论

## 第一章 知识产权总论 ··· 3
### 第一节 社会发展与知识产权 ··· 3
### 第二节 我国的知识产权制度 ··· 5
### 第三节 知识产权的概念 ··· 7
### 第四节 知识产权的特征 ··· 13
### 第五节 知识产权的分类 ··· 30

# 第二编 著作权

## 第二章 著作权的客体 ··· 39
### 第一节 作品的概念 ··· 39
### 第二节 不受著作权法保护的对象 ··· 44
### 第三节 作品的分类 ··· 48

## 第三章 著作权的主体 ··· 59
### 第一节 作者 ··· 59
### 第二节 演绎、汇编作品著作权的归属 ··· 62
### 第三节 合作作品著作权的归属 ··· 64
### 第四节 视听作品著作权的归属 ··· 66
### 第五节 职务作品著作权的归属 ··· 67
### 第六节 委托作品著作权的归属 ··· 70

## 第四章 著作权的内容 ··· 73
### 第一节 著作人身权 ··· 73
### 第二节 著作财产权 ··· 80

## 第五章 邻接权 ··· 91
### 第一节 表演者权 ··· 91
### 第二节 录制者权 ··· 93

第三节　广播组织权 ……………………… 95
　　第四节　出版者权 ………………………… 97
第六章　著作权的行使 …………………………… 99
　　第一节　著作权的转让、许可和质押 …… 99
　　第二节　著作权的集体管理 ……………… 105
第七章　著作权的限制 …………………………… 109
　　第一节　合理使用 ………………………… 109
　　第二节　法定许可 ………………………… 118
第八章　著作权的保护 …………………………… 123
　　第一节　著作权侵权的判定 ……………… 123
　　第二节　技术措施和权利管理信息 ……… 131
　　第三节　著作权保护的诉前禁令 ………… 134
　　第四节　著作权侵权的民事责任 ………… 136

# 第三编　专利权

第九章　专利权的客体 …………………………… 143
　　第一节　发明创造的定义 ………………… 143
　　第二节　不授予专利权的客体 …………… 150
第十章　专利权的授权条件 ……………………… 155
　　第一节　发明专利、实用新型专利的授权条件 … 155
　　第二节　外观设计专利的授权条件 ……… 167
第十一章　专利权的主体 ………………………… 174
　　第一节　职务发明的权利归属 …………… 174
　　第二节　合作发明与委托发明的权利归属 ……… 182
第十二章　专利权的内容、行使及限制 ………… 186
　　第一节　专利权的内容 …………………… 186
　　第二节　专利申请权、专利权的转让 …… 204
　　第三节　专利权的许可 …………………… 209
　　第四节　专利权的限制 …………………… 214
第十三章　专利权的宣告无效及终止 …………… 219
　　第一节　专利权的宣告无效 ……………… 219
　　第二节　专利权的终止 …………………… 225

## 第十四章 专利权的保护 230
第一节 专利权的保护范围 230
第二节 专利侵权的判定 240
第三节 专利侵权抗辩 254
第四节 专利侵权的民事责任 261

## 第四编 商标权

## 第十五章 商标权的客体 269
第一节 商标的概念和功能 269
第二节 商标的显著性 276

## 第十六章 商标权的取得 283
第一节 商标注册的绝对禁止条件 283
第二节 商标注册的相对禁止条件 305
第三节 商标的权利取得 323

## 第十七章 商标权的终止 328
第一节 注册商标的撤销 328
第二节 注册商标的无效宣告 333

## 第十八章 商标权的内容和行使 345
第一节 商标权的内容 345
第二节 商标权的转让 348
第三节 注册商标的许可使用 353

## 第十九章 商标权的保护 357
第一节 商标侵权的认定标准 357
第二节 商标侵权的其他类型 377
第三节 商标侵权抗辩 385
第四节 商标侵权的民事责任 398

## 第五编 其他知识产权

## 第二十章 反不正当竞争 407
第一节 《反不正当竞争法》概述 407
第二节 混淆行为 413
第三节 网络中的不正当竞争行为 424

**第二十一章　商业秘密权**　……………………… 429
　第一节　商业秘密的定义和范围　……………… 429
　第二节　商业秘密的构成要件　………………… 432
　第三节　商业秘密侵权行为的认定与责任承担　… 440
**第二十二章　集成电路布图设计权**　……………… 443
　第一节　集成电路布图设计权的主体和客体　… 443
　第二节　集成电路布图设计权的内容和限制　… 446
**第二十三章　植物新品种权**　……………………… 451
　第一节　植物新品种权概述　…………………… 451
　第二节　植物新品种权的制度规则　…………… 452
　第三节　植物新品种权的限制　………………… 459
　第四节　植物新品种权侵权的判定　…………… 462
　第五节　植物新品种权侵权的民事责任　……… 466

# 第一编
# 知识产权总论

# 第一章

## 知识产权总论

### 第一节 社会发展与知识产权

随着科学技术和商品经济的发展,为了保护发明创造、作品、商业标志,规范市场竞争秩序,英国于1623年通过《垄断法案》,[①]1709年通过《安妮女王法》,法国于1857年颁布《关于以使用原则和不审查原则为内容的制造标记和商标的法律》,德国于1896年颁布《反不正当竞争法》。之后,各国纷纷效仿,制定了各自的知识产权法,并签订了一系列知识产权保护国际公约,使得知识产权法成为国家、国际社会保护创新、规范商业标志的基本法律制度。专利法促进了人类的物质文明,著作权法促进了人类的精神文明,商标法、反不正当竞争法使得商品竞争公平、有序进行。知识产权法为人类进步保驾护航,是制度文明的典范。知识产权在社会发展、企业经营、个人生活中的作用日益重要。2003年世界知识产权日的主题是:知识产权与我们息息相关。21世纪,

---

① 1474年威尼斯颁布了世界上第一部专利法。英国1623年的《垄断法案》被认为是世界上第一部具有近代意义的专利法。

知识资本崛起，知识产权经济崛起。知识产权成为竞争的焦点，知识产权的拥有量是综合实力的象征。创造财富的核心由有形资产转向无形资产。

知识产权是力量，知识产权是财富。知识产权在社会各层面发挥着决定性作用。个人层面：从事软件、芯片、生物制品、基因、人工智能开发的"知识新贵"，是知识经济产业的带头人，是时代财富的代表。企业层面：知识产权成为生命线。跨国公司的战略是：技术专利化、专利标准化、标准全球化，以谋求世界市场的竞争优势。在美国的专利排行榜上，IBM公司2021年共获得8681项专利。财富500强企业的资产构成中，1978年，有形资产为95%，无形资产仅占5%。2010年，有形资产降低到20%，无形资产则提高到80%。技术进步使企业的财产结构发生了革命性变革。知识产权成为主导的财产形态。知识财产法律化带来了财产的"非物质化革命"，是财产权领域的一场深刻的制度创新与变革。在现代科学技术和商品经济的推动下，非物质财富成为社会的重要财产类型。① 企业知识产权财产的剧增引发了苹果与三星、华为与三星等竞争对手的知识产权世界大战、混战、恶战。知识产权纠纷频发已成为市场竞争主体的新常态。国家层面：因知识产权拥有量不同而分为头脑国家与肢体国家。美国、日本等成为依靠知识产权发展本国经济的成功典范。国际层面：知识产权贸易是世界贸易组织（WTO）三大贸易之一，《与贸易有关的知识产权协议》（《TRIPS协议》）是国际知识产权贸易的游戏规则。2009年联合国、世界银行等5个国际组织联合发布了新的国民经济核算体系SNA2008，增加知识产权相关指标。知识产权激励创新，推动科学技术进步，繁荣文学艺术，促进经济巨大发展。知识产权由此成为私权体系中的第一财产权，成为现代财产制度的关键与核心，成为财产的主宰。知识产权位列财产权利之首，是财产制度漫长运动历史发展的必然结果，既是逻辑的，也是实践的。②

信息网络技术、人工智能、生物技术等高科技，以及不断出现的新商业模式，给知识产权法带来诸多新课题，为知识产权法学的发展提供了新契机。以创新为经济发展的核心驱动力，已成为世界经济发展的主导模式。作为保护科学技术、商业标志的知识产权法，在当今急剧变革的社会发展中，充满了挑战和机遇，

---

① 吴汉东.财产的非物质化革命与革命的非物质财产法[J].中国社会科学,2003(4)：120-133+206-207.

② 刘春田.知识产权作为第一财产权利是民法学上的一个发现[J].知识产权,2015（10）：3-9.

是法律体系中最能体现与时俱进、协同发展的部门法领域。知识产权制度是创新发展的基本保障,在一个国家的法律体系中起着激励和保护知识创新、促进和推动创意产业发展的重要作用,是"创新之法""产业之法"。[①] 随着知识经济和经济全球化的深入发展,知识产权日益成为国家发展的战略性资源和国际竞争力的核心要素,成为建设创新型国家的重要支撑和掌握发展主动权的关键。

## 第二节　我国的知识产权制度

知识产权制度在我国是舶来品,始于清朝末年。[②] 清政府分别于1898年、1904年、1910年颁布《振兴工艺给奖章程》《商标注册试办章程》《著作权律》,但限于当时的科技、经济、社会发展条件,上述法律未能真正实施,没有发挥应有作用。

中华人民共和国成立后的前30年,实行计划经济,不存在私权的经济基础。1978年党的十一届三中全会以后,开始改革开放,发展市场经济,知识产权制度得以全面建立、发展。

20世纪80年代初到90年代初,是知识产权法律体系恢复重建阶段。我国分别于1982年、1984年、1990年、1993年颁布了《商标法》《专利法》《著作权法》《反不正当竞争法》,并先后加入了知识产权国际公约:《建立世界知识产权组织公约》《巴黎公约》《商标国际注册马德里协定》《关于集成电路知识产权保护条约》《伯尔尼公约》《世界版权公约》《专利合作条约》等。前世界知识产权组织总干事阿帕德·鲍格胥博士在回顾该组织与中国合作20年的历史时指出,中国用了不到20年的时间,走过了西方国家一两百年才能够完成的知识产权立法进程,这个成就是举世瞩目的。[③]

---

① 吴汉东.经济新常态下知识产权的创新、驱动与发展[J].法学,2016(7):31-35.

② 关于我国古代是否存在知识产权保护,学者有不同观点。肯定派认为:版权保护自中国的宋代开始。郑成思.知识产权论[M].北京:法律出版社,1998:22.否定派认为:中国古代没有知识产权保护。《知识产权法》编写组.知识产权法学[M].北京:高等教育出版社,2022:19.安守廉.窃书为雅罪[M].李琛译,北京:法律出版社,2010.

③ 吴汉东.中国知识产权法制建设的评价与反思[J].中国法学,2009(1).

20世纪90年代初到21世纪初,是知识产权制度国际化阶段。为了履行中美保护知识产权谅解备忘录①,为了加入世界贸易组织,使我国的知识产权法律符合《TRIPS协议》,先后修改了《著作权法》(2001年)、《专利法》(1992年、2000年)、《商标法》(1993年、2001年),颁布了《中华人民共和国植物新品种保护条例》(1997年)、《集成电路布图设计保护条例》(2001年),使我国知识产权保护标准和水平达到了知识产权国际公约的要求,完成了从低水平到高水平、本土标准到国际标准的转变。

21世纪初至今,是知识产权国家战略实施阶段。为了转变经济发展方式,提升国家核心竞争力,建设创新型国家,我国将知识产权制度上升为国家战略。2008年6月公布实施《国家知识产权战略纲要》。这是中国知识产权法治建设30年来极为重要的成就,以此为标志,中国知识产权事业步入一个新的重要历史时期。知识产权保护不再是迫于国际社会的外界压力,而是出于自身社会经济发展需求,被动保护转为主动保护。知识产权国家战略的深入实施,成效卓著。中国已成为具有世界影响力的知识产权大国,但是知识产权大国并不意味着是知识产权强国。作为世界第二大经济体和世界第一货物贸易大国,我国知识产权贸易仍是逆差。在科学技术方面,自主创新能力不足,核心技术、关键技术专利少,专利寿命短,专利技术的转化率和产业化率低。中国仍是专利技术输入国。在版权贸易方面,文化产品在国际市场的竞争力低。在品牌建设方面,世界品牌100强榜单中,中国商标数量偏少,附加值低。知识产权运用效益以及知识产权密集型产业对GDP的贡献率低于发达国家和地区。知识产权大而不强、多而不优等问题亟待解决。

为了实现从知识产权大国向知识产权强国迈进,使知识产权制度为实施创新驱动发展战略提供有力支撑,国务院等印发了一系列重要文件,《关于新形势下加快知识产权强国建设的若干意见》(国发〔2015〕71号)、《"十三五"国家知识产权保护和运用规划》(国发〔2016〕86号)等,对知识产权工作进行部署,开拓新时代知识产权强国建设新局面。从2020年到21世纪中叶,分两步走实现由知识产权大国向知识产权强国的历史性跨越。从2020年到2035年,经过15年的努力,基本建成知识产权强国,使我国知识产权创造、运用、保护、管理、服务跻身世界先进行列。从2035年到21世纪中叶,全面建成中

---

① 1992年1月、1995年3月和1996年6月,中美之间达成三个保护知识产权谅解备忘录。

国特色、世界水平的知识产权强国，使我国知识产权创造、运用、保护、管理、服务居于世界领先水平，有力支撑国家经济社会发展。

党的十八大以来，以习近平同志为核心的党中央高度重视知识产权工作，作出了一系列重大决策部署。2020年，习近平总书记在主持中共中央政治局第二十五次集体学习时强调，知识产权保护工作关系国家治理体系和治理能力现代化，关系高质量发展，关系人民生活幸福，关系国家对外开放大局，关系国家安全。2021年，中共中央、国务院发布《知识产权强国建设纲要（2021—2035年）》，对我国知识产权事业未来十五年发展作出重大顶层设计，在我国知识产权事业发展史上具有重要里程碑意义。党的二十大报告明确指出，坚持创新在我国现代化建设全局中的核心地位。坚持科技是第一生产力、创新是第一动力，深入实施创新驱动发展战略。加快构建新发展格局，着力推动高质量发展。加强知识产权法治保障，形成支持全面创新的基础制度，从而为新时代知识产权事业指明了发展方向。推进新时代知识产权强国建设，既是社会主义现代化强国建设的重要任务之一，又是建设社会主义现代化强国的坚实保障。

## 第三节　知识产权的概念

### 一、知识产权内涵

◇ 核心知识点

知识产权概念是知识产权领域的基本范畴和逻辑起点。"知识产权"术语[①]译自英文 intellectual property，1986年《民法通则》第5章第3节规定了"知识产权"，由此"知识产权"成为我国正式的法律用语，但是学界对于知识产权的内涵，至今尚未形成共识。具有代表性的表述有：

1. 知识产权是基于创造成果和商业标记依法产生的权利的统称。[②]

---

[①] 知识产权术语的由来有不同学说：德国说、法国说、瑞士说、美国说。刘春田.知识产权法[M].北京：高等教育出版社，2015：3.

[②] 《知识产权法》编写组.知识产权法学[M].北京：高等教育出版社，2022：3.

2. 知识产权是指人们就其智力创造成果依法享有的专有权利。①

3. 知识产权是人们对于自己的智力创造成果和经营标记、信誉所依法享有的专有权利。②

4. 知识产权是民事主体所享有的支配创造性智力成果、商业标志，以及其他具有商业价值的信息并排斥他人干涉的权利。③

○ 典型案例

### 美国商标法违宪案

美国国会依据美国宪法的"版权和专利条款"，于1870年颁布了第一部商标法。1879年美国最高法院宣布商标法违宪，理由是商标既不是"版权和专利条款"中可获版权保护的作品，也不是可获专利保护的发明，国会不能依据"版权和专利条款"制定保护商标的法律。直到1947年，国会才依据宪法的"贸易条款"制定了商标法和反不正当竞争法。理由是，与商标联系在一起的绝大多数商品或服务，都是美国对外贸易及各州之间贸易的客体；商标与对外贸易和州际贸易密切相关，属于"贸易条款"规范的对象。④

▷ 拓展思考

权利客体和权利属性是一个权利定义中最核心的内容。关于知识产权客体，仅是智力成果，还是可以分为智力成果、商业标志两类，或是创造成果和经营标记、信誉三类，或是智力成果、商业标志，以及其他具有商业价值的信息，关涉知识产权制度的体系构建，以及知识产权评估等实务问题。关于知识产权的权利属性，《中华人民共和国民法总则》在起草初期的表述是："专属的和支配的权利"，后改为："专有的权利"。⑤

在借鉴已有研究成果，综合考虑知识产权质的规定性的基础上，本书认为，

---

① 郑成思. 知识产权法教程 [M]. 北京：法律出版社，1993：1.

② 吴汉东. 知识产权法 [M]. 北京：法律出版社，2014：3.

③ 张玉敏. 知识产权的概念和法律特征 [J]. 现代法学，2001（10）.

④ 李明德. 美国知识产权法 [M]. 北京：法律出版社，2003：2.

⑤ 《中华人民共和国民法典》第123条第2款："知识产权是权利人依法就下列客体享有的专有的权利。"

知识产权是指民事主体依法对智力成果和商业标志所享有的排他权。该定义强调，第一，知识产权保护客体包括两类：智力成果和商业标志。第二，知识产权遵循法定主义。第三，知识产权属于排他权。

## 二、知识产权外延

◇ 核心知识点

国际公约《建立世界知识产权组织公约》《TRIPS协议》以及我国《民法典》对知识产权的外延进行了列举。其中采用设权模式的法定有名权利包括：著作权、专利权、商标权、集成电路布图设计权、植物新品种权；没有被明确命名设权，采用《反不正当竞争法》保护模式，通说认为属于知识产权范畴的合法权益包括：第6条：有一定影响的商品名称、包装、装潢等相同或者近似的标识；企业名称（包括简称、字号等）、社会组织名称（包括简称等）、姓名（包括笔名、艺名、译名等）；域名主体部分、网站名称、网页等。第9条：商业秘密。第11条：商业信誉、商品声誉。第12条：禁止妨碍、破坏网络产品或者服务正常运行的行为。

《建立世界知识产权组织公约》列举的发现权是否属于知识产权，存在争议。我国在《民法总则》起草初期曾经规定知识产权客体包括"科学发现"，在草案审议过程中，有不同意见，主张"科学发现"不宜作为知识产权客体，第三次审议稿采纳了该建议。[①]

○ 典型案例

"功夫熊猫"商标异议复审行政纠纷案：商标评审委员会商评字〔2013〕第105133号商标异议复审裁定书；北京市第一中级人民法院（2014）一中行（知）初字第4257号行政判决；北京市高级人民法院（2015）高行（知）终字第1969号行政判决书。

—— 基本案情 ——

胡晓中向商标局提出"KUNG FU PANDA"注册申请，指定使用商品为第12类的"方向盘罩"等。梦工厂公司提出异议申请，并就商标局的异议裁定提

---

① 张新宝.中华人民共和国民法总则释义[M].北京：中国人民大学出版社，2017：244.

出异议复审申请,主张被异议商标损害其"在先商品化权"。

—— 裁判摘要 ——

商评委裁定摘要

"商品化权"在我国并非法定权利或者法定权益类型。梦工厂公司没有指出其请求保护的"商品化权"的权利内容和权利边界,不能对"KUNG FU PANDA"名称在商标领域享有绝对的、排他的权利空间。

一审裁判摘要

法定权利是指法律明确设定,并对其取得要件、保护内容等均作出相应明确规定的权利,法律未明确设定的权利均不被认定为法定权利。现有法律中并未将"商品化权"设定为一种法定权利。"商品化权"亦非法律所保护的民事权益,其权益内容和权益边界均不明确,亦难以认定梦工场公司对"KUNG FU PANDA"名称在商标领域享有绝对、排他的权利空间。

二审裁判摘要

当电影名称或电影人物形象及其名称因具有一定知名度而不再单纯局限于电影作品本身,与特定商品或服务的商业主体或商业行为相结合,电影相关公众将其对于电影作品的认知与情感投射于电影名称或电影人物名称之上,并对与其结合的商品或服务产生移情作用,使权利人据此获得电影发行以外的商业价值与交易机会时,则该电影名称或电影人物形象及其名称可构成"商品化权"。"功夫熊猫 KUNG FU PANDA"作为梦工场公司知名电影名称及知名电影人物形象名称的商品化权应受到保护。

▷ 拓展思考

知识产权是一个开放的权利体系,随着科学技术和商品经济的发展,不断有新成员加入。知识产权在著作权、专利权、商标权三大核心权利的基础上,逐渐扩张。有学者主张,知识产权是各种非物质性财产权利的代名词。知识产权名义下的非物质财产包括两类:一是知识类财产。包括创造性成果和经营性标记。二是资信类财产。包括商誉权、信用权、商品化权、[1] 特许经营权[2],统称为经营性资信权。商誉权、信用权、商品化权是民法和知识产权法学界共同

---

[1] 吴汉东.知识产权法[M].北京:法律出版社,2021:44.

[2] 吴汉东.无形财产权的若干理论问题[J].法学研究,1997(4).吴汉东.财产的非物质化革命与革命的非物质财产法[J].中国社会科学,2003(4).

关注的问题，采用人格权抑或知识产权保护模式，尚存争议。关于具有人格特征的商品化利用问题，有观点主张，商品化权属于人格权体系范畴，① 应在人格权法中，确认人格权中的财产利益，并对其商品化利用的方式设立相应的法律规则。② 人格权商品化并不形成独立的权利，不应该由知识产权法、反不正当竞争法等保护。③ 此外，传统知识、遗传资源④、数据⑤等的保护也有待深入研究。数据作为新型生产要素正在深刻改变着当代社会的生产方式、生活方式和社会治理方式。⑥ 为加快构建数据基础制度，学界深入研究，提出了数据用益权、商业数据权、数据权益"权利束"、新型数据财产权等不同解决方案，积极探索建立有利于数据安全保护、有效利用、合规流通的数据产权制度，促进数字经济发展。⑦

ChatGPT 等生成式人工智能的发展，给知识产权法带来诸多挑战。在著作权法领域，人工智能生成文本的法律定性成为研究的热点问题。作品肯定说主张，人工智能生成内容同人类创作产物没有实质差别，具有作品的思想表现形式和人格主义要素，应受著作权保护。⑧ 作品否定说主张，人工智能生成内容是应用算法、规则和模板的结果，不能体现创作者独特的个性，不能被认定为

---

① 杨立新.论人格标识商品化权及其民法保护［J］.福建师范大学学报，2006（1）.

② 《民法典》采此说，具体条文：第993条、第1012条、第1013条、第1017条、第1018条等。

③ 王利明.论人格权商品化［J］.法律科学，2013（4）.

④ 吴汉东.知识产权国际保护制度研究［M］.北京：知识产权出版社，2007：579，610.

⑤ 《民法典》第127条："法律对数据、网络虚拟财产的保护有规定的，依照其规定。"

⑥ 2022年12月2日中共中央、国务院《关于构建数据基础制度更好发挥数据要素作用的意见》，http://www.gov.cn/zhengce/2022-12/19/content_5732695.htm.

⑦ 申卫星.论数据用益权［J］.中国社会科学，2020（11）.孔祥俊.商业数据权：数字时代的新型工业产权［J］.比较法研究，2022（1）.王利明.论数据权益：以"权利束"为视角［J］.政治与法律，2022（7）.张新宝.论作为新型财产权的数据财产权［J］.中国社会科学，2023（4）.

⑧ 吴汉东.人工智能生成作品的著作权法之问［J］.中外法学，2020（3）.孙山.人工智能生成内容著作权法保护的困境与出路［J］.知识产权，2018（11）.深圳市南山区人民法院（2019）粤0305民初14010号民事判决书.

作品。①折中说主张,人工智能生成物是否构成著作权法意义上的作品,不能一概而论,应当按照作品独创性标准进行个案判断。②邻接权说主张,将徒具作品外观的人工智能生成物认定为作品的做法,会破坏著作权制度的正当性基础。基于制度成本等因素的考量,可以采用邻接权制度进行保护。③专利法领域研究的焦点问题是:第一,人工智能生成的技术方案是否具有可专利性。否定说主张人工智能不符合发明人为自然人的法定要求,发明人主体不适格,并且申请人权利来源缺乏依据,因此不能授予专利权;④肯定说认为专利法关注的是发明本身的实质贡献,而非发明可能实现的主观过程。人工智能发明符合专利法"发明创造"定义,属于"可专利主题"。⑤第二,人工智能可否成为发明人。否定说根据"人类发明者中心主义"原则,主张将人工智能技术的使用者认定为发明人;⑥肯定说主张对发明的实质性特点做出创造性贡献的人工智能系统,可以成为发明人,并由此形成自然人与人工智能并行的发明人制度框架。⑦

---

① 2023年3月16日,美国版权局《版权登记指南:含有人工智能生成材料的作品》;王迁.论人工智能生成的内容在著作权法中的定性[J].法律科学,2017(5).北京知识产权法院(2019)京73民终2030号民事判决书。

② 李扬,李晓宇.康德哲学视点下人工智能生成物的著作权问题探讨[J].法学杂志,2018(9).

③ 陶乾.论著作权法对人工智能生成成果的保护——作为邻接权的数据处理者权之证立[J].法学,2018(4).向波.论人工智能生成成果的邻接权保护[J].科技与出版,2020(1).

④ 美国人工智能专家Stephen Thaler先后在欧盟、美国、英国等国家或地区提出专利申请,但被驳回。该专利申请文件中,发明人为DABUS,申请人为Stephen Thaler,标注"由人工智能生成的发明"。

⑤ 吴汉东.人工智能生成发明的专利法之问[J].当代法学,2019(4).2021年7月28日,南非对人工智能DABUS生成的发明授予专利权。

⑥ 杨利华.人工智能生成技术方案的可专利性及其制度因应[J].中外法学,2023(2).

⑦ 刘鑫.人工智能生成技术方案的专利法规制——理论争议、实践难题与法律对策[J].法律科学,2019(5).

# 第四节　知识产权的特征

与知识产权内涵的争议相关联，对知识产权特征的认识也有分歧。代表性观点为：

1. 知识产权的客体是知识；排他效力弱于物权；利益实现离不开法律的保障；与物权冲突时，常会让位于物权；期限大多为法定；价值源于客体的使用价值。①

2. 无形、专有性、地域性、时间性、可复制性。②

3. 客体非物质性、专有性、地域性、时间性。③

4. 时间性、权利内容的多元性与多重性。④

5. 保护对象是非物质性的信息；对世权、支配权；可分地域取得和行使；具有可分授性。⑤

在借鉴上述观点，综合比较知识产权与所有权的基础上，本书认为知识产权特征包括客体的非物质性、特许性、排他性、时间性、地域性。客体的非物质性是知识产权的本质特征，其他特征由其衍生而来，并且存在例外。⑥

## 一、客体的非物质性

◇ 核心知识点

客体的非物质性是知识产权的本质特征。所有权客体：动产、不动产，是客观存在的物质。知识产权客体：智力成果和商业标志，是非物质的信息符号；没有物质形态，不占据空间。非物质的知识产权客体不发生有形控制的占有，不发生有形损耗的使用，不发生消灭知识产品的事实处分与有形交付的法律处分。⑦

---

① 《知识产权法》编写组.知识产权法学[M].北京：高等教育出版社，2022：5-7.

② 郑成思.知识产权论[M].北京：法律出版社，1998：75-91.

③ 吴汉东.知识产权法[M].北京：法律出版社，2021：20-27.

④ 刘春田.知识财产权解析[J].中国社会科学，2003（4）.

⑤ 张玉敏.知识产权的概念和法律特征[J].现代法学，2001（10）.

⑥ 知识产权体系中多数子权利具有的特征，即列为知识产权特征。不能因为少数不具备，存在例外，就彻底否认。诸如特许性，在设权类知识产权中，只有著作权不具备。

⑦ 吴汉东.知识产权法[M].北京：法律出版社，2021：21.

○ 典型案例

高丽娅诉重庆市南岸区四公里小学财产损害赔偿案。

—— 基本案情 ——

原告高丽娅是被告重庆市四公里小学的教师。被告规定,从事教学工作的教师必须在课前备课,编写教案,并在每学期期末向学校上交教案备学校检查。从1990年至2002年,高丽娅先后上交教案本48册。2002年4月,高丽娅因总结教学经验撰写论文需要,向校方提出返还教案的要求,此时才得知44册教案已被校方以销毁或者变卖等方式处理。

—— 裁判摘要 ——

高丽娅第一次起诉:要求被告归还44册教案本或赔偿损失8800元。

一审裁判摘要

原告高丽娅是被告的教职工,被告是原告的管理者和领导者。因此原、被告之间具有隶属关系,处于不同等级的法律地位。原告编写教案是接受学校管理而从事的职务行为,原告不具有拒绝从事职务行为的权利。在教案本形成、流转、占有、使用的过程中,并非以原告的自由意思作为基础,故原告和被告并非平等的主体,彼此从事职务活动过程中产生的纠纷,不属于法院的受案范围。

二审裁判摘要

高丽娅不服,上诉至重庆市第一中级人民法院。该院审理后认为,高丽娅作为教师与被上诉人在工作方面存在隶属和管理关系,但起诉中返还教案的要求是一种物权请求,双方是平等主体的民事法律关系,属于民法调整范围,人民法院应予受理。遂裁定发回重庆市南岸区人民法院重审。[1]

重审一审裁判摘要

第一,讼争的教案本在未使用前,是由被告购买后,为完成教学任务作为办公用品发放给原告,其发放目的是让原告将其教案再现于该空白教案本上,并无转移教案本所有权的意思表示。故空白教案本在性质上系学校财物,应属被告所有。第二,教案不属"作品"范畴,不受著作权法保护。原告编写教案的行为应为一种工作行为,所编写的教案应为工作成果,被告有占有、使用、

---

[1] 高丽娅诉重庆市南岸区四公里小学返还教案纠纷抗诉案,【法宝引证码】CLI.C.68451。

处分的权利。判决驳回原告高丽娅的诉讼请求。①

**重审二审裁判摘要**

第一，虽然教案包含了教师个人的经验及智慧，但也是教师为完成学校工作任务所创作的职务作品，是教师在工作中应该履行的职责，是一种工作行为。第二，学校购买空白教案本是为了使教师完成教学任务作为办公用品发放给教师，其目的也是为了让教师将其教学方案再现于空白的教案本上，教师对空白教案本享有使用权，学校并无转移教案本所有权的意思表示。判决：驳回上诉，维持原判。②

**检察院抗诉**

高丽娅不服二审判决，于 2004 年 5 月向检察机关提出申诉。重庆市人民检察院于 2004 年 11 月 25 日向重庆市高级人民法院提出渝检民抗〔2004〕71 号民事抗诉书。①原审判决对于教案应否享有著作权的认定含混不清，剥夺了高丽娅就教案著作权归属问题寻求法律救济的途径。②原审判决对于附有教案内容的教案本所有权归属认定错误，侵犯了高丽娅对其作品载体的所有权。③原审判决混淆了种类物与特定物的关系，缺乏法律依据。④原审判决作出高丽娅不拥有教案的著作权的认定系超越职权的程序违法行为。

**再审裁判摘要**

重庆市高级人民法院受理抗诉后，指令重庆市第一中级人民法院依法另行组成合议庭再审此案。该院开庭审理后判决：驳回诉讼请求，维持原判。判决理由：高丽娅在向原审法院起诉时的诉讼请求为返还教案本或赔偿损失，并未涉及著作权的问题。原审判决亦没有对教案本是否具有著作权问题作出判决，如高丽娅认为其对教案本享有著作权，可另案解决；对于附载教案内容的教案本的所有权问题，再审判决同意原判决意见。③

**高丽娅第二次起诉**：高丽娅接受检察机关建议，于 2005 年 8 月向重庆市第一中级人民法院提起著作权侵权之诉。

**一审裁判摘要**

重庆市第一中级人民法院判决认为，在知道或者应当知道教案本是记载原告教案作品唯一载体的情况下，被告作为所有权人对作品唯一载体的处分不仅

---

① 重庆市南岸区人民法院（2003）南民初字第 903 号民事判决书。
② 重庆市第一中级人民法院（2004）渝一中民终字第 232 号民事判决书。
③ 重庆市第一中级人民法院（2005）渝一中民再终字第 357 号民事判决书。

会导致作品载体本身灭失，也会导致作品随之灭失，原告享有的教案作品著作权将无法实现，从而侵犯了原告享有的教案作品著作权。①

二审裁判摘要

重庆市南岸区四公里小学不服，向重庆市高级人民法院提出上诉，但未在法定期限缴纳上诉费。2006年2月27日，重庆市高级人民法院作出终审裁定，依法按自动撤回上诉处理。

至此，一审判决生效，高丽娅胜诉并获得赔偿5000元。

▷ **拓展思考**

知识产权的本质特征有不同表述。否定式表述有：非物质性、无形性；肯定式表述有：知识（形式）说、智力成果说、知识产品说、信息说、信号说、符号说等。学界对此并未取得共识。

知识产权客体的非物质性使其具有可复制性，依附于载体而体现。由此必须严格区别客体与载体：载体对应所有权，客体对应知识产权。客体上的知识产权并不随载体所有权的转移而转移（美术、摄影作品原件的展览权例外②），它可以独立于载体进行处分。关东升诉道琼斯公司侵犯著作权纠纷案③、张林英等诉中国革命博物馆等侵犯著作权纠纷案④中，被告作为载体所有权人未经许可使用原告的作品，侵害了著作权。此类案件法律关系清晰，裁判规则统一。但是在手稿载体拍卖类纠纷中，为拍卖而制作宣传图册、上网展示等拍品介绍行为，是否构成著作权侵权，有不同裁判结果。茅盾手稿拍卖案中，一审法院认为，拍卖公司为实现拍卖目的，制作拍卖图录、在公司网站和微博中介绍拍品等宣传展示行为，不构成著作权侵权。⑤二审法院认为，拍卖公司负有合理的著作权保护注意义务。未经许可，用数码相机拍照手稿，并将电子

---

① 重庆市第一中级人民法院（2005）渝一中民初字第603号民事判决书。

② 《著作权法》第20条第1款：作品原件所有权的转移，不改变作品著作权的归属，但美术、摄影作品原件的展览权由原件所有人享有。

③ 北京市第一中级人民法院（2003）一中民初字第2944号民事判决书。

④ 北京市第二中级人民法院（2002）二中民初字第690号民事判决书。

⑤ 沈韦宁等与南京经典拍卖有限公司、张晖著作权权属、侵权纠纷案，江苏省南京市六合区人民法院（2016）苏0116民初4666号民事判决书。

照片上传网络公开展示等行为侵害了涉案手稿的美术作品著作权。①钱锺书手稿拍卖案中，一、二审法院认为，拍卖公司复制、发行涉案书信等行为，侵害了著作权。②拍卖活动涉及《著作权法》《民法典》物权编、《中华人民共和国拍卖法》三部法律交叉调整地带的相关主体的权利义务，尚待进一步明确，以消除物权和著作权之间的权利冲突。

因唯一载体的作品而发生的纠纷，情况复杂，学界及司法实践中有不同观点。其一，客体著作权人与载体所有权人集于原告一身，被告丢失手稿类案件。一种观点认为是侵害了作品载体的所有权。沈金钊诉上海远东出版社图书出版合同纠纷申请再审案中，最高法院持该观点。③另有观点认为是同时侵害了所有权和著作权。程桂华诉世界知识出版社等著作权纠纷案中，北京市东城区人民法院持该观点。④其二，原告是客体著作权人，被告是载体所有权人，被告销毁载体类案件。一种观点认为，作为作品载体的所有权人有权对自己的有形财产进行处分，并不侵害作品的著作权。蔡迪安等诉湖北省武汉市晴川饭店有限公司著作权侵权纠纷案中，一、二审法院持该观点，驳回了原告的诉讼请求。⑤另有观点认为，在处理壁画、雕塑等艺术作品与该作品原件所有权关系时，应借鉴法国、美国等国外立法例，增加尊重作品权或扩大解释保护作品完整权，将损害视觉艺术作品定性为著作权侵权。⑥关于载体所有权与客体知识产权的关系，我国立法有待在深入研究的基础上进一步完善，以统一裁判规则，消除同案异判现象。

知识产权客体的非物质性使其难以控制，具有消费的非竞争性、非排他性，属于公共物品，造成知识产权侵权容易、发现侵权困难、维权成本高、赔偿数额难以计算等诸多问题。因此企业等权利主体应设置知识产权部等专门机构，加强对知识产权的管理、保护。

---

① 沈韦宁等与南京经典拍卖有限公司、张晖著作权权属、侵权纠纷案，江苏省南京市中级人民法院（2017）苏01民终8048号民事判决书。

② 中贸圣佳国际拍卖有限公司与杨季康等著作权权属、侵权纠纷案，北京市高级人民法院（2014）高民终字第1152号民事判决书。

③ 最高人民法院驳回沈金钊诉上海远东出版社图书出版合同纠纷再审申请通知书（2000）知监字第37号。

④ 北京市东城区人民法院（2007）东民初字第04139号民事判决书。

⑤ "赤壁之战"壁画案：湖北省武汉市中级人民法院（2002）武知初字第72号民事判决书；湖北省高级人民法院〔2003〕鄂民三终字第18号民事判决书。

⑥ 费安玲.著作权权利体系之研究[M].武汉：华中科技大学出版社，2011：132-137.

## 二、特许性

◇ 核心知识点

知识产权的特许性[①]，是指知识产权的取得是由民事主体提出申请，特定行政机关按照法定程序，受理并审查申请文件，对符合法律规定的，作出确权决定，发给权利证书，并予以登记公告。

物权、知识产权都是对世权，是法定之权，遵循权利法定原则，但是两者法定的范围不同。与物权法定相比，知识产权法定的特点在于权利产生方式。我国《民法典》第116条规定了物权法定原则，即"物权的种类和内容，由法律规定"。而知识产权的法定原则，不仅包括知识产权的种类、内容，更为突出的是知识产权的行政确权取得方式。知识产权作为私权，必须经过申请、受理、审查、核准、公告程序，由特定行政机关遵循严格的程序依法确权。权利申请如果不符合法律规定，行政机关应当予以驳回。因而知识产权的法定原则有别于物权之处在于，其具有强烈的程序性，民事主体取得知识产权依赖于行政机关的确权。

在知识产权权利体系中，专利权[②]、商标权[③]、植物新品种权[④]、集成电路布图设计专有权[⑤]等，具有特许性。著作权、商业秘密权等不具有特许性。对于具有特许性的知识产权种类，民事主体一定要及时向特定行政机关提出申请，以保护自己的知识产权，防止本该获得的知识产权流失，造成不可挽回的损失。

○ 典型案例

### 优衣库商标侵权系列案

—— 基本案情 ——

原告广州中唯咨询公司主要经营企业咨询管理、商标代理等业务，注册有"拉玛尼""凡希哲"等各类商标1931个；原告广州指南针会展服务公司，

---

① 亦称国家授予性。吴汉东.知识产权法[M].北京：北京大学出版社，1998：4.
② 《专利法》：第三章专利的申请；第四章专利申请的审查和批准。
③ 《商标法》：第二章商标注册的申请；第三章商标注册的审查和核准。
④ 《植物新品种保护条例》第四章品种权的申请和受理；第五章品种权的审查与批准。
⑤ 《集成电路布图设计保护条例》：第三章布图设计的登记。

主要经营展览活动策划等业务，注册有"舒马仕""派宝龙"等各类商标706个，先后向他人转让了各类商标共164个。2013年6月，两原告获得"Ⅲ"注册商标，核定使用在第25类服装、鞋等商品上。日本株式会社迅销是"UNIQLO"" "优衣库"商标权人，核定商品类别为第25类服装、鞋等商品。迅销中国商贸公司在销售服装的吊牌上标有" "" "标识。两原告认为，迅销中国商贸公司未经许可使用"Ⅲ"标识，侵犯了其注册商标专用权，于是在全国多地法院提起诉讼，要求被告停止侵权并承担赔偿责任。

—— 裁判摘要 ——

第一种裁判观点：

在广东省东莞市第二人民法院审理的原告广州指南针会展服务公司、广州中唯咨询公司诉被告迅销中国商贸公司、迅销中国商贸公司东莞长安万达广场店侵犯商标权纠纷一案中，法院认定，两原告的"Ⅲ"注册商标，依法受法律保护。两被告在服装上使用" "标识，属于相同商品上的近似商标，易使相关公众产生混淆，构成商标侵权。判决两被告停止使用" "标识，并赔偿两原告经济损失10万元。[①]

第二种裁判观点：

在上海法院审理的原告广州指南针会展服务公司、广州中唯咨询公司诉被告迅销中国商贸公司、迅销中国商贸公司上海长寿路店侵犯商标权纠纷一案中，法院认定，两原告的"Ⅲ"注册商标，依法受法律保护。两被告使用的" "标识，与原告的"Ⅲ"注册商标在视觉效果上基本无差别，应认定为相同商品上的相同商标，构成商标侵权。但是由于两原告未实际使用注册商标，仅利用注册商标投机取巧作为向两被告索赔的工具，并欲通过将注册商标转让给被告获取巨额转让费，故只判决两被告停止使用" "标识，驳回了赔偿损失的诉讼请求。[②]

第三种裁判观点：

在浙江省杭州市中级人民法院审理的原告广州指南针会展服务公司、广州中唯咨询公司诉被告迅销中国商贸公司等侵犯商标权纠纷案中，法院认定，原告的"Ⅲ"注册商标与被告" "标识在外观上存在一定区别。该

---

[①] 祝建军.囤积商标牟利的司法规制[J].知识产权，2018（1）.

[②] 上海市第一中级人民法院（2014）沪一中民五（知）初字第114号民事判决书；上海市高级人民法院（2015）沪高民三（知）终字第97号民事判决书.

"Ⅲ"注册商标未实际使用，其识别作用尚未发挥。同时两原告持有两千六百多个注册商标，并意图以高价转让的方式获取巨额转让费，主观上具有不正当注册的恶意。被告使用的"Ⅲ"标识与两原告的注册商标既不相同也不近似，不构成商标侵权，判决驳回两原告的诉讼请求。①

第四种裁判观点：

在广东省中山市第一人民法院审理的原告广州指南针会展服务公司、广州中唯咨询公司诉被告迅销中国商贸公司、迅销中国商贸公司中山店侵犯商标权纠纷案中，法院认定，涉案"Ⅲ"商标核准注册类别与两原告的经营范围并无任何关联。两原告注册"Ⅲ"商标后并无实际使用，且意图以高价转让的方式获取巨额转让费。两原告注册"Ⅲ"商标主观上明显具有恶意，有违诚实信用原则。原告指控被告侵害"Ⅲ"商标权的诉讼请求不予支持，但考虑到原告"Ⅲ"商标处于有效注册状态，被告使用的"Ⅲ"标识与"Ⅲ"注册商标具有近似性，故被告应尽可能避让原告的"Ⅲ"注册商标。②

▷ **拓展思考**

在多数知识产权教材的知识产权特征知识板块，没有列举特许性。③并且有学者以著作权、商业秘密不具有特许性，而主张须经法律直接确认，不能作为知识产权的法律特征。④但是基于知识产权与物权法定原则的区别，特许性构成了知识产权区别于所有权的标志，应单独列举，以示强调。不能因为个别知识产权种类不具有特许性，而从整体上完全予以否认。强调知识产权特许性具有重要的实践意义，有助于提升市场主体对知识产权行政确权重要性的认识，进而及时提出申请，预防知识产权流失。

商标权的特许性是一个值得探讨的问题。商标是识别商品或服务来源的标志。只有实际使用，才能使标志上凝聚商业信誉，也才有保护的合理性、正

---

① 浙江省杭州市中级人民法院（2014）浙杭知初字第 265 号民事判决书。

② 广东省高级人民法院（2016）粤民申 3064 号民事裁定书。

③ 在吴汉东教授主编的早期教材、论文中，将"国家授予性"列为知识产权的第一个基本特征，但是之后取消了。仅在"知识产权概念特征"部分表述"知识产权是法定之权，其产生一般须由法律所认可。"吴汉东.无形财产权的若干理论问题[J].法学研究，1997（4）.吴汉东.知识产权法[M].北京：北京大学出版社，1998（4）.吴汉东.知识产权法[M].北京：法律出版社，2021（6）.

④ 张玉敏.知识产权的概念和法律特征[J].现代法学，2001（10）.

当性，因而商标权原始取得应遵循使用原则。但是使用原则存在诸多缺陷：权利归属不稳定、权利范围不确定、权利证明很困难，因此很多国家采用注册原则。①注册原则弥补了使用原则的缺陷，但又带来了恶意抢注商标、囤积商标牟利、注而不用浪费商标资源、侵权诉讼要挟、商标注册申请量居高不下等问题。如何从立法规范、司法审判、行政执法等方面遏制上述商标注册制度的异化行为，弥补注册原则的缺陷，成为研究课题。为维护公平竞争市场秩序，服务经济社会高质量发展的时代要求，解决我国商标"重注册、轻使用"问题，商标法在历次修改中持续强化商标使用的基础地位，引导商标注册回归制度本源。②

为了全面贯彻党的二十大精神，立足新发展阶段，贯彻新发展理念，构建新发展格局，国家知识产权局持续开展"蓝天"专项整治行动，建立知识产权代理行业监管长效机制。严厉打击不以使用为目的的商标恶意注册和不以保护创新为目的的非正常专利申请行为，对严重违法失信主体纳入信用监管，实施联合惩戒。③

关于知识产权特许性的性质，有不同学说：备案说、行政确认说、行政许可说、准司法行为说。④由于对特许性定性的认识不同，涉及知识产权纠纷的行政、民事案件定性、审理程序，专利复审部门、商标评审部门等行政机关纠纷解决机制与司法审判机制的衔接等重要问题，因此需要认真研究。但应明确指出的是，在知识产权法的机制中公权力机构的介入，既不会造成私权利与公权力的混合，也不会导致知识产权私权属性的变异，更不会出现私权公权化趋势。⑤

---

① 李琛.知识产权法关键词[M].北京：法律出版社，2006：96-99.

② 强化商标使用义务的制度设计。实行商标连续不使用撤销制度；规定诚实信用原则；明确"商标的使用"概念；规制"不以使用为目的"的恶意申请商标注册情形；增加申请阶段商标使用或者使用承诺的要求、商标存续期间说明商标使用情况制度；强化恶意抢注商标的法律责任；规范权利行使，防止权利滥用等。

③ 国知发运函字〔2021〕32号《国家知识产权局关于深入开展"蓝天"专项整治行动的通知》；国家知识产权局第411号《关于规范申请专利行为的办法》；国知发办字〔2023〕17号《系统治理商标恶意注册促进高质量发展工作方案（2023—2025年）》；国知发保字〔2022〕8号《国家知识产权局知识产权信用管理规定》；等等。

④ 杜颖，王国立.知识产权行政授权及确权行为的性质解析[J].法学，2011（8）.

⑤ 《知识产权法》编写组.知识产权法学[M].北京：高等教育出版社，2022（5）.刘春田.知识产权作为第一财产权利是民法学上的一个发现[J].知识产权，2015（10）.

## 三、排他性

◇ 核心知识点

知识产权的排他性包括两层含义：第一，权利人有权禁止他人实施法律赋予的行为方式。知识产权的行使置于知识产权人的控制之下。任何人未经许可或者符合法律规定的例外，不得实施他人的知识产权。第二，同一个知识产权对象之上不能同时存在两个或两个以上相同种类的知识产权。[①] 其中第一层含义的排他性是知识产权和所有权作为对世权共同具有的，但是两者又存在区别。其一，所有权的排他性源于物的自然属性，知识产权的排他性源于法律规定；其二，知识产权的排他性与所有权相比，受到了更多限制。法律出于保护公共利益目的，规定了排他性的例外：合理使用、法定许可、强制许可等制度。第二层含义的排他性是知识产权独具的。专利法、商标法等规定了先申请原则，专利权、商标权等授予先申请人。

○ 典型案例

英特莱格公司诉被告可高（天津）玩具有限公司、北京市复兴商业城侵犯实用艺术作品著作权纠纷案：北京市第一中级人民法院（1999）一中知初字第132号民事判决书，北京市高级人民法院（2002）高民终字第279号民事判决书。

—— 基本案情 ——

原告是涉案乐高玩具积木块的著作权人，并申请获得了外观设计专利权。1999年，原告起诉主张，可高公司制造的系列产品所包含的部分插件侵犯了其实用艺术作品著作权。可高公司辩称，原告主张著作权保护的仅是其塑料插装玩具系列产品的零部件，并不是实用艺术作品，不受著作权法保护；中国著作权法没有对实用艺术作品提供保护，实践中此类作品是作为外观设计受专利法保护。没有证据表明中国法律对实用艺术作品提供著作权和专利权的双重保护，英特莱格公司就其玩具组件已申请了外观设计专利，也就不应再受著作权法保护。

—— 裁判摘要 ——

一审裁判摘要

英特莱格公司是乐高玩具积木块实用艺术作品在中国的著作权及相关权益

---

① 吴汉东.知识产权法[M].北京：法律出版社，2014（13）.

的所有者。中国对起源于《伯尔尼公约》成员国国民的实用艺术作品负有保护义务。根据《实施国际著作权条约的规定》，外国实用艺术作品在中国应自作品完成起25年受中国著作权法律、法规的保护。实用艺术作品应当具有实用性、艺术性、独创性和可复制性。英特莱格公司主张权利的53种玩具积木块中，符合实用艺术作品构成条件的，应受法律保护。

二审裁判摘要

没有证据表明中国法律对于外国人的实用艺术作品排斥著作权和专利权的双重保护。英特莱格公司就其实用艺术作品虽然申请了中国外观设计专利，但并不妨碍其同时或继续得到著作权法的保护。可高公司关于英特莱格公司的玩具组件已申请外观设计专利，不应再受著作权法保护的主张，本院不予采信。

▷ 拓展思考

知识产权的排他性是一个有争议的特征。有肯定说和否定说之别。肯定说有不同表述，如"专有性"，强调"知识财产为权利人所独占，……任何人不得使用权利人的知识产品"①。否定说认为，以专有权表达知识产权的特点不科学。民事权利，包括像债权这样的请求权都是专有的，否则就不成其为权利。因此"专有"不是知识产权特有的，不能作为知识产权的特点。② 本书认为，知识产权的客体：信息具有非物质性，属于经济学中的公共物品，有别于所有权客体的属性，不存在事实控制意义上的独占、专有、支配。因而我们用"排他性"来表述知识产权特征。

知识产权客体的非物质性使其利用方式更加灵活、多样、复杂。由此引发了一个课题：一个知识产权对象——信息符号，是否可以同时成为不同种类知识产权的客体，存在两个或两个以上不同种类的知识产权③。对此理论界有肯定、否定不同观点。④ 实务界有肯定、否定的不同案例支持。持肯定说的案

---

① 吴汉东. 知识产权法 [M]. 北京：法律出版社，2014（13）.
② 张玉敏. 知识产权的概念和法律特征 [J]. 现代法学，2001（10）.
③ 应区别权利对象与权利客体。权利对象是事实第一性，权利客体是法律第二性。属于第一性的对象只有在符合法律规定的构成要件后，才能成为法律保护的客体。一种客体之上只能有一种权利，但同一对象之上可以并存多种权利。
④ 张玉敏，凌宗亮. 三维标志多重保护的体系化解读 [J]. 知识产权，2009（6）. 何炼红. 知识产权的重叠保护问题 [J]. 法学研究，2007（3）. 刘平. 知识产权的重叠保护与侵权责任 [J]. 政法论坛，2010（3）.

例：前述乐高玩具积木块案、蔡贤有与广东群兴玩具有限公司侵犯著作权纠纷案①。持否定说的案例：西安秦唐尚品文化发展有限责任公司诉白振堂著作权纠纷案②、深圳市福田区永隆商行与深圳市王三茂食品油脂有限公司案③。国外在处理上述问题时，也存在不同立法例。法国采用肯定说，允许实用艺术作品受著作权法和外观设计法的双重保护。英国则尽力在立法设计上消除双重保护。④我国应在充分考虑国情的基础上，尽快在立法上明确态度，出台具体规范，以消除同案异判。

知识产权的排他性赋予了权利人垄断性权利，由此必然增加信息资源的获取难度、交易成本，阻碍后续创新。因此如何解决知识产权的排他性所带来的消极问题，不断完善知识产权限制制度（合理使用、法定许可、强制许可等），妥当划分排他领域与公共领域的界限，有效遏制知识产权滥用，以平衡知识产权人与公众利益，是知识产权领域的重要课题。生成式人工智能模型训练数据中使用作品行为的定性是著作权法领域面临的问题。该行为属于著作权侵权，还是合理使用，抑或实行透明度要求，只需公开训练数据来源，有待于深入研究。⑤

## 四、时间性

◇ 核心知识点

知识产权的时间性，是指知识产权仅在法律规定的期限内受到保护。法定期限届满，权利消灭。相关知识产权客体进入公有领域，成为社会的共同财富，公众可以自由使用。知识产权的时间性是采用设权模式的有名知识产权的一般

---

① 汕头市中级人民法院（2008）汕中法知初字第95号民事判决书；广东省高级人民法院（2010）粤高法民三终字第114号民事判决书。

② 西安市中级人民法院（2008）西民四初字第028号民事判决书。

③ 深圳市中级人民法院（2004）深中法民三初字第670号民事判决书；广东省高级人民法院（2005）粤高法民三终字第236号民事判决书。

④ 李琛.知识产权法关键词[M].北京：法律出版社，2006：29.

⑤ 2023年6月14日欧洲议会表决通过《人工智能法案》；2023年7月10日中国国家互联网信息办公室等七部门联合公布《生成式人工智能服务管理暂行办法》；林秀芹.人工智能时代著作权合理使用制度的重塑[J].法学研究，2021（6）.郑重.日本著作权法柔性合理使用条款及其启示[J].知识产权，2022（1）.唐思慧.大数据环境下文本和数据挖掘的版权例外研究——以欧盟《DSM版权指令》提案为视角[J].知识产权，2017（10）.

特征，著作人身权例外。《伯尔尼公约》规定署名权、保护作品完整权永久保护。采用反不正当竞争法保护模式的合法权益，由于没有被事前确立为权利，因而不具有时间性，诸如商业秘密、有一定影响的商业标识。

知识产权的时间性是区别于所有权的特征。所有权的客体：物有自然寿命，但所有权无期限；知识产权的客体：信息可以永久存在，但知识产权有期限。规定知识产权期限长短的依据主要有二：一是在权利人个体与社会公众之间进行利益平衡。保护期限短，有利于公众自由使用信息资源；保护期限长，有利于激励人们投资、创造。二是知识产权子权利客体的特性。发明创造因更新换代而有经济寿命，专利权期限不宜过长。作品主要是与精神领域有关，并且不保护思想，著作财产权期限[①]可以比专利权稍长。商标是识别商品、服务来源的标志，时间与商誉积累成正比，商标权时间性最弱，可以续展。[②]

○ 典型案例

上海中韩晨光文具制造有限公司与宁波微亚达制笔有限公司等擅自使用知名商品特有装潢纠纷案：上海市第二中级人民法院（2008）沪二中民五（知）初字第112号民事判决书；上海市高级人民法院（2008）沪高民三（知）终字第100号民事判决书；最高人民法院（2010）民提字第16号民事裁定书。

—— 基本案情 ——

原告2003年2月19日获得"笔（事务笔）"的外观设计专利权，专利号为ZL02316156.6。后因未缴纳专利年费，专利权于2005年10月12日终止。原告的"晨光"注册商标曾被评为上海市著名商标，并被商标局认定为驰名商标，多次被评为制笔行业的名牌产品。被告生产、销售的681型水笔，与原告的K-35型按动式中性笔相比，两者在整体外观上基本相同。

---

[①] 在世界著作权法发展历史中，著作财产权保护期限呈现不断延长的趋势。20世纪后期，欧盟、英国、美国、澳大利亚、韩国等地区、国家陆续将保护期限延长至作者终生加死后70年。我国著作财产权保护期限是否也应延长，学界有肯定说和否定说不同观点。梅术文. 著作权期限的延长与消费者利益保护 [J]. 现代经济探讨，2013（8）；喻玲. 著作权保护期限标准的审视与重构 [J]. 法学家，2020（3）.

[②] 吴汉东. 知识产权法 [M]. 北京：法律出版社，2014：15. 李琛. 知识产权法关键词 [M]. 北京：法律出版社，2006：16.

—— 裁判摘要 ——

一、二审裁判摘要

原告的 K-35 型按动式中性笔外观中的笔套夹和装饰圈部分构成知名商品的特有装潢。被控侵权的 681 型水笔与 K-35 型按动式中性笔在笔套夹和装饰圈部分的形状设计基本无差别，构成了相近似的产品装潢，足以使消费者在购买时对商品来源产生误认，构成不正当竞争。

再审裁判摘要

多数情况下，如果一种外观设计专利因保护期届满或者其他原因导致专利权终止，该外观设计就进入了公有领域，任何人都可以自由利用。但是在知识产权领域内，一种客体可能同时属于多种知识产权的保护对象，其中一种权利的终止并不当然导致其他权利也失去效力。同时反不正当竞争法也可以在知识产权法之外，在特定条件下对于某些民事权益提供有限的、附加的补充性保护。就获得外观设计专利权的商品外观而言，外观设计专利权终止之后，在使用该外观设计的商品成为知名商品的情况下，如果他人对该外观设计的使用足以导致相关公众对商品的来源产生混淆或者误认，这种在后使用行为就会不正当地利用该外观设计在先使用人的商誉，构成不正当竞争。因此外观设计专利权终止后，该设计并不当然进入公有领域，在符合反不正当竞争法的保护条件时，它还可以受到该法的保护。

▷ 拓展思考

知识产权的时间性具有重要的实践意义。在知识产权转让、许可、评估、设定质权时，必须考虑时间性。此外，从权利人方面讲，应在法定期限内及时、充分行使权利，获得利益。从义务人方面讲，可以利用过期发明创造、作品，不用支付许可费，而节省前期投资。

在知识产权框架内，因具体子权利客体属性不同，并且与公众利益关联度不同，而有不同的保护期限。在同一对象存在不同种类知识产权时，一种权利失效后，是否可以继续享有其他权利，是知识产权领域的一个争议话题。[①] 在司法实践中，主要表现为：外观设计专利权到期后，依据著作权、商标权或反不正

---

① 凌宗亮.失效三维外观设计专利的可商标注册性分析[J].电子知识产权，2010（6）. 张伟君.实用艺术作品著作权法保护——与外观设计专利法保护的协调[J].知识产权，2013（9）.

竞争法维权；著作财产权到期后，依据商标权维权；商标权失效后，依据著作权或反不正当竞争法维权。对此存在肯定说和否定说之分。前述"晨光"笔案例中，最高人民法院持肯定说。在深圳市三茂食品油脂有限公司与深圳市福田区永隆商行案中，法院持否定说。其主张，三茂公司自愿将涉案标贴申请并获得外观设计专利权后，就从版权进入工业产权保护领域。外观设计专利权因未缴纳年费失效，因而进入公有领域，成为社会公众均可以使用的公共财富。永隆商行的使用行为属于对"已经进入公有领域的公众财富的使用"，因而不构成著作权侵权。[①] 法院不同的裁判规则损害了司法公正。该问题的解决，有待于立法予以明确规范。

## 五、地域性

◇ 核心知识点

知识产权地域性包括两层含义：第一，按照特定国家法律获得的知识产权，只在该国地域范围内发生法律效力。第二，知识产权可以分地域取得、分地域行使、分地域保护。第一层含义是所有民事权利都具有的属性。权利是法律概念，法律是主权国家制定的，因而权利只在本国有效。依据本国法律创设的权利不具有域外效力。[②] 第二层含义是知识产权独具的属性。同一信息可以依照不同法域的法律规定，同时或先后在不同法域分别取得相应的知识产权，并且分别独立行使，分别独立保护。[③]

○ 典型案例

法国大酒库股份公司与慕醒国际贸易（天津）有限公司侵害商标权纠纷案：天津市第二中级人民法院（2012）二中民三知初字第422号民事判决书；天津市高级人民法院（2013）津高民三终字第0024号民事判决书。

—— 基本案情 ——

大酒库公司在法国、中国享有"J.P.CHENET"注册商标专用权，并同王

---

[①] 广东省深圳市中级人民法院（2004）深中法民三初字第670号民事判决书；广东省高级人民法院（2005）粤高法民三终字第236号民事判决书。

[②] 吴汉东.知识产权法[M].北京：法律出版社，2014：14. 李琛.知识产权法关键词[M].北京：法律出版社，2006：18.

[③] 张玉敏.知识产权的概念和法律特征[J].现代法学，2001（10）.

朝公司签订了独家销售合同，授权王朝公司在中国境内销售大酒库公司生产的"J.P.CHENET"商标葡萄酒。天津慕醍公司从英国 CASTILLON 公司处购得大酒库公司生产的葡萄酒真品。CASTILLON 公司系从大酒库公司的英国经销商 AMPLEAWARDLTD 处购得葡萄酒真品。天津慕醍公司向天津东疆保税港区海关申报进口其购得的葡萄酒。大酒库公司主张，天津慕醍公司未经其授权进口带有"J.P.CHENET"商标的葡萄酒，侵害了其注册商标专用权。

—— 裁判摘要 ——

一审裁判摘要

商标法保护注册商标权利人的合法权利，但也禁止其利用优势地位人为地进行市场分割，获取不合理的垄断利益。我国相关法律、法规并未将进口行为规定为侵犯注册商标专用权的行为，只要进口商品没有经过任何加工、改动，仅仅以原有的包装销售，依法合理标注相关信息，不会导致消费者的混淆误认，不会损害大酒库公司商标标示来源、保证品质的功能，不损害商标权利人和相关消费者的利益，就不构成商标侵权。

二审裁判摘要

对于进口行为，我国商标法尚没有明确的禁止性规定。该行为是否构成商标侵权，应根据商标法的宗旨和原则，并结合案件具体事实等因素予以综合考量，合理平衡商标权利人、进口商和消费者之间的利益，以及保护商标权与保障商品自由流通之间的关系。因天津慕醍公司进口的葡萄酒与大酒库公司在我国销售的葡萄酒之间不存在实质性差异，该进口行为不足以导致消费者混淆，大酒库公司的商誉亦未因此受到损害，故不构成商标侵权。

▷ 拓展思考

知识产权地域性具有重要实践意义。企业在开拓国际市场之前，一定要知识产权先行，做好知识产权的基础工作，在不同法域进行知识产权布局，实施知识产权国际战略。在经济全球化的知识经济时代，知识产权领域已经成为全球企业竞争的主战场。

19 世纪末，随着科学技术的发展、国际贸易的扩大，经济一体化与知识产权地域性之间出现了矛盾。为了解决矛盾，先后签订了保护知识产权国际公约，成立了全球性或区域性的国际组织，在世界范围内建立了知识产权国际保护制度。知识产权实体性国际公约规定了国民待遇原则，使得外国主体能够在本国获得知识产权保护；知识产权程序性国际公约大大减轻了申请人的负担和受理局的重复劳动。《TRIPS 协议》规定了最低保护标准，使得各国知识产权规则趋同化、一体化，在一定程度上削弱了知识产权的地域性。知识产权双边、多边条约产生了跨国知识产权。欧盟实行单一专利制度，从 2023 年 6 月 1 日起，欧洲专利局授予的专利权，按照《统一专利法院协定》进行统一专利司法保护。此外，网络技术给知识产权地域性带来许多新问题，诸如域名、信息网络传播、电子商务中网络交易平台的商业标志纠纷、涉外知识产权纠纷的管辖及法律适用等，均有待继续研究。

平行进口是贸易全球化和知识产权地域性的产物，在专利法、著作权法、商标法领域均存在，涉及知识产权人、独家被许可人、平行进口商、消费者的利益。知识产权人能否阻止平行进口，在比较法视野下有不同做法。《TRIPS 协议》对平行进口未作统一规定，而由成员国自行决定允许与否。美国、日本、欧盟采取了不同的法律调控。在平行进口纠纷中，知识产权人和平行进口商在知识产权框架下用来维护各自利益的论据主要有两个：知识产权用尽规则和知识产权地域性。两者结合，国际用尽论允许平行进口；国内用尽论禁止平行进口。另有解决路径采用合同法理论，即默示许可论，有条件地允许平行进口。①

全球化时代，各国相互联系和依存度日益加深，人类成为一个命运共同体。在知识产权领域，随着非物质性信息在全球的传播，载有知识产权的货物在全球的流通，知识产权国际保护对地域性的冲击不断加剧。但是知识产权地域性特征并未消除。由于知识产权制度涉及各国的政治、经济、科技、文化、社会生活各方面，因而知识产权的国别法仍保有各自特色。在知识产权国际保护一体化进程中，一方面，我国应遵循知识产权国际保护的共同准则，并且积极参与国际知识产权领域的全球治理，发展和深化与世界各国在知识产权领域的交流合作，不断增强我国在知识产权国际治理规则中的话语权、影响力、引领力；另一方面，应根据我国的科学技术、文化产业、经济体制、法律传统等国情，科学、理性地保留中国特色，使知识产权保护水平与国家现代化进程协调一致，以构建既符合国际规则又适合中国国情的知识产权法律体系。知识产权保护的国际化与本土化将是一个长期的研究课题。

---

① 张玲. 论专利产品平行进口的法律调控［J］. 南开学报，2003（3）. 张玲. 日本专利法的历史考察及制度分析［M］. 北京：人民出版社，2010：242-253.

## 第五节　知识产权的分类

### 一、文学产权与工业产权

◇ 核心知识点

以知识产权客体的功能、发挥作用的领域为标准，知识产权可以分为文学产权与工业产权。《巴黎公约》《伯尔尼公约》即此类划分的体现。文学产权是文学、艺术、科学领域中，作品的创作者、传播者所享有的权利，包括著作权、邻接权。文学产权满足人类的精神需求，只保护非实用功能的表达，不保护思想，遵循自动保护原则；工业产权是工业、农业、商业等产业领域中，基于发明创造、商业标志而产生的权利。《巴黎公约》列举的工业产权对象包括：专利、实用新型、工业外观设计、商标、服务商标、商号、产地标记或原产地名称，以及制止不正当竞争。工业产权满足人类的物质需求，保护具有实用功能的发明创造、商业标志，遵循注册保护原则。

文学产权与工业产权是传统的分类方法。随着科学技术和商品经济的发展，两者相互渗透、交叉。集成电路布图设计权吸收了文学产权和工业产权的规则，形成工业版权。

○ 典型案例

裴立、刘蔷与山东景阳岗酒厂侵犯著作权纠纷案：北京市海淀区人民法院（1996）海知初字第 29 号民事判决书；北京市第一中级人民法院（1997）一中知终字第 14 号民事判决书。

—— 基本案情 ——

刘继卣于 1954 年创作了绘画作品《武松打虎》组画。1980 年景阳岗酒厂将《武松打虎》组画中的第十一幅修改后，作为瓶贴和外包装装潢在其生产的景阳岗陈酿系列白酒酒瓶上使用。1989 年景阳岗酒厂将其已修改使用的《武松打虎》组画中的第十一幅申请注册商标，并取得注册。1990 年，景阳岗酒厂参加了首届中国酒文化博览会，1995 年 6 月 9 日该厂又在北京人民大会堂举行了"景阳岗陈酿品评会"。1996 年，刘继卣的法定继承人以著作权侵权为由起诉景阳岗酒厂。

—— 裁判摘要 ——

一审裁判摘要

被告未经刘继卣许可，擅自将《武松打虎》绘画进行修改后，在其生产的景阳岗系列白酒的瓶贴和外包装装潢中使用，改变了作者的创作意图，属于歪曲、篡改他人作品，破坏了作品的完整性。同时也侵害了刘继卣对其作品依法享有的使用权和获得报酬权。另被告在使用刘继卣的作品时，未为刘继卣署名，侵害了刘继卣的署名权。刘继卣去世后，其著作权中的使用权和获得报酬权应由其继承人继承。关于赔偿数额，合议庭视被告使用刘继卣作品的范围、时间、数量、产品获利等因素予以综合判定，被告应赔偿原告经济损失20万元。

二审裁判摘要

景阳岗酒厂未经刘继卣许可，将其作品作为瓶贴和装潢使用于景阳岗陈酿酒瓶上，侵犯了著作权人的署名权、修改权、保护作品完整权和获得报酬权等合法权益，应承担相应的法律责任。关于赔偿数额，原审法院根据本案的实际情况所确定的赔偿数额是合理的，亦应维持。

▷ 拓展思考

19世纪末期开始，知识产权被分为文学产权与工业产权。当时的法学理论认为，作品的价值在于满足人们的审美需求，与产业活动无关；而工业产权的对象主要用于物质生产或商业活动。但是20世纪以来，作品的外延不断扩展，包括了软件等具有实用功能的、能够应用于产业领域的对象。[①] 此外，越来越多的作品被商业化运作，版权贸易已成为国家的重要经济部类。

由于作品向产业领域的渗透，使得具有实用功能的创作成果的保护成为研究课题。字体[②]、玩具、家具、饰品、服装等实用艺术品，既具有实用功能，又具有审美意义。在发生纠纷时，审美部分与实用部分如何区分，哪些可以由

---

① 李琛. 知识产权法关键词 [M]. 北京：法律出版社，2006：6.

② 北京北大方正电子有限公司与暴雪娱乐股份有限公司等侵害著作权纠纷案：最高人民法院（2010）民三终字第6号民事判决书；北京北大方正电子有限公司与广州宝洁有限公司等侵犯著作权纠纷案：北京市第一中级人民法院（2011）一中民终字第5969号民事判决书。

著作权保护,哪些应由外观设计专利权保护,往往成为焦点。① 此外,作品被产业化使用后,侵权赔偿数额如何计算,也是争议问题。前述《武松打虎》绘画案中,法院认定侵害的是著作权,但是赔偿数额是根据被告将作品用作商标,所使用的范围、时间、数量、产品获利等因素,综合酌定的结果。有观点认为该案判决混淆了文学产权与工业产权的区分。文学产权的价值主要源于智力成果本身的艺术价值、经济价值,侵权赔偿额应以此为基础计算;② 识别性工业产权的价值不是源于该标记的创造性,而是源于识别符号上所承载的商誉的市场价值,侵权赔偿额才可以以被告侵权商品的销售量、利润额等为基础计算。③

## 二、创造性成果权与识别性标志权

◇ 核心知识点

以知识产权价值来源为标准,知识产权可以分为创造成果权与商业标志权。④1992年,国际保护工业产权协会《东京大会报告》采用此分类方法。前者包括发明专利权、集成电路权、植物新品种权、技术秘密权、工业品外观设计权、版权、软件权;后者包括商标权、商号权、其他与制止不正当竞争有关的识别性标志权。⑤ 创造性成果权利是基于作品、发明创造等智力成果而产生的权利。目的在于激励、保护创新、创造,促进文学、艺术,以及科学技术的发展。其客体必须达到法律规定的智力含量:作品必须具有独创性,发明创造必须具有创造性,并且智力成果的价值源于自身的智力含量。为了使创造性成果得到充分利用、传播,促进社会发展,法律规定了更多的限制措施,以及较强的时间性。识别性标志权利是基于商业活动中使用的识别性标志而产生的权利。目的在于规范市场竞争秩序,防止消费者误认、混淆。其客体必须具有识

---

① 张伟君.实用艺术作品著作权法保护与外观设计专利法保护的协调[J].知识产权,2013(9).吕炳斌.实用艺术作品交叉保护的证成与潜在风险之化解[J].西北政法大学学报,2016(2).

② 梁志文.版权法上的审美判断[J].法学家,2017(6).

③ 李琛.知识产权法关键词[M].北京:法律出版社,2006:9.《知识产权法》编写组.知识产权法学[M].北京:高等教育出版社,2022:8.

④ 《知识产权法》编写组.知识产权法学[M].北京:高等教育出版社,2022:8.

⑤ 郑成思.知识产权法教程[M].北京:法律出版社,1993:2.

别功能，价值来源于标志所承载的商业信誉。由于识别性标志使用的时间越久，识别性越强，有利于维护市场竞争秩序和消费者利益，因此法律没有规定强制许可、法定许可，并且允许保护期限续展。①

○ 典型案例

高仪股份公司诉浙江健龙卫浴有限公司侵害外观设计专利权纠纷案：浙江省台州市中级人民法院（2012）浙台知民初字第573号民事判决；浙江省高级人民法院（2013）浙知终字第255号民事判决；最高人民法院（2015）民提字第23号民事判决书。

—— 基本案情 ——

高仪公司拥有"手持淋浴喷头（NO.A4284410X2）"外观设计专利权，专利号为ZL200930193487.X。2012年11月29日，高仪公司提起诉讼称，健龙公司生产、销售和许诺销售的GL062、S8008等型号的丽雅系列卫浴产品，与其外观设计专利产品近似，侵犯了其专利权。

—— 裁判摘要 ——

一审裁判摘要

本案争议焦点为健龙公司生产、销售及许诺销售的被诉侵权产品是否与涉案外观设计专利构成近似。根据一般消费者的知识水平和认知能力，应认定被诉侵权产品与涉案外观设计专利在整体视觉效果上存在实质性差异，两者并不构成近似。因而被告没有侵害高仪公司涉案专利权。

二审裁判摘要

本案争议焦点为被诉侵权产品采用的外观设计是否落入高仪公司涉案专利权的保护范围。侵权比对不是区别点的简单罗列和累加，而应严格秉承"整体观察、综合判断"的比对原则。第一，涉案专利中跑道状的喷头出水面设计，应作为区别于现有设计的设计特征予以重点考量。而被诉侵权设计正是采用了与之高度相似的出水面设计，具备了涉案专利的该设计特征。第二，被诉侵权设计与涉案专利设计相比，在淋浴喷头的整体轮廓、喷头与把手的长度分割比例等方面均非常相似。第三，被诉侵权设计与涉案专利设计的主要区别在于手柄位置，但对产品的整体视觉效果并不产生显著影响。综上，被诉侵权设计与

---

① 李琛.知识产权法关键词[M].北京：法律出版社，2006：9-10. 张玉敏.知识产权的概念和法律特征[J].现代法学，2001（10）.

涉案专利设计构成近似，落入了涉案外观设计专利权保护范围。

再审裁判摘要

本案争议焦点在于被诉侵权产品外观设计是否落入涉案外观设计专利权的保护范围。总体上，被诉侵权产品采用了与涉案授权外观设计高度近似的跑道状出水面设计。但是由于被诉侵权产品外观设计未包含涉案授权外观设计的全部设计特征，以及被诉侵权产品外观设计与涉案授权外观设计在手柄、喷头与手柄连接处的设计等区别设计特征，使得两者在整体视觉效果上呈现明显差异，两者既不相同也不近似，被诉侵权产品外观设计未落入涉案外观设计专利权的保护范围。

▷ 拓展思考

对于创造性成果权与识别性标志权的划分，我国学者有不同看法。郑成思认为，上述二分法并不意味着否定识别性标志权利就不含有创造性。标示性权利的创造性体现在商标等标志的设计、选择过程中的智力投入，以及经营者为培养标志的商誉而进行的广告宣传、保证商品质量等活动中所体现的创造性劳动。[1] 吴汉东认为，知识产品包括创造性成果、经营性标记、经营性资信等多种表现形式，但它们都具有创造性。创造性是知识产品取得法律保护的条件。[2] 另有观点认为，上述二分法意味着将商标等商业标志从智力成果中排除。商标、商号和其他商业标志在知识产权法中是作为商业活动的标志而不是创造性智力成果受到保护。商业标志的本质属性是识别性。[3] 创造成果权和工商业标志权并列，是因为创造成果权的概念不能覆盖工商业标志权的内容。工商业标志的价值与自身是否具备独创性，以及独创性程度的高低没有关系，而是源于在市场交易中对其区别功能的利用。[4]

外观设计专利权属于创造性成果权，但是却采用了与其他创造性成果权不同的侵权判定规则。同属专利法保护的发明、实用新型专利权适用等同侵权规则，判断主体是"本领域普通技术人员"；著作权适用"实质性相似加接

---

[1] 郑成思.知识产权若干问题再析[J].中国法学，1996（6）.郑成思.再论知识产权的概念[J].知识产权，1997（1）.

[2] 吴汉东.知识产权法[M].北京：法律出版社，2021：34-35.

[3] 张玉敏.知识产权的概念和法律特征[J].现代法学，2001（10）.

[4] 刘春田.知识产权法[M].北京：高等教育出版社，2015：7，20.

触"规则。法释〔2009〕21号第8条、10条规定外观设计专利权适用混淆判断规则,即由"一般消费者"判断是否是在相同或类似商品上使用了相同或近似设计。[①]与商标等识别性标志权的侵权判定规则相同。前述案例的再审判决在确认被告使用了涉案专利的创新设计特征的前提下,以尚存在区别,不构成近似设计为由,判定不构成侵权。此外,富士宝家用电器有限公司诉家乐仕电器有限公司专利侵权及侵犯商业秘密纠纷案[②]、德国宝马汽车股份公司诉专利复审委员会专利无效行政纠纷案[③]、本田技研工业株式会社与石家庄双环汽车股份有限公司等侵害外观设计专利权纠纷案[④]、北京奇虎科技有限公司等与北京江民新科技有限公司侵害外观设计专利权纠纷案[⑤],法院采用了同样的裁判规则。与上述案例的裁判规则不同,最高法院在马培德公司与阳江市邦立贸易有限公司等侵害外观设计专利权纠纷申请再审案中,主张被诉侵权产品在采用与外观设计专利相同或者相近似的外观设计之余,还附加其他图案、色彩设计要素的,如果这些附加的设计要素属于额外增加的设计要素,则对侵权判断一般不具有实质性影响。否则,他人即可通过在外观设计专利上简单增加图案、色彩等方式,轻易规避专利侵权。这无疑有悖于专利法鼓励发明创造,促进科技进步和创新的立法本意。[⑥]即采用创新判断规则。外观设计专利属于创造性智力成果范畴,应保护区别于现有设计的创新设计特征。专利法的立法目的在于鼓励发明创造,激励创新,而不是防止误认或混淆。[⑦]因此创

---

① 程永顺.外观设计专利保护实务[M].北京:法律出版社,2005:259-269.

② 《中华人民共和国最高人民法院公报》1999年第2期。

③ 北京市第一中级人民法院(2006)一中行初字第314号行政判决书。

④ 最高人民法院(2014)民三终字第8号民事判决书。

⑤ 北京知识产权法院(2016)京73民初276号民事判决书。该案判决认为涉案专利产品为电脑,而被诉侵权软件不属于外观设计产品的范畴。因此即使被告与原告专利的用户界面相同或者近似,也不构成侵权。该判决一出,即受到热议。类似产品对于专利保护范围的限定给外观设计专利权保护带来了越来越大的消极影响。

⑥ 最高人民法院(2013)民申字第29号民事裁定书。

⑦ 我国将外观设计专利保护的目的定位在防止消费者混淆上,带来一系列矛盾和问题。在外观设计专利申请的审查、外观设计专利无效宣告请求的审查、外观设计专利侵权纠纷的审理中,判断主体、判断客体、判断原则、判断方式都存在着不尽合理之处。吴观乐.外观设计专利应当立足保护创新[M].//程永顺.外观设计专利保护实务[M].北京:法律出版社,2005:17.

新判断规则与混淆判断规则相比,更符合专利制度本质。对遏制模仿、抄袭等搭便车行为,鼓励原创性开发,提升我国工业品外观设计整体水平具有积极意义。①

---

① 张玲.外观设计专利授权条件的立法建议[M].//龙翼飞.民商法理论与实践[M]. 北京:中国法制出版社,2006.

# 第二编

# 著作权

# 第二章 著作权的客体

## 第一节 作品的概念

著作权的客体即作品,《著作权法》第 3 条规定,作品是指文学、艺术和科学领域内具有独创性并能以一定形式表现的智力成果。概括而言,作品构成要件即为独创性、有形表现性和智力性。

一、独创性

独创性是著作权法中最核心的基础概念之一,实践中普遍认为可从"独立性"和"创造性"两个方面来理解。

（一）独立性

◇ 核心知识点

所谓独立性,是指作品应当是作者独立创作完成的,而非抄袭的结果。它包括两方面的含义:第一,独立性禁止抄袭,但并不妨碍创作者在现有作品的基础上进行再创作,并就再创作的结果获得新的著作权保护。著作权的保护范围仅限于再创作的独创性部分。第二,著作权法上的独创性不具有排他性,仅要求作品是自己创作的,不排斥他人同时独立创作相同的作品。① 最高人民法院《关于审理著作权民事纠纷案件适用法律若干问题的解释》第 15 条规定,不同作者就同一题材创作的作品,作品的表达系独立完成并且有创作性的,应当认定作者各自享有独立著作权。

○ 典型案例

洪福远、邓春香诉贵州五福坊食品有限公司、贵州今彩民族文化研发有限公司著作权侵权纠纷案:贵州省贵阳市中级人民法院(2015)筑知民初第 17 号民事判决书。

—— 基本案情 ——

原告洪福远创作完成的《和谐共生十二》作品,发表在 2009 年 8 月贵州人民出版社出版的《福远蜡染艺术》一书中。洪福远曾将该涉案作品的使用权转让给原告邓春香,由邓春香维护著作财产权。原告认为被告五福坊公司未经许可,在其销售的商品上裁切性地使用了涉案作品,侵犯其著作权。被告辩称,涉案作品与被告委托今彩公司设计的产品外包装上的部分图案,均是借鉴的贵州黄平革家传统蜡染图案,故不构成侵权。

—— 裁判摘要 ——

原告洪福远的《和谐共生十二》显然借鉴了传统蜡染艺术的表达方式,但涉案作品对鸟的外形进行了补充,融入了作者个人的独创而有别于传统的蜡染艺术图案,应受著作权保护。经过庭审比对,被告产品包装上的图案与涉案《和谐共生十二》画作,只是图案的底色和线条的颜色存在差别,并非独创性的智力劳动,在被告有机会接触原告作品的前提下,可认定第三人今彩公司抄袭了原告作品,五福坊公司侵犯了原告对涉案绘画美术作品的复制权。

▷ 拓展思考

成立抄袭的一个隐含前提是侵权人曾接触过作品。对"接触"的证明不只局限于以直接证据证明被告已实际接触原告作品的情况,被告有"合理的可能"

---

① 李玉香.独创性的司法判断[J].人民司法,2009(13).

接触过原告的作品的，也可以认定为接触。① 在琼瑶诉于正等著作权侵权纠纷案中，一审、二审法院均认为各被告具有接触电视剧《梅花烙》的机会和可能，故可以推定其具有接触剧本《梅花烙》的机会和可能，满足侵害著作权中的接触要件。② "接触"作为"接触+实质性相似"规则的重要组成部分，在学界鲜见研讨，在判决中屡遭误用。就目前而言，"接触"要件缺乏独立的要件地位和合理的认定标准，已然沦为"实质性相似"要件的附庸，并进一步被"在先发表"架空。对这一常被忽略的具体要件展开研究意义深远，有助于矫正实践误区，将版权侵权研究向深处和细处推进，形成系统的、科学的版权侵权认定规则。③

### （二）创造性

◇ 核心知识点

创造性要求作品的完成应当是作者自己选择、取舍、安排的结果，既不是依已有的形式复制而来，也不是依既定的程式或程序推演而来。④ 著作权法中的创造性，并非要求劳动成果比他人现有成果先进或高明，或创作出了他人不能轻易完成的结果，只是要求劳动成果是智力创造的结果。⑤ 并且作品的独创性与作品的文学、艺术或者科学价值无关，优秀作品和普通作品一样受法律保护。⑥

○ 典型案例

央视诉暴风著作权纠纷案：北京市石景山区人民法院（2015）石民（知）初字第752号民事判决书；北京知识产权法院（2015）京知民终字第1055号民事判决书；北京市高级人民法院（2020）京民再127号民事判决书。

—— 基本案情 ——

2015年1月，央视国际网络有限公司（下称"央视"）对北京暴风科技股

---

① 参见《北京市高级人民法院关于知识产权民事诉讼证据适用若干问题的解答》（京高法发［2007］101号）。

② 参见北京市高级人民法院民事判决书（2015）高民（知）终字第1039号。

③ 刘琳.我国版权侵权"接触"要件的检讨与重构［J］.知识产权，2021（11）.

④ 刘春田.知识产权法［M］.北京：中国人民大学出版社，2022：59.

⑤ 王迁.知识产权法教程［M］.北京：中国人民大学出版社，2016：34.

⑥ 参见云南省高级人民法院民事判决书（2015）云高民三终字第30号。

份有限公司（下称"暴风"）提起诉讼，称暴风未经许可，在2014年巴西世界杯赛事期间，利用其运营的"暴风影音"网站，以及其研发的"暴风影音5"播放器PC客户端软件，通过互联网络直接向公众提供3950段"2014巴西世界杯"赛事电视节目短视频的在线播放服务，侵害了央视独占享有的信息网络传播权。

—— 裁判摘要 ——

一审裁判摘要

由国际足联拍摄、经央视制作播出的"2014巴西世界杯"赛事电视节目所体现的独创性，尚不足以达到类电影作品的高度，但是符合录像制品的规定，应当认定为录像制品。

二审裁判摘要

电影类作品与录像制品的区别应为独创性程度的高低而非有无，涉案世界杯赛事信号所承载连续画面的个性化选择空间相当有限，不构成类电影作品，仅是录像制品。

再审裁判摘要

作品的独创性判断，只能定性其之有无，而无法定量高低。电影类作品与录像制品的划分标准应为独创性之有无，而非独创性之高低。涉案赛事电视节目在多方面均体现了摄像、编导等创作者的个性选择和安排，具有独创性，不属于机械录制所形成的有伴音或无伴音的录像制品，符合电影类作品的独创性要求。

▷ **拓展思考**

创造性到底是有无还是高低的区分，理论界与实务界均未达成一致。即使认为创造性可以定量，具体创造性的高度，在司法实践中也不统一，既有采用版权体系的低标准，也有采用作者权体系的高标准，甚至有杂糅两者的拼盘式标准。独创性理论既是著作权法中最为基础的理论，同时也是著作权法中最为复杂的理论之一。在实践中，作品的独创性往往被大而化之地表述为"作者个性的体现""具有独特的美感"等。在既有研究中，已经有不少学者从摄影作品、汇编作品、实用艺术作品等具体作品类别入手，在具体语境下"以小见大"地探索与丰富作品独创性理论的具体内涵。[①] 如何建立更为合理、科学、细致

---

① 谢晴川.论独创性判断标准"空洞化"问题的破解——以科技类图形作品为切入点[J].学术论坛，2019（5）.

## 二、一定形式表现的智力成果

◇ 核心知识点

作品必须是一种智力成果，人们在衡量和评价一个客体究竟能否成为知识产权的保护对象时，"智力性"特征也往往成了最关键、最具评价力的因素。[1] 而智力成果又是人特有的独创性劳动的产物，[2] 因此很多时候智力性要件会与独创性要件相融合。但随着非人类成果的出现，单纯从成果表现形式上很难准确分辨其是否具有智力性与独创性。

○ 典型案例

"猴子自拍照"案。

—— 基本案情 ——

英国摄影师大卫·斯莱特在印度尼西亚拍摄时，一群黑冠猕猴跑到他的摄影器材旁并开始玩弄那些器材。其中一只猴子模仿人类，拍摄了多张照片，有的照片拍摄效果非常好，几乎看不出是出自猕猴的手。大卫将上述照片传至网络，很快便风靡一时。但在大卫将照片收录进自己的摄影集后，动物保护组织代表猴子向法院起诉，认为猕猴作为拍摄者享有相应照片的著作权，摄影师未经许可展示和出版照片的行为侵犯了其著作权。

—— 裁判摘要 ——

美国加州联邦地区法院认为，《美国版权法》并未规定动物可作为作者，以往的判例在分析作者身份时所用的术语也是"人"。同时可作为参考依据的是，美国版权局在其版权登记手册中明确规定，作品必须是人创作的。由自然现象或动植物的活动形成的结果不能进行版权登记。法院因此认定，猕猴不是《美国版权法》意义上的"作者"，当然也无诉权。[3]

---

[1] 黄汇.解释与转型：知识产权法"智力化"的阐明[J].知识产权，2007（1）.

[2] 彭诚信.智力成果、知识产权与占有制度[J].法商研究，2002（6）.

[3] Naruto v. David John Slater, 2016 U. S. Dist. LEXIS 11041. 转引自：王迁.知识产权法教程[M].北京：中国人民大学出版社，2016：25.

▷ 拓展思考

与动物"创作"更具普遍意义的,是人工智能生成内容的著作权属性问题。人工智能生成内容与人类创作的作品相比,在没有明确标明来源的情况下已很难区别。由此产生了两种不同主张:一是既然从形式上无法区分,为了避免未来在此问题上出现因缺少必要证据而无法认定的情形,可将人工智能生成内容视为是代表设计者或训练者意志的创作行为。① 二是认为迄今为止所有的人工智能生成内容都是应用算法、规则和模板的结果,不能体现创作者独特的个性,并不能被认定为作品。在不披露相关内容由人工智能生成时,该内容可能因具备作品的表现形式而实际受到了保护,但该现象是举证规则造成的,其本质仍未改变。② 人工智能生成内容的定性,直接影响其保护模式的确定。如果认为是作品,则可主张著作权,后续问题即为权利主体如何确定;而如果认定不构成作品,则需要考虑是否应当给予保护,而保护是采用邻接权,还是《反不正当竞争法》,抑或特别法,这些问题都需要继续深入讨论。

## 第二节　不受著作权法保护的对象

根据著作权的基本原理,以及《著作权法》的相关规定,不受《著作权法》保护的对象,主要有三种类型:第一,思想与有限表达;第二,《著作权法》第5条明确排除的对象;第三,不具有独创性的公有领域素材。以下主要讨论实践中争议比较大的思想与有限表达、单纯事实消息。

### 一、思想

#### (一)思想与表达二分法

◇ 核心知识点

思想表达二分法,是指著作权法保护思想情感的表达,不保护思想情感本身。最高院在指导案例81号中明确指出,"按照著作权法保护作品的规定,

---

① 熊琦. 人工智能生成内容的著作权认定 [J]. 知识产权,2017(3).
② 王迁. 论人工智能生成的内容在著作权法中的定性 [J]. 法律科学,2017(5).

人民法院应保护作者具有独创性的表达，即思想或情感的表现形式。对创意、素材、公有领域信息、创作形式、必要场景，以及具有唯一性或有限性的表达形式，则不予保护"。

虽然各国著作权法均规定了思想与表达二分法，但学界对该制度的批评从未断绝。[①]一部分原因就在于该制度太过笼统，无论成文法还是判例法，均没有清晰定义"思想"和"表达"。在实践中，经常采用的是抽象概括法。该方法是指通过抽象的手段，将作品中的思想、事实或通用元素等不受保护部分予以分离，与作品中受保护的部分进行比对，从而判定两部作品之间构成实质性相似部分是否属于表达。这一方法的主旨是为了撇开不同作品具体表达中细枝末节层面的不同，抓住更为抽象、主干的表达间的相似，对相关作品进行多层次的抽象概括，在此基础之上比较两部作品的具体表达是否构成实质性相似，以此判断是否侵权。

○ 典型案例

于正等与琼瑶侵害著作权纠纷上诉案：北京市高级人民法院（2015）高民（知）终字第1039号民事判决书。

—— 基本案情 ——

陈喆（笔名：琼瑶）于1992年至1993年创作完成电视剧剧本及同名小说《梅花烙》。2012年至2013年，于正创作电视剧剧本《宫锁连城》，并与其他被告一起共同摄制了电视剧《宫锁连城》，涉案作品中全部的核心人物关系、故事情节与原告的《梅花烙》存在大量相同和相似。被告辩称，相似的人物关系、所谓桥段及桥段组合属于特定场景、公有素材或有限表达，不受著作权法保护，故不构成侵权。

—— 裁判摘要 ——

剧本和小说均属于文学作品，文学作品中思想与表达界限的划分较为复杂。文学作品的表达，不仅表现为文字性的表达，也包括文字所表述的故事内容，但人物设置及其相互的关系，以及由具体事件的发生、发展和先后顺序等构成的情节，只有具体到一定程度，即文学作品的情节选择、结构安排、情节推进设计反映出作者独特的选择、判断、取舍，才能成为著作权法保护的表达。确定文学作品保护的表达是不断抽象过滤的过程。被告于正主张的剧本情节，虽

---

① 李雨峰.思想/表达二分法的检讨[J].北大法律评论，2007，8（2）：435-436.

然与小说在部分情节上有细微差别，但是并不影响剧本和小说两部作品在整体内容上的一致性，因此被告构成著作权侵权。

### （二）情景原则与有限表达原则

◇ 核心知识点

情景原则，是指文学作品中，当某些要素是特定主题或思想观念的必然派生物，作者在处理同一主题时不可避免地会使用到时，为保证社会公众的创作自由不被不适当地限制，这些表达不受著作权保护。有限表达原则，指当思想观念与表达密不可分的时候，或者说当某种思想观念只有一种或有限的几种表达时，则著作权法不仅不保护思想观念，而且也不保护表达。

○ 典型案例

指导案例 81 号：张晓燕诉雷献和、赵琪、山东爱书人音像图书有限公司著作权侵权纠纷案：最高人民法院（2013）民申字第 1049 号民事裁定书。

—— 基本案情 ——

原告张晓燕于 1999 年 12 月开始改编创作《高原骑兵连》剧本，2000 年 8 月根据该剧本筹拍 20 集电视连续剧《高原骑兵连》，张晓燕系该剧著作权人。被告雷献和作为《高原骑兵连》的名誉制片人参与了该剧的摄制。被告雷献和作为第一编剧和制片人、被告赵琪作为第二编剧拍摄了电视剧《最后的骑兵》。经对比发现，《最后的骑兵》与《高原骑兵连》有很多雷同之处，主要人物关系、故事情节及其他方面相同或近似。

—— 裁判摘要 ——

著作权法保护表达，但创意、素材或公有领域的信息、创作形式、必要场景或表达唯一或有限则被排除在著作权法的保护范围之外。必要场景，指选择某一类主题进行创作时，不可避免而必须采取某些事件、角色、布局、场景，这种表现特定主题不可或缺的表达方式不受著作权法保护；表达唯一或有限，指一种思想只有唯一一种或有限的表达形式，这些表达视为思想，也不给予著作权保护。《最后的骑兵》与《高原骑兵连》虽然在人物设置与人物关系有相同或相似的主张，但两部作品均系以特定历史时期骑兵部队撤（缩）编为主线展开的军旅题材作品，其中的三角恋爱关系、官兵上下关系、军民关系等人物设置和人物关系，属于军旅题材作品不可避免地采取的必要场景，因表达方式有限，不受著作权法保护。

## 二、单纯事实消息

◇ 核心知识点

单纯事实消息就是以新闻内容是否限制在五个"W"新闻要素之内的简单时事报道，五个"W"即when（何时）、where（何地）、who（何人）、what（何事）、why（何故）。[①]但若在单纯事实消息以外，融入写作者的创造性表达，则该消息便不属于单纯事实消息，而属于新闻作品，可以获得著作权法的保护。

○ 典型案例

胡跃华诉北京搜狐在线网络信息服务有限公司侵犯著作权纠纷案：北京市第二中级人民法院（2003）二中民初字第250号民事判决书。

—— 基本案情 ——

原告应《羊城晚报》的约请创作了《女记者贩毒体验七昼夜》一文，并交付该报。该报未经许可擅自刊登了该文章（对该报的侵权将另案解决）。被告未经原告许可，在其经营的搜狐网上转载了该文章并设置了搜索链接，且未署名也未支付报酬。原告认为被告的行为侵犯了其著作权，被告则辩称其转载行为属于合理使用。

—— 裁判摘要 ——

原告是《女记者贩毒体验七昼夜》文的作者，依法享有著作权。该文系原告根据自己的亲身体验创作的采访纪实，不属单纯时事新闻或单纯事实消息。因此被告关于其系合理使用《女记者贩毒体验七昼夜》文的主张，本院不予支持。

▷ 拓展思考

大多数新闻报道往往需要依赖报道者个人的职业敏感，甚至需要深入生活，才能捕捉和跟踪到社会上发生的有新闻价值的线索，并对其进行深度分析和报道。[②]虽然新闻工作者在发现新闻线索和调查事实的过程中付出了艰苦的努力，但表达形成前的事实发现和事实调查，均不能获得可版权性。我国涉及单纯事

---

① 阎庚.时事新闻作品应该被纳入著作权法调整范畴[J].电子知识产权，2006（7）.

② 刘洪秋.论时事新闻稿件的著作权保护[J].东北财经大学学报，2004（6）.

实消息的实际案件中经常会涉及图片和照片。司法中,一般认为图片和照片足以构成作品,并非单纯事实消息。

## 第三节 作品的分类

《著作权法》第 3 条列举了 8 种常见作品类型,同时设置了"法律、行政法规规定的其他作品"的兜底条款;《中华人民共和国著作权法实施条例》在上述 8 种常见类型的基础上,按照表现形式的不同定义了 13 种作品。以下将以实践中争议比较多的几种作品类型分别介绍。

### 一、文字作品

◇ 核心知识点

文字作品的保护主要遵循前述琼瑶与于正案的判决思路,采用抽象过滤法确定保护范围。但对某些特定要素的保护,如人物关系、人物名称、人物形象等,仍然存在争议。

○ 典型案例

庄羽与郭敬明等侵犯著作权纠纷上诉案:北京市高级人民法院(2005)高民终字第 539 号民事判决书。

—— 基本案情 ——

2002 年 8 月 14 日,庄羽在天涯社区网站发表小说《圈里圈外》,并在 2013 年由中国文联出版社出版。2003 年 11 月,春风文艺出版社出版了郭敬明的《梦里花落知多少》一书。两本书在人物关系、人物特征、情节等方面均存在相同和相似,原告认为被告构成剽窃,被告则主张相似部分是公有领域中的素材。

—— 裁判摘要 ——

在小说创作中,人物需要通过叙事来刻画,叙事又要以人物为中心。无论是人物的特征,还是人物关系,都是通过相关联的故事情节塑造和体现的。单纯的人物特征,或者单纯的人物关系,都属于公有领域的素材,不属于著作权法保护的对象。但是一部具有独创性的作品,以其相应的故事情节及语句,赋予这些"人物"以独特的内涵,则这些人物与故事情节和语句一起成为著作权法保护的对象。在本案中,从构成相似的主要情节和一般情节、语句的数量来看,已经远远超出了"巧合"的范围,结合郭敬明在创作《梦里花落知多少》之前已经接触过《圈里圈外》的事实,应当可以推定郭敬明构成剽窃。

▷ 拓展思考

单独的人物形象,是否可受著作权法保护,美国司法实践发展出两个规则。一是汉德法官在 Nichols 案中提出的"独特描述与展开"标准:人物形象越是没有展开,就越是不能获得版权。这是作者因为没有独特描述人物而必须承担的惩罚。[①] 二是在 Warner Brothers 一案中,第九巡回上诉法院提出的"叙述故事标准":人物形象真正构成被叙述的故事是可以想象的。但如果人物仅仅是故事叙述中的一枚棋子,他就不在版权保护的范围内。[②] 国内司法实践中亦采用了前述第一种标准,在摸金校尉案中,法官在一审判决书中认为,只有当人物形象等要素在作品情节展开过程中获得充分而独特的描述,并由此成为作品故事内容本身时,才有可能获得著作权法的保护。[③] 而从实际效果言之,该标准事实上将所有人物形象都排除在了单独保护的范围之外,因为在文学作品中几乎所有人物设计都服从于特定故事的叙事安排,并不存在单独一个人物形象就构成一个故事的情形。因此对单独人物形象应如何保护,仍然有待于司法实践的发展。

## 二、戏剧作品

◇ 核心知识点

戏剧作品的保护对象,究竟是指作为基础存在的文字作品,还是现场"活

---

[①] Nichols v. Universal Picture Corp., 45 F. 2d 119(2d Cir. 1930).

[②] Warner Brothers, Inc. v. American Broadcasting Companies. Inc., 720 F. 2d 231, 222 USPQ 101(2d Cir. 1983).

[③] 向波.文字作品虚拟角色的著作权保护[J].中国版权,2017(5).

的表演",理论界存有争议。司法实践中,基本认为戏剧作品是文字性作品。①

○ **典型案例**

田鸣鸣诉浙江音像出版社著作权侵权纠纷案:浙江省杭州市中级人民法院(2004)杭民三初字第58号民事判决书。

—— 基本案情 ——

陈曼是越剧《何文秀》的编剧,是该剧的著作权人,在1993年去世后著作权由其女儿田鸣鸣(本案原告)继承。被告未经原告许可,也未支付任何报酬,即出版发行了《何文秀》,其中全部使用了陈曼创作的《何文秀》剧本,并且未在VCD的封面上给陈曼署名。原告认为被告的行为侵犯了其著作权,被告辩称其出版的是《何文秀》越剧戏剧作品,而不是《何文秀》文学作品,因此不侵犯陈曼的著作权。

—— 裁判摘要 ——

我国《著作权法》将戏剧作品单列于文字作品外,因此不能简单以作品中包含文字就概而论之为文字作品;同时戏剧作品主要是为表演所用,也不能因未将剧本复制、发行,而是将剧本用于演出就不认定为未使用戏剧作品。戏剧作品的特点在于演员的表演是即时、流动的,演出完成后演出的过程便不复存在,正因为如此,著作权法未将其作为一个整体加以保护,而是对剧本作者、演员等的权利采取不同的方式分别予以保护。本案中,被告音像出版社出版发行越剧《何文秀》VCD时,未取得剧本著作权人的同意,侵犯了田鸣鸣的著作权。

▷ **拓展思考**

与戏剧作品类似,舞蹈作品究竟是指未经固定的现场表现的作品,还是指舞谱创作者编创的由文字、图形、符号等构成的作品,亦存在争议。舞蹈作品的客体,无论是舞谱还是现场表演,其客体都是舞蹈的动作设计,如果舞谱在表现形式上可以达到美术作品"具有审美意义"的要求,并不排除舞谱同时构成美术作品的可能。

---

① 如在陈民洪诉彭万廷等著作权、名誉权侵权案中,法院认为无论是戏剧作品还是舞蹈作品,都不是指舞台上的表演。戏剧作品指的是戏剧剧本,舞蹈作品指的是舞蹈的动作设计。参见湖北省宜昌市中级人民法院民事判决书(1998)宜民初字第58号;湖北省高级人民法院民事判决书(1999)鄂民终字第44号。

## 三、书法作品

◇ 核心知识点

书法在表现形式上虽然为文字,但由于书写的文字本身体现了个性化的艺术表达,因此书法也可作为美术作品得到保护,这一点无论是《著作权法》还是司法实践,均予以明确。近年来,有关计算机单字是否构成书法作品,引发了广泛的讨论。

○ 典型案例

北京北大方正电子有限公司诉暴雪娱乐股份有限公司等侵害著作权纠纷案:最高人民法院民事判决书(2010)民三终字第 6 号民事判决书。

—— 基本案情 ——

北大方正公司是方正兰亭字库中 5 款方正字体的权利人。暴雪公司是网络游戏《魔兽世界》的著作权人,《魔兽世界》使用了涉案 5 款字体,以及标有 GBK 的各款字体包含 21000 个汉字、标有 GB 的字体包含 7000 个汉字。原告认为暴雪公司侵犯了其前述 5 款字体中每个汉字的美术作品著作权,被告则主张涉案字体不是著作权法保护的作品。

—— 裁判摘要 ——

一审法院认为,字库中每个字体的制作体现出作者的独创性。涉案方正兰亭字库中的每款字体的字型是由线条构成的、具有一定审美意义的书法艺术,符合著作权法规定的美术作品的条件。

最高人民法院经审理认为,涉案每款字体(字库)均由指令及相关数据构成,而非线条、色彩或其他方式构成,因此其不属于美术作品。根据诉争相关字体(字库)的制作过程,字库制作过程中的印刷字库与经编码完成的计算机字库及该字库经相关计算机软件调用运行后产生的字体属于不同的客体,且由于汉字本身构造及其表现形式受到一定限制等特点,经相关计算机软件调用运行后产生的字体是否具有著作权法意义上的独创性,需要进行具体分析后尚能判定。本案中暴雪公司、第九城市公司在其游戏运行中使用上述汉字是对其表达思想、传递信息等功能的使用,无论前述汉字是否属于著作权法意义上的美术作品,这种使用均不侵犯北大方正公司的相关权利。

▷ 拓展思考

虽然最高院在前述案例中认为，单字在具有著作权法意义上的独创性时可构成美术作品，但实际从单字的产生过程来看，其很难满足独创性的要求。字库的制作通常经过字体设计、扫描、数字化拟合、人工修字、质检、整合成库等步骤，这就表明字库单字的制作是生产过程，而非创作过程，它与书法作品追求个性的要求相悖。同时需要区分的是设计师的字稿与最终形成的单字。当字稿经过一系列程序被制成计算机字库软件工具后，单字本身的性质也发生了质变。①

## 四、建筑作品

◇ 核心知识点

独具特色的建筑物不仅能满足人们的生产生活需要，还能给人以美的视觉享受。正是这种功能性与美学性的双重属性，造成了建筑作品保护范围界定的困难，实践中因建筑作品引发的著作权纠纷也反映出这一问题。

○ 典型案例

国家体育场有限责任公司诉熊猫烟花集团股份有限公司、浏阳市熊猫烟花有限公司等侵害建筑作品著作权纠纷案：北京市第一中级人民法院民事判决书（2009）一中民初字第4476号。

—— 基本案情 ——

原告国家体育场有限责任公司是北京2008年奥林匹克运动会主会场国家体育场（又称"鸟巢"）建筑作品、《国家体育场夜景图》图形作品和《国家体育场模型》模型作品的著作权人。由第一被告监制，第二被告生产，第三被告销售的"盛放鸟巢"烟花产品，经比对，与国家体育场的外观相似。原告认为被告的行为侵犯了其著作权，被告则主张"盛放鸟巢"烟花是工业产品，不是著作权法意义上的作品，不存在对国家体育场建筑作品的剽窃或复制。

—— 裁判摘要 ——

对建筑作品著作权的保护，主要是对建筑作品所体现出的独立于其实用功能之外的艺术美感的保护，只要未经权利人许可，对建筑作品所体现出的艺术

---

① 张玉瑞.论计算机字体的版权保护[J].科技与法律，2011（1）.

美感加以不当使用，即构成对建筑作品著作权的侵犯，而不论此种使用是使用在著作权法意义上的作品中，还是工业产品中。因此"盛放鸟巢"烟花产品的制造和销售侵犯了原告的著作权。

▷ **拓展思考**

在"盛放鸟巢"案中，原告坚持认为夜景图、模型作品和建筑作品属于同一作品的不同表现形式，并且明确表示其在本案中仅主张建筑作品著作权。原告的主张部分成立。建筑作品的本质就是一种设计，无论是表现为实际的建筑物，还是建筑设计图，抑或是建筑模型，都是设计元素的不同表现形式。因此只要三者之间具有对应关系，这些不同表现形式就应被视为同一作品。[①] 但建筑设计图可能同时成为图形作品，在这两种不同作品类型项下，各自的保护对象是不同的。按照建筑设计图建造建筑物，由于建筑设计图同时体现了建筑作品的独创性设计，那么建造行为侵犯的就是建筑作品的著作权，与图形作品无关；而当建筑设计图本身体现了与建筑作品无关的独创性时，即设计图中严谨、和谐与对称的"科学之美"，[②] 若对建筑设计图的利用方式是从平面到平面的复制，那么此时侵犯的就是建筑设计图作为图形作品的著作权，与建筑作品无关。

## 五、实用艺术作品

◇ **核心知识点**

我国 2001 年修订《著作权法》时，实用艺术作品出现在草案的条款中，但在通过正式文本时又删除了有关规定，有关实用艺术作品著作权纠纷的案件，并没有因为立法的回避就相应减少，实践中大家已经普遍接受了实用艺术作品的概念。

○ **典型案例**

英特宜家系统有限公司诉台州市中天塑业有限公司著作权纠纷案：上海市第二中级人民法院（2008）沪二中民五（知）初字第 187 号民事判决书。

---

[①] 卢海君. 美国的建筑作品版权制度及对我国的启示[J]. 北方法学，2010（2）.

[②] 王迁. 论著作权法保护工业设计图的界限——以英国《版权法》的变迁为视角[J]. 知识产权，2013（1）.

—— 基本案情 ——

原告英特宜家公司是玛莫特系列儿童椅和儿童凳作品的著作权人，玛莫特系列商品多年前就在商品目录和多本书籍中刊载，1994年玛莫特儿童椅还获得瑞典"年度家具"的大奖。被告生产和销售了多种型号的儿童椅和儿童凳。经比对，被告的阿木童儿童凳、儿童椅产品在整体外形上与玛莫特儿童凳、儿童椅构成基本相同。原告认为，被告构成著作权侵权；被告则主张，玛莫特系列产品不具有实用艺术品应当具有的独创性和艺术性等特征，不属于实用艺术作品，而是实用工业品，故不构成侵权。

—— 裁判摘要 ——

我国《著作权法》未将实用艺术作品单列为作品，根据我国参加的国际公约和相关法律规定，对实用艺术作品的著作权保护，是从实用艺术作品的实用性和艺术性角度分别予以考虑，对于实用性部分不适用著作权保护，对于艺术性部分可以归入著作权法规定的"美术作品"予以依法保护。本案中，玛莫特儿童椅和儿童凳属于造型设计较为简单的儿童椅和儿童凳，不具备美术作品应当具备的艺术高度。因此尽管被告生产的儿童凳、儿童椅产品与原告的产品从整体上构成相似或者基本相同，也不构成对原告著作权的侵犯。

▷ 拓展思考

实用艺术品要获得著作权保护，必须具有一些可从物理上或者从观念上同该物品的实用性层面区分开来的要素。分离之后的艺术要素，我国司法实践中认为实用艺术作品的艺术创作程度并不具有任何特殊属性，而是与美术作品相当。[①]

## 六、模型作品

◇ 核心知识点

模型作品，是指为展示、试验或者观测等用途，根据物体的形状和结构，按照一定比例制成的立体作品。按照这一定义，模型作品需要满足以下两个要

---

[①] 许超.著作权同专利权的关系［M］.//中国社会科学院知识产权中心，北京市高级人民法院民事审判第三庭.知识产权办案参考（第6辑）［M］.北京：中国方正出版社，2003：40.

求：第一，在目的上是为了展示、试验或者观测，这就意味着模型作品较之于实物，只是比例大小的差别；第二，在制作上是根据实物完成的，即模型作品产生于实物之后，那些早于实物产生的原型不属于模型作品。正是这样两个严格的要求，导致了模型作品事实上不可能满足独创性的要求。

○ 典型案例

北京中航智成科技有限公司（以下简称中航智成公司）与深圳市飞鹏达精品制造有限公司（以下简称飞鹏达公司）侵害著作权纠纷上诉案：北京市高级人民法院（2014）高民（知）终字第3451号民事判决书。

—— 基本案情 ——

成都飞机设计研究所（以下简称成为所）为"歼十飞机（单座）"的设计、研发单位，该飞机的实际制造者为成都飞机工业（集团）有限责任公司。中航智成公司取得上述两单位的许可，为该飞机模型的唯一生产商及供应商。在获得许可后，中航智成公司根据成飞所"歼十飞机（单座）"原始设计图纸及"歼十飞机（单座）"设计了相应的等比例模型。飞鹏达公司生产、销售了"45 cm 小歼 10"飞机模型。二者仅是大小的区别。原告认为，飞鹏达公司的上述行为侵犯了其"歼十飞机（单座）"的设计图纸、模型及飞机本身分别享有图形作品、美术作品或模型作品的复制权及发行权。被告认为"歼十飞机（单座）"本身并不属于模型作品。

—— 裁判摘要 ——

中航智成公司所主张的"歼十飞机（单座）"模型是其根据"歼十飞机（单座）"等比例缩小制作而成，可见其所主张的飞机模型属于对"歼十飞机（单座）"的精确复制，不具有独创性。同时需要说明的是，由于"歼十飞机（单座）"本身艺术性与实用性无法分离，因此对于等比例制作而成的飞机模型，无论其产生早于或晚于"歼十飞机（单座）"，二者均属于同一表达的不同表达方式，基于与"歼十飞机（单座）"不能获得著作权保护之相同的理由，其模型均不能获得著作权的保护。

▷ 拓展思考

为了解决现行规定下模型作品出现的理论和实践问题，送审稿曾以"立体作品"取代"模型作品"，将其定义为"为生产产品、展示地理地形、说明事物原理或者结构而创作的三维作品"，但在正式文本中，仍然保留了模型作品的表述。在一起涉及外币验钞机外壳模型的案件中，一审法院认为该外币验钞机外壳模型可以构成模型作品；但二审法院则认为，外币验钞机属工业产品，不构成《著作权法》中的"作品"。① 反映到送审稿中的立体作品定义，即"为生产产品创作的三维作品"不构成作品。

## 七、视听作品

◇ 核心知识点

2020年《著作权法》将电影作品和类电影作品统一归为视听作品，与《视听表演北京条约》保持了一致。视听作品较之于之前"电影作品和类电影作品"的表述，扩大了受保护作品的类型，涵盖视频剪辑、短视频、网剧等客体。目前围绕体育赛事节目、网络游戏等形成的争议，在"视听作品"确立后，仍将继续存在。

○ 典型案例

广州硕星信息科技股份有限公司与壮游公司著作权权属、侵权纠纷上诉案：上海市浦东新区人民法院（2015）浦民三（知）字第529号民事判决书；上海知识产权法院（2016）沪73民终190号民事判决书。

—— 基本案情 ——

2001年11月，网禅公司创作完成网络游戏《MU（3Donlinegame）》（中文名《奇迹MU》），之后网禅公司授权壮游公司有《奇迹MU》在中国区域的独占性运营权，并享有以壮游公司自己名义进行维权的权利。2013年12月，硕星公司完成网页游戏《奇迹神话》，之后授权维动公司在授权区域内独家运营及推广该游戏。经比对，两个游戏在地图、场景、角色及其技能、武器和装备、怪物及NPC方面均相同或相似，网络上多篇测评文章也反映出二者的相似性。原告认为，网络游戏属于多种作品构成的复合型的"其他作品"，在现行法律没有修改的情况下，如果不能用"其他作品"来进行保护，则网络游戏的整体画面属类电影作品；被告则认为《奇迹MU》游戏画面不构成类电影作品或"其他作品"。

---

① 参见广东省高级人民法院（2005）粤高法民三终字第378号民事判决书。

—— 裁判摘要 ——

一审裁判摘要

《奇迹MU》作为一款角色扮演游戏，具有一定的故事情节，随着玩家的操作，游戏人物在游戏场景中不断展开游戏剧情，所产生的游戏画面由图片、文字等多种内容集合而成，并随着玩家的不断操作而出现画面的连续变动，具有和电影作品相似的表现形式，故涉案游戏的整体画面可以作为类电影作品获得著作权法的保护。

二审裁判摘要

类电影作品的特征性表现形式在于连续活动的画面，该连续活动画面是唯一固定，还是随着不同操作而发生不同变化并不能成为认定类电影作品的区别因素。我国《著作权法》规定的类似摄制电影的方法创作，应是对创作方法的规定，不应仅是制作技术的规定，更应包括对各文学艺术元素整合的创作方法。从此意义上来讲，网络游戏也是采用对各文学艺术元素整合的创作方法。

▷ 拓展思考

网络游戏整体可以作为类电影作品保护，而在游戏进行过程中，因选手的操作而形成的单独游戏画面，在上海耀宇文化与广州斗鱼著作权侵权纠纷一案中，法院则认为其不能独立于游戏整体而成为新作品。此结论有待商榷，比赛过程具有随机性和不可复制性，并不代表过程中的某一画面就不具有独创性。由于选手操作选择不同，形成的画面也就不同，所以这些画面也可能属于著作权法上的作品。

## 八、其他作品

◇ 核心知识点

第三次《著作权法》修订后开放了作品类型，原有《著作权法》虽然也设置了兜底条款，但作品类型只能由法律、行政法规来确定，导致兜底条款的设置形同虚设。按照新修订的《著作权法》，智力成果只要满足作品特征，即使不属于前述明文列举的作品类型，也可以受到保护，这就赋予了法官在具体案件中的自由裁量权，为将来新作品类型的出现预留了空间。

○ 典型案例

杭州西湖风景名胜区湖滨管理处等与北京中科水景科技有限公司（以下简称中科水景公司）侵害著作权纠纷案：北京市海淀区人民法院（2016）京0108民初15322号民事判决书；北京知识产权法院（2017）京73民终1404号民事判决书。

—— 基本案情 ——

中科水景公司主张其对所创作的青岛世园会音乐喷泉《倾国倾城》《风居住的街道》乐曲的喷泉编曲享有著作权，认为西湖管理处以考察名义从该公司获得包含涉案作品在内的视频、设计图等资料并交给中科恒业公司，中科恒业公司剽窃涉案音乐喷泉编曲并在西湖施工喷放，侵犯该公司著作权。

—— 裁判摘要 ——

一审裁判摘要

音乐喷泉作品所要保护的对象是喷泉在特定音乐配合下形成的喷射表演效果。《著作权法》虽无音乐喷泉作品或音乐喷泉编曲作品的类别，但这种作品本身确实具有独创性，应受到《著作权法》的保护。

二审裁判摘要

尽管不同于常见的绘画、书法、雕塑等美术作品静态的、持久固定的表达方式，但喷泉客体是由灯光、色彩、音乐、水型等多种要素共同构成的动态立体造型表达，其美轮美奂的喷射效果呈现具有审美意义，属于一种新形态的美术作品。

▷ 拓展思考

一审法院在作品类型上，显然是将音乐喷泉作品认定为了"其他作品"，但由于并无法律、行政法规做出规定，一审判决有"法官造法"之嫌；二审法院在坚持作品类型法定的前提下，对已列举的作品类型做出了开放性解释，符合作品类型化的法律本旨。此次《著作权法》修改后，法官突破既有作品类型便有法可依了。该案例另一个值得思考的问题是，音乐喷泉本身是否构成作品。

# 第三章

## 著作权的主体

## 第一节 作者

### 一、作者的定义

◇ 核心知识点

作者，是创作作品的自然人。在特定情况下，为了满足某种利益的需求，也可以法律规定将作者身份赋予自然人以外的其他主体。著作权法上的作者是一个法律概念，其法律意义在于原始取得著作权。作为著作权归属的一般原则，自作品完成之日起，作者依法成为该作品的著作权人。《著作权法》第11条第1款规定，"著作权属于作者，本法另有规定的除外"。

作者是创作的人。作者是创作的人，即完成独立表达的人。依据《著作权法实施条例》第3条，著作权法上的创作，是指直接产生文学、艺术和科学作品的智力活动。创作属于事实行为，而非法律行为。一项行为是否属于创作，核心在于考察行为的结果是否构成作品，而非考察行为的过程中是否有"额头上的汗水"。创作不要求作者具备行为能力，无民事行为能力人亦能创作作品，享有著作权；但创作要求作者具备权利能力，不具备民事主体资格者不能成为作者。实际创作作品的人是作者，这意味着仅仅为创作提供辅助的人不是作者，仅仅为创作提供思想的人也不是作者。

近年来，动物乃至人工智能给作者的概念带来了一定挑战，诸如宠物的自拍、泰国大象的绘画、AlphaGo 的自战棋谱、地图软件的导航路线图、AI 制作的图片与动画等。但动物、人工智能都不具备民事权利能力，不能享有权利、承担义务，并不能成为作者。著作权法上的作者是一个法律概念，其制度意义在于确立著作权的原始取得。与法人不同，动物与人工智能并不存在原始取得著作权的现实需求。

作者存在推定制度。《著作权法》第 12 条第 1 款规定，"在作品上署名的自然人、法人或者非法人组织为作者，且该作品上存在相应权利，但有相反证明的除外"。这是对作者身份的推定。由于作者原始取得著作权，所以在一定程度上，作品上署名的方式起到了公示著作权的作用。但由于作者可以保持作者身份的方式处分著作权，所以通过署名的公示往往效力不足。

## 二、法人作者

◇ 核心知识点

我国《著作权法》上的作者包括自然人作者和非自然人作者。非自然人作者，亦称为单位作者或法人作者。《著作权法》第 11 条第 3 款规定，"由法人或者非法人组织主持，代表法人或者非法人组织意志创作，并由法人或者非法人组织承担责任的作品，法人或者非法人组织视为作者"。所以单位作者的作品需要满足三个要件：一、由单位主持；二、代表单位意志创作；三、由单位承担责任（权利和义务）。我国著作权法借鉴版权法系规定单位作者制度，目的在于调整单位作品著作权归属的便利，减少交易成本。单位作者创作的作品，需要体现单位意志，由单位享有权利、承担义务，例如某出版社组织编撰的词典、某机关年度总结报告。单位作者主要是法人，所以也经常称为法人作者，但除了法人以外，符合条件的其他组织和单位也可成为作者。

## ○ 典型案例

杨松云诉修建灵塔办公室著作权纠纷案：西藏日喀则地区中级人民法院（1995）日中民初字第 7 号民事判决书；西藏高级人民法院（1998）藏法民终字第 2 号民事判决书。

—— 基本案情 ——

十世班禅额尔德尼 1989 年去世，西藏日喀则地区行署成立"修建灵塔办公室"（以下简称"灵塔办"）以修建班禅灵塔。灵塔办准备在灵塔内放置班禅银头像，遂与泥塑艺人杨某签订合同制作头像。其间，灵塔办多次对头像提出修改意见，并在合同中约定酬金，但未约定著作权归属。头像完成后，杨某起诉灵塔办，要求确认其著作权归属和著作权使用费用。

—— 裁判摘要 ——

一审裁判摘要

原告杨松云在试塑第十世班禅大师头像过程中，付出了一定智力劳动，起了一定的作用。但塑造第十世班禅头像是由被告方主持的。在试塑过程中，被告为原告提供了班禅大师的各种照片等资料，物资上也给予了帮助。并根据班禅大师的五官特点先后提出了六次修改意见，原告按照被告提出的修改意见，进行了修改。原告是按照被告意志进行构思创作的。作品所要表达的思想、观点和内容都反映被告的意志，该作品的责任由被告全部承担，加之该作品涉及宗教领袖，是一种特定的人身性质的作品，因此其著作权归被告享有，而不是原告享有。

二审裁判摘要

额尔德尼是我国著名宗教领袖，塑造其头像体现国家意志，班禅头像应视为法人作品，其所有权及著作权均应归被告灵塔办享有。原告杨松云在试塑班禅头像过程中付出了一定智力劳动，灵塔办应一次性给上诉人杨松云适当经济补偿 1 万元。

## ▷ 拓展思考

该案中，基于班禅头像的公益属性，班禅头像的制作体现了国家意志，属于国家行为，由作为国家机构的灵塔办组织实施并承担责任，符合法人作品的相关要件，灵塔办可以视为法人作者。

## 第二节　演绎、汇编作品著作权的归属

### 一、演绎作品

◇ 核心知识点

演绎作品，利用已有作品的表达创作的新作品。演绎，派生之义。演绎作品和原作品相同的是表达，而非思想，是基于原作品的再创作，如翻译、视听化、汇编、注释整理等。《著作权法》第13条规定，"改编、翻译、注释、整理已有作品而产生的作品，其著作权由改编、翻译、注释、整理人享有，但行使著作权时不得侵犯原作品的著作权"。

演绎作品往往存在多个著作权，有学者概括为著作权的"多重性"[①]。例如小说改编成剧本，剧本翻译成外文，那么译文除了译者的著作权之外，还有小说作者和剧本作者的著作权。类似于演绎作品，作品的传播成果也存在着多个邻接权。例如录音制品可以同时存在音乐作品的著作权、表演者的表演者权和录制者的录制者权。

### 二、汇编作品

◇ 核心知识点

我国著作权法针对汇编这种演绎形式进行了专门规定。《著作权法》第15条规定，"汇编若干作品、作品的片段或者不构成作品的数据或者其他材料，对其内容的选择或者编排体现独创性的作品，为汇编作品，其著作权由汇编人享有，但行使著作权时，不得侵犯原作品的著作权"。依据该条，如果是对原作品的汇编，则其属于演绎作品，适用演绎作品的规则；如果是对非作品的汇编，则其不属于演绎作品。汇编作品单独规定，因为汇编作品的独创性要求较低，也和数据库等知识产权的保护密切相关。

○ 典型案例

上海游趣网络科技有限公司（以下简称"游趣网游公司"）与上海城漫漫

---

① 刘春田．知识财产权解析［J］．中国社会科学，2003（4）．

画有限公司（以下简称"城漫漫画公司"）著作权许可使用合同纠纷案：上海市二中院（2010）沪二中民五（知）初字第158号民事判决书。

—— 基本案情 ——

《鬼吹灯》小说畅销，城漫漫画公司未经许可将《鬼吹灯》小说改编为《鬼吹灯》漫画，游趣网游公司与城漫漫画公司签订协议将《鬼吹灯》漫画改编为网络游戏。后经小说作者授权，玄霆公司、麦石公司起诉游趣网游公司侵权，在游趣网游公司支付赔款后达成和解。游趣网游公司认为城漫漫画公司提供有知识产权瑕疵的漫画，起诉城漫漫画公司违约。

—— 裁判摘要 ——

依据当事人之间的合同，城漫漫画公司的合同义务是将其拥有著作权的《鬼吹灯》漫画中的形象（包括人物形象、场景设定等）授权原告用于开发《鬼吹灯》网络游戏等，游趣网游公司主要的合同义务是其获得授权后支付被告网络游戏开发及运营版权费用人民币200万元；双方当事人没有对于取得《鬼吹灯》小说著作权人的改编授权的相关内容。鉴于《鬼吹灯》小说作品具有较高的知名度，原告作为网络游戏的开发者对于上述事实也应当是明知的；被告在履行上述合同过程中仅向原告交付了自己享有著作权的漫画作品和漫画形象；且原告在庭审中明确其在与被告签订《合约书》和《补充协议》时并不知道开发网络游戏还需要得到《鬼吹灯》小说著作权人的许可，直到案外人玄霆公司、麦石公司向其提起诉讼时才知道这个事实。因此从合同的签订及履行内容来看，被告的合同义务并不包含《鬼吹灯》小说著作权人的改编权授权。

由于无法得出在被告的合同义务中还包含《鬼吹灯》小说著作权人的改编权授权的内容，原告主张被告已构成重大违约，缺乏事实依据。且原告根据与案外人玄霆公司、麦石公司达成的和解协议，已获得《鬼吹灯》小说著作权人的改编权授权，故原告提出本案合同目的无法实现的主张也缺乏相应的事实依据。据此本院认为原告的诉请没有事实和法律依据，对于原告要求解除合同、返还版权开发费用人民币200万元及赔偿经济损失人民币500万元的诉请不予支持。

▷ 拓展思考

演绎作品往往具有"多重所有权"的权利结构，所以对演绎作品的利用往往需要经过原作品和演绎作品权利人多重许可。所以演绎作品著作权的利用较之其他形式的作品往往成本较高。小说改编成漫画，漫画再改编成游戏，那么游戏的著作权的行使，就需要同时获得小说和漫画著作权人的许可。

# 第三节　合作作品著作权的归属

## 一、合作作品的定义

◇ 核心知识点

合作作品是指两人以上合作创作的作品，著作权由合作作者共同享有。两个以上的作者对作品的贡献并非独立的，而是共同的。在共同创作的认定上，一般需要符合以下两个要件。一为共同创作的意思联络，即合作意图。两个以上的作者在创作作品时需要有意思联络，通过意思联络，两个以上的作者之间达成共同创作的合意。如果没有意思联络，而是先后独立完成作品的创造性贡献，那么最终作品是演绎作品，而非合作作品。二为共同创作的行为，即合作事实，是指合作作品需要两个以上的作者基于意思联络而实施共同创作的行为。一方面，合作意图需要贯穿合作行为，没有贯穿合作意图的创作成果应当排除在合作作品之外；仅有合作意图而缺乏合作行为的，也不能产生合作作品。另一方面，每个合作者对作品的贡献需要达到独创性的高度，仅仅提供没有创造性的辅助不能成为合作作者。

## 二、合作作品的类别

◇ 核心知识点

我国《著作权法》将合作作品分为可分割和不可分割两类。不同类型的合作作品不尽相同。例如一首歌由词曲两位作者合作完成，但词和曲也可以分别使用，也属于可分割的合作作品；两位作者合作完成一本小说，经过反复协商讨论修改完成，已经无法区分哪一章节是谁独立创作，则为不可分割的合作作品。对可分割的合作作品，合作者各自对其创作部分享有著作权；对不可分割的合作作品，合作者对合作作品的著作权共同共有。对不可分割的合作作品而言，法律则尽量减少共有带来的交易成本。《著作权法》第14条第2款规定，"合作作品的著作权由合作作者通过协商一致行使；不能协商一致，又无正当理由的，任何一方不得阻止他方行使除转让、许可他人专有使用、出质以外的其他权利，但是所得收益应当合理分配给所有合作作者"。

合作作品著作权的截止期限计算时，从最后一个合作者死亡开始计算50年。《著作权法》第23条规定，"合作作品，截止于最后死亡的作者死亡后第50年的12月31日"。

○ **典型案例**

翟小菲与程尉东作品发表权纠纷：北京高级人民法院1998京高知终字第15号民事判决书。

—— 基本案情 ——

为了拍摄反映中国空姐的电视剧，翟小菲（导演）与程尉东（编剧）二人到民航体验生活、相互讨论构思和剧本，二人对情节冲突等细节都有贡献。后程尉东执笔完成《中国空姐》剧本，仅自己署名并发表。翟小菲认为未经许可擅自发表，侵犯自己的著作权，要求停止侵权、损害赔偿。

—— 裁判摘要 ——

合作作品是指两人以上共同创作完成的作品。确认合作作品的主要根据是作者实际参加了创作并有创作的合意。本案中翟小菲与程尉东意思表示一致，达成共识合作拍摄《中国空姐》电视剧，并一起到国航去体验生活，其目的就是搜集素材、创作剧本。在此期间，翟小菲虽然司职该剧导演，但其与程尉东一起讨论过该剧剧情的创作，并为程尉东提供过一些较细致的剧本情节。程尉东本人也不否认在其构思剧本的过程中，翟小菲经常与之探讨拍摄电视剧的某些艺术设想，从而也印证了翟小菲作为该剧的主创人员为剧本的创作做出了一定的贡献。翟小菲口述的这些情节虽然是从民航的真实生活中采访得来的，但是经过了翟小菲的艺术加工，其中加入了其智力劳动的成果，已超出了"素材"的范畴而构成了著作权法意义上的文学创作，因此翟小菲应为《中国空姐》剧本的合作作者。程尉东将合作作品当作个人作品发表的行为是对翟小菲著作权的侵害。

▷ *拓展思考*

本案中，翟小菲虽然是导演，但他和程尉东对《中国空姐》剧本的完成都有创造性贡献，二人有共同创作作品的意思联络和创作行为。所以《中国空姐》剧本属于合作作品，翟小菲与程尉东是合作作者。程尉东擅自将合作作品作为个人作品发表，侵犯翟小菲的著作权，应当停止侵权并损害赔偿。

# 第四节　视听作品著作权的归属

## 一、视听作品的定义

◇ 核心知识点

视听作品，是由一系列有伴音或者无伴音的连续画面组成，借助适当装置播放的作品，诸如电影、电视剧等。视听作品是一种特殊的合作作品，也可能同时是演绎作品。之所以单独规定，一来因为涉及演员、录制、道具、剪辑等主体，交易成本高。二来电影和电视剧等视听作品往往投资高、收益高、风险大。视听作品往往由投资人（制作者）承担风险，所以理应由其享有收益。对视听作品中可以单独使用的作品（如剧本、音乐），其作者有权单独行使其著作权，无须受到视听作品著作权人的限制。

## 二、视听作品著作权的归属

◇ 核心知识点

《著作权法》第 17 条将视听作品分为两类：第一类为电影、电视剧，电影作品、电视剧作品的著作权由制作者享有，编剧、导演、摄影、作词、作曲等人享有署名权和获得报酬的权利；第二类是其他视听作品，其他视听作品的著作权由当事人约定优先，没有约定或者约定不明确的，由制作者享有，但其他作者享有署名权和获得报酬的权利。在文义解释上，电影和电视剧的著作权不允许当事人另行约定，其他视听作品的著作权允许当事人另行约定。

○ 典型案例

遂溪松源酒店有限公司（以下简称"松源酒店"）、深圳四季唱片有限公司（以下简称"四季公司"）著作权权属、侵权纠纷案：广东省高级人民法院（2022）粤民终 1677 号二审民事判决书。

—— 基本案情 ——

乾坤公司制作 MTV《乾坤流行金曲 1—11 集》，授权四季公司为中国地区的总代理，有权在中国范围内销售和维权。松源酒店未经其同意，就擅自在娱乐服务等业务中提供点播《乾坤流行金曲1—11集》中的相关MTV。四季公司发现后，将其诉至法院。松源酒店辩称，已经向中国音像著作权集体管理协会（以下简称"音集协"）缴纳著作权许可费用，尽到合理注意义务。四季公司认为，涉案的MTV并非音乐作品、音像制品，而是视听作品，与音集协无关。

—— 裁判摘要 ——

一审裁判摘要

涉案视听作品的画面内容与音乐主题互相配合，反映了制作者的构思，体现了制作者的创造性劳动，应认定属于著作权法规定的视听作品。判决松源酒店侵犯著作权，要求其删除相应视听作品，赔偿四季公司经济损失和合理费用。

二审裁判摘要

从涉案MTV的具体内容来看，均系歌手演绎歌曲并有演员配合歌曲内容进行表演的过程，有镜头不断切换并体现一定的剧情，体现了制作者独立的构思和精心的编排，具有独创性，依法可认定为受著作权法保护的视听作品。据此驳回上诉，维持原判。

▷ 拓展思考

对视听作品而言，我国著作权法更注重视听作品内部相关作者之间权利归属与权利冲突，甚至区分了电影、电视剧视听作品和其他视听作品，并为二者制定了略有不同的法律规则。一方面电影、电视剧与其他视听作品的区分有所困难，另一方面这种区分并没有现实需求。目前我国并没有实际的案件对这两类视听作品的分类有所争议。相较于不同类型的视听作品，视听作品与音像制品的区分更具备实务需求。在本案中，向中国音乐著作权协会或音集协缴纳的许可费用，并不能用来抗辩视听作品（MTV）的侵权诉求。

# 第五节 职务作品著作权的归属

## 一、职务作品的定义

◇ 核心知识点

职务作品，即雇佣作品，作者受雇佣期间在职务范围内创作的作品。依据《著作权法》第18条第1款的规定，"自然人为完成法人或者非法人组织工作任务所创作的作品是职务作品"。职务作品的要件有二，一为事实作者和单位之间劳动关系，二为作者有创作的职务要求。在劳动关系方面，作者与单位（雇主）之间存在劳动关系（雇佣关系）。有无雇佣关系是职务作品和委托作品最大的区别。这里劳动关系的范围比劳动法里劳动关系的范围更大。有劳动关系的可以是正式工作人员，也可以是临时工实习生，也可以是试用人员。在职务要求方面，作品属于作者职务范围内。职务作品是为了履行工作任务而创作的作品，要么创作作品与本人业务范围有关，要么虽然无关但有领导的工作指示。例如记者写的新闻报道，属于记者职务范围，应当属于职务作品。而某医院护士写的《护理知识大全》不是职务作品，因为护士的工作是护理病人，而非写书。

## 二、职务作品著作权的归属

◇ 核心知识点

单位与事实作者之间订立劳动合同就是为了利用职务作品，不然劳动合同就会丧失意义。同时需要平衡作者和雇主之间的利益关系，所以法律单独规定职务作品的法律规则。首先，是约定优先。职务作品的法律规定在于指导当事人之间的约定，以及补充约定不明或没有约定的情形。当事人对职务作品的归属做出其他约定的，按照民法私人自治的原则，应当予以承认。其次，在一般情况下，著作权属于作者，单位在业务范围内有优先使用权。此外，作品完成两年内，未经单位同意，作者不得许可第三人以与单位使用的相同方式使用该作品。最后，在特殊情况下著作权归单位，作者仅享有署名权。这种特殊情况主要包括两种典型情形。一为工程设计图、产品设计图、地图、示意图、计算机软件等近似于产品的作品。这类职务作品中，事实作者主要是利用法人或者其他组织的物质技术条件创作，并由法人或者其他组织承担责任、承担风险。这类职务作品更多的是投资、劳动所得，与事实作者的情感、思想、人格并无太大关联。二为新闻传播等行业的职务作品，即报社、期刊社、通讯社、广播电台、电视台的工作人员创作的职务作品。该行业中报社、电视台等主体以作品内容为经营的主要业务，对著作权有利用的实际需求；记者等工作人员的主要工作内容就是创作职务作品。为了减少交易成本，著作权法直接规定新闻传播行业的职务作品著作权归传播者，事实作者仅享有署名权。除了以上两种典型情形的职务作品之外，《著作权法》第18条第2款第（三）项还予以兜底规定，

"法律、行政法规规定或者合同约定著作权由法人或者非法人组织享有的职务作品"。例如依据《地方志工作条例》第15条的规定，以县级以上行政区域名称冠名的地方志书、地方综合年鉴为职务作品，其著作权由组织编纂的、负责地方志工作的机构享有，参与编纂的人员享有署名权。

需要说明的是，职务作品不是法人作品。我国在规定职务作品的同时，还规定将法人视为作者的情形。职务作品的事实作者还保留作者身份，但法人作品的作者已经与事实作者不同。根据劳动合同，由法人或者其他社会组织主持，根据法人或其他社会组织的意志创作，并由该法人或社会组织承担责任的职务作品，该法人或社会组织视为作者，著作权由该法人或社会组织享有，事实作者享有劳动报酬请求权，不享有著作权中的任何权利。

○ 典型案例

合肥金鱼文化传媒有限公司与安徽省文化和旅游厅著作权权属、侵权纠纷案：安徽省合肥市中级人民法院（2020）皖01民初1050号一审民事判决书。

—— 基本案情 ——

安徽省文旅厅发出《关于公开征集安徽旅游形象标识（LOGO）的公告》：为进一步扩大和提升安徽旅游知名度与美誉度，彰显"美好安徽迎客天下"的山水魅力和文化内涵，现向全社会有奖公开征集安徽旅游形象标识（LOGO）。公告中要求获奖作品的著作权归主办方所有。合肥金鱼文化传媒公司的刘勇、杜杉杉、单程三人向其投稿，获得二等奖。而后刘勇等三人签订协议转让LOGO的著作权。合肥金鱼文化传媒公司认为，刘勇三人系本单位职工，本职工作为设计LOGO，该作品系职务作品。合肥金鱼文化传媒公司将安徽文旅厅诉至法院，要求文旅厅立即停止使用、公开赔礼道歉、恢复其署名权并赔偿经济损失。为此合肥金鱼文化传媒有限公司还提供一份由刘勇、杜杉杉、单程三人签署的《声明》，称诉争作品系刘勇、杜杉杉、单程共同创作的职务作品，作品著作权归合肥金鱼文化传媒有限公司所有，三人自愿放弃关于两幅作品的一切著作权权利。

—— 裁判摘要 ——

在本案的诉讼中，看不出合肥金鱼文化传媒有限公司与刘勇等人诉讼立场存在对立分歧，相反，刘勇不仅系合肥金鱼文化传媒有限公司股东之一，且与另一股东（法定代表人）刘水系父子关系。当然，理论上也存在刘勇等人背离合肥金鱼文化传媒有限公司意愿将原本属于后者职务作品著作权予以转让的可能。原告若认为刘勇等人的行为侵犯其合法权益，其应向刘勇等人提出诉讼主张。

合肥金鱼文化传媒有限公司自称按公告组织主持创作，却不按公告进行投稿，没有进行投稿的合肥金鱼文化传媒有限公司不具备向外性，不能成为委托作品的受托人或著作权的转让人。文旅厅无法对所有投稿审查其权利来源及合法性，而合肥金鱼文化传媒有限公司可较为轻易地对作品、职工，以及投稿环节进行管理，从社会管理的成本分析也不能赋予公告征集人太大的审查义务。综上所述，合肥金鱼文化传媒有限公司的诉讼请求不能成立，不予以支持。

▷ 拓展思考

本案中涉及委托作品和职务作品的认定。在很多时候，职务作品的认定需要结合日常生活经验与注意义务的分担，在作品认定时也要考虑诚实信用的原则。仅仅从诚实信用原则出发，合肥金鱼文化传媒有限公司的股东投稿后，再以公司名义宣称职务作品，则是通过职务作品的规定进行权利滥用，理应予以驳回。

# 第六节　委托作品著作权的归属

## 一、委托作品的定义

◇ 核心知识点

委托作品，即定作作品，作者接受他人委托而创作的作品。常见的有照相馆照相、广告设计、开发计算机程序、让别人画肖像等。作者与委托人之间不是委托代理关系，而是加工承揽关系。委托他人创作的目的在于取得作品的权利，按一般原则委托人目的会落空，所以法律对此单独做出规定。

## 二、委托作品著作权的归属

◇ 核心知识点

我国《著作权法》第19条规定，"受委托创作的作品，著作权的归属由委托人和受托人通过合同约定。合同未作明确约定或者没有订立合同的，著作权属于受托人"。按照该条规定，委托作品的著作权归属可由当事人事先约定。委托人可通过合同约定的法律行为原始取得著作权。没有约定或约定不明时，著作权归属事实作者。委托作品的著作权归属事实作者，由事实作者通过创作的事实行为原始取得著作权。

委托人可在约定的范围内使用作品。委托人往往基于使用作品的目的而委托他人创作作品。在事实作者原始取得著作权的情形下，不保留委托人一定的使用权则合同目的不能实现。所以委托人可在合同约定或实现合同目的的范围内使用委托作品。例如某厂委托广告公司进行广告设计，未约定权属，则该厂可在取得广告作品后免费使用该广告推销商品。例如人像摄影，顾客可以取得照片及其底片的所有权，并免费使用照片而无需经过摄影师二次许可。

○ 典型案例

刘毅与广西壮族自治区南宁卷烟厂（以下简称"南宁卷烟厂"）、南宁真龙伟业广告有限公司（以下简称"真龙广告公司"）著作权侵权纠纷案：桂林市中级人民法院（2004）桂市民初字第64号民事判决书；广西壮族自治区高级人民法院（2005）桂民三终字第3号民事判决书。

—— 基本案情 ——

南宁卷烟厂委托真龙广告公司代理征集"真龙"香烟广告。真龙广告公司征集时启事中有"所有来稿概不退还，入围作品的使用权、所有权归南宁真龙广告有限公司所属"字样。刘毅投稿"天高几许？问真龙"，入围但未获得一等奖。卷烟厂从广告公司征集的广告语中选择了该广告语，改为"天高几许问真龙"，并做广告宣传。刘毅认为卷烟厂侵犯著作权，诉至法院，要求损害赔偿。

—— 裁判摘要 ——

一审裁判摘要

刘毅享"天高几许？问真龙"广告语的著作权。依照著作权法的规定和要约邀请的法律特征，真龙广告公司必须在原告作品入围后，与原告另行签订作品许可使用或转让合同。因此原告作品的入围，并不当然产生被告取得该作品著作权的法律后果，该作品的著作权仍属于原告刘毅。所以原告与被告之间不存在委托创作合同关系。故被告侵犯原告著作权。

二审裁判摘要

真龙广告公司启事"所有来稿概不退还，入围作品的使用权、所有权归南宁真龙广告有限公司所属"。征集广告语启事是要约,要约到达受要约人时生效,对刘毅具有约束力。委托作品著作权归属，约定优先。所以讼争作品"天高几许？问真龙"系委托作品，该作品的著作人身权由刘毅享有，著作财产权按照约定由上诉人真龙广告公司享有。南宁卷烟厂、真龙广告公司的行为没有侵犯刘毅对涉案作品的著作财产权，不应当承担侵权民事责任。

▷ 拓展思考

该案中，刘毅的广告语属于受广告公司委托创作的作品。二者之间虽然约定"所有权、使用权"的归属，但合同的实质意义应依据合同的目的解释为广告语著作权的归属。刘毅创作广告语后原始取得广告语的著作权。广告语投稿入围后，著作权财产权依据约定发生转让，真龙广告公司取得广告语的著作财产权。刘毅仍然保留广告语的著作人身权，但受到限制。例如从合同目的出发，其投稿行为视为行使发表权。南宁卷烟厂使用刘毅作品的行为并没有侵犯著作权。

# 第四章

## 著作权的内容

著作权的内容,指的是根据法律的规定,著作权人对其作品有权进行控制、利用、支配的具体行为方式,即著作权人享有的专有权利的总和。著作权可视为一束权利的集合,享有其中一项专有权利,就意味着能够控制他人使用作品的某类行为。

## 第一节 著作人身权

著作人身权,指作者基于作品依法享有的以人身利益为内容的权利。著作人身权带有民法人身权的特征,依据《著作权法》第10条第3款的反对解释,著作人身权不可转让、不可继承。《著作权法实施条例》第15条第1款规定,"作者死亡后,其著作权中的署名权、修改权和保护作品完整权由作者的继承人或者受遗赠人保护",其中"保护"的用语也表明著作人身权不能被继承和受遗赠。我国现行《著作权法》中规定的著作人身权包括发表权、署名权、修改权和保护作品完整权。

## 一、发表权

◇ 核心知识点

根据我国《著作权法》第10条第1款第（一）项的规定，"发表权，即决定作品是否公之于众的权利"。依据文义解释，公之于众的行为不一定由作者本人作出，但公之于众的决定需要本人作出。"公之于众"的具体方式既包括对作品的物质载体予以出版发行，也包括通过展览、广播、信息网络传播等方式让公众得以接触到作品。根据我国《著作权法》的规定，大多数构成"合理使用"的情形都以作品已经发表为前提。实现著作权也依赖于作品的发表。因此发表权的法律适用具有特殊的重要地位。

作为著作人身权的一种，发表权原则上专属于作者。出于公益目的，作者死后，其发表权可由其继承人等人代为行使。根据我国《著作权法实施条例》第17条的规定，"作者生前未发表的作品，如果作者未明确表示不发表，作者死亡后50年内，其发表权可由继承人或者受遗赠人行使；没有继承人又无人受遗赠的，由作品原件的所有人行使"。我国没有收回权。在作品发表之后，作者或者著作权人因为思想观点、社会环境等的变化不愿意其作品被再次使用的，不能根据发表权施加妨碍（参见王雅兰、侯耀华、侯耀文、侯鑫诉中国国际广播音像出版社侵犯著作权纠纷案[①]）。一般认为，发表权属于"一次用尽"的权利，作品一旦处于公众所能接触到的状态，作者就不能再行使发表权，他人也不可能侵犯其发表权。

○ 典型案例

罗永浩与北京新东方迅程网络科技有限公司侵犯著作权纠纷案：北京市海淀区人民法（2006）海民初字第26336号民事判决书；北京市第一中级人民法院（2007）一中民终字第1690号民事判决书。

—— 基本案情 ——

原告在某私立语言学校提供英语教学劳务期间，讲述了与英语教学无直接关系的有关拉斯维加斯赌场的段子。被告未经许可，将该段子原声固定为MP3格式并命名为"Las Vegas的离婚通道"，在其运营的酷学网中的"KOO学资讯·东

---

[①] 北京市高级人民法院（1997）高知终字第29号民事判决书。

方笑谈"栏目中供公众无限制地播放或下载。在搜索引擎上输入"老罗语录"进行搜索,结果显示某些网站中存在与原告及其言论相关的内容。原告主张被告的行为侵犯了其对口述作品享有的发表权和信息网络传播权,请求法院判令被告停止侵权,赔礼道歉,赔偿经济损失 1 元并承担律师费 3000 元。原告在上诉中主张其在课堂上授课的行为属于向特定的人群公开,不构成著作权法意义上的"发表作品"。

—— 裁判摘要 ——

原告在社会培训机构的课堂上即兴讲述的有关拉斯维加斯赌场的讲话构成口述作品。原告作为该口述作品的作者,对作品享有发表权、信息网络传播权等权利。被告在酷学网上使用"拉斯维加斯赌场"进行网络传播的行为,侵犯了原告对该作品享有的信息网络传播权。

根据《著作权法》第 10 条第 1 款第 1 项规定,发表权是指决定作品是否公之于众的权利。发表权是一种一次性的权利,著作权人将其未发表作品发表后,发表权即行使完毕。原告在授课期间已经讲述过涉案作品,其对象是不特定的听课的学员,该行为可以视为已经将涉案作品公之于众,属于著作权法意义上的发表。因此被告在原告发表其作品之后于网络上传播其作品的行为未侵犯罗永浩的发表权,不应承担赔礼道歉的民事责任。

▷ 拓展思考

在有关发表权的法律适用中,"公之于众"的解释是一个重点。根据最高人民法院《关于审理著作权民事纠纷案件适用法律若干问题的解释》第 9 条的规定,"公之于众,是指著作权人自行或者经著作权人许可将作品向不特定的人公开,但不以公众知晓为构成条件"。因此"公之于众"不应理解为公众知晓的结果,而应理解为一种作品处于公众能够接触到的现实状态。

在判断受众是否属于"不特定的人"时,应当主要看人与人之间的事先结合关系,受众有无保密义务。譬如一名教授向自己指导的研究生口述讲义,并要求对外保密,就可视为向特定的人公开作品。而在前述案例中,原告是在某社会培训机构的授课过程中口述了作品,该社会培训机构的听课成员具有流动性大、任何人都可以自由报名等特点,原告也未明确要求听众对外保密,因此应认定为向不特定的人公开。据此类推,如果每次公开作品时面对的受众是相对特定的,但公开次数众多、对象不固定,例如在出租车中针对不同批次的乘客循环播放特定音乐作品,则也可以构成向不特定的人公开。此外,有的域外立法为了减少争议,把向"特定的多数人"公开作品的行为也规定为发表行为,在我国立法中则没有此类规定,因此不能简单地把受众数量作为判断"公之于众"的标准(参见臧天朔与国际减灾十年艺术系列组委会著作权及表演者权纠纷案①)。

## 二、署名权

◇ 核心知识点

署名权,即表明作者身份,在作品上署名的权利。作者享有署名权,不仅意味着可以在作品上署真名,也意味着可以根据自己的意愿署笔名、别名,或者不署名,以及禁止他人在该作品上署名。通过保护作者的署名权,公众在接触作品的原件及复制件时得以准确、清晰地知晓作品的来源。这不仅保证了其他作者人身权利和经济权利的行使,也保证了作品的来源可以被追溯、特定作者的创作脉络可以被捕捉,从而在整个社会范围内维护了文化艺术的健康发展。与此同时,如果对作者姓名的省略在法律上被认为具有正当性,则不构成对作者署名权的侵害。例如超市在播放背景音乐时一般不会一一清晰展示词曲作者姓名,社会公众也习惯了在某些情况下对作者姓名的省略。《著作权法实施条例》第19条也规定,"使用他人作品的,应当指明作者姓名、作品名称;但是,当事人另有约定或者由于作品使用方式的特性无法指明的除外"。

○ 典型案例

孙利娟诉快尚时装(广州)有限公司、广州优岸美致时装有限公司侵犯著作权纠纷案:广东省广州市白云区人民法院(2014)穗云法知民初字第812号民事判决书;广州知识产权法院(2015)粤知法著民终字第177号民事判决书。

—— 基本案情 ——

原告在某网站注册会员名为"小垩",2011年在该网站发布名为"据说——长颈鹿是寂寞专家"的美术作品,发布网页记载有"illustration by:小垩"字样。该作品之后获得了"红门创意T恤图案大赛"一等奖。两被告在未经原告许可的情况下,在共同制造、销售的"女中袖连衣裙"上使用上述美术作品。原告

---

① 北京市中级人民法院(1993)中民初字第2813号民事判决书。

主张被告的上述行为构成对其署名权、复制权、发行权等著作权的侵犯。

—— 裁判摘要 ——

一审裁判摘要

涉案侵权产品为服装，涉案作品作为图案印制在服装正面显著位置使用。按照服装行业的设计制造惯例和生活常理判断，除有特殊约定外，在服装显著位置标注作品作者的情况极为罕见。故本案的服装产品上没有标注涉案作品的作者，应属于由于作品使用方式的特性无法指明的情况，客观上不应认定为侵犯了涉案作品作者的署名权。

二审裁判摘要

涉案作品曾获得"红门创意T恤图案大赛"一等奖，表明本来就用于T恤图案，被告对涉案作品的使用方式并没有超出这一范围。将涉案作品作为服装图案进行使用，不存在无法指明作者的客观限制。被告完全可以在图案旁边、衣领或吊牌等处对作者进行指明。在衣领或吊牌等处对作者进行署名，也不可能破坏图案的整体美感。在印有较知名插画师美术作品的T恤上署该插画师的名字，在T恤设计制造行业屡见不鲜。原审判决以行业设计惯例和生活常理为由认为本案属于因作品使用方式的特性无法指明作者的情况，缺乏充分依据，予以纠正。

▷ 拓展思考

署名权的实质是表明作者身份的权利，其内容是作者可以决定是否表明作者身份，以及如何表明作者身份。域外也有立法明确规定如果作者选择了用某种方式署名，只要作者后来不提出明确反对，作者的使用者可以继续采用这种方式表明作者身份。在前述案例中，虽然作者没有在美术作品显著位置署名，署的也不是真名，但已经在发布网页上写明由"小㭎"创作。被告在服装上使用该作品时即便无法在服装显著位置标注作者，也应当在图案附近或衣领或吊牌等处注明作者。

## 三、保护作品完整权、修改权

◇ 核心知识点

根据《著作权法》第10条第1款第（四）项的规定，"保护作品完整权，即保护作品不受歪曲、篡改的权利"。在保护作品完整权的法律适用中，难点是"歪曲、篡改"的判断标准。至于对作品哪种程度的变动构成歪曲、篡改，立法没有做进一步规定。在作者权法系国家，有判例认为只要违背作者意思对作品进行了改变，就构成侵害保护作品完整权。这类观点可归纳为主观标准。在历史上，我国司法实践中也有一些判决采纳了主观标准。这些判决对"违背作者意思"的理解也有所不同，①有的将其理解为"违背作者不希望对作品进行改变的意思"（例如张敏耀与长江日报社、武汉一心广告营销有限责任公司、武汉鹦鹉花园开发置业有限公司案二审判决②），有的则理解为"违背作者在作品中表达的原意"（例如林岫与北京东方英杰图文设计制作有限公司、国际网络传讯有限公司北京分公司纠纷案二审判决③）。与此相对，客观标准认为只有作品的变动足以导致作者声誉受到损害，才构成对保护作品完整权的侵害。

《著作权法》第10条第1款第（三）项的规定，"修改权，即修改或授权他人修改作品的权利"。修改权属于著作人身权，因此在法律适用中应区别于著作财产权中的改编权。在司法实践中，有的法院认为，修改权和保护作品完整权是一体两面，侵犯一个就侵犯另外一个；有的法院认为，保护作品完整权禁止他人大修大改，修改权是小修小改；也有学者认为，修改权应是"变之自由"；保护作品完整权应是"不变之自由"。④

○ 典型案例

沈家和与北京出版社著作权纠纷案：北京市第一中级人民法院（2000）一中知初字第196号民事判决书；北京市高级人民法院（2001）高知终字第77号民事判决书。

—— 基本案情 ——

原告创作了《正阳门外》京味系列长篇小说，前6卷均由被告出版发行。1999年，双方合同约定由被告出版发行后3卷《坤伶》《戏神》《闺梦》。2000年，被告将出版样书交予原告，原告发现被告未经同意，擅自对《坤伶》《戏神》的京味特色语言进行了修改，例如把"老阳儿"改为"太阳儿"，

---

① 李扬，许清. 侵害保护作品完整权的判断标准[J]. 法律科学，2015（1）.
② 湖北省高级人民法院（1999）鄂民终字第183号民事判决书。
③ 北京市第二中级人民法院（2002）二中民终字第07122号民事判决书。
④ 李琛. 论修改权[J]. 知识产权，2019（10）：37-44.

把"蒜市口"改为"菜市口",把"姥姥,您怎么这么说话呀"改为"姥姥,您怎么这么说话呐"。原告主张这不仅使系列小说前后风格不一致,而且使涉案作品丧失了作为《正阳门外》长篇京味小说应有的特色。此外,上述三本书还存在大量的错字、漏字,质量低劣。《闺梦》一书的文字差错近两百个,原告在二校时做的34处删改,在书中均未删改,某处还被无故删减13行。

—— 裁判摘要 ——

《闺梦》《戏神》《坤伶》三本书的老北京风格体现在故事表现的内容、历史背景、描述的手法及整体文风,并不唯一体现在作品的遣词用字。被告根据合同的授权,以《现代汉语词典》为依据,对部分文字进行的修改,未改变作品的风格。上述三本书中存在的差错,亦不足以导致该作品风格的变化,故不构成对保护作品完整权的侵害。原告虽称双方曾口头约定对上述作品的修改以《北京土语词典》为依据,但被告不予认可,原告又未提供其他证据予以证明,故对该主张不予采信。

《坤伶》《戏神》书中存在的错字、漏字现象及标点符号错误,应认定为差错,被告应承担相应的违约责任。参照新闻出版署1997年的《图书质量管理规定》,两书的差错率均未超过万分之一,不属于不合格产品,不应重印,但被告应为上述两书印发勘误表。《闺梦》一书,差错率超过了万分之一,存在严重质量问题。该书在社会上公开发行后,必然使作为该书作者的原告的社会评价有所降低,使原告的声誉受到影响。被告对原告对该作品所享有的保护作品完整权造成了侵害,除应承担相应的违约责任外,亦应承担公开赔礼道歉的侵权责任。

▷ 拓展思考

主观标准和客观标准在我国过去的司法判决中均有采纳,表明侵害保护作品完整权的判断标准问题存在较大分歧。主观标准虽然有利于维护作者和其作品之间的精神联系,但过度限制了作品的使用,在立法明确采纳主观标准的作者权法系国家(例如日本)也遭受了较多批评。由于我国《著作权法》没有明确采纳主观标准,在前述案件中法院对客观标准的适用进行了探索,最高法的相关判决也表明了对于客观标准的肯定立场。[1]

---

[1] 参见最高人民法院(2010)民提字第166号民事判决书。

# 第二节 著作财产权

著作财产权指著作权人享有的以特定方式利用作品并获得经济利益的专有权利,又称为"经济权利"。著作财产权是与著作人身权相对的一个概念,目的在于赋予著作权人控制他人使用作品的权利,保证著作权人获得合理的经济回报。我国《著作权法》在第10条第1款第(五)至(十七)项中规定了13项著作财产权,这些权利可分为四大类别,即①控制复制行为的权利,即复制权;②控制发行与出租行为的权利,指发行权与出租权;③控制公开传播行为的权利,包括展览权、表演权、放映权、广播权和信息网络传播权;④控制演绎行为(二次创作行为)的权利,包括摄制权、改编权、翻译权、汇编权。

## 一、复制权

◇ 核心知识点

《著作权法》第10条第1款第(五)项规定,"复制权,即以印刷、复印、拓印、录音、录像、翻录、翻拍、数字化等方式将作品制作一份或者多份的权利"。尽管复制权作为最经典的著作财产权直接控制了对作品的复制行为,但在法律适用中需注意的是,并非所有"再现"作品的方式都受复制权控制。一般认为,受著作权法中的复制权控制的复制行为应当是在有形载体上再现作品,而且能够使作品被相对稳定和持久地固定在有形物质载体上。因此尽管在手机播放视听作品的过程中手机的屏幕上再现了该视听作品,但由于没有形成一个相对稳定的复制件,从而不受复制权控制。与这一点相关联的是计算机系统中的"临时复制"问题。"临时复制"主要指的是一种技术现象,即用户在通过计算机在线浏览文字图片、收听收看音乐视频时,并没有在本地计算机的存储介质上保存永久复制件,但是本地计算机仍然出于正常运行的必要,在其内存中生成过上述作品的临时复制件。一些发达国家出于产业政策需要,把临时复制行为也纳入复制权的控制范围。我国《著作权法》回避了该问题,但《信息网络传播权保护条例》第21条中规定服务器代理缓存行为在一定范围内不承担赔偿责任。

○ 典型案例

佛山市康福尔电器有限公司与深圳市腾讯计算机系统有限公司侵犯著作权纠纷案：北京市朝阳区人民法院（2007）朝民初字第17052号民事判决书；北京市第二中级人民法院（2008）二中民终字第19112号民事判决书。

—— 基本案情 ——

原告从1999年起就开始在QQ即时通信服务中使用QQ企鹅卡通形象作为服务形象代言和标志，随着QQ即时通信影响的扩大，QQ企鹅卡通形象也影响广泛。原告作为QQ企鹅卡通形象的著作权人，2001年对涉案QQ企鹅卡通形象进行了著作权登记。2006年，原告发现被告生产的两款加湿器在全国范围内均有销售。这两款加湿器将上述QQ企鹅形象作为产品外观，还在产品包装上直接复制QQ企鹅卡通形象。原告主张被告在其生产的加湿器产品外观和包装上均使用和复制了其享有著作权的QQ企鹅卡通形象，构成侵犯著作权的行为。

—— 裁判摘要 ——

原告对真实的企鹅形象，以及公有领域素材进行了拟人化、性别化的处理，加入了自己特有的创作，其创作形式具备独创性，构成受著作权法保护的作品。经比较，虽然被控侵权产品造型与《动画大全》中的几幅作品有雷同之处，但是鉴于它与被上诉人腾讯公司涉案作品的独创性部分表达形式相同，特别在其中一款加湿器（女装版）与《作品二》中"Q妹妹"进行比较时，眼睛的造型，修饰的处理手法上，头饰蝴蝶结的造型上，对应部分基本相同，给人的视觉感受一样。因此可以认定被告生产的涉案两款加湿器的外观造型是对原告涉案作品的使用，这种使用形式属于从平面到立体的复制，从而构成对原告著作权的侵犯。

▷ 拓展思考

与复制权相关的一个法律适用难题是所谓"异性复制"问题，包括从平面到立体的复制和从立体到平面的复制。有观点认为应限制从平面到立体的复制，否则以图纸形式呈现的雕塑、建筑将无法得到保护，导致对美术作品的保护力度大大削弱，对建筑作品的保护成为空话。[①] 前述判决即采纳了这一立场，认为根据平面美术作品制造立体实物的行为属于"从平面到立体"的复制，侵犯

---

① 王迁.知识产权法教程[M].北京：中国人民大学出版社，2021：169.

了原告对平面美术作品享有的著作权。① 就立体到平面的复制而言，除去《著作权法》第 22 条第 1 款第（十）项规定的"对设置或者陈列在室外公共场所的艺术作品进行临摹、绘画、摄影、录像"情形，法院一般认定构成侵犯复制权（参见于耀中诉北京成象影视中心、北京文化艺术音像出版社、柳州两面针股份有限公司、南京电视台、南京群众艺术馆侵犯著作权纠纷案②）。

## 二、发行权、出租权

◇ 核心知识点

《著作权法》第 10 条第 1 款第（六）项规定，"发行权，即以出售或者赠与方式向公众提供作品的原件或者复制件的权利"。著作权法中的发行行为并不完全等同于日常生活中所说的"出版发行"。日常生活中的"出版发行"一般只是指出版社将作品印刷成册，或者制作成光盘、磁带后向社会公开销售的行为，主体限定为正规出版社。著作权法中发行行为的主体并不限于出版社，行为的方式也不限于销售，还包括赠与。发行权中的"公众"与发表权中的"公众"类似，指的是不特定的公众。发行未发表的作品，将同时构成对该作品的发表。发行权的保护存在"发行权穷竭原则"，也被称为"发行权一次用尽""发行权用尽""首次销售"等，是指作品的原件或复制件已合法向公众销售或赠与后，针对该原件或复制件的著作权人的发行权就已经穷竭，无权控制该特定原件或复制件的再次销售或赠与。这一抗辩的目的在于保护物权的行使和维护正常的商品流通秩序，而且著作权人已经在第一次合法销售时从发行权中获益。

出租权，指权利人以有偿方式许可他人临时使用视听作品、计算机软件、音像制品的权利。发行权与出租权的共同之处在于都是以转移作品有形物质载体占有的方式提供作品的原件或复制件，区别之处主要在于发行行为引起作品有形物质载体所有权的转移，而出租行为仅引起有形物质载体占有的临时变更。此外，我国《著作权法》将出租权的对象限定为视听作品、计算机软件和音像制品，因此书籍等其他类别作品的作者对这些作品不享有出租权。《著作权法》

---

① 也有观点主张按照图纸建造建筑物等实际上是对想象中的立体建筑物进行的"立体到立体"的复制，这样理解更符合著作权法原理。参见崔国斌.著作权法：原理与判例[M].北京：北京大学出版社，2014：390-391.

② 北京市高级人民法院案（1997）高知终字第 32 号民事判决书。

同时还规定计算机软件不是出租的主要标的时不适用出租权,例如出租打印机时附带原装驱动程序光盘的,不构成对出租权的侵犯。

○ 典型案例

杭州原与宙科技有限公司、深圳奇策迭出文化创意有限公司侵害作品信息网络传播权纠纷案:浙江省杭州市中级人民法院(2022)浙01民终5272号。

—— 基本案情 ——

马千里创作漫画"胖虎打疫苗",在北京联合出版公司出版发行。经马千里授权,奇策公司将"胖虎打疫苗"系列漫画"铸造"成NFT数字艺术品,并通过支付宝平台销售。个人用户anginin(王春香)擅自在Bigverse平台将"胖虎打疫苗"铸造成NFT数字艺术品并销售,并由个人用户"点点滴滴"购买。奇策公司发现后,将Bigverse平台(原与宙公司)诉至法院。

原与宙公司辩称,NFT数字作品不能无成本、无数量限制复制,每一个NFT作品都是独一无二的。"胖虎打疫苗"应当适用发行权穷竭原则。一二审法院都认为,本案不属于发行权的范围,不适用发行权穷竭。最终,法院判决原与宙公司败诉。

—— 裁判摘要 ——

NFT是基于区块链技术的一种分散式数据存储单元,与其映射的数字化文件具有唯一关联性。NFT数字藏品,则是将数字化文件等底层数据上传至NFT交易平台并铸造NFT后呈现的数字内容。在底层文件为数字化作品的场合,称之为NFT数字作品,NFT数字作品是使用区块链技术进行唯一标识的特定数字化作品。NFT数字作品交易流程涉及三个阶段,其中在NFT数字作品的"铸造"阶段,涉及复制行为;在NFT数字作品的上架发布阶段,涉及信息网络传播行为;在NFT数字作品的出售转让阶段,不涉及复制行为,也不涉及信息网络传播行为,是否涉及发行行为,本院具体评述如下:

发行权的行使需要作品原件和复制件上物权的转移。NFT数字作品出售转让的结果是在不同的民事主体之间转移财产性权益,并非物权的转移,故不能落入发行权的规制范畴。综上,NFT数字作品的出售转让不属于著作权法意义上的发行行为,涉案NFT数字作品交易行为不受发行权规制。

▷ 拓展思考

相较于制度功能较少的出租权,发行权的法律适用仍然为社会关注。在

NFT数字艺术品的著作权问题中,司法一般承认其信息网络传播权,而非发行权。目前的司法适用来看,法院并不承认NFT的唯一性、独一无二性等因素,其交易仍然被视为信息网络传播。

## 三、展览权、表演权、放映权

◇ 核心知识点

《著作权法》第10条第1款第(八)项规定,"展览权,即公开陈列美术作品、摄影作品的原件或者复制件的权利"。根据此定义,在我国只有美术作品和摄影作品才能成为展览权的对象。"公开"表明展览面对的必须是不特定的公众,如果仅在家庭等私人领域内向家庭成员或者亲友展示作品则不在此范围。展示的是作品原件还是复制件在所不问。《著作权法》第20条的"但书"规定"美术、摄影作品原件的展览权由原件所有人享有"。

《著作权法》第10条第1款第(九)项规定,"表演权,即公开表演作品,以及用各种手段公开播送作品的表演的权利"。"公开表演作品"是指直接表演(现场表演),包括以演唱、演奏、舞蹈、朗诵等方式公开表演作品;"用各种手段公开播送作品的表演"是指间接表演(机械表演),即通过技术设备向公众传播作品或者作品的表演的权利。"公开"一词也表明表演行为面对的必须是不特定的公众,如果是在私人领域内中表演作品,则不侵犯表演权。

《著作权法》第10条第1款第(十)项规定,"放映权,即通过放映机、幻灯机等技术设备公开再现美术、摄影、视听作品等的权利"。与广播权不同,放映权仅限于现场放映;与表演权相较,权利保护的作品类型有所不同。有学者认为,放映权属于机械表演权,即通过放映机、幻灯机等设备来再现美术、摄影和视听作品[1]。但是表演权限于需要表演的作品,诸如文字、音乐、戏剧、舞蹈等作品;放映权限于美术、摄影和视听作品这些无法被表演的作品。因此也有学者认为,在工厂、宾馆等场所擅自放映电影,侵犯的是放映权,而非表演权[2]。由此来看,放映权和表演权在制度效果上存在着互补关系。

---

[1] 李明德,许超.著作权法[M].北京:法律出版社,2009:83.

[2] 王迁.著作权法[M].北京:中国人民大学出版社,2023:234.

○ 典型案例

成都市人人乐商业有限公司与中国音乐著作权协会著作权侵权纠纷案：四川省成都市中级人民法院（2009）成民初字第568号民事判决书；四川省高级人民法院（2010）川民终字第104号民事判决书。

—— 基本案情 ——

周笛系歌曲《拯救》的曲作家，通过协议将其享有著作权的音乐作品的公开表演权、广播权和录制发行权授权给原告管理，授权原告以自己的名义向侵权者提起诉讼。被告系一家从事销售及零售的大型商业企业，在成都市某地开设了人人乐购物广场通惠门店，营业面积约为八千平方米。2008年11月7日上午10点，音著协委托代理人在公证员的监督下，在该购物广场对其内播放的背景音乐《拯救》进行了录音与公证。原告请求判令被告赔偿经济损失10000元及合理开支、诉讼费用。

—— 裁判摘要 ——

周笛等享有涉案作品的著作权，根据《著作权法》的规定，原告可以以自己的名义对侵犯涉案音乐作品的行为提起诉讼。被告未经原告许可，在其经营场所将涉案音乐作品《拯救》作为背景音乐播放的行为虽然不能直接利用音乐作品获利，但可以起到营造氛围，提高消费者在购物过程中的愉悦程度，进而对商家的销售起到促进作用，是一种间接获利的商业性使用行为。因此被告在营业性场所播放背景音乐的行为，侵犯了著作权人的表演权，应当承担赔偿损失的民事责任。被告在其经营场所将涉案音乐作品作为背景音乐，是一种间接获利的商业性使用行为，也不属于《著作权法》规定的"免费表演已经发表的作品，该表演未向公众收取费用，也未向表演者支付报酬，可以不经著作权人的许可，不向其支付报酬"之情形。

▷ 拓展思考

表演权控制的"机械表演"是一个法律概念，具体含义与生活中常用的"表演"一词有所不同。在商场、超市、机场、餐厅、咖啡厅、酒吧等场所播放背景音乐的行为属于典型的机械表演。尽管在这些场所播放音乐往往不单独收费，但使用他人音乐作品的行为的确起到了营造氛围、促进销售的作用，属于整体营利行为的一部分。因此这类行为受表演权控制，实践中一般通过与著作权集体管理组织签订合同的方式获得合法使用权。此外，在我国改革开放之前，在厂矿、村镇、学校公开播放露天电影的现象十分常见，属于当时历史条件下的产物。这一活动在今天仍然存在，诸如有的高校在图书馆里定时播放电影，有的收取少量费用。这属于侵犯放映权的行为。

### 四、广播权、信息网络传播权

◇ 核心知识点

依据《著作权法》第 10 条第 1 款第（十一）项，广播权即以有线或者无线方式公开传播或者转播作品，以及通过扩音器或者其他传送符号、声音、图像的类似工具向公众传播广播的作品的权利，但不包括信息网络传播权。2020 年修正的著作权法减少了无线或有线的技术限定，扩大了广播权的范围，将广播行为分为两类：一为非交互式远程传播，通过有线、无线等技术手段实现播放源与受众在地点上的分离；二为前者的现场传播，即通过扩音器、电视机等方式实现"二次传播"，"二次传播"的传播源和受众需要同时在场。如果"二次传播"的传播源和受众在地点上隔离，那么这种"二次传播"就属于第一类的远程传播。如果"首次传播"的传播源与受众同时在场，那么该行为就属于表演权或放映权等权项的范围。

广播权与广播技术密切相关，与广播电台、电视台产业密切相关。作品广播存在着广播权、广播组织权的"多重所有权构造"。如果在制度上缺失广播权，广播组织播放音乐、戏剧、视听作品后，将难以禁止行为人转播。广播权正是广播产业所需的权利。在三网融合的技术与产业背景下，区分卫星广播、电缆广播还是网播，已经不具备制度意义，但出于市场的划分和受众的差异，著作权法仍然以是否交互来区分广播权与信息网络传播权。

《著作权法》第 10 条第 1 款第（十二）项规定，"信息网络传播权，即以有线或者无线方式向公众提供，使公众可以在其选定的时间和地点获得作品的权利"。与一类广播权不同，信息网络传播行为是交互式的，即公众可以在其选定的时间和地点获得作品。在计算机网络出现之前，传播行为基本是被动的传播模式，由传播者单向提供节目，观众只能选择观看或者不观看。计算机网络带来了"点对点式按需点播"，使得用户按照自己的意愿在特定时间和地点观看特定节目。这种交互式传播模式主要发生在信息网络环境下，因而我国著作权法将其称为"信息网络传播权"。需要注意的是，根据信息网络传播权的定义，该权利所涵盖的信息网络传播行为只包括以交互方式公开传播的行为。

○ 典型案例

天脉聚源（北京）传媒科技有限公司与华视网聚（常州）文化传媒有限公司侵害作品信息网络传播权纠纷案：北京市东城区人民法院（2015）东民（知）初字第 15582 号民事判决书；北京知识产权法院（2016）京 73 民终 289 号民事判决书。

—— 基本案情 ——

原告对涉案 50 集电视剧《石敢当之雄峙天东》享有独家信息网络传播权。被告未经原告的许可，通过技术手段从贵州卫视播出信号中碎片化截取涉案电视剧，存储于其管理的私有化云端上。网络用户通过微信公众号"天脉聚源阳光微电视"可以在线观看上述存储在私有化云端上的电视剧。据被告陈述，其私有化云端存储所截取的电视节目是临时的，具体时间根据委托方要求确定，可能是 24 小时或者几天。原告认为被告的上述行为构成对其信息网络传播权的侵犯，请求判令被告停止侵权并赔偿其经济损失五万元。

—— 裁判摘要 ——

微信公众号，是深圳市腾讯公司针对个人或企业用户推出的合作推广业务，用户注册微信公众号后可以通过微信公众平台进行品牌推广。不特定的微信用户关注微信公众号后将成为该账号的订阅用户，微信公众号可以通过微信公众平台发送文字、图片、语音、视频等内容与订阅用户这一相对特定的群体进行沟通互动。虽然微信公众号在发布信息的渠道、阅读终端等方面与传统的互联网传播方式有所区别，但其实质仍然是通过互联网络向不特定的微信用户发送文字、图片、语音、视频等相关内容。微信用户关注微信公众号后，即可根据个人选定的时间和地点，通过信息网络获取该微信公众号上发布的相关信息。原告在其经营的涉案微信公众号上提供涉案电视剧播放服务的行为属于信息网络传播行为，是否商业牟利也与微信公众号的传播性质认定无关。

▷ 拓展思考

当今社会信息技术发展迅猛，新的信息传播商业模式不断出现，这也带来了数量庞大的法律纠纷。在判断是否构成著作权侵权时，首先还是应当对其可能侵犯的具体权利进行定性。信息网络下的作品传播行为多带有交互式传播的特点。例如在前述案例中，尽管"微信公众号"是一个相对较新的事物，但仍然是通过互联网络向不特定的微信用户发送文字、图片、语音、视频等相关内容，使得用户可以在个人选定的时间与地点获得作品。上述案例提供涉案作品的特点符合交互式传播的特征。通过"公众号""私有云端""碎片化截取"等技术表象，还是能够对其所侵害的权利做准确的法律定性。此外，以"网络电视台""网络轮播"等为例，另外一些信息网络下的作品传播行为不符合交互式传播的特征，属于信息网络下的广播行为。按照2020年《著作权法》，行为人侵犯的是一类广播权，而非信息网络传播权。关于网络内容聚合或加框链接行为是否构成直接侵权，应适用"服务器标准"（因行为人的服务器上无侵权行为所以免责）还是"实质呈现标准"（考察行为人是否实质从事了侵权行为而关注其服务器），在我国也存在争议。

### 五、摄制权、改编权、翻译权、汇编权

◇ 核心知识点

我国《著作权法》第10条第1款的第（十三）至第（十六）项规定了摄制权、改编权、翻译权、汇编权这四项权利。在学理上，上述权利被概括为"演绎权"。演绎行为是在原有作品中增加了新的独创性内容，从而整体上形成了与原作品具有实质性差异的新作品的行为。要使用演绎作品，需同时获得原作品作者和演绎作品作者的许可。在法律适用中，需注意摄制、改编、翻译、汇编四种行为间的区别与联系，以及演绎行为与其他使用作品行为间的联系。摄制权仅指"摄制视听作品的方法将作品固定在载体上的权利"，实际上属于广义的改编行为中的一种。汇编行为固然会产生新的汇编作品，但即使法律不规定汇编权，原作品的著作权人仍然可以通过复制权等权利控制汇编行为。

《著作权法》第10条第1款第（十四）项规定，"改编权，即改编作品，创作出具有独创性的新作品的权利"。一般认为这里的"新作品"主要指通过将原作品改变体裁和种类，从而形成的新作品。作者本来就有改编自己作品的自由，因此法律规定改编权，主要是赋予作者控制他人实施改编行为的权利。改编权属于著作财产权的一种，可以根据著作权人的意愿转让、质押。改编权被转让，意味着作者已交出了控制改编行为的权利。但与此同时，著作人身权中的保护作品完整权同样能够控制改编行为，且通常认为保护作品完整权专属于作者、不能转让。由此便产生了转让改编权的先行行为与保护作品完整权的行使行为间的关系问题，在法律适用中需注意改编权转让的先行行为有可能对作者行使保护作品完整权施加某些限制。

《著作权法》第 10 条第 1 款第（十五）项规定，"翻译权，即将作品从一种语言文字转换成另一种语言文字的权利"。翻译作品具有独立于原作品的独创性，因此翻译属于著作权法意义上的创作。在法律适用中需要注意的是，翻译篇幅过于短小的只言片语，由于已不存在独创性表达的空间，通常难以构成翻译作品。此外，自然语言与盲文存在一一对应的关系，因此自然语言作品翻译成盲文不构成翻译作品。目前一般认为机器翻译的结果不能构成翻译作品。

○ 典型案例

张牧野与中影公司、陆川、梦想者公司、乐视公司、环球公司对电影《九层妖塔》的著作权权属、侵权纠纷案：北京市西城区人民法院（2016）京 0102 民初 83 号民事判决书。

—— 基本案情 ——

2005 年 12 月，原告在天涯网上连载小说《鬼吹灯（盗墓者的经历）》。2007 年，原告与上海玄霆公司签署协议，约定将该小说除中国法律规定专属于原告的权利外的著作权全部转让给上海玄霆公司。此后，梦想者公司经转让协议，获得该小说其中一卷《精绝古城》的电影改编权、摄制权。2014 年，中影公司、梦想者公司、乐视公司签订合作投资协议，约定将鬼吹灯系列之《精绝古城》改编为电影剧本并拍摄成电影，由陆川担任导演。该电影在 2015 年以《九层妖塔》之名在全国范围内上映。原告主张电影《九层妖塔》对原著歪曲、篡改严重，在人物设置、故事情节等方面均与原著差别巨大，侵犯了其保护作品完整权。

—— 裁判摘要 ——

著作财产权转让是一项重要的权利行使方式。在作品的著作财产权转让后，作者对于其自身享有的著作人身权中的保护作品完整权的行使应当受到一定程度的限制。改编作品除了要使用原作品的表达，还要有自己独特的创新部分。一般读者能够清晰看到电影与小说两者之间的差别。考虑到电影作品在法律规定、表现手法、创作规律上的特殊性，在当事人对著作财产权转让有明确约定、法律对电影作品改编有特殊规定的前提下，司法应当秉持尊重当事人意思自治、尊重创作自由的基本原则。在作者将其著作财产权转让给他人后，关于被转让人的合法改编行为是否侵犯其保护作品完整权，不能简单依据是否违背作者在原著中表达的原意这一主观标准进行判断，而是应重点考虑改编后的作品是否损害了原著作者的声誉。

就原告提供的有关电影评论的内容而言,其对象明确指向电影《九层妖塔》,而不是小说《精绝古城》。即使有的评论将电影与小说进行对比分析,这些评论批评的均是电影对小说的改编。因此上述评论所产生的后果虽然可能影响电影的声誉,但并未导致对小说《精绝古城》社会评价的降低。涉案电影的改编、摄制行为并未损害原著作者的声誉,不构成对原告保护作品完整权的侵犯。

▷ 拓展思考

我国《著作权法》同时规定了著作人身权和著作财产权。在传统作者权法理论中,一般认为作品是作者人格的延伸和精神的体现,在理论上著作权法(作者权法)首先要保护的是蕴含在作品中的作者人格利益。与此同时,以《伯尔尼公约》对作者财产权利设置了众多条文为代表,著作财产权同样具有举足轻重的地位。要促进创作,让作者基于作品获取相应的经济回报是最为有效的手段。而在市场经济条件下,只有赋予作者控制他人利用作品的权利,才能真正保证作者获得合理的经济回报。此外,也只有作者获得独立的经济地位,其创作才能脱离特定权贵阶层审美的支配,使文艺创作能更广泛地反映大众的需求,从而构成民主的市民社会的根基之一[①]。

在前述判决中,法院也指出"在现实生活中起着促进作品传播、繁荣文化市场的重要作用,也是著作权人实现其经济利益的重要途径之一。作者固然可以继续行使其自身专属的著作人身权,但作者对于其自身享有的著作人身权中的保护作品完整权的行使应当受到一定程度的限制"。作品的演绎使用在当今社会经济生活中占据重要位置,不应被肆意侵蚀。在著作财产权被转让、著作人身权和著作财产权的主体发生分离之后,作者行使著作人身权也应受到相应的限制。譬如根据我国《著作权法》第20第2款规定,"作者将未发表的美术、摄影作品的原件所有权转让给他人,受让人展览该原件不构成对作者发表权的侵犯"。前述判决以改编权被转让为由,主张在判断保护作品完整权的侵害方面应采纳客观标准,实际上就体现了著作财产权的转让构成了对行使著作人身权的限制。

---

[①] Neil Weinstock Netanel: Copyright and democratic civil society. 106 Yale Law Journal, 1996.

# 第五章

# 邻接权

邻接权，也叫著作权的相关权利，或传播者权，是指作品的传播者对传播作品的成果所享有的权利，主要包括表演者权、录制者权、广播组织权等。我国著作权法规定了四种邻接权，表演者权、录制者权、广播组织权和出版者权。相较于著作权保护创作，邻接权的保护依据是保护劳动和投资。在制度上，邻接权的范围、期限等都略弱于著作权。与狭义的著作权不同，邻接权的对象是封闭式、列举式的，未被列举的不属于邻接权。

## 第一节 表演者权

### 一、表演者权的内容

表演者权是表演者对其表演依法享有的支配权。表演经常是作品和公众的桥梁。通过表演，公众才可以欣赏作品，诸如将音乐作品表演为演唱、弹奏。作品的表演会涉及作品的著作权，所以对作品的表演需要经过原著作权人（表演权人）的授权。《著作权法》第 38 条规定，"使用他人作品演出，表演者应当取得著作权人许可，并支付报酬。演出组织者组织演出，由该组织者取得著作权人许可，并支付报酬"。在音乐作品的表演上，会同时存在音乐作品的著作权和表演者的表演者权。因此他人对表演的录制或使用，既需要经过音乐作品著作权人的授权，又需要经过表演者的授权。

表演者的表演者权包括人身权和财产权。依据《著作权法》第 39 条，表演者人身权包括表明表演者身份、保护表演形象不受歪曲。表演者人身权不能许可、不能转让、不能处分、不能继承。表演者人身权长期保护，没有期限限制。表演者权的财产权包括许可他人从现场直播和公开传送其现场表演，并获得报酬；许可他人录音录像，并获得报酬；许可他人复制、发行、出租录有其表演的录音录像制品，并获得报酬；许可他人通过信息网络向公众传播其表演，并获得报酬。这是表演者权的核心内容，主要涉及录制、复制、发行和信息网络传播等内容，不涉及演绎、改编、汇编等。表演者财产权可以处分，保护期限截至表演发生后的第 50 年的 12 月 31 日。

## 二、表演者权的归属

◇ 核心知识点

2020 年《著作权法》将表演者限于自然人，演出单位不再成为表演者权的主体。为了规范表演者和演出单位（表演组织者）的法律关系，著作权法参照职务作品的规定，规定了职务表演。《著作权法》第 40 条规定，"演员为完成本演出单位的演出任务进行的表演为职务表演，演员享有表明身份和保护表演形象不受歪曲的权利，其他权利归属由当事人约定。当事人没有约定或者约定不明确的，职务表演的权利由演出单位享有。职务表演的权利由演员享有的，演出单位可以在其业务范围内免费使用该表演"。

○ 典型案例

上海聚力传媒技术有限公司等著作权权属、侵权纠纷案：北京知识产权法院（2021）京 73 民终 1723 号。

—— 基本案情 ——

2018 年，北京人民艺术剧院（简称"北京人艺"）与上海刘恒工作室约定，由刘恒工作室为北京人艺创作《窝头会馆》剧本，该剧本被北京人艺表演。

PPTV网站未经权利人许可，擅自播放北京人艺演出的《窝头会馆》，删除了片头"北京人艺"字样，并在播放演出前插入三个广告，共45秒。北京人艺认为侵犯了表明身份的权利，侵犯了表演者财产权。PPTV辩称，北京人艺不是表演者，不享有表演者权，更不享有表演者人身权。最终法院认定PPTV侵权。

—— 裁判摘要 ——

2020年著作权法不仅明确演员是表演者，而且也明确地将表演者权划分为"表明表演者身份和保护表演形象不受歪曲的权利"和"其他权利"。无论是约定还是没有约定，以及约定不明确，演出单位能享有的是"表明表演者身份和保护表演形象不受歪曲的权利"之外的"其他权利"。演出单位通过职务表演规定获得"其他权利"的同时，为有效地对外彰显权利主体身份，促进演出质量和水平提升，2020年《著作权法》第53条第（七）项规定的内容，在2010年《著作权法》第48条第（七）项涉及权利管理电子信息的作品和录音录像制品基础上，增加了"表演"，即"故意删除表演权利管理信息"的，应当承担民事责任，为演出单位权利管理信息保护提供了更为明确的法律保护依据。也就是说，根据2020年著作权法的规定，演出单位虽然不能享有表演者权中的表明表演者身份等人身属性的权利，但通过职务表演规定，演出单位可以获得表演者权中的财产性权利，并通过加强对权利管理信息的保护，为演出单位对外彰显权利主体身份提供了保障。

▷ 拓展思考

知识产权司法裁判的专业性促使法院裁判时有对著作权法大量的解释说理，这种解释说理既是说服当事人，也在统一全国司法裁判。演出单位不再成为表演者后，不能享有表明身份等表演者人身权。于是法院利用知识产权保护中的权利管理信息和技术措施进行兜底，以保护演出单位表明身份的权利。

# 第二节　录制者权

## 一、录制者权的概念

录制者权，是录制者对其录制的音像制品（录音和录像）依法享有的权利。录制者包括录音制作者和录像制作者。权利人通常为唱片公司等法人或其他组织,所以其权利没有人身内容,只有财产内容。录音制品包括任何声音的原始录制,可以是作品表演的录音如音乐、朗诵,也可是对非作品的录音如虫鸣、水流、松涛。录像制品,是指任何连续画面的原始录制品,但不构成视听作品。传统邻接权和国际公约无录像制品,国外保护录像制品不多。录像制品的保护具有中国特色,其法律意义在于保护无独创性的录像,如教学录像、体育比赛录像。

以音乐作品的录音制品为例,录音的制作需要经过音乐作品著作权人和演唱表演的表演者双方授权。他人对该录音的使用需要经过音乐作品著作权人、表演者、录音制作者三方的同意。"三重"著作权的法律构造是保障录音产业秩序和产业发展所需,但也增大了交易成本。这种近似于日耳曼法上"多重所有权"的法律构造也是著作权法的一项特点。

## 二、录制者权的内容

◇ 核心知识点

依据《著作权法》第44条的规定,录制者权的内容包括复制、发行、出租、通过信息网络向公众传播并获得报酬的权利。录制者权的内容仅限于财产权,限于复制和传播,没有演绎等内容。世界知识产权组织表演和录音制品条约(WPPT)中还规定了机械表演,但我国著作权法还未有此规定。录制者权的保护期为50年,截止于该制品首次制作完成后第50年的12月31日。

○ 典型案例

劳婧华诉上海麦克风文化传媒有限公司信息网络传播权纠纷案:上海市浦东新区人民法院(2015)浦民三(知)初字第949号民事判决书;上海知识产权法院(2016)沪73民终30号民事判决书。

—— 基本案情 ——

劳婧华创作小说《香火》,于2009年与国文润华公司签订出版合同,国文润华公司依据合同享有《香火》5年的电子版权、报刊摘登权、连载权、广播权、影视版权、声像版权等著作权。上海倾听公司将《香火》小说录制为音频节目《香火》,并授权麦克风公司使用《香火》音频节目。麦克风公司于2015年在"蜻蜓FM"网站上向公众提供《香火》在线听书服务。劳婧华将麦克风公司诉至法院。

—— 裁判摘要 ——

《香火》小说在对主题思想、故事情节等的表达上具有一定的独创性，属于小说类型的文字作品。劳婧华系该作品的作者，依法享有该作品的著作权。涉案"蜻蜓FM"网站上的涉案有声读物《香火》与涉案作品的内容一致，属于对涉案作品的声音演播内容所制作的录音制品。麦克风公司通过涉案"蜻蜓FM"网站向公众提供涉案作品的有声读物，使公众可以在其个人选定的时间、地点获得该有声读物。根据《著作权法》的规定，录音录像制作者对其制作的录音录像制品享有许可他人使用的权利，被许可人复制、发行、通过信息网络向公众传播录音录像制品，还应当取得著作权人、表演者许可，并支付报酬。因此麦克风公司提供涉案作品的有声读物的行为如果未取得著作权人即劳婧华的许可，则构成侵害劳婧华享有的信息网络传播权。

▷ 拓展思考

利用他人作品录制的录音制品上具有"多重所有权"的权利构造。利用录音制品进行网上传播，既需要经过录音制品制作者的许可，也需要经过原作品著作权人的许可。

# 第三节　广播组织权

## 一、广播组织权的概念

广播组织权是广播电台、电视台对其播放的节目依法享有的支配权。权利主体是广播电台、电视台。对象是节目，任何由声音或图像组成的信号集合。常见的节目主要包括体育比赛、新闻事件的节目等。广播组织传播行为是播放，而并非制作，凡是广播电台、电视台播放的节目就受到保护。

## 二、广播组织权的内容

◇ 核心知识点

广播组织权包括转播权、录制权、复制权、信息网络传播权。其中转播等词语是广播组织专业词语。转播，就是一个广播组织播放另一个广播组织的节目。转播要求同时，可以是有线，也可以是无线。录制是将其播放的广播、电视节目录制在音像载体上。复制，是指复制含有其节目的音像载体。与录制者权近似，权利的内容不涉及演绎、修改、汇编等内容，也不包含人身权益的内容。信息网络传播权是2020年《著作权法》新增内容，以弥补网络环境下广播组织权保护的不足。广播组织权的保护期为50年，截止于节目首次播放后第50年的12月31日。

○ 典型案例

河南有线公司诉商丘同方恒泰公司侵害广播组织权案：河南省商丘市中级人民法院（2014）商民一初字第7号民事判决书；河南省高级人民法法院（2014）豫法知民终字第249号民事判决书。

—— 基本案情 ——

中央电视台与中广影视卫星公司是"两套牌子、一套人马"。中央电视台授权中广影视卫星公司从事中央电视台版权及邻接权的转播与经营。通过中广影视卫星公司授权，第三方可转播中央电视台的电视节目，但第三方不得转授权。河南有线公司经中央电视台、中广影视卫星有限责任公司授权，在河南省辖区范围内对中央电视台第3、5、6、8套电视节目进行经营管理、收视费收缴、知识产权保护。河南有线公司于2004年成立全资子公司河南广电公司。商丘电视台成立商丘同方恒泰公司，并于2008年从河南广电公司购买了传输中央电视台第3、5、6、8套电视节目的播放设备并缴纳了收视费，但双方未签订书面合同。商丘同方恒泰公司认为已经永久取得了河南有线公司的授权。河南广电公司认为授权期限仅一年。2013年，河南有线公司将商丘同方恒泰公司诉至法院，要求其停止侵权、损害赔偿。

—— 裁判摘要 ——

一审裁判摘要

本案是一起侵犯广播组织权的纠纷。一审法院认为，河南广电公司是河南有线公司的全资子公司，其授权行为得到河南有线公司追认。授权期限约定不明，法院认定为截至起诉之日。故商丘同方恒泰公司无须损害赔偿。

二审裁判摘要

河南广电公司是具备独立民事行为能力、能够独立承担民事责任的法人，河南广电公司销售转播设备的民事行为不能认定为河南有线公司的民事行为。商丘同方恒泰公司关于转播中央电视台第3、5、6、8套电视节目是经授权且具有长期转播权的上诉理由缺乏事实依据，不予支持。二审法院酌情确定商丘同方恒泰公司赔偿河南有线公司经济损失40万元。

▷ **拓展思考**

本案中，河南有线公司与河南广电公司都无权授权他人转播中央电视台的节目。商丘同方恒泰公司向河南广电公司购买设备和转播权的行为本身属于河南广电公司的无权处分行为，未得到中央电视台追认后则属于无效的民事行为。

本案表面上是商丘电视台与河南电视台约定不明的问题。商丘同方恒泰公司购买河南广电公司设备的行为虽然合法，但其合同目的在于转播中央电视台节目。从合同目的出发，河南广电公司无权处分行为最终造成河南广电公司的违约，商丘同方恒泰公司可要求其承担违约责任。但该案背后是中央电视台节目转播营利的商业模式问题。

中央电视台授权河南有线公司从事知识产权保护和诉讼的主体资格，但不授权其转授权的权利。不完全的代理身份导致了河南有线公司在中央电视台节目转播上，面对他人的转播，只能承担诉讼成本与收益，无法通过合同承担相应的成本与收益。中央电视台通过中广影视卫星公司的授权，存在引诱河南电视台的诉讼行为之嫌，也存在引诱商丘电视台的侵权行为之嫌。

## 第四节 出版者权

### 一、专有出版权

除了表演、录音、录像、节目，其他传播行为也会产生传播成果，诸如古籍整理、数据搜集、遗作发表等。我国对此仅规定了出版者权，以保护出版者的权益。

出版者权，即专有出版权，是指图书、报刊的出版者享有的权利，内容由合同约定。如果出版的是演绎作品，则出版者需要同时经得原作品著作权人的许可。按照惯例，经作者授权，出版者享有专有出版权，未经出版者许可，其他人不得出版该作品。图书、报刊的出版者对作品格式和错别字等方面的修改，无须经过作者的许可；对作品内容进行修改、删节，应当经过作者的同意。

### 二、版式设计权

◇ **核心知识点**

除了专有出版权之外，图书出版者对图书的版式设计享有版式设计权。版式设计包括文字排列顺序、字体、字号、行间距，版式设计不同，给人的艺美感不同。版式设计保护期限为10年，截止于使用该版式设计的图书、期刊首次出版后第10年的12月31日。

○ 典型案例

海南出版社与吉林美术出版社版式设计权纠纷案，最高人民法院（2012）民申字第1150号民事裁定书。

—— 基本案情 ——

《儿童学画大全》《儿童描红大全》《儿童剪纸大全》和《学前三百字》系吉林美术出版社于2001年、2005年、2006年出版的幼儿读物。四本书采用了吉林美术出版社的版式设计。海南出版社有限公司未经吉林美术出版社许可，于2010年出版了《学画大全》《描红大全》《剪纸大全》和《学前三百字》，其采用的版式设计与吉林美术出版社上述相对应图书的版式设计基本相同或仅有很小的变动。吉林美术出版社发现后认为海南出版社侵权而将其诉至法院。海南出版社认为吉林美术出版社上述图书的版式设计仅遵循公知领域的简单排版方式，无创造性亦无显著性，不具有版式设计专用权。

—— 裁判摘要 ——

海南出版社有限公司出版的《剪纸大全》《描红大全》《学画大全》《学前三百字》在版式设计方面与吉林美术出版社相对应图书的版式设计除在个别版式设计元素上有微小改动外，其余基本一致，构成对吉林美术出版社版式设计的使用。根据《著作权法》第36条，海南出版社有限公司未经吉林美术出版社的许可，在其出版的《剪纸大全》《描红大全》《学画大全》《学前三百字》上使用吉林美术出版社涉案图书的版式设计，侵犯了吉林美术出版社的版式设计专用权。海南出版社有限公司主张其出版的四本书虽然从视觉上与吉林美术出版社涉案图书在排版上有些相似，但其既没有"复制"，也没有"很简单的、改动很小的复制以及变化了比例尺的复制"，未侵犯吉林美术出版社的版式设计专用权的申请再审理由既与事实不符，亦无法律依据，本院不予支持。

▷ 拓展思考

出版者权并非典型的邻接权。一方面，出版者经过作者授权，可以行使作者的著作权；另一方面，出版者对自己传播的版式设计享有10年的版式设计权。

# 第六章

## 著作权的行使

### 第一节 著作权的转让、许可和质押

一般认为,著作人身权专属于著作权人,不能转让、继承和遗赠。与此相对,著作财产权则"体现了著作权人同作品的使用人之间的、以对作品的一定利用方式为标的的商品关系",[①] 著作权人可以在不违反法律的情况下对著作财产权进行转让、许可和质押,从中获取经济收益。此外,邻接权中的财产性权利同样可以转让、许可和质押。

#### 一、著作权的转让

◇ 核心知识点

著作权遵循的是自动保护主义,转让著作权与转让专利权和注册商标权不同,

---

[①] 刘春田.知识产权法[M].北京:中国人民大学出版社,2014:75.

著作权可以登记,但法律并不强制要求进行登记及公告。因此著作权"一物二卖"的情形并不罕见。根据最高人民法院《关于审理买卖合同纠纷案件适用法律问题的解释》(以下简称《买卖合同司法解释》)第32条的规定,法律对权利转让合同没有规定的,法院可以参照适用《民法典买卖合同》和《买卖合同司法解释》的规定。

权利人就相同的著作财产权订立多个转让合同且多个转让合同均有效的情况下,著作权的归属应当如何判断呢?买卖合同司法解释区分了普通动产(无法登记)和特殊动产(登记对抗)的变动规则。因为著作权可以登记,但不强制登记,所以其变动规则应当适用特殊动产的规则。参照《买卖合同司法解释》第7条的规定,著作权应当归属于办理登记手续的受让人;都未登记的,著作权应当归属于合同订立在先的受让人。①

○ 典型案例

广东飞乐影视制品有限公司与贵州文化音像出版社侵犯著作权纠纷案:北京市第一中级人民法院(2006)一中民终字第2500号二审民事判决书。

—— 基本案情 ——

杨臣刚创作音乐作品《这样爱你》(后改名为《老鼠爱大米》)。2001年,肖飞与杨臣刚签订《版权转让合同》,约定杨臣刚将自行创作的歌曲《这样爱你》(后改名为《老鼠爱大米》)的著作权绝卖给肖飞。2002年7月,王虎与杨臣刚签订合同,主要内容为:王虎自合同签订之日起拥有对歌曲《这样爱你》的永久版权,并永久保留杨臣刚的作者冠名权。2002年11月,田传均与杨臣刚签订合同,杨臣刚以2000元价格转让《这样爱你》的著作权给田传均。2004年,杨臣刚与广东飞乐公司签订合同,授权广东飞乐公司独家使用、制作、发行歌

---

① 《买卖合同司法解释》第7条规定,"出卖人就同一船舶、航空器、机动车等特殊动产订立多重买卖合同,在买卖合同均有效的情况下,买受人均要求实际履行合同的,应当按照以下情形分别处理:(一)先行受领交付的买受人请求出卖人履行办理所有权转移登记手续等合同义务的,人民法院应予支持;(二)均未受领交付,先行办理所有权转移登记手续的买受人请求出卖人履行交付标的物等合同义务的,人民法院应予支持;(三)均未受领交付,也未办理所有权转移登记手续,依法成立在先合同的买受人请求出卖人履行交付标的物和办理所有权转移登记手续等合同义务的,人民法院应予支持;(四)出卖人将标的物交付给买受人之一,又为其他买受人办理所有权转移登记,已受领交付的买受人请求将标的物所有权登记在自己名下的,人民法院应予支持"。

曲《这样爱你》。广东飞乐公司推广该歌曲后，被王虎发现，诉至法院，要求承担侵权责任。

—— 裁判摘要 ——

一审裁判摘要

王虎与杨臣刚之间的合同于签订之时合法成立并生效，其时歌曲《这样爱你》词曲已由杨臣刚创作完成且内容固定，该歌曲词曲著作权亦已于当时转移，杨臣刚于签约之后是否向王虎实际交付该歌曲的词曲手稿或杨臣刚实际交付的词曲手稿是否为其本人所书写，均无碍于王虎受让取得该歌曲词曲的著作财产权。杨臣刚亦已无法在与田传均签订合同之后再行取得处分权，故田传均无法据此合同受让该歌曲词曲著作权。杨臣刚与广东飞乐公司签订的著作权许可使用合同情形亦是如此。因此判决，广东飞乐公司败诉。

二审裁判摘要

2001 年，杨臣刚已经将歌曲《这样爱你》词曲著作权中除涉及人身权以外的所有权利转让给肖飞。杨臣刚于 2002 年 7 月与王虎签订著作权转让合同时杨臣刚已不再享有歌曲《这样爱你》词曲著作权中的财产权，该转让行为属于无权处分，现王虎没有证据证明该歌曲词曲著作权中财产权的所有人肖飞对该无权处分行为曾经予以追认，王虎无法据上述合同受让该歌曲词曲著作权中的财产权。因此撤销原审判决，驳回王虎对广东飞乐影视制品有限公司起诉。

▷ 拓展思考

著作权自动产生导致著作权处分行为缺乏公示公信，导致著作权的权属成了一笔糊涂账，进而导致其无法"定纷止争"。随着我国著作权保护制度的完善，中国版权保护中心登记制度的建立和完善，将有利于稳定著作权利用的合理预期。

## 二、著作权的许可

◇ 核心知识点

由于著作财产权具有排他性，除非构成合理使用、法定许可等情形，他人未经许可使用作品均构成侵权。因此他人使用作品，原则上应当与权利人订立许可使用合同。《著作权法》第 26 条规定了许可使用的权利的两种类型——专有使用权或者非专有使用权，因此著作权许可也可分为专有许可和非专有许可。一般而言，被许可方为获得专有许可，需要支付比非专有许可更多的交易对价。根据《著作权法》第33条的规定，"图书出版者对著作权人交付出版的作品，按照合同约定享有的专有出版权受法律保护，他人不得出版该作品"。这里图书出版者享有的"专有出版权"就是一种独占许可，图书出版者据此成为图书出版涉及的复制权与发行权的专有被许可人。著作权的专有被许可人还可以自己的名义，就他人在相同的时间、地域范围内未经许可以相同方式使用作品的行为提起诉讼。这意味着著作权的独占被许可人取得了接近于著作权人的地位，即享有排除他人以相同方式使用作品的权利。但如果这类专有许可构成类似于著作权集体管理的情形，则可能得不到我国著作权法的保护（相关案件参见本章第二节）。如果当事人约定了专有许可权，但没有约定其内容，那么根据《著作权法实施条例》第24条的规定，"视为被许可人有权排除包括著作权人在内的任何人以同样的方式使用作品；除合同另有约定外，被许可人许可第三人行使同一权利，必须取得著作权人的许可"。

○ 典型案例

张伟明与商务印书馆国际有限公司侵犯著作权纠纷案：北京市第二中级人民法院（2002）二中民初字第10435号民事判决书；北京市高级人民法院（2003）高民终字第340号民事判决书。

—— 基本案情 ——

张伟明通过委托创作的方式获得了《印第安神话故事》一书的著作权，并与宗教文化出版社签订"图书出版合同"，约定宗教文化出版社在5年内享有出版该书的专有出版权。之后，商务印书馆与王冶（笔名陶冶）签订图书出版合同，王冶保证拥有出版发行"中国少儿经典故事丛书"的专有权，并将该项权利授予商务印书馆。商务印书馆出版发行了"中国少儿经典故事丛书"，该套丛书包括《印第安神话故事》，署名为"陶冶主编"。该书收录了与张伟明书相同的50篇神话故事，亦分为三个组成部分，每一部分包括的故事与张伟明书相同，只是三个部分的排列顺序与张伟明书相比略有变化。张伟明起诉商务印书馆，主张其侵害了他对《印第安神话故事》一书的使用权和获得报酬权。

—— 裁判摘要 ——

一审裁判摘要

根据委托创作合同的明确约定，原告对《印第安神话故事》一书享有除署名权以外的著作权。该书在内容的选择与编排上体现出作品的独创性，属于汇编作品。被告出版发行的图书在内容的选择与编排上直接利用了原告的创造性劳动，构成对原告的汇编作品著作权的侵害。被告应就其出版发行图书侵害了原告享有著作权的汇编作品的使用权及获得报酬权一事承担停止侵权、返还侵权所得利润的民事责任。

二审裁判摘要

被告应就其出版发行的图书侵害了原告享有著作权的汇编作品的著作权一事承担停止侵权的民事责任。但根据《著作权法实施条例》的规定，图书出版者在合同有效期内和在合同约定地区内，享有以同种文字的原版、修订版的方式出版图书的独占权利。因此著作权人将作品的专有出版权授予他人后，对实施了侵犯专有出版权侵权行为的侵权人一般不能要求经济赔偿，只有在侵权行为给著作权人造成经济损失的情况下，著作权人才可以要求经济赔偿。原告与宗教文化出版社签订的"图书出版合同"约定宗教文化出版社在5年内享有《印第安神话故事》一书的专有出版权，其获得报酬的方式是按稿酬一次性结算，故被告的侵权行为并未给原告造成经济损失。原审法院判定被告向原告返还侵权所得利润是错误的，应予纠正。

▷ 拓展思考

著作权人将出版权交由出版社行使后，已经通过收取许可费的形式获取了经济利益。当发生授权出版范围内的侵权行为时，经济利益遭受直接损失的是出版社等专有被许可人。因此张伟明的赔偿请求并不能得到法院支持，只有原告为宗教义化出版社时，才能获得法院的支持（参见北京市高级人民法院（2003）高民终字第973号商务印书馆国际有限公司与宗教文化出版社侵害出版者权纠纷上诉案）。

## 三、著作权的质押

◇ 核心知识点

根据《民法典》第440条第（五）项的规定，著作财产权可以出质。《著作权法》第28条规定，"以著作权中的财产权出质的，由出质人和质权人依法办理出质登记"。具体由国家版权局中国版权保护中心负责著作权质权登记工作。与著作权转让的登记对抗主义不同，著作权质押采纳的是登记生效主义。根据国家版权局公布的《著作权质权登记办法》，以著作财产权出质的，出质人和质权人应当订立书面质权合同,并由双方共同向登记机构办理著作权质权登记;著作权质权的设立、变更、转让和消灭,自记载于《著作权质权登记簿》时发生效力。虽然为了促进融资,民法典允许普通财产的带押过户,但带押过户并不适用于知识产权。在著作权出质期间,未经质权人同意,出质人不得转让或者许可他人使用已经出质的权利。经过质权人同意转让或许可的,转让许可的费用也应优先偿还债权人。

○ 典型案例

上海晋鑫影视发展有限公司与北京金色里程文化艺术有限公司、李晓军等著作权权属、侵权纠纷案:江苏省高级人民法院(2014)苏知民终字第0170号二审民事判决书。

—— 基本案情 ——

2006年,晋鑫公司与金色里程公司联合拍摄电视剧《天情》,约定:拍摄发行完成后该剧的剧本版权归晋鑫公司及金色里程公司共有。该剧的电视剧版权及因联合摄制电视剧所形成的全部有形财产和无形财产、衍生利益及所有一切权利均属晋鑫公司、金色里程公司共有并按出资比例分配。金色里程公司共投资40万,晋鑫公司投资30余万。2007年2月,金色里程公司与中天公司签订《版权质押典当合同》,约定金色里程公司将《天情》版权及原剧本的电视剧使用权质押给中天公司,典当金额为30万元。2007年9月,北京市广播电视局出具(京)剧审字(2007)第030号《国产电视剧发行许可证》,载明:名称《天情》,发行单位为金色里程公司,经审查,同意该剧在全国范围适当时段播出。但因资金不足,电视剧并未拍摄完成。2007年12月25日,金色里程公司与中天公司签订《绝当协议书》,明确对《版权质押典当合同》进行绝当处理,金色里程公司将《天情》的版权及原剧本的电视剧使用权、发行权和唯一的电视剧摄制数码母带(含制作许可证、发行许可证)移交给中天公司,由中天公司全权处置。晋鑫公司发现后,诉至法院。

—— 裁判摘要 ——

晋鑫公司享有涉案电视剧的著作权。根据约定,涉案电视剧的著作权由晋鑫公司与金色里程公司共有,该约定是双方当事人真实意思表示,不违反法律规定,晋鑫公司据此享有涉案电视剧的著作权。但晋鑫公司不享有涉案电视剧剧本的著作权。合同中约定,拍摄发行完成后的剧本版权归晋鑫公司及金色里程公司共有,但该约定并未得到剧本著作权人李晓军的认可。

未经晋鑫公司许可，金色里程公司擅自将双方共同享有著作权的涉案电视剧质押典当并绝当给中天公司的行为，侵害了晋鑫公司按份享有的涉案电视剧著作权，应承担相应的民事责任。

▷ **拓展思考**

为了保障交易安全和公示公信，虽然金色里程公司涉及无权处分，但仍需要维护中天公司对登记簿的信赖，承认中天公司在作品上的质权，而由金色里程公司赔偿晋鑫公司的损失。

## 第二节 著作权的集体管理

### 一、著作权集体管理

著作权集体管理指特定组织经权利人授权，集中行使权利人的有关权利并以自己的名义订立许可使用合同、收取转付使用费、进行有关的诉讼与仲裁等活动。

### 二、著作权集体管理组织

◇ **核心知识点**

我国《著作权法》第8条规定："著作权人和与著作权有关的权利人可以授权著作权集体管理组织行使著作权或者与著作权有关的权利。依法设立的著作权集体管理组织是非营利法人，被授权后可以以自己的名义为著作权人和与著作权有关的权利人主张权利，并可以作为当事人进行涉及著作权或者与著作权有关的权利的诉讼、仲裁、调解活动"。著作权集体管理组织指为权利人的利益依法设立，根据权利人授权、对权利人的著作权或者与著作权有关的权利进行集体管理的社会团体。在我国，著作权集体管理组织的设立与运作都需遵循国务院发布的《著作权集体管理条例》的规定进行。一般认为著作权集体管理组织与著作权人之间在法律上接近于一种信托关系。

○ **典型案例**

深圳市声影网络科技有限公司与南京卡乐门餐饮娱乐有限公司侵害其他著

作财产权纠纷案：南京市鼓楼区人民法院（2014）鼓知民初字第103号民事判决书；江苏省南京市中级人民法院（2015）宁知民终字第159号民事判决书。

—— 基本案情 ——

《错错错》等40首音乐作品的词曲作者与广州东嘉公司订立了授权书协议，内容为将其在有关音乐作品中享有的词曲著作权的所有权利（署名权除外）专属独家授权至广州东嘉公司，广州东嘉公司可按自身意愿全权使用相关音乐作品，并有权对第三方转授权进行著作权维权。之后，广州东嘉公司与广东播种者投资有限公司签订授权书，内容为将上述权利专属独家授权至广东播种者公司。广东播种者公司又与原告订立授权合同，内容为广东播种者公司将其依法拥有的音乐作品和音乐电视作品的词曲著作权、复制权、放映权、广播权以专有的方式授权给原告，原告据此可以以自己的名义享有对卡拉OK等公共娱乐场所经营者授权使用的独家管理权，并有权以自己的名义向侵权使用者提起诉讼，授权音乐作品列表中包括涉案的《错错错》等40首音乐作品。被告经营地点在南京市，经营范围为歌舞娱乐、餐饮服务等。原告诉称其获得了《错错错》等一批音乐作品著作权人包括但不限于音乐作品的表演权、复制权等权利在中国大陆地区卡拉OK等娱乐场所通过点播系统进行播放及运营的专有授权，享有对卡拉OK授权使用上述音乐作品的独家管理权并可以以自己名义向侵害上述权利的第三方提起诉讼。被告未经其许可，也未经原著作权人授权，以营利为目的擅自在其经营的娱乐场所内大量使用上述音乐作品，侵犯了其对上述音乐作品的词、曲、音的表演权和复制权，严重侵害了其合法权益。被告则辩称，原告并不能证明其对涉案音乐电视作品享有合法权利，且被上诉人已向中音著协缴纳曲库的版权使用费，已经尽到了版权注意义务，故不应当承担侵权赔偿责任。

—— 裁判摘要 ——

根据我国《著作权法》第8条的规定，著作权人和与著作权有关的权利人可以授权著作权集体管理组织行使著作权或者与著作权有关的权利，著作权集体管理组织被授权后，可以以自己的名义为著作权人和与著作权有关的权利人主张权利，并可以作为当事人进行涉及著作权或者与著作权有关的权利的诉讼、仲裁活动。本案中，广州东嘉公司系涉案音乐专辑作品的著作权人，其于2012年10月10日将该著作权独家授权给广东播种者公司。后广东播种者公司又将该作品中词曲的著作权、复制权、放映权、广播权以专有的方式授权给原告。根据上述权利流转过程可知，原告并非涉案专辑作品的著作权人，其仅仅经许可获得了该作品的使用权,且在上诉人与广东播种者公司签订的《音像著作权授权合同》中约定,原告可以以自己的名义享有对卡拉 OK 等公共娱乐场所经营者授权使用的独家管理权,并有权以自己的名义向侵权使用者提起诉讼。以上约定与《著作权集体管理条例》中著作权集体管理组织的管理内容性质相同,而根据该条例规定,除著作权集体管理组织外,任何组织和个人均不得从事著作权集体管理活动。因此在本案中,原告不能以自己的名义提起诉讼。

▷ 拓展思考

当今世界各国,对著作权进行集体管理已经成为一种常态。原因是作品被使用的范围十分广泛,形式分散且使用数量巨大,著作权人自行管理作品使用成本极高且费时费力;由于复制和传播技术的发展,作品的使用形式也更加多样化,著作权人难以全面了解、控制作品被使用的情况;作品的使用日趋国际化,著作权人自行管理作品在国外的使用存在诸多不便之处。"著作权的集体管理有多种含义。在最广泛的意义上,多个著作权人通过适当的机制,将自己的著作权集中起来行使,就可以说是著作权的集体管理……现在市场上各类版权代理公司、出版社、杂志社、唱片公司甚至某些数字图书馆等,经过原始的著作权人的授权或许可,控制着相当数量的作品的版权,可以对外发放许可。这些机构实际上就是广泛意义上的'著作权集体管理机构'。"[①]

尽管学理上的"著作权集体管理"概念很宽泛,我国《著作权法》中的"著作权集体管理"则有相当狭窄和明确的指向,即"特定组织经权利人授权,集中行使权利人的有关权利并以自己的名义订立许可使用合同、收取转付使用费、进行有关的诉讼与仲裁等活动"。有资格从事上述著作权集体管理的主体也是特定的,即依照有关社会团体登记管理的行政法规和《著作权集体管理条例》的规定进行登记的著作权集体管理组织。目前在我国有五大著作权集体管理组织,分别是中国音乐著作权协会、中国音像著作权集体管理协会、中国文字著作权协会、中国摄影著作权协会、中国电影著作权协会。上述组织分别在各自所属领域内从事著作权集体管理活动。根据我国《著作权集体管理条例》第 6 条规定,"除依本条例规定设立的著作权集体管理组织外,任何组织和个人不得从事著作权集体管理活动"。在前述案例中,原告等从事的行为未尝不带有某种著作权集体管理的属性,但根据我国法律的上述规定,其没有资格从事我

---

① 崔国斌. 著作权法:原理与判例[M]. 北京:北京大学出版社,2014:541.

国《著作权法》中所指的著作权集体管理活动。因此在《著作权法》与《著作权集体管理条例》未赋予非集体管理组织与集体管理组织相同的法律地位和权利的情况下，原告对涉案音乐电视作品进行集体管理，并以自己的名义提起诉讼，难以找到法律依据。从理论上说，如果涉案音乐作品的著作权人已经把相关作品交由合法的著作权集体管理组织进行排他性的集体管理，则不可能再授权他人以自己的名义享有对卡拉OK等公共娱乐场所经营者授权使用的独家管理权、以自己的名义向侵权使用者提起诉讼，因此无须认定他人的行为是否构成集体管理行为即可驳回诉讼请求。总而言之，这一问题的完善也有待于立法者基于我国国情做明确规定。

# 第七章 著作权的限制

## 第一节 合理使用

第三次《著作权法》修改，对合理使用做了如下调整：第一，增设了兜底条款，即第24条第1款第13项"法律、行政法规规定的其他情形"；第二，明确规定了合理使用"不得影响该作品的正常使用，也不得不合理地损害著作权人的合法权益"；第三，对个别合理使用的具体情形进行了部分修改，如第4项将声明保留的主体从"作者"调整为"著作权人"，第8项增加了"文化馆"，第9项增加了"不以营利为目的"的要求，第11项将"汉语言文字"修改为"国家通用语言文字"，第12项修改为"以阅读障碍者能够感知的无障碍方式向其提供已经发表的作品"等。

### 一、合理使用的整体判断

◇ 核心知识点

修改后的《著作权法》增设了兜底条款，表面上看，合理使用的适用似乎可以不用局限于第 24 条明文列举的十二种情形。但实质上，兜底条款的适用要求有法律、行政法规的规定，这也就意味着即使增设了兜底条款，如其他法律、行政法规无明文规定，法官也不能结合具体案情自由裁量。在之前封闭式列举的立法模式下，已经有了突破法律明文规定的司法案例，其主要依据是美国版权法的四要素，以及《TRIPS 协议》中的三步检验法。本次《著作权法》修改，增加的合理使用"不得影响该作品的正常使用，也不得不合理地损害著作权人的合法权"，亦是直接吸收了三步检验法。

○ 典型案例

王莘与北京谷翔信息技术有限公司（以下简称"北京谷翔公司"）等作品信息网络传播纠纷上诉案：北京市第一中级人民法院（2011）一中民初字第 1321 号民事判决书；北京市高级人民法院（2013）高民终字第 1221 号民事判决书。

—— 基本案情 ——

本案原告王莘（笔名棉棉）为涉案作品《盐酸情人》的作者。被告谷歌公司为谷歌数字图书馆的制作者，其在制作该数字图书馆的过程中全文复制了原告涉案作品。此后，被告谷歌公司将该作品提供给其在中国的关联公司被告北京谷翔公司，由该公司在其经营的谷歌中国网站上向网络用户进行片段式提供（即提供页面中仅显示相关页内容的两三个片段，每个片段约有两到三行，该页面中并不显示图书页面的全部内容）。被告谷歌公司认为，其实施的全文复制行为发生在美国，中国法院不具有管辖权；北京谷翔公司认为，网站内容中仅涉及作品片段，不侵犯信息网络传播权。

—— 裁判摘要 ——

一审裁判摘要

合理使用的实质条件是，不影响著作权人对作品的正常利用，且不会对著作权人的利益造成不合理的损害。虽然被告北京谷翔公司并未经过原告许可，但该行为符合前述实质条件，构成合理使用。而谷歌公司实施的全文复制行为，与原告作品的正常作用相冲突，且对原告作品的市场利益会造成潜在危险，将不合理损害原告的合法权益，故不构成合理使用，侵犯了原告的复制权。

二审裁判摘要

谷翔公司构成合理使用，并不意味着谷歌公司的全文复制行为亦构成合理使用。虽然司法实践中已经有突破法律规定认定合理使用的先例，但判断涉案复制行为是否为合理使用特殊情形时，应当严格掌握认定标准，综合考虑使用作品的目的和性质、受著作权保护作品的性质、所使用部分的性质及其在整个作品中的比例、使用行为是否影响了作品正常使用、使用行为是否不合理地损害著作权人的合法利益等。而且使用人应当对上述考量因素中涉及的事实问题承担举证责任。本案中，谷歌公司虽然主张涉案侵权行为构成合理使用，但并未提交相关证据。因此谷歌公司主张涉案复制行为构成合理使用，证据不足，不予支持。

▷ **拓展思考**

合理使用作为著作权法中的利益平衡器，对平衡著作权人与公共利益具有重要意义。但有关合理使用的性质，理论界一直存在"权利限制说""使用者权利说""侵权阻却说"三种不同观点。对合理使用不同性质的界定，直接影响合理使用的具体适用。著作权人通过许可协议或技术措施排除、限制行为人的合理使用时，行为人是否仍可依据著作权法的规定进行合理使用；其行为虽不构成著作权直接侵权，但行为人是否需要承担违约责任或者规避技术措施的责任，现行法律并未明确。随着信息技术的发展，以技术措施来限制合理使用将会越来越普遍。如何解决著作权法与合同法、合理使用与技术措施之间的矛盾，将是著作权立法与司法中无法回避的问题。

## 二、适当引用

◇ **核心知识点**

为介绍、评论某一作品或者说明某一问题，在作品中适当引用他人已经发表的作品，为合理使用。其核心点在于一是在目的上是介绍、评论或者说明；二是在量上是适当。

○ **典型案例**

刘俊士诉孙富利、孙超一著作权侵权纠纷：北京知识产权法院（2016）京73民终297号民事判决书。

—— 基本案情 ——

原告系《专利创造性分析原理》创作者与著作权人，该书于2012年9月由知识产权出版社出版，二被告在《今日湖北》2014年第6期上发表的《浅析专利法第二条第三款中技术方案的含义》，与原告书籍有相同和相似部分。原告认为被告侵犯了其著作权，且将其书籍附作为参考文献不影响侵权行为的定性。被告辩称其行为属于合理使用。

—— 裁判摘要 ——

被告文章与原告作品中的相似部分，构成原告作品的主要部分，超出了仅应当为了介绍、评论或说明问题的范围，引用量也超出了适当的标准。同时第22条规定的"应当指明作者姓名、作品名称"，应使他人能根据指明的内容明确区分作品内容所指向的作者和作品，被告采取了不规范的尾注形式，无法使引用被上诉人的作品和上诉人的作品区分开，因此被告的行为不构成合理使用。

▷ 拓展思考

在认定某一行为是否为适当引用时，存在一种较为特殊的情形，即转换性使用。所谓转换性使用，是指对原作品的利用并非为了单纯再现原作品本身的文学、艺术价值或者实现其内在功能或目的，而是通过增加新的美学内容、新的视角、新的理念或通过其他方式，使原作品在被使用过程中具有新的价值、功能或性质，从而改变了其原先的目的和功能。[1]转换性使用起源于美国，其适用范围近年来逐渐得到扩张，在内容上并不限于对原作品的评论、讽刺，而是有更为丰富的内容；使用行为的转换性不仅可以表现为对内容的"转换性使用"，也包括对功能的"转换性使用"。[2]我国尚未建立明确的转换性使用制度，随着合理使用立法模式从封闭式向开放式的转变，转换性使用规则也将逐步被用于我国的司法实践中。如何借鉴美国的认定标准以适应我国的司法土壤，是值得深思的问题。

### 三、为报道新闻而使用

◇ 核心知识点

适用该条款，首先需要满足目的要求，即为报道新闻，第三次《著作权法》修改删除了"时事"的限定，从词义上看，"时事新闻"指的是与国计民生、社会建设、人民生活密切相关的领域里发生的重要新闻，而"新闻"则可泛指社会上新近发生的所有事情。删除"时事"的限定，扩大了该条款的适用范围。

---

[1] 王迁.知识产权法教程[M].北京：中国人民大学出版社，2016：221.

[2] 晏凌煜.美国司法实践中的"转换性使用"规则及其启示[J].知识产权，2016(6).

第二个要件，则要求必须是"不可避免地"再现或者引用。

○ 典型案例

乔天富与重庆华龙网新闻传媒有限公司侵害著作权纠纷上诉案：重庆市高级人民法院（2013）渝高法民终字第 00261 号民事判决书。

—— 基本案情 ——

原告发现被告在其经营的华龙网上使用了原告的摄影作品 96 幅，共使用 101 次，其中部分作品未署名。该使用既未事先取得原告许可，也未向原告支付相应的报酬，构成著作权侵权。被告华龙网答辩称，其全文转载行为属于为报道时事新闻而合理使用原告的作品，不属于侵权行为。

—— 裁判摘要 ——

一审裁判摘要

从本案的证据来看，被控侵权的图片均是文章配图，在此情形下，涉案图片是否应当受到《著作权法》保护，应当将其与文字部分作为一个整体进行考量。第二组 37 幅图片，是以图片的形式表达事件现场的客观事实，属于时事新闻的一部分。第三组涉及的 58 幅图，凝聚了原告的创造性劳动，形成了 58 幅摄影作品。著作权法第 22 条第 1 款第 3 项的规定，目的在于允许新闻报道者在用文字、广播、摄影或电影等手段报道时事新闻时，对所报道事件过程中看到或听到的作品在为报道目的正当需要范围内予以复制。而被告的行为既不是"为了报道时事新闻"，也不是"不可避免地再现或引用已经发表的作品"，不构成合理使用。

二审裁判摘要

判断图片新闻是否为单纯事实消息并不以其所配发的文字是否为单纯事实消息为标准，而应单独审查其独创性。该案中四篇文章所配的 37 幅图片均凝聚了乔天富的创造性劳动，属于具有独创性的作品。本案所涉图片即属于新闻本身，而非新闻中不得再现或引用的他人作品，故华龙网的此抗辩理由不能成立。

▷ 拓展思考

新闻报道中融合了他人作品，则该新闻报道是否属于单纯事实消息？对此应区分情况讨论。不能仅因报道的是新闻，就认为该成果就一定是单纯事实消息；也不能因为该报道中包含了他人的作品，就认为构成新闻性作品。新闻报道是否属于单纯事实消息，要从整体上判断，如果该报道包含有撰稿人的独创性表达,则可以认定该报道构成新闻性作品;否则即使该报道中包含有他人作品,也只是单纯事实消息,不受《著作权法》保护。

## 四、对政治、经济、宗教问题的时事性文章的使用

◇ 核心知识点

报纸、期刊、广播电台、电视台等媒体刊登或者播放其他报纸、期刊、广播电台、电视台等媒体已经发表的关于政治、经济、宗教问题的时事性文章,属于合理使用的情形,但作者声明不许刊登、播放的除外。

○ 典型案例

原告某投资顾问公司、某信息技术公司诉被告某信息技术股份公司、某投资管理公司著作权侵权及侵害商业秘密纠纷案(法宝引证码:CLI.C.3924261)。

—— 基本案情 ——

两被告与原告存在同业竞争关系,被告以不正当手段获取原告的证券投资分析报告用于其产品"Real-View稳赢数据",原告认为被告侵犯了其证券投资分析报告享有的著作权。被告某投资管理公司辩称,原告证券投资分析报告的很多素材来自上市公司的业绩报告,不符合《著作权法》规定的独创性的构成要件。"Real-View稳赢数据"的功能性质,以及原告的免责声明和众多行业惯例都证明某投资管理公司对原告证券投资分析报告的引用是合理使用。

—— 裁判摘要 ——

法院认为,涉案148篇证券投资分析报告系原告某投资顾问公司对上市公司年度报告等各种公开信息进行筛选、整理、分析研究后完成的,凝聚了创作人员的智力成果,具有一定的独创性,应当受《著作权法》的保护。《著作权法》第22条第1款第(四)项规定的是对"时事性文章"合理使用的情形,法律之所以如此规定,是让每个公民及时了解国家目前的政治经济情况,参与国家的政治民主生活。本案所涉的是证券投资分析报告,不属于上述规定的可以合理使用的客体,况且原告在其证券投资分析报告中声明未经许可不得以任何形式传送、发布和复制。被告的使用方式已经影响原告对涉案作品的正常使用,在一定程度上损害了两原告的合法权益,故不构成合理使用。

## 五、课堂教学或科学研究的使用

◇ 核心知识点

该项合理使用有三方面限制：一是目的上只能是课堂教学或者科学研究；二是数量上只能是少量复制；三是人员上只能是教学、科研人员。

○ 典型案例

毕淑敏诉淮北市实验高级中学（以下简称"实验中学"）侵犯著作权纠纷上诉案：安徽省高级人民法院（2009）皖民三终字第 0014 号民事判决书。

—— 基本案情 ——

毕淑敏为图书《红处方》的作者，对《红处方》享有著作权。实验中学的网站未经毕淑敏的许可即登载《红处方》，但进入网站点击"红处方"后出现页面显示需输入用户名和密码，不输入用户名和密码不能阅读和下载。被告认为从学校的公益和非营利性质，其行为属于为教学目的合理使用《红处方》。

—— 裁判摘要 ——

一审裁判摘要

实验中学作为以教学为目的的公益性教育机构，在其网站刊载《红处方》并非以传播作品和获利为目的，也无证据证明学校以此获取了利益，且学校对数字图书馆的相关作品采取需输入用户名和密码的必要保密措施，限定了使用作品的人员范围，未将该用户名和密码进入公知领域产生损害结果。因此实验中学使用毕淑敏公开发表的《红处方》的行为属合理使用。

二审裁判摘要

《著作权法》第 22 条第 1 款第（六）项的规定，范围只是学校的课堂教学或者科学研究，这种课堂教学应限定于教师与学生在教室、实验室等处所进行现场教学，并且是为上述目的少量复制，这样的复制不应超过课堂教学的需要，也不应对作者作品的市场传播带来损失。本案中，实验中学将毕淑敏的涉案作品刊载在网络上，不构成用于课堂教学的合理使用行为，不属于合理使用。

▷ 拓展思考

该条款并未限制"学校"的范围，但一般认为，营利性教育机构不得援引该条的合理使用，考研辅导班，托福、GRE 培训班等以营利为目的的教学不属于"课堂教学";① 非营利性教育机构如果从事营利性行为,也被排除在外。虽然条文中将学校课堂教学或者科研的使用行为仅限于"翻译或少量复制",但这一规定没有考虑特殊院校的需求,如电影学院、戏剧学院对于他人作品的使用就不仅仅限于翻译或少量复制,还包括改编、表演、摄制、播放、信息网络传播等。司法实践中已经突破了法律条文的字面含义。② 第三次《著作权法》修改将"翻译或少量复制"扩展为"翻译、改编、汇编、播放或者少量复制",但是表演、摄制、信息网络传播等行为仍未被包括在内。

## 六、国家机关为执行公务在合理范围内使用已经发表的作品

◇ 核心知识点

该项中的国家机关是指国家的立法机关、行政机关、司法机关、法律监督机关和军事机关,包括国家机关授权或委托的其他单位;执行公务是指上述机关为了立法、执法的目的履行职责。③

○ 典型案例

何平诉教育部考试中心侵犯著作权纠纷案:北京市海淀区人民法院(2007)海民初字第 26273 号民事判决书。

—— 基本案情 ——

原告于2005年初创作了漫画《摔了一跤》,先后发表在《讽刺与幽默》报、《漫画大王》杂志上。被告 2007 年高考全国语文 I 卷命题作文《摔了一跤》的漫画,除文字内容和部分细节有所改动外,在漫画构思、结构与其他很多细节上与漫画《摔了一跤》完全一样。被告认为原告所指侵权作品与原告作品存在明显不同,两者的相似性仅是神似或创意相似,并且在试题中使用他人作品是合理使用。试题中不标明作者姓名是国际通行惯例。

—— 裁判摘要 ——

考试中心在高考作文中使用的漫画,属于由何平漫画演绎而来的新作品。

---

① 胡康生.中华人民共和国著作权法释义[M].北京:法律出版社,2002:107.
② 崔国斌.著作权法:原理与案例[M].北京:北京大学出版社,2014:607.
③ 参见广西壮族自治区柳州市中级人民法院(2004)柳市民初(三)字第 2 号民事判决书。

考试中心辩称其行为为国家机关执行公务期间的合理使用行为，但何平否认考试中心为国家机关。本院认为，考试中心虽不是国家机关，但其组织高考出题的行为属于执行国家公务行为。在我国，国家机关执行公务存在两种形式，一种是国家机关自行执行公务，另一种是国家机关授权或委托其他单位执行公务。考试中心不属于国家机关，其组织高考出题的行为属于后一种情形。考试中心在组织高考试卷出题过程中演绎使用原告作品的行为，应属于为执行公务在合理范围内使用已发表作品的范畴。

▷ 拓展思考

本案最关键的焦点在于合理使用他人的作品应当指明作者姓名、作品名称，并且不得侵犯著作权人依照本法享有的其他权利。我国著作权法虽然规定了合理使用的限制条件，但其应为一般的原则性规定，实践中在某些情况下，基于条件限制、现实需要或者行业惯例，亦容许特殊情况下的例外存在。考试中心在高考作文中未将相关漫画予以署名即属于特殊的例外情况。当然考试中心出于对著作权人的尊重和感谢，可在高考结束后，以发函或致电形式对作者表示感谢。

## 七、对公共艺术作品的合理使用

◇ 核心知识点

2020 年《著作权法》修改删除了艺术作品需为"室外"的限定，意味着任何陈列在公共场所的艺术品，均可适用。但此次修法仍未涉及对合理使用成果的继续利用，是否属于合理使用。

○ 典型案例

山东天笠广告有限责任公司诉青岛海信通信有限公司著作权侵权纠纷案：山东省青岛市中级人民法院（2003）青民三初字第 964 号民事判决书

—— 基本案情 ——

"五月的风"雕塑作品位于青岛市五四广场，是原告山东天笠广告有限责任公司接受他人委托创作的委托作品，原告为著作权人。被告青岛海信通信有限公司未经许可，擅自将"五月的风"的图案设置在其所生产的海信 2C101 型手机显示屏中。原告认为被告的行为构成著作权侵权。

—— 裁判摘要 ——

法院认为，对设置或者陈列在室外社会公众活动场所的雕塑、绘画、书法等艺术作品，进行临摹、绘画、摄影、录像的，可以对其成果以合理的方式和范围再行使用，不构成侵权。被告在其生产的手机中虽然使用了"五月的风"雕塑图像，但是该使用方式对手机的价值不会产生影响，且被告使用"五月的风"雕塑图像未造成对原告作品的歪曲、丑化，亦未影响原告作品的正常使用，因此被告对原告作品的使用属于法定的合理使用。

▷ **拓展思考**

有关该条款规定的行为本身构成合理使用，并无太多争议。真正有争议的是对上述临摹、绘画、摄影、录像的结果进行后续使用，是否仍可主张合理使用。《最高人民法院关于审理著作权民事纠纷案件适用法律若干问题的解释》第18条规定，对设置或者陈列在室外社会公众活动场所的雕塑、绘画、书法等艺术作品的临摹、绘画、摄影、录像人，可以对其成果以合理的方式和范围再行使用，不构成侵权。"合理的方式和范围"，应包括以营利为目的的"再行使用"。[①] 司法实践中也普遍遵照该司法解释的规定，认定后续的再利用行为仍属于合理使用。

## 第二节　法定许可

《著作权法》确立了四种法定许可的类型：①第25条第1款规定的编写出版教材；②第35条第2款规定的报刊转载、摘编；③第40条第2款规定的制作录音制品；④第43条第2款规定的播放作品。

### 一、编写出版教材的法定许可

◇ **核心知识点**

编写出版教材的法定许可，仅限于为实施义务教育和国家教育规划，其他

---

[①] 最高人民法院关于对山东省高级人民法院《关于山东天笠广告有限责任公司与青岛海信通信有限公司侵犯著作权纠纷一案的请示报告》的复函，（2004）民三他字第5号。

情形的教材编写，不适用法定许可。《信息网络传播权保护条例》第 8 条也有类似制作课件的法定许可，该规定实际是将《著作权法》中的规定延伸至网络环境。

○ 典型案例

丁晓春诉南通市教育局、江苏美术出版社侵犯著作权纠纷案：《最高人民法院公报》2006 年第 9 期。

—— 基本案情 ——

1999 年 2 月 7 日，原告在街头为妻儿拍摄了一张选购红灯笼的生活照，并以"街上红灯闹"为题发表在《南通日报》"周末特刊"上。被告南通市教育局组织编写和摄影、被告江苏美术出版社出版发行的《南通美术乡土教材（小学高年级版）》使用了上述照片。原告认为两被告的行为已构成对本人著作权的侵犯；被告江苏美术出版社辩称其使用涉案照片属于法定许可。

—— 裁判摘要 ——

《著作权法》第 23 条第 1 款规定的教科书，应当界定为经省级以上教育行政部门批准编写、经国家专门设立的学科审查委员会通过，并报送审定委员会批准后，由国家教育委员会列入全国普通中小学教学用书目录的中小学课堂正式用书。被告江苏美术出版社出版发行《乡土教材》前，该教材的编写者未按规定履行申请核准手续，也未经教材审定委员会审查，更未经江苏省教育厅批准并列入南通市辖区范围内的《中小学教学用书目录》。因此该教材不属于著作权法规定的教科书，被告的行为也不构成法定许可。

## 二、报刊转载、摘编

◇ 核心知识点

作品在报纸、期刊刊登后，除著作权人声明不得转载、摘编之外，其他报刊可以转载或者作为文摘、资料刊登，但应当按照规定向著作权人支付报酬。

○ 典型案例

张承志诉世纪互联通讯技术有限公司（以下简称"世纪公司"）侵犯著作权纠纷案：《最高人民法院公报》2000 年第 1 期。

—— 基本案情 ——

原告张承志是《北方的河》《黑骏马》的作者，对该作品享有著作权。被告未经许可，在其网站上传播使用了上述作品，原告认为被告侵犯了其享有的使用权和获得报酬权。被告认为，其行为仅属于"使用他人作品未支付报酬"。

—— 裁判摘要 ——

报刊享有转载或作为文摘、资料刊登的权利，但并非所有在报纸、杂志上发表过的作品都适合于报刊转载，那些篇幅较长、能够独立成书的小说不应当包括在法律允许的范围之内，否则不利于对著作权的保护。被告世纪公司作为网络信息提供服务商，在未经原告许可的情况下即刊登其小说，这种行为不仅仅是"使用他人作品未支付报酬"的问题，而是侵犯了张承志对自己作品依法享有的使用权和获得报酬权。

### 三、制作录音制品

◇ 核心知识点

《著作权法》第42条第2款规定，"录音制作者使用他人已经合法录制为录音制品的音乐作品制作录音制品，可以不经著作权人许可，但应当按照规定支付报酬；著作权人声明不许使用的不得使用"。该项法定许可仅限于制作录音制品，录像制品并不适用。同时该项中的"制作"并非直接翻录，而是要求重新制作。

○ 典型案例

中国体育报业总社诉北京图书大厦有限责任公司、广东音像出版社有限公司、广东豪盛文化传播有限公司著作权权属、侵权纠纷案：北京市西城区人民法院民事判决书（2012）西民初字第14070号。

—— 基本案情 ——

国家体育总局创编了第九套广播体操，原告中国体育报业总社独家获得了第九套广播体操的复制、出版、发行等权利。被告广东音像公司出版、豪盛文化公司总经销的涉案第九套广播体操侵权作品，其中演示的动作与国家体育总局创编的规范动作高度相似。原告认为，被告的行为侵犯了原告对于第九套广播体操动作设计编排、伴奏音乐、口令，以及相关音像制品所享有的专有复制、发行权。被告辩称，第一，广播体操不属于作品，本质上属于一种锻炼身体的"方法"；第二，对伴奏音乐的使用，属于法定许可。

—— 裁判摘要 ——

广播体操本质上属于思想而非表达，不属于《著作权法》意义上作品。被控侵权 DVD 是录像制品，也不适用法定许可。此外，使用他人已合法录制的音乐作品，不能是将他人已经录制好的录音制品直接复制到自己的录制品上，而只能是使用该乐曲，由表演者重新演奏，重新制作录音制品，否则构成对著作权人、表演者、录音制作者权利的侵犯。本案中，被控侵权 DVD 中使用的伴奏音乐就是国家体育总局制作的录音制品，并不是重新演奏、录制的，故亦不符合法定许可的规定，构成侵权。

### 四、广播组织播放已发表的作品

◇ 核心知识点

《著作权法》第 46 条第 2 款规定，"广播电台、电视台播放他人已发表的作品，可以不经著作权人许可，但应当按照规定支付报酬"。不过这里的作品并不包括视听作品。《著作权法》第 48 条对此专门规定，"电视台播放他人的视听作品、录像制品，应当取得视听作品著作权人或者录像制作者许可，并支付报酬；播放他人的录像制品，还应当取得著作权人许可，并支付报酬"。2020 年《著作权法》删除了广播组织播放录音制品的法定许可，改为报酬。《著作权法》第 45 条规定，"将录音制品用于有线或者无线公开传播，或者通过传送声音的技术设备向公众公开播送的，应当向录音制作者支付报酬"。

○ 典型案例

佛山人民广播电台（以下简称"佛山电台"）与贾志刚著作权权属纠纷上诉案：北京知识产权法院（2015）京知民终字第 122 号民事判决书。

—— 基本案情 ——

原告贾志刚为图书《贾志刚说春秋》的著作权人，佛山电台在两个频道播放的《谢涛听世界——春秋》，经中国版权保护中心的比对鉴定，二者的整体结构相同，内容对应，《谢涛听世界——春秋》约有 122.4 万字与《贾志刚说春秋》内容表达相同。原告认为被告的行为侵犯了其著作权，被告则认为其行为属于法定许可。

—— 裁判摘要 ——

一审裁判摘要

广播电台广播他人已发表的作品时需指明作者姓名和作品名称，且使用时不应对他人的作品加以改动，或是仅能容许因播讲需要的适当改动，而佛山电台在使用权利作品的过程中未给贾志刚署名,且对权利作品的改动使用明显已超过适度的范围,故佛山电台的行为不适用法定许可。

二审裁判摘要

佛山电台播放《谢涛听世界——春秋》节目,没有给作者贾志刚署名,且增加了新的内容,产生了新的作品。这种改动已不仅仅是出于播放的需要,已经构成对贾志刚作品的改编。故佛山电台播放《谢涛听世界——春秋》节目的行为不符合法定许可的规定,构成对贾志刚著作权的侵犯。

# 第八章

## 著作权的保护

## 第一节 著作权侵权的判定

《著作权法》第 52 条对侵权行为的具体形态做了列举,共十种;在十种之外还列举了第十一种情形兜底——"其他侵犯著作权以及与著作权有关的权利的行为"。在列举的十种情形里,有的不够精准。例如其中第(五)项是"剽窃他人作品"。"剽窃"这一概念来自《中华人民共和国民法通则》第 118 条所规定的"剽窃知识产权行为"。在著作权单行立法的语境下,与"抄袭"等日常生活中常用的概念一样存在精确性不足的问题。[①] 一般认为,是否侵犯著作权,主要看行为人的行为是否进入著作人身权和著作财产权的范围。

---

① 王坤. 剽窃概念的界定及其私法责任研究 [J]. 知识产权,2012(8).

## 一、作品的实质性相似

◇ 核心知识点

在认定是否存在非法使用他人作品的行为时，如果能够通过直接的证据证明被告实施了侵犯原告对作品享有的专有权利的行为，例如行为人自己承认（但主张构成合理使用等），或者有人提供证据看到被告复制了原告的作品，则较容易判断侵权事实存在。但在实践中，更多的时候缺乏上述直接证据，需要根据其他证据推定侵权事实存在。

当缺乏直接证据证明侵犯专有权利行为的存在、需要根据其他证据推定侵权事实存在时，我国法院较多地借鉴了美国法院常采取的"接触可能＋实质性相似"判断方法。"接触"包括两种情形，即作品未发表、但有证据证明被告实际接触了该作品，以及作品已发表、处于公之于众的状态，推定被告已经接触了该作品。而作品之间的实质性相似，首先要明确思想的相似不构成侵权，作品中属于公有领域的、不受著作权法保护的表达之间的相似也不构成侵权，只有具有独创性的、受著作权保护的具体表达部分的相似才构成侵权。在实质性相似的具体判断中，对作品进行抽象概括的方法已在我国逐渐得到了较多运用（详情参见第二章"思想表达二分法"部分）。

○ 典型案例

刘俊士诉孙富利、孙超一著作权侵权纠纷案：北京市海淀区人民法院（2015）海民（知）初字第15901号民事判决书；北京知识产权法院（2016）京73民终297号民事判决书。

—— 基本案情 ——

原告著有《专利创造性分析原理》一书，两被告之后在某期刊上发表了《浅析专利法第二条第三款中技术方案的含义》一文。原告认为被告构成了对其作品的抄袭，侵犯了其著作权。被告辩称其文章不属于对原告著作的抄袭，理由是：①从表达上看，其作品对"技术方案"的定义与原告作品对"技术"的定义存在明显区别，即"直接满足"与"满足"；②从内容上看，其对"技术方案"的定义与原告对"技术"的定义存在明显的区别，即是否属于直接满足；③受客观科学技术事实及表达方式的限制，被告对"技术方案"的定义与原告对"技术"的定义难免存在相同或近似的情况。

—— 裁判摘要 ——

两作品中存在两种实质性相似的情况，即内容和表达方式的实质性相似。表达方式包括内在的表达方式和外在的表达方式，内在的表达方式体现为文字作品的形式构造逻辑，即语言表述的逻辑，外在的表达方式体现为内容构造逻辑，即将作者思想内容进行组合排列和串联而使之形成整体的逻辑。

本案最核心的争议点集中在两作品中的"技术"定义与"技术方案"定义是否存在实质性相似。经直接对比可以得出，原告作品对"技术"定义的表述与被告作品对"技术方案"定义的表述，无论是从单位词句体现的概念等内容上，还是语言表述上，尤其是在内容串联和排序上都存在实质性相似。两作品之间的实质性相似的部分并不止于"满足"等构词，仅仅对"满足"等词的简单推演或完善也达不到明显区分的效果从而影响其实质性相似的结论。概念并不必然属于思想范畴，作者创设的概念一旦具有足够的具体性和特殊性，就可以脱离公共领域，作为表达受到著作权保护。每一个简单概念不能单独受到著作权法保护，但是其具体的语言描述和逻辑串联的整体结构可以受到著作权法保护。原告为涉案作品的著作权人，有权限制他人以营利为目的使用其作品，被告在《含义》一文中使用刘俊士的部分作品内容，行为显然属于侵权，应依法承担侵权责任。

▷ 拓展思考

美国版权法中的"抽象分离"测试法由汉德法官在20世纪30年代明确提出。在我国过去的经典案例中，法院往往主张"要判断文学作品之间的表达是否实质性相似"。抽象分离测试将科学方法引入实质性相似的判断，使其有据可循。从这个意义上，多数主张认为抽象分离测试具有优越性。然而抽象分离测试也存在弊端。以历史题材小说及汇编作品为例，这些作品主要利用公共领域的材料创作而成，如果在对作品进行对比时，将不受保护的所有元素过滤掉，则原告作品中对上述元素的独创性表达也将被排除出保护之列。此外，抽象到极端意味着没有什么东西是可以受著作权保护的。因为任何作品都可以分解成各个极小的不受保护的符号元素。

## 二、"高度盖然性优势"规则

◇ 核心知识点

在涉及计算机软件作品的案件中，有时更难提供用于推定侵权事实存在的其他证据。根据《计算机软件保护条例》第 3 条的规定，计算机程序包括源程序和目标程序，同一程序的源文本和目标文本应当视为同一作品。由于从源文本到目标文本存在一个机器编译过程，在被控侵权人拒绝提供源文本的情况下，便难以通过比较目标文本判断是否构成实质性相似。此外，有时获取源程序和目标程序也需要先破解附加的加密系统。在上述难以获取直接实质性相似比较对象的情况下，我国法院探索了一种推定的方法，即先判断原告证据是否在证明实质性相同方面形成了"高度盖然性优势"，再根据被控侵权人能否提供反证，推定是否构成实质性相同。

○ 典型案例

石鸿林诉泰州华仁电子资讯有限公司侵害计算机软件著作权纠纷案：江苏省泰州市中级人民法院（2006）泰民三初字第 2 号民事判决书；江苏省高级人民法院（2007）苏民三终字第 0018 号民事判决书。

—— 基本案情 ——

原告诉称被告未经许可，长期大量复制、发行、销售与原告软件"S 型线切割机床单片机控制器系统软件 V1.0"相同的软件，严重损害其合法权益。被告辩称该公司 HR-Z 型线切割机床控制器所采用的系统软件系其独立开发完成，与原告的单片机控制系统应无相同可能，且其产品与原告生产的单片机控制器的硬件及键盘布局也完全不同。一审中，法院委托江苏省科技咨询中心对下列事项进行比对鉴定：①原告提供的软件源程序与其在国家版权局版权登记备案的软件源程序的同一性；②保全公证的被告系统软件与原告获得版权登记的软件源程序代码相似性或者相同性。后江苏省科技咨询中心出具鉴定工作报告，被告的软件主要固化在两块芯片上，而其中一块芯片带自加密的微控制器，必须首先破解它的加密系统，才能读取固化其中的软件代码。而根据现有技术条件，无法解决芯片解密程序问题，因而根据现有鉴定材料难以做出客观、科学的鉴定结论。

—— 裁判摘要 ——

一审裁判摘要

原告应当对被告存在侵权行为提供证据加以证明。原告虽提出了其享有涉案软件著作权的证据，以及被告生产、销售的线切割机床控制器，但经鉴定机构鉴定，却不能直接证明被告控制器内置软件与原告软件源程序具有相同性或者实质相似性，因而无从对被告有关生产、销售行为构成对原告软件著作权侵权进行判别,故根据现有证据尚不足以证明被告相关行为对原告软件著作权构成侵犯。实行举证责任倒置必须以法律有明确规定为前提,对原告关于本案应适用举证责任倒置的主张不予采纳。软件功能相同并不等同于比对软件具有实质性相似或者相同,而且由软件功能相同即认定一方有软件著作权侵权嫌疑进而引起举证责任转移,则必然对市场经济条件下相关软件著作权人权利的安定性产生不利影响。

二审裁判摘要

当事人对自己提出的诉讼请求所依据的事实有责任提供证据加以证明。但本案中,由于被控侵权的软件的源程序及目标程序处于被告的实际掌握之中且被告拒绝提供,现有技术手段下也无法从被控侵权的控制器中获得软件源程序或目标程序,原告实际上无法提供被控侵权软件的源程序或目标程序,进而直接证明两者的源程序或目标程序构成相同或实质性相同。此时应从公平和诚实、信用原则出发,合理把握证明标准的尺度,对原告提供的现有证据能否形成高度盖然性优势进行综合判断。从原告提供的现有证据来看,运行安装两者软件的控制器存在相同的系统软件缺陷,在加电运行时存在相同的特征性情况,控制器的使用说明书基本相同,控制器的整体外观和布局基本相同。上述证据能够形成高度盖然性优势,足以使法院相信原告与被告的软件构成实质相同。在原告提供了上述证据证明其诉讼主张的情形下,被告并未能提供相反证据予以反证,依法应当承担举证不能的不利后果。应当认定被控侵权的软件与原告的软件构成实质相同,被告侵犯了原告的著作权。

▷ 拓展思考

前述案例入选了最高人民法院指导案例(第49号),最高法指出该案例旨在明确计算机软件著作权侵权案件中的举证责任分配问题,判决合理界定了当事人双方的举证责任和转移,有利于明确侵权对比标准,保护著作权人的合法权益。在一审中,原告提出关于本案应适用举证责任倒置,法院则认为实行举证责任倒置必须以法律有明确规定为前提,而在一般侵权诉讼中将证明侵权行为存在的责任倒置给被控侵权行为人,或者由被控侵权人承担其行为不构成侵权的证明责任,缺乏法律依据,故没有采纳原告的上述主张。二审判决则没有直接阐述是否适用了举证责任倒置,而是认为基于计算机软件作品的特殊属性,可以根据运行两者软件的硬件在加电运行时存在相同的特征性情况、使用说明书基本相同、硬件的整体外观和布局基本相同等相关事实认定原告证据能够形成"高度盖然性优势",足以使法院相信原告和被告软件构成实质相同。

这一思路同时涉及著作权法中的实质性相似判定问题和民事诉讼法中的举证责任分配问题，其中提出的原告证据的"高度盖然性优势"是否就等同于作品实质性相同的盖然性，乃至计算机软件侵权是否都需要直接证明实质性相似，都是在法律适用中值得深究的问题。

### 三、网络技术服务提供者的侵权认定

◇ 核心知识点

互联网等信息网络技术成为日常生活的一部分，给著作权法理论与实践带来了诸多问题。传统上，侵犯著作权一般体现为未获得著作权人许可使用作品，直接侵犯著作权中的某一项权利。教唆、引诱、帮助他人实施上述侵权行为的现象固然也大量存在，但没有提出太大的理论争议。但在网络环境下，有时候教唆、引诱、帮助侵权行为和合理的技术行为之间往往只存在一线之隔，造成了法律适用上的难题。

具体而言，网络上的信息传播离不开两类服务，即内容服务和技术服务。技术服务具体包括信息缓存服务、信息检索与定位服务、信息储存空间服务、信息接入及传输服务等。如果内容服务的提供者未经著作权人许可在互联网上传播侵权作品，将构成对信息网络传播权的侵犯，其法律后果是明确的。但技术服务的提供者则往往只是不加区别地提供技术、设备方面的服务，对于内容提供者从事的传播行为事先不一定知情。从技术角度出发，著作权法往往难以苛求服务提供者实现事先主动过滤与迅速的事后主动补救。美国法院在20世纪80年代的"索尼案"中提出了"技术中立原则"，实践证明该原则的确起到了保护技术发展、兼顾权利人合理利益的作用，该原则也在网络技术服务提供行为是否构成侵权的判定中发挥了指导作用。

我国《著作权法》没有专门就网络技术服务提供者的侵权构成做出规定。《信息网络传播权保护条例》也只是仿照《著作权法》第52条对侵权行为的具体形态做了列举，例如"通过信息网络擅自向公众提供他人的作品、表演、录音录像制品"，同样存在列举不够充分的问题。在相关法律适用中起关键作用的是《信息网络传播权保护条例》第20条至第23条的规定，这四条分别为四类网络技术服务提供者规定了免于承担赔偿责任的情形。这种立法模式有较明显地借鉴美国《千禧年数字版权法》中"避风港"规则的痕迹。由于上述四条规定在字面上规定的只是免责条件而非侵权构成条件，在行为人的主观过错方面

也存在一定的模糊与矛盾之处，一般认为在适用这四条规则时尤其需要结合《民法典》侵权责任一般条款、互联网条款、共同侵权行为等条款，从损害、因果关系、违法性、过错等方面进行具体考量。

○ 典型案例

乐视网信息技术股份有限公司诉杭州在信科技有限公司著作权权属、侵权纠纷案：北京市西城区人民法院（2011）西民初字第20118号民事判决书；北京市第一中级人民法院（2012）一中民终字第4698号民事判决书。

—— 基本案情 ——

原告经合法授权在授权地域和授权期限内享有影视作品《左右》的专有独占性信息网络传播权，诉称其发现被告未经许可在开办的网站上非法传播该剧，要求依法判令被告立即将涉案影视作品从其经营的网站上彻底删除并赔偿经济损失及维权的合理费用。被告辩称：①涉案影视作品全部由网友上传，根据避风港原则，其提供的是信息存储空间服务，既没有改变涉案影片内容，也没有从涉案影片获得利益，没有任何收费；②原告没有履行通知义务，被告获知原告提起诉讼后主动删除了涉案影片，符合避风港原则，不应当承担赔偿责任；③被告只对首页作品有注意审查义务，对海量数据没有事先审查的义务，涉案作品并没有在首页出现，故被告尽了合理审查义务，没有过错，不构成侵权。

—— 裁判摘要 ——

一审裁判摘要

网络用户上传涉案作品《左右》的行为侵犯了原告的信息网络传播权。因被告实施的并非信息网络传播行为，而仅是提供信息存储空间服务的行为，故判断其行为是否构成侵权关键在于其是否违反了我国现有法律中有关共同侵权行为的规定。被告在设置相关影视作品分类目录的同时，应当意识到网络用户上传到该目录下影视作品绝大多数都是侵权的，对此应负有较高的注意义务，并采取措施避免或予以制止，故在主观上具有过错，不符合《信息网络传播权保护条例》第22条规定的免除赔偿责任的条件。被告作为提供信息存储空间的网络服务提供者帮助他人实施侵权行为，主观上存在过错，应当承担停止侵害、赔偿损失的法律责任。

二审裁判摘要

根据《民法通则》第130条和最高法《关于贯彻执行＜中华人民共和国民法通则＞若干问题的意见（试行）》第148条的规定，如果网站经营者实施了教唆、帮助网络用户上传涉案电影的行为，则其行为与网络用户的上传行为构成共同侵权行为。上述人在网站设置"电影"栏目，却未采取相应限制措施，主要目的就在于吸引网络用户上传尚处于保护期内的影视作品全片。鉴于本案现有证据尚无法证明网络用户实施相关上传行为具有其他诱因，结合网络用户对于影视作品上传行为所具有的侵权性质的认知情况，虽无法认定上诉人的教唆行为系网络用户直接侵权行为的唯一诱因，但却合理认为上述行为在相当程度上直接导致了网络用户上传行为的发生，故上诉人实施的行为构成教唆共同侵权行为。此外，基于上诉人所应具有的认知能力及所负有的注意义务，其应能够认识到用户上传的内容并未获得权利人许可。上诉人在"应知"用户上传行为系侵权行为，却仍为其提供存储空间服务，构成帮助侵权行为。综上所述，上诉人实施的被控侵权行为既构成教唆侵权行为，亦构成帮助侵权行为。

▷ 拓展思考

《民法典》第1169条第1款规定："教唆、帮助他人实施侵权行为的，应当与行为人承担连带责任。"教唆行为指对他人进行开导、说服，或通过刺激、利诱、怂恿等方法使该他人从事侵权行为。帮助行为指给予他人以帮助，如提供工具或者指导方法，以便使该他人易于实施侵权行为。在前述案例中，涉案网站资源中心设置了影片分类目录，分类目录下方有"最新爱情电影HOT""最新喜剧电影HOT"等4个排行榜，每个榜单包含7部影片。在之前的类似案件中，已有判根据被告的专业性音乐网站属性，认定其应当知道其搜索、链接的录音制品的合法性（环球唱片有限公司诉北京阿里巴巴信息技术有限公司侵犯录音制作者权案[①]）。因此法院认定虽然上传的影片属于何种分类网络用户有选择权，但不可否认该影视分类目录的设置系网站经营者有意为之。此外，网站经营者不仅并未采取任何限制措施，反而在其网站中宣传其网站包含"海量的影视"，因此法院认为这一事实在相当程度上可以说明网站经营者不仅知晓网络用户上传到"电影"栏目的内容中绝大多数均属于尚处于保护期内的作品，同时亦希望这一情形发生。最高人民法院在《关于审理侵害信息网络传播权民事纠纷案件适用法律若干问题的规定》第7条第2款中规定："网络服务提供者以言语、推介技术支持、奖励积分等方式诱导、鼓励网络用户实施侵害信息网络传播权行为的，人民法院应当认定其构成教唆侵权行为。"

---

① 北京市高级人民法院（2007）高民终字第1188号民事判决书。

## 第二节　技术措施和权利管理信息

### 一、技术措施

◇ 核心知识点

著作权上的技术措施（或者称为技术保护措施），指的是著作权人为对作品的使用进行控制而采取的技术措施。技术措施的背景是数字传播技术的发展极大提高了作品复制和传播的速度与效率，同时也使得对作品的违法复制、传播等变得更为便利。著作权人为了保护自身利益，开始对数字化作品施加加密等技术措施，试图以此阻碍作品的非法复制。然而很快就有人出于各种动机对上述技术措施进行破解，有的直接助长了违法复制行为，损害了著作权人的合理利益。因此各国法律都开始将某些避开、破坏技术措施的行为规定为违法行为。依据《著作权法》第 53 条第 1 款第（六）项、《计算机软件保护条例》第 24 条第 1 款第（三）项的规定，故意避开或者破坏著作权人为保护其软件著作权而采取的技术措施的行为，是侵犯软件著作权的行为。

《著作权法》意义上的技术保护措施分为两类，一类是访问控制技术措施（又称防止未经许可获得作品的技术措施），该类技术措施是通过设置口令等手段限制他人阅读、欣赏文学艺术作品或者运行计算机软件，从而可以起到阻止他人在未支付使用费的情况下阅读、欣赏作品，以促使他人必须为使用作品支付费用。访问控制技术措施本身并不直接保护版权人的专有权利，但它能够通过防止未经许可的获得作品，而间接地起到保护作品不受非法复制、发行的作用。另一类技术措施是保护著作权的技术措施，即防止对作品进行非法复制、发行等的技术措施。保护著作权的技术措施的目的在于保护著作权法中规定的权利人的专有权利不受侵害，从而起到直接保护著作权的作用。此外，为上述行为提供规避工具和服务的行为也属于被禁止之列（参见"王锦峰等与深圳市沙井沙一股份合作公司振华电子设备厂等侵害计算机软件著作权纠纷上诉案"[1]）。

---

[1] 广东省高级人民法院（2008）粤高法民三终字第 213 号民事判决书。

## 二、权利管理电子信息

◇ 核心知识点

权利管理电子信息是在作品、表演或制品中加入的用于识别作者、表演者、录音录像制作者的信息及有关作品、表演或制品使用的条款和条件的信息。这些信息附随于复制件中，或者向公众传播时出现。权利管理信息不仅能够昭示作者和相关权利人的身份，还可以构成使用作品前必须接受的合同条款，促使使用者尊重著作权。我国《著作权法》第53条中也对权利管理信息的保护做了原则性规定，"未经著作权人或者与著作权有关的权利人许可，故意删除或者改变作品、版式设计、表演、录音录像制品或者广播、电视上的权利管理信息的，知道或者应当知道作品、版式设计、表演、录音录像制品或者广播、电视上的权利管理信息未经许可被删除或者改变，仍然向公众提供的"，原则上应承担相应的民事、行政乃至刑事责任。

○ 典型案例

北京精雕科技有限公司诉上海奈凯电子科技有限公司侵害计算机软件著作权纠纷案：上海市第一中级人民法院（2006）沪一中民五（知）初字第134号民事判决书；上海市高级人民法院（2006）沪高民三（知）终字第110号民事判决书。

—— 基本案情 ——

原告诉称其自主开发了精雕CNC雕刻系统。该系统的使用通过加工编程计算机和数控控制计算机完成，两台计算机运行两个不同的程序，具体是JDPaint软件通过加工编程计算机运行生成Eng格式的数据文件，再由运行于数控控制计算机上的控制软件接收该数据文件，将其变成加工指令。原告对上述JDPaint软件享有著作权，该软件不公开对外销售，只配备在原告自主生产的数控雕刻机上使用。之后，原告发现被告在其网站上大力宣传其开发的雕铣机数控系统全面支持精雕各种版本的Eng文件。被告上述数控系统中的软件能够读取JDPaint软件输出的Eng格式数据文件，而原告对Eng格式采取了加密措施。被告非法破译Eng格式的加密措施，开发、销售能够读取Eng格式数据文件的数控系统，属于故意避开或者破坏原告为保护软件著作权而采取的技术措施的行为，构成对原告软件著作权的侵犯。被告的行为使得其他数控雕刻机能够非法接收Eng文件，导致原告精雕雕刻机销量减少，造成经济损失。故请求法院判令被告立即停止支持精雕 JDPaint 各种版本输出 Eng 格式的数控系统的开发、销售及其他侵权行为，公开赔礼道歉，并赔偿损失。

—— 裁判摘要 ——

Eng 文件是 JDPaint 软件在加工编程计算机上运行所生成的数据文件，是计算机 JDPaint 软件的目标程序经计算机执行产生的结果。该格式数据文件本身不是代码化指令序列、符号化指令序列、符号化语句序列，也无法通过计算机运行和执行，对 Eng 格式文件的破解行为本身也不会直接造成对 JDPaint 软件的非法复制。此外，该文件所记录的数据并非原告精雕公司的 JDPaint 软件所固有，而是软件使用者输入雕刻加工信息而生成的，这些数据不属于 JDPaint 软件的著作权人精雕公司所有。因此 Eng 格式数据文件中包含的数据和文件格式均不属于 JDPaint 软件的程序组成部分，不属于计算机软件著作权的保护范围。《著作权法》和《计算机软件保护条例》中关于技术措施的规定不能被滥用，其主要限制的是针对受保护的软件著作权实施的恶意技术规避行为。著作权人为输出的数据设定特定文件格式，并对该文件格式采取加密措施，限制其他品牌的机器读取以该文件格式保存的数据，从而保证捆绑自己计算机软件的机器拥有市场竞争优势的行为，不属于上述规定所指的著作权人为保护其软件著作权而采取技术措施的行为。他人研发能够读取著作权人设定的特定文件格式的软件的行为，不构成对软件著作权的侵犯。

▷ **拓展思考**

有观点指出，我国著作权立法虽然规定了不得故意避开和破坏著作权人为保护软件著作权而采取的技术措施，但与外国立法相比仍显粗糙，把故意避开或破坏"技术措施"的行为一律界定为"侵权"而非"违法"行为，也不甚准确。[①] 美国《千禧年数字版权法》只禁止破解防止未经许可获得作品的技术措施，而不禁止破解保护版权专有权利的技术措施，理由是版权法对专有权利规定了合理使用的例外，破解保护版权专有权利的技术措施可能是出于合理使用的需要，不能一般性地加以禁止。此外，澳大利亚和新西兰立法也并非一般性地禁止破解技术措施的行为，原因是立法者考虑到合理使用的情形及公共利益。我国前述立法一律禁止破解防止未经许可获得作品的技术措施和破解保护版权专有权利的技术措施，实际上把保护水平提到了与欧盟持平的较高水平，在法律适用中需要引起注意。

---

① 王迁. 知识产权法教程 [M]. 北京：中国人民大学出版社，2021：326.

但需要明确的是，即便在我国立法模式之下，也并不是一切技术措施都受著作权立法保护。在前述案例中，原告对输出文件格式加密的根本目的和真实意图在于建立和巩固JDPaint软件与其雕刻机床之间的捆绑关系，所采取的技术措施不属于著作权法与计算机软件保护条例所规定的"著作权人为保护其软件著作权而采取的技术措施"，而是为获取著作权利益之外利益而采取的技术措施。因此被告开发能够读取JDPaint软件输出的Eng格式文件的软件的行为，并不属于故意避开和破坏著作权人为保护软件著作权而采取的技术措施的行为。此外，权利人采取的技术保护措施不能是攻击性的，不能超出制止侵权行为所必需的限度。例如某著名杀毒软件公司曾在其发行的防病毒软件中加入"逻辑锁"程序，锁死盗版用户的电脑使其无法使用。这种行为不仅不能得到《著作权法》的保护，甚至自身可能构成违法犯罪。

## 第三节　著作权保护的诉前禁令

### 一、诉前禁令

◇ 核心知识点

我国著作权保护的民事诉讼中，常见的保全措施为行为保全和财产保全。其中不作为行为保全（诉前禁令）更具有知识产权特色。民事诉讼法上的诉前不作为的行为保全，就是源自知识产权诉讼。

《著作权法》第56条规定，"著作权人或者与著作权有关的权利人有证据证明他人正在实施或者即将实施侵犯其权利、妨碍其实现权利的行为，如不及时制止将会使其合法权益受到难以弥补的损害的，可以在起诉前依法向人民法院申请采取财产保全、责令作出一定行为或者禁止作出一定行为等措施"。

### 二、证据保全

◇ 核心知识点

依据《中华人民共和国民事诉讼法》第103条的规定，原告在诉前提供担保后可以要求行为保全和财产保全。人民法院接受申请后，对情况紧急的，必须在四十八小时内作出裁定；裁定采取保全措施的，应当立即开始执行。

在侵权诉讼中，除了诉前不作为行为保全之外，另一个常见的诉前做法是通过公证机关公证，作为证明侵权行为的证据。相较于其他类型的诉讼，著作权的诉讼中大量存在着作为证据的公证。

○ 典型案例

"钱锺书书信手稿拍卖"诉前禁令案：北京市第二中级人民法院（2013）二中民保字第09727号民事裁定书。

—— 基本案情 ——

钱锺书（已故）与杨季康系夫妻，二人育有一女钱瑗（已故）。钱锺书、杨季康及钱瑗与李国强系朋友关系，三人曾先后致李国强私人书信百余封，该信件本由李国强收存。2013年5月间中贸圣佳国际拍卖有限公司（以下简称"中贸圣佳公司"）发布公告表示其将于2013年6月21日13:00举行"也是集——钱锺书书信手稿"公开拍卖活动，公开拍卖上述私人信件。为进行该拍卖活动，中贸圣佳公司还将于2013年6月8日举行相关研讨会、于2013年6月18日至20日举行预展活动。杨季康认为，钱锺书、杨季康、钱瑗分别对各自创作的书信作品享有著作权。钱锺书去世后，其著作权中的财产权由杨季康继承，其著作权中的署名权、修改权和保护作品完整权由杨季康保护，发表权由杨季康行使；钱瑗去世后，其著作权中的财产权由杨季康与其配偶杨伟成共同继承，其著作权中的署名权、修改权和保护作品完整权由杨季康与杨伟成保护，发表权由杨季康与杨伟成共同行使。中贸圣佳公司及李国强即将实施的活动，将侵害杨季康所享有和继承的著作权，若不及时制止上述行为，将会使杨季康的合法权益受到难以弥补的损害，故向法院提出申请，请求法院责令中贸圣佳公司及李国强立即停止公开拍卖、公开展览、公开宣传杨季康享有著作权的私人信件。

—— 裁判摘要 ——

书信通常具有独创性和可复制性，符合著作权法关于作品的构成要件，可以成为著作权法保护的作品，其著作权应当由作者即发信人享有。根据我国著作权法的相关规定，钱锺书、杨季康、钱瑗分别对各自创作的书信作品享有著作权。杨季康作为钱锺书、钱瑗的继承人，有权主张相关权利。任何人包括收信人及其他合法取得书信手稿的人在对书信手稿进行处分时均不得侵害著作人的合法权益。中贸圣佳公司在权利人明确表示不同意公开书信手稿的情况下，即将实施公开预展、公开拍卖的行为构成对著作权人发表权的侵犯。如不及时制止，将给权利人造成难以弥补的损害。应裁定中贸圣佳公司在拍卖、预展及宣传等活动中不得以公开发表、展览、复制、发行、信息网络传播等方式实施侵害钱锺书、杨季康、钱瑗写给李国强的涉案书信手稿著作权的行为。

▷ 拓展思考

随着科学技术的发展和信息传播的加快，侵犯著作权的行为进一步具备了侵权成本低、非法回报高、传播速度快、防范难度大、影响范围难以控制等特点。如果不立即制止持续进行的侵权行为，很有可能在短时间内给权利人造成难以弥补的损害。此外，正常的诉讼周期一般相对较长，而侵权作品马上会进入大范围复制和传播阶段，很可能造成未来判决难以执行，或仅具惩罚性效力，无法在实质上起到真正遏制侵权行为的作用。因此在侵权案件判决前，及时制止侵权人即将或正在实施的侵权行为，防止权利人损失扩大，对于保护知识产权意义重大。这也是最高人民法院早在《民事诉讼法》增设行为保全制度之前，就先一步在知识产权领域出台一系列诉前行为保全司法解释的原因。

前述案例是2012年《民事诉讼法》修订后，北京法院针对侵害著作权行为做出的一起涉及我国知名文化人士、极具社会影响的行为保全裁决。该案积极合理地采取保全措施，准确地把握保全措施的适用条件和程序，既有效保护了著作权人权利，又避免对拍卖公司及相关公众造成不合理影响。保全本质上属于程序事项，受程序法规制，与此同时，知识产权法划定了申请的权利范围，具体实施也离不开实体法的准确适用。

# 第四节　著作权侵权的民事责任

知识产权的民事保护包括知识产权请求权和损害赔偿请求权两种路径。知识产权请求权是恢复知识产权圆满状态的请求权，包括停止侵害、消除危险等内容，其行使不要求行为人的过错；损害赔偿请求权是侵权责任的主要内容，一般情况下，其行使要求行为人的过错。

## 一、著作权请求权

◇ 核心知识点

在网络环境下,著作权请求权中的停止侵害、消除危险具体表现为平台的删除、屏蔽、断开链接等必要措施。网络环境中著作权的保护经常会适用《民法典》第1195条的规定,网络用户利用网络服务实施侵权行为的,权利人有权通知网络服务提供者采取删除、屏蔽、断开链接等必要措施。网络服务提供者应当及时采取必要措施,未及时采取必要措施的,对损害的扩大部分与该网络用户承担连带责任。反对该条款的解释为,网络服务提供者及时采取措施后(无过错),就可以免除损害赔偿责任。《信息网络传播权保护条例》第22至24条亦有类似规定。

2020年《著作权法》新增了销毁侵权物的保护措施。通说认为,销毁侵权物也是知识产权请求权的体现。依据《著作权法》第54条第5款的规定,"人民法院审理著作权纠纷案件,应权利人请求,对侵权复制品,除特殊情况外,责令销毁;对主要用于制造侵权复制品的材料、工具、设备等,责令销毁,且不予补偿;或者在特殊情况下,责令禁止前述材料、工具、设备等进入商业渠道,且不予补偿"。对著作权侵权复制品及相关材料工具等,以无偿销毁为原则,以不销毁为例外。司法实践中,不销毁的特殊情况一般为经济价值过高等因素。

○ 典型案例

河北山人雕塑有限公司(以下简称"山人雕塑公司")、河北中鼎园林雕塑有限公司(以下简称"中鼎雕塑公司")著作权权属、侵权纠纷案:(2019)黔民终449号二审民事判决书。

—— 基本案情 ——

三合镇烈士陵园打算修建爱国主义雕塑。2018年2月,山人雕塑公司与陵园商谈,并附上《刀靶》雕塑图纸和报价后,最终未能签订合同。2018年3月,陵园与中鼎雕塑公司约定,由中鼎雕塑公司制作雕塑《刀靶大捷》,并约定由中鼎雕塑公司"按照合同约定完成所有雕塑的设计、制作、安装运输至竣工验收的全部工作",相关知识产权事宜及纠纷一切责任均由中鼎雕塑公司负责。山人雕塑公司发现陵园最终建造的雕塑与自己提供的图纸《刀靶》完全一致,将陵园和中鼎雕塑公司诉至法院,要求拆毁雕塑并赔偿损失。

—— 裁判摘要 ——

山人雕塑公司创作雕塑作品的本意是借作品的传播以获取声誉及经济上的利益。山人雕塑公司的损失主要表现在因中鼎雕塑公司的侵权行为挤占了其市场份额，失去了从涉案雕塑作品中所获得的利益，但可以通过支付赔偿金的方式得到补偿。由于知识产权侵权本质上是对权利市场价值的损害，当私人利益与公共利益发生冲突时，如果私人利益可以通过其他方式补偿，应当保全公共利益不受侵害。被控侵权雕塑用于社会公益事业，安置在三合镇烈士陵园，与整个陵园形成一体，若将其予以拆除必将造成社会资源的较大浪费。作为大型现代雕塑作品，其载体本身具有较高的价值，从遵循利益平衡原则和有效利用公共资源的效益角度出发，被控侵权雕塑不宜判决拆除。且三合镇烈士陵园是进行革命传统教育和爱国主义教育的重要场所，为弘扬社会主义核心价值观，树立正确的历史观、民族观、文化观，应当鼓励和支持当地政府发挥红色资源优势，开展以英雄烈士事迹为题材的作品创作生产和宣传推广。本案中，业主方三合镇政府明确表示不愿意拆除被控侵权雕塑，将继续使用该雕塑用作展览参观，进行红色革命教育。秉承公平公正、尊重历史、保护权利、有利传承的原则，本院对山人雕塑公司要求拆除被控侵权雕塑的诉讼请求依法不予支持。

▷ 拓展思考

本案中爱国主义教育、社会主义核心价值观是不销毁著作权侵权物的一个正当理由。这也可以视为践行习近平法治思想，实现社会主义核心价值观法治化的一个体现。

著作权侵权复制品，以销毁为原则，以保留为例外。目前司法实践中保留例外的常见理由包括销毁缺乏指向性和可执行性；销毁不符合比例原则，仅数张图片侵权就销毁全书造成社会资源的浪费；产品和包装可以分离，销毁侵权复制品的请求不及产品本身；爱国主义教育，须兼顾社会公益。

## 二、侵权请求权

◇ 核心知识点

侵犯著作权最主要的侵权责任是损害赔偿请求权。《著作权法》第52条的立法用语为"赔偿损失"。既然赔偿损失，那么在侵权责任的承担上，著作权人就应当首先证明自己的损失。依据《著作权法》第54条的规定，损失证明的顺序首先是实际损失和侵权人违法所得；实际损失或违法所得难以计算的，可以参照许可使用费；实际损失、侵权人的违法所得、权利使用费都难以计算的，可以请求 500 元以上、500 万元以下的法定赔偿。除了以上损失外，权利人还可以要求公证费、律师费等为制止侵权行为所支付的合理开支。

除了损害赔偿以外，侵权责任还可以有其他形式。举重以明轻，既然侵权请求权可以请求赔偿损失，当然也就可以要求停止侵害、排除妨害。考虑著作人身权的人身特点，《著作权法》第 52 条还规定了消除影响、赔礼道歉等责任形式。所以如果被告仅侵犯著作财产权，一般法院不会判决消除影响、赔礼道歉。如果行为人故意侵权，且情节严重，权利人还可以要求惩罚性赔偿。

○ 典型案例

北京当当科文电子商务有限公司等与薛贤荣著作权纠纷案：北京市高级人民法院（2023）京民再 4 号再审民事判决书；（2021）京 73 民终 1572 号二审民事判决书；（2018）京 0105 民初 95034 号一审民事判决书。

—— 基本案情 ——

薛贤荣创作《鼠学猫叫》一书，委托张海君及其开办的文化公司运营。薛贤荣、张海君二人通过邮件约定，授权张海君代为签署纸质图书相关著作权合同。而后，张海君与天津某出版社签署出版合同，出版《鼠学猫叫》一书，合同约定出版社享有专有出版权，既包括纸质图书，也包括电子图书。图书出版后，天津某出版社在当当网等网站销售该书的纸质图书和电子书。薛贤荣在当当网发现自己图书的网上销售情况后，将当当网、天津某出版社、张海君诉至法院，要求赔偿自己的经济损失，并赔偿公证费 1500 元、差旅费 971 元。

判决摘要

薛贤荣并未许可张海君行使涉案作品的信息网络传播权，当当网、天津某出版社等人在网上传播涉案作品，侵害了薛贤荣的信息网络传播权，应当承担停止侵权、赔偿损失的法律责任。对于赔偿经济损失的具体数额，本院将综合考虑涉案作品的知名度和独创性、当当公司涉案侵权行为的性质和情节、当当公司的主观过错程度等因素酌情确定本案具体赔偿数额。薛贤荣主张的律师费、公证费、差旅费，本院将按照合理性、必要性、相关性的原则予以支持。

▷ 拓展思考

司法实践上，对经济损失的判决多数为法定赔偿，其数额往往是主审法院依据被告过错程度、案件影响程度、作品知名度等诸多因素自由裁量。法院在500万元以下的范围内具有较大的自由裁量权。大多数著作权案件中，会存在公证费、律师费等费用。这些费用属于著作权法中的合理支出，一般可以获得法院的支持，由被告承担。但就支持程度而言，一般公证费容易获得全部支持，律师费则由于各种原因仅能获得部分支持。

# 第三编

# 专利权

# 第九章

## 专利权的客体

## 第一节 发明创造的定义

### 一、概述

党的二十大报告提出,要坚持创新在我国现代化建设全局中的核心地位,加强知识产权法治保障,并加快实施创新驱动发展战略。[①] 创新驱动是世界大势所趋,"我国既面临赶超跨越的难得历史机遇,也面临差距拉大的严峻挑战。唯有勇立世界科技创新潮头,才能赢得发展主动权,为人类文明进步作出更大贡献"。[②] 创新可以分为科技创新、文艺创新和学术创新等类型,创新驱动发

---

[①] 习近平.高举中国特色社会主义伟大旗帜为全面建设社会主义现代化国家而团结奋斗——在中国共产党第二十次全国代表大会上的报告. https://www.gov.cn/xinwen/2022-10/25/content_5721685.htm.

[②] 国家创新驱动发展战略纲要. https://www.gov.cn/gongbao/content/2016/content_5076961.htm.

展战略主要涉及科技创新。科技创新既包括基础性的创新成果，也包括应用性的创新成果。除了外观设计以外，专利法保护的客体主要体现为应用性的科技创新，也就是发明和实用新型。可以看出，并非所有的科技创新都能受到专利法的保护，专利法有关发明、实用新型和外观设计的概念、授予专利权保护的积极条件和消极条件等规则划定了专利权所保护的科技创新的外延范围。

## 二、发明

◇ 核心知识点

根据《专利法》（2020年）[①]第2条第2款的规定，发明是指对产品、方法或者其改进所提出的新的技术方案。其中技术方案是对要解决的技术问题所采取的利用自然规律的技术手段的集合。技术手段通常是由技术特征来体现。未采用技术手段解决技术问题，而获得符合自然规律的技术效果的方案，不属于《专利法》第2条第2款规定的客体。在判断一项方案是否属于技术方案时，人们应当从整体上进行客观的分析，并着眼于方案是否实质上采用了技术手段、解决了技术问题并获得了技术效果，即技术方案的技术三要素。

○ 典型案例

"产生收入用的游戏服务器系统和方法"复审请求案：国家知识产权局第51365号复审决定；北京市第一中级人民法院（2013）一中知行初字第1910号行政判决书；北京市高级人民法院（2014）高行终字第1555号行政判决书；最高人民法院（2016）最高法行申1000号行政裁定。

—— 基本案情 ——

本复审请求涉及申请号为200710196739.4，名称为"产生收入用的游戏服务器系统和方法"的发明专利申请。经实质审查后，国家知识产权局原实质审查部门于2011年4月13日发出驳回决定，驳回了本发明专利申请，其理由是权利要求1—19不符合《专利法》第2条第2款（原《中华人民共和国专利法实施细则》第2条第1款）的规定。

---

① 2020年10月17日第十三届全国人大常委会在其第二十二次会议通过了《关于修改〈中华人民共和国专利法〉的决定》，本编内容已根据新修订的《专利法》条文内容作了相应的调整。不过对于本编整理、分析的案例，其中提及的专利法规则依照相关机关（法院和原专利复审委员会）做出裁决或决定时的《专利法》内容为准。

―― 裁判摘要 ――

复审决定摘要

涉案申请为克服所述缺陷，提出一种从游戏系统中产生收入的方案，解决现有的网络游戏系统中只能从向用户提供特定游戏的拷贝中或是从广告中收取费用的问题。然而该问题是为解决游戏提供商在提供网络游戏过程中的获取盈利的需求所提出的商业经营管理的问题，即其所解决的不是技术问题；其所采用的手段并未对现有的网络或计算机系统等内部性能带来改进，也未对其构成或功能带来任何技术上的改变，其仅仅是为解决网络游戏过程中的商业经营管理问题所采取的一种商业经营管理的手段，而并非技术手段；该方案所达到的效果也仅仅是借助互联网服务供应商或无线网络供应商，从游戏系统中产生收入的一种商业经营效果，其并非属于技术效果。因此本申请的方案不属于《专利法》第2条第2款规定的技术方案，是不予专利保护的客体。

一审、二审裁判摘要

涉案申请是网络游戏服务提供商借助现有的计算机及网络技术，通过人为制定的游戏数据交互规则和相关游戏费用产生规则来经营网络游戏获取收入的一种管理方法或手段，是一种如何便捷、高效管理网络游戏获取收入的商业运营系统，其本身并未对现有的计算机或网络系统等内部性能带来改进，也未对其构成或功能带来任何技术上的改变，属于商业经营管理方法或手段。由此本申请并非为解决技术问题，所采取的手段也并非技术手段，其效果也仅是借助互联网服务供应商或无线网络供应商，从游戏系统中产生收入的一种商业经营效果，也并非技术效果。因此本申请的方案不属于《专利法》第2条第2款规定的技术方案，是不予专利保护的客体。

再审裁判摘要

涉案申请要解决的问题是满足游戏提供商在提供网络游戏中获取收入的问题，其本质上属于根据人的主观意志设定的规则，实现游戏供应商从游戏系统的用户处产生收入的结果，因此不构成技术问题。此外，本申请利用现有公知计算机或者网络技术设备，所采用的手段并未对现有的网络或者计算机系统等内部性能带来改进，亦未对其构成或功能带来任何技术上的改变，而是通过人为制定的交互规则进行信息传送，并未构成技术手段，而且所获得的效果也仅是借助互联网服务供应商或无线网络供应商，从游戏系统中产生收入的一种商业经营管理和控制的效果，并非一种技术效果。因此本申请不属于《专利法》第2条第2款规定的技术方案，不是受专利保护的客体。

▷ 拓展思考

本案事实上涉及一项商业方法专利的申请，该类申请通常具有如下特点：以计算机和网络技术为手段，以商业活动所采用的经营模式或者进行商务活动的方法为主题进行专利申请。就该类申请的客体审查而言，我国的审查标准经历了从严格到宽松再到严格的过程。我国强调从申请的整体理解入手，以技术问题为导向，在剔除申请所依赖的公知技术或者系统之外，探究涉案申请的目的是否在于解决一项技术问题，由此采用了相应的技术手段，并达到了一定的技术效果。只有在严格恪守技术三要素的基础上，我们才能在真正的意义上防止近年来知识产权客体不断扩张的倾向，[①]进而将某些问题交由其他法律制度，或者交由市场进行解决。

## 三、实用新型

◇ 核心知识点

根据《专利法》（2020年）第2条第3款的规定，实用新型是指对产品的形状、构造或者其结合所提出的适于实用的新的技术方案。由于实用新型也是一种技术方案，因此它同样也应当符合前述有关技术方案的条件和要求。此外，实用新型的客体审查还需要考虑以下两个方面。第一，实用新型专利只保护产品。与发明专利不同，一切方法，以及未经人工制造的自然存在物品不属于实用新型专利保护的客体。其中上述方法包括产品的制造方法、使用方法、通信方法、处理方法、计算机程序以及将产品用于特定用途等。如果权利要求中既包含形状、构造特征，又包含对方法本身提出的改进，例如含有对产品制造方法、使用方法或计算机程序进行限定的技术特征，则不属于实用新型专利保护的客体。第二，实用新型应当是针对产品的形状和/或构造所提出的改进。一方面，无确定形状的产品不能作为实用新型产品的形状特征。另一方面，物质的分子结构、组分、金相结构等不属于实用新型专利给予保护的产品的构造。

○ 典型案例

媒体存取控制多任务/解多任务的使用者设备及基地台无效请求案：国家

---

① 孙松.知识产权客体扩张的检视与反思——兼论知识产权的立法体例［J］.电子知识产权，2017（9）.

知识产权局第 22465 号无效决定；北京市第一中级人民法院（2015）一中行（知）初字第 1316 号行政判决书；北京市高级人民法院（2017）京行终 2479 号行政判决书。

—— 基本案情 ——

本无效宣告请求审查决定涉及国家知识产权局于 2007 年 5 月 2 日授权公告的、发明名称为"媒体存取控制多任务/解多任务的使用者设备及基地台"的 200620114808.3 号实用新型专利，专利权人为美商内数位科技公司。针对上述专利权，中兴通讯股份有限公司于 2012 年 7 月 2 日向国家知识产权局提出无效宣告请求。其中本案的争议焦点在于本专利是否属于实用新型所保护的客体。

—— 裁判摘要 ——

无效决定摘要

本实用新型权利要求 1 要求保护一种 WCDMA 的使用者设备，其中虽然限定了该使用者设备包括：媒体存取控制 - 专用信道等装置，但权利要求 1 中用以限定增强专用信道传输形式组合选择装置的特征为"其配置以从多个支持增强专用通道传输形式中选择一个增强专用通道传输形式，……所选择的增强专用通道传输形式为最大支持增强专用通道传输形式，其不超过由所接收的服务许可及所提供的功率偏差所获得的大小"，该特征并非产品的形状、构造特征，而且这些特征是本实用新型对现有技术作出贡献的实质所在，是体现了本实用新型发明创造构思的方法特征。本专利的说明书只是笼统地记载了可以采用电路结构的方式实现，并未公开与上述方法特征对应的集成电路具体构造或者互连组件的电路结构，权利要求 1 实质上包含了对方法本身提出的改进。因此权利要求 1 不属于实用新型专利保护的客体，不符合《专利法》第 2 条第 3 款的规定。

一审、二审裁判摘要

权利要求 1 要求保护一种使用设备，其中对该设备的部件"增强专用信道传输形式组合选择装置"进行限定的特征是通信领域常用的功能性的限定，结合说明书附图 12 给出的相应具体实施方式也可以理解，该选择装置用以实现选择最大的支持增强专用通道传输形式（E-TFC）的功能，不应将其理解为是对方法本身的改进。对于无效决定中指出的两个问题（即①说明书仅笼统记载了可以采用的电路结构，并未记载如权利要求所述的具体硬件结构、构成；②如果上述特征可以理解成为功能性限定，那么本专利也包含了通过计算机程序实现相应特征的技术方案），法院认为，第一，被诉决定所指出的上述问题，首先是指说明书所公开的内容与权利要求所要求保护的内容是否匹配的问题，与权利要求是否属于实用新型所保护的客体不相关。第二，对权利要求的功能性限定的理解，在说明书中并没有记载有关软件实现的方式，而本领域技术人员基于说明书附图12及说明书第5页最后一段等的记载，并结合通信领域的惯常使用的技术，能够明确该功能性限定通常采用硬件的方式实现，因此被诉决定将该功能性限定解释为软件实现的方式并据此认定本申请不属于实用新型保护的客体存在不当之处。

▷ **拓展思考**

在本案中，一、二审法院认为功能性限定不一定包含方法特征，而且本专利的上述技术特征可以由硬件实现，即使说明书对此没有详细记载。然而通过阅读本专利说明书，基于对其发明构思的理解，并站位于本领域技术人员，我们可以认为本实用新型的上述实现方式主要是通过软件程序的形式实现的。即使将上述限定理解为功能性限定，其同样应当可以包括硬件和软件的实现方式。由于本专利涉及数据通道的选择，最合适的方式应当是软件方式，而通过硬件的方式实现起来具有相当的难度，需要本领域人员付出创造性劳动。此外，从公开换保护的角度，本案的发明点仍旧在于所述的方法，因为本专利的相关文件并没有公开与上述方法特征对应的集成电路具体构造或者互连组件的电路结构。因此一、二审法院的判决值得商榷。事实上，该案更深层次的问题在于，计算机软件或者商业方法专利能否获得实用新型专利的保护。在当前网络经济方兴未艾之际，市场的竞争者希望通过专利保护其商业模式或者计算机软件，但是由于发明专利授权程序过长，因此业内人士转而希望通过实用新型对其软件或者商业模式进行快速保护。由于实用新型并不保护新的方法，因此当事人还是只能依赖发明专利对其方法进行保护。

### 四、外观设计

◇ **核心知识点**

根据《专利法》（2020年）第2条第4款的规定，外观设计，是指对产品的整体或者局部的形状、图案或者其结合，以及色彩与形状、图案的结合所作出的富有美感并适于工业应用的新设计。首先，外观设计必须以产品为载体，不能重复生产的手工艺品、农产品、畜产品、自然物不能作为外观设计的载体。其次，构成外观设计的是产品的外观设计要素或要素的结合，其中包括形状、图案或者其结合，以及色彩与形状、图案的结合。产品的色彩不能独立构成外观设计，除非产品色彩变化的本身已形成一种图案。最后，外观设计应当是适于工业应用的富有美感的新设计。适于工业应用，是指该外观设计能应用于产业上并形成批量生产。富有美感，是指在判断是否属于外观设计专利权的保护客体时，关注的是产品的外观给人的视觉感受，而不是产品的功能特性或者技术效果。

○ 典型案例

花岗岩染色板（中国黑）无效请求案：国家知识产权局第16526号无效决定；北京市第一中级人民法院（2012）一中知行初字第473号行政判决书；北京市高级人民法院（2013）高行终字第868号行政判决书。

—— 基本案情 ——

本无效宣告请求涉及申请号为200830080688.4，发明名称为"花岗岩染色板（中国黑）"的外观设计专利，其申请日为2008年5月6日，授权公告日为2009年7月22日，专利权人为镇平县遮山镇天和石材厂。针对本专利，镇平老庄镇益佳石材厂于2010年4月7日向国家知识产权局提出了无效宣告请求。其中本案的争议焦点在于本专利是否符合《专利法》第2条第4款的规定。

—— 裁判摘要 ——

无效决定摘要

根据天然花岗岩石材的常规属性可知，天然花岗岩磨光后会有斑点状花纹，并且由于其中还含有云母晶粒，因而磨光后的花岗岩石板表面还会有不规则分布的云母小亮点，经过染色后，斑点状花纹和小亮点仍会呈现出来。从花岗岩的形成过程看，在地质条件、气候条件基本相同或类似地区的矿藏中形成的花岗岩原料在颜色、花纹、主要成分构成等方面应该基本相同或极为相近，一般消费者并不容易察觉原料彼此之间的区别，在对原料经过同样的染色过程后，所得到的花岗岩染色板的外观也基本相同或极为近似、不易区分，应该认为能够满足产业和工业化批量生产的需求，因此本外观设计专利具备再现性，适于工业应用。综上，请求人认为本专利不符合《专利法》第2条第4款规定的理由不成立。

一审、二审裁判摘要

对于涉案设计，方形是花岗岩染色板产品领域内司空见惯的几何形状，颜色（黑色）本身未变化而形成图案，该设计中的图案是将自然物花岗岩表面磨光后，经过染色而自动形成的，其上不规则小亮点、细纹的位置和排布均由所使用花岗岩的自然属性所决定，并非设计者通过绘图或其他能够体现设计者的图案设计构思的手段制作。因此本专利的设计属于以自然物原有图案作为主体的设计，不属于外观设计专利保护的客体。同时由于特定自然物花岗岩的自然属性是固有的，其上亮点、花纹的位置和排布均不受产品设计者或产品生产者的主观意志所决定，因此以其所呈现图案为主体的设计不具有再现性。即使在矿藏中存在大致相同结构和属性的花岗岩，经磨光染色后形成了大致相同的图案效果，该图案效果也并非基于使用了设计者的外观设计而形成，而是由该石材的自然属性所决定的，因此这并不属于专利法意义上的再现，本专利不符合《专利法》第2条第4款的规定。

▷ 拓展思考

外观设计所保护的工业产品必须是可以通过工业生产方法得以重复制造的，因此无法重复再现的物品无法成为外观设计的保护客体。例如取决于特定地理条件、不能重复再现的固定建筑物、桥梁（包括特定的山水在内的山水别墅），无法重复再现的纯手工制品等。同时外观设计必须体现出人为设计的因素，完全依赖于自然物属性的图案无法成为外观设计保护的客体。

# 第二节 不授予专利权的客体

## 一、根据《专利法》第5条第1款不授予专利权的客体

◇ 核心知识点

《专利法》（2020年）第5条第1款规定，对违反法律、社会公德或者妨害公共利益的发明创造，不授予专利权。我国专利法之所以作这样的规定，与专利法的立法宗旨密切相关，即通过专利技术的应用，来发展生产力、方便人们的生活，以及繁荣社会主义市场经济，进而促进整个社会的进步与发展。因此《专利法》（2020年）第5条集中体现了专利法与其他法律，以及公共利益之间的平衡，其立法初衷应当与专利法促进社会经济发展的终极目标是一

致的。

　　首先，就违反法律的发明创造而言，发明创造与法律相违背的，不能被授予专利权。发明创造并没有违反法律，但是由于其被滥用而违反法律的，则不属此列。如果仅仅是发明创造的产品的生产、销售或使用受到法律的限制或约束，则该产品本身及其制造方法并不属于违反法律的发明创造。其次，就违反社会公德的发明创造而言，所谓社会公德，是指公众普遍认为是正当的、并被接受的伦理道德观念和行为准则。它的内涵基于一定的文化背景，随着时间的推移和社会的进步不断地发生变化，而且因地域不同而各不相同。当然，我国《专利法》中所称的社会公德主要限于我国境内。最后，就妨碍公共利益的发明创造而言，所谓妨害公共利益，是指发明创造的实施或使用会给公众或社会造成危害，或者会使国家和社会的正常秩序受到影响。如果发明创造因滥用而可能造成妨害公共利益的，或者发明创造在产生积极效果的同时存在某种缺点的（例如对人体有某种副作用的药品），则不能以妨害公共利益为理由拒绝授予专利权。

○　典型案例

　　含遗体骨灰的雕塑材料及其遗像雕塑制作工艺复审请求案：国家知识产权局第 5313 号复审决定。

—— 基本案情 ——

　　本复审请求涉及名称为"含遗体骨灰的雕塑材料及其遗像雕塑制作工艺"的 01113689.8 号发明专利申请，申请人为侯巧生。2003 年 7 月 25 日，国家知识产权局原实质审查部门以本申请不符合社会公德为由，对原始申请作出驳回决定。申请人不服上述决定，于 2003 年 10 月 21 日向国家知识产权局提出复审请求，其复审理由是本申请不违反社会公德，不属于《专利法》第 5 条所规定的不授予专利权的申请。

—— 裁判摘要 ——

复审决定摘要

　　《专利法》第 5 条中所指的"社会公德"是中国社会全体公民能够普遍认同的伦理道德观念和必须共同遵守的最简单、最起码的行为准则，属于道德体系中最简单、最起码、最低层次的道德规范。只有当一项发明创造的公开、使用、制造在客观上与这一层次的道德规范相违背，才能被认为违反了《专利法》第 5 条中有关社会公德的规定。本案涉及的是一种含遗体骨灰的雕塑材料，以及运用此雕塑材料制作遗像雕塑的工艺。这种雕塑材料和遗像雕塑制作工艺的公开、使用，以及遗像雕塑的制造，在客观上对于树立社会主义的道德风尚不会产生破坏作用。本发明在应用时，表现为一种殡葬形式。这种殡葬形式对于节省土地资源在客观上具有积极意义，也是《公民道德建设实施纲要》中所倡导的。殡葬形式本身应当属于风俗习惯范畴，而风俗习惯相对于社会公德而言，是一个更为具体的范畴。不同的殡葬形式可能会被具有不同风俗习惯的人群所接受。一种殡葬形式可能不符合某些地区人们的风俗习惯，但其不会触及整个社会，更不会对社会公德这一最为基本的道德规范构成影响，因此不能推断其违反了社会公德。

▷ 拓展思考

违反社会公德的发明创造，其虽没有违反国家法律，但是对于树立良好的道德风尚不能产生任何积极的作用，相反，还会产生一定程度的破坏作用。这里所述的树立良好的道德风尚，依赖于公众的伦理道德观念。伦理道德观念是人类在长期公共生活的实践中产生和逐渐形成的，并随着社会物质文明和精神文明的发展而不断发展，因而具体何为违反社会公德的发明创造在不同时期、不同国家和地区的理解是不一样的，其内涵随着时间的推移和社会的进步不断变化。[①]

## 二、根据《专利法》第 25 条第 1 款不授予专利权的客体

◇ 核心知识点

《专利法》（2020年）第 25 条第 1 款规定，对于科学发现、智力活动的规则和方法、疾病的诊断和治疗方法、动物和植物品种、原子核变换方法，以及用原子核变换方法获得的物质、对平面印刷品的图案、色彩或者二者的结合作出的主要起标识作用的设计等，均不授予专利权。

○ 典型案例

清除血液中血脂及纤维蛋白原方法无效请求案：国家知识产权局第 6451

---

① 国家知识产权局专利复审委员会.专利授权其他实质性条件［M］.北京：知识产权出版社，2011：55.

号无效决定；北京市第一中级人民法院（2005）一中行初字第 148 号行政判决书；北京市高级人民法院（2005）高行终字第 336 号行政判决书。

—— 基本案情 ——

本无效宣告请求案涉及国家知识产权局于 2001 年 12 月 12 日授权公告、名称为"清除血液中血脂及纤维蛋白原方法"的 96117098.0 号发明专利权，其申请日为 1996 年 9 月 17 日，专利权人为欧阳延。针对本专利，无效请求人提出无效请求，其中理由之一是由于本专利是一种疾病治疗方法，因此本专利不符合《专利法》第 25 条第 1 款。

—— 裁判摘要 ——

无效决定摘要

专利权人在证据 1 中虽然说明本专利能够最终应用于医学治疗，但其专利说明书的全文中均未体现该专利方法处理后的血液将直接回输或者只能回输到人体中，也就是说其直接目的并不是治疗而仅仅是清除血液中血脂及纤维蛋白原。如果一种以人体或者动物体为实施对象的方法本身的目的不是治疗，或者其直接目的不是治疗，则不得依据《专利法》第 25 条第 1 款第（3）项的规定拒绝授予专利权。由于如上所述本专利的直接目的并不是治疗，因此本专利符合《专利法》第 25 条第 1 款的规定。

一审、二审裁判摘要

不能被授予专利权的治疗方法是指以治疗或预防疾病为直接目的、在有生命的人体或动物体上实施的方法。判断本专利是否是疾病的治疗方法应以本专利权利要求所记载的技术方案为依据。本专利权利要求 1 涉及 种清除血液中血脂及纤维蛋白原的方法，该权利要求中记载的是将血液置于离心机上，分离出血浆和血球并再次进行处理的方法。由此可见，权利要求 1 所述的方法是对脱离人体或动物体的血液进行处理，并不是以有生命的人体或动物体为直接实施对象。显然，权利要求 1 的方法不能直接影响人体或动物体本身，即该方法不是疾病的治疗方法。因此权利要求 1 所要求保护的清除血液中血脂及纤维蛋白原方法不属于《专利法》第 25 条第 1 款第（3）项所述的不授予专利权的客体。

▷ 拓展思考

通常人们设立专利制度的目的是保护发明创造的智力活动成果，但出于各种各样的原因，有些智力成果没有被纳入专利保护客体之列。然而可以获得专利保护与不能获得专利保护的智力成果之间的界限并非完全清晰。例如尽管看起来发现与发明存在一定的差别,但是发现常常可以导致发明,许多发明都是建立在发现的基础之上。与此同时,一些重大的研究发现往往也耗费了研究人员大量的时间与心血,如果不给予足够的专利保护,似乎也很难对后续的研发提供有效的激励。因此人们要想在不能授予专利权的发现与能够授予专利权的发明之间划定一条清晰的界限是一件十分困难的事情。总体看来,能够被授予专利权的客体呈现出逐步增大的趋势,其间往往体现了一国对于政治、经济、伦理等多个面向的考量。[①]

---

[①] 崔国斌.专利法:原理与案例[M].北京:北京大学出版社,2012:52.

# 第十章

## 专利权的授权条件

### 第一节 发明专利、实用新型专利的授权条件

#### 一、概述

"创新是引领发展的第一动力"[1],这是我国实施创新驱动发展战略的理论基础和事实前提。经过多年努力,我国在科技创新领域已具有比较扎实的积累和显著的发展,我国的科技发展正在进入由量的增长向质的提升的跃升期,这为我国实施创新驱动发展战略提供了技术保障。但同时,"我国许多产业仍处于全球价值链的中低端,一些关键核心技术受制于人,发达国家在科学前沿和高技术领域仍然占据明显领先优势,我国支撑产业升级、引领未来发

---

[1] 习近平.全面加强知识产权保护工作激发创新活力推动构建新发展格局[J].求是,2021(3).

展的科学技术储备亟待加强"①。为了提升我国诸多产业在全球价值链中的地位，就必须增强自主创新能力和提升科技创新的质量。专利法中有关发明专利、实用新型专利授权条件的规定在一定程度上能够影响我国科技创新的质量水平。

## 二、实用性

◇ 核心知识点

根据《专利法》（2020年）第22条的规定，授予专利权的发明和实用新型，应当具备新颖性、创造性和实用性。其中实用性，是指该发明或者实用新型能够在产业上制造或者使用，并且能够产生积极效果。通常在产业上能够制造或者使用的技术方案，是指符合自然规律、具有技术特征的任何可实施的技术方案。能够产生积极效果，是指发明或者实用新型专利申请在提出申请之日，其产生的经济、技术和社会的效果是所属技术领域的技术人员可以预料到的，并且这些效果应当是积极的和有益的。②我国专利法的目的是鼓励发明创造，同时促进发明创造的推广应用。从这一目的出发，发明创造不能只停留在理论和思维层面，也不能明显无益并脱离社会的需要，其必须能够在实践中加以应用，并具有一定的积极效果。当然，由于一项技术方案满足"能够在产业上制造或者使用"与"能够产生积极效果"这两项条件的情形还是比较普遍的，因此不符合实用性的案例还是较少的，而且大多集中在无再现性、违背自然规律、非治疗目的的外科手术方法等几种类型中。

○ 典型案例

发电机—电动机联动动力装置复审请求案：国家知识产权局第36836号复审决定；北京市第一中级人民法院（2012）一中知行初字第1300号行政判决书；北京市高级人民法院（2013）高行终字第271号行政判决书；最高人民法院（2015）知行字第90号行政裁定。

---

① 国家创新驱动发展战略纲要. https：//www.gov.cn/gongbao/content/2016/content_5076961.htm。

② 国家知识产权局专利复审委员会.专利授权其他实质性条件［M］.北京：知识产权出版社，2011：119.

—— 基本案情 ——

本复审请求涉及申请号为200610137229.5，名称为"发电机—电动机联动动力装置"的发明专利申请，申请人为苏平。经实质审查，国家知识产权局原审查部门于2009年9月25日发出驳回决定，驳回了本发明专利申请，其理由之一是权利要求1不具备实用性，不符合《专利法》第22条第4款的规定。

—— 裁判摘要 ——

复审决定摘要

从本申请说明书的相关内容可知，复审请求人声称的技术方案存在的本质缺陷在于，在没有外界能源供应的情况下，由不间断电源——电动机发电机组成的联合体不可能持续运转，即使考虑超导技术的应用，也不可能替代外界能源供应。复审请求人坚持认为"发电机—电动机的互动机体无须外界提供能源，还有多余电能供其他设备使用"，这显然不符合自然科学界公认的能量守恒定律，本申请的技术方案违背自然规律，无论对权利要求书作出怎样的修改，都不能满足《专利法》第22条第4款有关实用性的规定。

一审、二审裁判摘要

在电机这一技术领域，发电机是通过电机磁路作为媒介将动能转换成电能，而电动机则是通过电机磁路作为媒介将电能转换成动能，电机磁路的作用仅仅是完成能量转换。原告在说明书中所述的发电机—电动机联动机组，在没有外界持续供给能量的情况下，是不可能形成所谓"互动"运转的，亦不可能有多余的电能供给其他设备使用，说明书中存在的上述内容确定了本申请的主题违背能量守恒定律，故而国家知识产权局据此认定本申请不具备实用性的结论正确，应当予以支持。

再审裁判摘要

电机技术领域中的一般技术人员通常都能够认识到，发电机是通过电机磁路作为媒介将动能转换成电能，而电动机则是通过电机磁路作为媒介将电能转换成动能，电机磁路的作用仅仅是完成能量转换。国家知识产权局和原审法院的上述认定事实正确。苏平关于电能不是由动能转化而来而是由磁能转化而来的认识违背了电机技术领域的基本原理，应当不予认可。本申请说明书中所述的发电机—电动机联动机组在没有外界持续供给能量的情况下，是不可能形成所谓"互动"运转的，亦不可能有多余的电能供给其他设备使用。因此本申请违背了能量守恒定律，不具备实用性。

▷ **拓展思考**

在进行实用性审查时，需要注意两点：第一，要注意与说明书充分公开相区别。简言之，实用性关注的是方案实施的可能性，这种可能性是客观存在的，与专利申请文件如何撰写无关。此外，说明书充分公开则关注申请文件的撰写，如果申请文件所公开的内容无法使所属技术领域的技术人员能够实施，那么即使该申请符合实用性的要求，也无法获得授权。[①] 第二，要注意与技术方案是否好用相区别。通常实用性只关乎技术方案本身是否存在不能在产业上实施的固有缺陷，而技术方案是否好用则涉及其他多方面的考量，例如技术方案是否具有创造性等。

## 三、新颖性

◇ **核心知识点**

根据《专利法》（2020年）第22条第2款的规定，新颖性是指该发明或者实用新型不属于现有技术；也没有任何单位或者个人就同样的发明或者实用新型在申请日以前向国务院专利行政部门提出过申请，并记载在申请日以后公布的专利申请文件或者公告的专利文件中。根据《专利法》（2020年）第22条第5款的规定，现有技术是指申请日以前在国内外为公众所知的技术。

被审查的发明或者实用新型专利申请与现有技术或者申请日前由任何单位或者个人向专利局提出申请并在申请日后（含申请日）公布或公告的发明或者实用新型的相关内容相比，如果其技术领域、所解决的技术问题、技术方案和预期效果实质上相同，则认为两者为同样的发明或者实用新型。此外，判断新颖性时，应当将发明或者实用新型专利申请的各项权利要求分别与每一项现有技术或申请在先公布或公告在后的发明或实用新型的相关技术内容单独地进行比较，不得将其与几项现有技术或者申请在先公布或公告在后的发明或者实用新型内容的组合或者与一份对比文件中的多项技术方案的组合进行对比。[②]

---

① 任晓兰.专利行政诉讼案件法律重述与评论[M].北京：知识产权出版社，2016：32-33.

② 国家知识产权局专利复审委员会.现有技术与新颖性[M].北京：知识产权出版社，2004：344-346.

○ 典型案例

电容式触控板的触控图型结构无效请求案：国家知识产权局第 21304 号无效决定；北京市第一中级人民法院（2013）一中知行初字第 3305 号行政判决书；北京市高级人民法院（2014）高行终字第 1198 号行政判决书；最高人民法院（2015）知行字第 158 号行政裁定。

—— 基本案情 ——

本专利的专利号为 200720142844.5，申请日为 2007 年 4 月 27 日，授权公告日为 2008 年 6 月 25 日、名称为"电容式触控板的触控图型结构"的实用新型专利，专利权人为哀鸿光电科技股份有限公司。其中无效请求人的无效理由之一是权利要求 5—7 不具有新颖性。

—— 裁判摘要 ——

无效决定摘要

附件 1A—7（附件 1A—7：公开号为 JP 特开昭 60—75927A 的日本公开特许公报及中文译文，公开日为 1985 年 4 月 30 日）公开了权利要求 5 的全部技术特征，两者的技术领域相同，采用实质上相同的技术方案解决相同的技术问题，均是解决触控板厚度较厚的技术问题，并取得了相同的技术效果。因此权利要求 5 相对于附件 1A—7 不符合《专利法》第 22 条第 2 款关于新颖性的规定。同理，权利要求 6—7 相对于附件 1A—7 也不符合《专利法》第 22 条第 2 款关于新颖性的规定。

一审、二审裁判摘要

一审法院认为，虽然本专利与附件 1A—7 均涉及与显示设备整合使用的电容式触控板，两者技术领域相同，但是两者所解决的技术问题、技术方案和预期效果并非实质相同，不属于同样的发明或者实用新型。因此国家知识产权局对于新颖性的认定是错误的。

二审法院认为，综合权利要求 5 和附件 1A—7 的技术特征可知，权利要求 5 的导电单元和导线构成的结构与附件 1A—7 的透明导电线路实质上都是用于传输电信号，附件 1A—7 公开的技术方案与权利要求 5 所限定的技术方案实质相同。两者都是运用于电容式触控板图型结构领域，因此具有相同的技术领域。附件 1A—7 中 X、Y 方向的两个轴向透明导电线路都设置在透明基板表面，即设置在同一层上，与权利要求 5 对第一、二轴向导电群组的设置方式相同，能够解决触控板厚度较厚、工艺复杂的技术问题，并实现了以简单的工艺即可完成触控板图型结构制作的技术效果。由此权利要求 5 不具有新颖性。同理，权利要求 6—7 相对于附件 1A—7 也不符合《专利法》第 22 条第 2 款关于新颖性的规定。

再审裁判摘要

在认定权利要求是否具有新颖性时，应当以现有技术是否公开了与权利要求相同或者实质相同的技术方案作为基本标准。关于涉案专利与现有技术的技术领域、技术问题和预期效果，由于涉案专利对于这些方面的描述，一般均属于专利申请人基于主观认识在涉案专利说明书中作出的主观描述。因此不应当苛求在现有技术中公开与涉案专利完全相同的技术领域、技术问题和预期效果。在二者属于同样的技术领域，且现有技术公开了与权利要求相同或者实质相同的技术方案的情况下，如果本领域技术人员能够合理确定现有技术亦可解决涉案专利声称解决的技术问题，取得同样的预期效果的，应当认定权利要求不具备新颖性。

▷ 拓展思考

正确解读申请文件的技术构思是后续新颖性判断的基础和前提，只有正确理解申请文件的技术构思，才有可能真正对权利要求的新颖性进行客观评判，进而更好地保证在后续司法程序的各个阶段保持对新颖性评价的一致性和客观性。因此对于涉案专利针对技术领域、技术方案、技术问题、预期效果等的解读，必须站位于本领域技术人员的角度，不拘泥于文字表述，通过对于本领域现有技术的把握，真正领会发明创造的实质，从而正确地作出新颖性的判断。

## 四、创造性

◇ 核心知识点

根据《专利法》（2020 年）第 22 条第 3 款的规定，创造性是指与现有技术相比，该发明具有突出的实质性特点和显著的进步。所谓发明有突出的实质性特点，是指对所属技术领域的技术人员来说，发明相对于现有技术是显而易见的。所谓发明有显著的进步，是指发明与现有技术相比能够产生有益的技术效果。在专利审查过程中，"所属技术领域的技术人员"是一个非常重要的概念，尤其是在创造性的判断中。发明是否具备创造性，应当基于所属技术领域的技术人员的知识和能力进行评价。在评价发明是否具备创造性时，不仅要考虑发明的技术方案本身，而且还要考虑发明所属技术领域、所解决的技术问题和所产生的技术效果，将发明作为一个整体看待。与新颖性"单独对比"的审查原则不同，进行创造性评判时，人们通常将一份或者多份现有技术中的不同的技术内容组合在一起对要求保护的发明进行评价。

○ 典型案例

可以无障碍进出的汽车费用支付系统与方法复审请求案：国家知识产权局第 73531 号复审决定；北京知识产权法院（2014）京知行初字第 160 号行政判决书。

—— 基本案情 ——

本复审请求涉及申请号为 201110288822.0，名称为"可以无障碍进出的汽车费用支付系统与方法"的发明专利申请，申请人为张忠义。经实质审查，国家知识产权局原实质审查部门于 2013 年 9 月 13 日发出驳回决定，以权利要求 1—2 不具备专利法第 22 条第 3 款规定的创造性为由驳回了本申请。

—— 裁判摘要 ——

复审决定摘要

第一，相对于对比文件 1，权利要求 1 的区别特征（1）-（7）或者是采用了惯用手段，或者属于公知常识，或者是常用技术手段。常规流程设计，属于本领域的惯用手段。因此在对比文件 1 的基础上结合本领域的常规技术手段得到权利要求 1 的技术方案对本领域技术人员来说是显而易见的，所以权利要求 1 不具有突出的实质性特点和显著的进步，不符合《专利法》第 22 条 3 款有关创造性的规定。

第二，权利要求 2 引用权利要求 1，并对进信息和出信息做了进一步限定，对比文件 1 公开了（参见说明书第 5 页第 5 行—第 6 页倒数第 1 行）：停车时间和费用等信息都会通过短信平台发送至用户的关联手机，其收费也是依据进出时间等信息确定的。而根据计算收费金额时的实际需要，本领域技术人员容易想到将其进出口的地理位置标识等也包含到进信息和出信息中。因此在权利要求 1 不具备创造性的基础上，权利要求 2 也不符合专利法第 22 条 3 款有关创造性的规定。

一审裁判摘要

本申请与对比文件 1 的区别在于，本申请仅在一种情况下进行人工收费，即车牌识别失败。但对比文件 1 中在两种情况下需要进行人工收费：车牌识别失败；车牌识别成功，但与数据库信息匹配失败。在确定区别技术特征的情况下，进一步确定区别技术特征所实际解决的技术问题。因原告的起诉理由与区别技术特征（1）、（2）、（4）无实质关联，故一审法院仅对其他区别技术特征所实际解决的技术问题进行分析。对于实际解决技术问题的认定，需要以整体技术方案为基础，并与对比文件的相关技术特征进行对比分析。如果各区别技术特征之间具有协同作用，则尤其注意不能割裂各技术特征的协同作用。本案中，被诉决定中对区别技术特征所实际解决技术问题的认定未考虑相应区别技术特征之间的协同作用，亦未将其与对比文件进行对照分析，故被诉决定中对实际解决技术问题的认定不够准确。

在整体收费过程中，区别技术特征（3）、（5）—（7）相互协同，故对实际解决技术问题的确定需要综合考虑上述技术特征。区别技术特征（3）的存在使得本申请相对于对比文件1缺少一个与数据库信息的匹配过程，因此其在相当程度上解决了在停车场入口处的拥堵问题。本申请在解决入口拥堵的情况下，需要同时兼顾后续的缴费程序。为同时解决上述问题，则需要区别技术特征（5）—（7）的配合，即车主需要开启手机程序完成缴费问题。综上可知，上述区别技术特征所实际解决的技术问题是：在缓解停车场入口拥堵问题的同时兼顾后续缴费程序的顺利运行，且使车主具有是否缴费的选择权。基于上述技术问题，进一步判断本申请权利要求1的技术方案对本领域技术人员而言是否显而易见。对这一问题的认定，同样应以整体技术方案为基础。将本申请权利要求1与对比文件1相比可以看出，二者之间之所以存在上述区别技术特征（3）、（5）—（7），原因在于二者采用了不同的技术构思。在本申请中，第三方手机程序的应用是技术方案的核心，且强调车主的主动选择性。

基于上述分析可知，上述区别特征是基于两种技术构思的指导，因此判断本申请权利要求1是否显而易见，不能回避两种技术构思之间的替换是否显而易见这一问题。本案中，因现有证据无法证明两种技术构思的替换对于本领域技术人员显而易见，故一审法院并不认为本申请权利要求1的技术方案对于本领域技术人员显而易见。据此本申请权利要求1具备创造性。相应地，在权利要求1具备创造性的情况下，其从属权利要求2亦必然具备创造性。

▷ 拓展思考

专利申请的创造性判断是这一领域的重点和难点。就其内涵而言，创造性判断是以本领域技术人员的视角，在对发明和现有技术进行客观、整体理解的基础上，比较分析发明的改进，进而基于整体现有技术尝试重构发明，判断现有技术能否促使本领域技术人员有足够动机形成发明创造，从而明确发明创造的显而易见性。上述具体的实现方式即为"三步法"。"三步法"作为我国创造性的主要判断方法，其精神内涵应该是与全世界通用的创造性判断思路相契合的。在理解"三步法"精神内涵的基础上，客观整体地看待发明，准确把握发明构思对于正确适用"三步法"进行创造性判断具有重要作用。在确定发明构思的过程中，需要从技术问题、技术方案和技术效果三个方面进行全面的考察、综合的判断。人们基于申请文件把握发明构思时，需要以本领域技术人员的视角，客观、整体地了解发明创造的前因后果，从技术问题从何而来、技术改进因何为之、技术效果因何而就这三个方面进行全面、综合的考虑。遵循上述原则，在对创造性进行判断时，人们经常容易犯的一个错误就是机械地割裂各个技术特征，从而对一项发明创造存在错误的理解。具体到本案，当发明所要求保护的技术方案与最接近的现有技术相比存在多个区别技术特征时，确定发明实际解决的技术问题应当基于发明整体技术方案进行考虑。因此当发明所要求保护的技术方案与最接近的现有技术相比存在多个区别技术特征时，需要考虑这些区别技术特征之间是否存在相互关联、相互作用，综合判断它们在发明的整体技术方案中所起的技术效果，从而正确地确定发明实际解决的技术问题。当然，如果多个区别技术特征之间无相互关联、相互作用时，可以分别考虑它们在发明技术方案中所起的作用，并分别确定各自实际解决的技术问题。①

## 五、权利要求以说明书为依据

◇ 核心知识点

根据《专利法》（2020年）第26条第4款的规定，权利要求书应当以说明书为依据，清楚、简要地限定要求专利保护的范围。权利要求书应当以说明书为依据，是指权利要求应当得到说明书的支持。权利要求书中的每一项权利要求所要求保护的技术方案应当是所属技术领域的技术人员能够从说明书充分公开的内容中得到或概括得出的技术方案，并且不得超出说明书公开的范围。通常权利要求由说明书记载的一个或者多个实施方式或实施案例概括而成，而权利要求的概括应当不超出说明书公开的范围。如果所属技术领域的技术人员

---

① 林甦. 在创造性评述中如何整体把握发明构思[N]. 中国知识产权报，2017-11-1.

可以合理预测说明书给出的实施方式的所有等同替代方式或明显变型方式都具备相同的性能或用途，则应当允许申请人将权利要求的保护范围概括至覆盖其所有的等同替代方式或明显变型的方式。

○ 典型案例

散热器的制造方法的无效请求案：国家知识产权局第11328号无效决定。

—— 基本案情 ——

本无效宣告请求涉及国家知识产权局于2006年2月15日授权公告的、名称为"散热器的制造方法"的发明专利权，其专利号是ZL02125517.2，申请日是2002年7月17日，专利权人是胡忠明，后变更为夏世鹏。针对本专利权，山东三德暖通空调设备有限公司于2007年8月16日向国家知识产权局提出无效宣告请求，其中理由之一是本专利不符合《专利法》第26条第4款的规定。

—— 裁判摘要 ——

无效决定摘要

本专利权利要求1涉及一种散热器的制造方法，包括板材与管材，其制造方法包括将板材冲孔后折弯成U形材、将管材与板材上的孔组对密封焊接，之后将U形材改压制成D形管。很显然该权利要求中的"压制"是指对板材施加压力使之弯曲变形成所需要的形状。对于该"压制"的含义本领域技术人员应理解为适用于对板材加压使之变形成所需要的形状的方法，如冲压、滚压，而不应包含明显不适应于对金属板材加压变形的锻压或轧制等加工方法。本专利说明书公开了采用模具冲压将U形材改压制成D形管的方法，本领域技术人员根据说明书公开的内容，可以想到其他的等同技术手段，如滚压方法来实现将U形材改压制成D形管，而滚压的具体方法对于本领域普通技术人员来说是常规手段，根据本专利公开的内容即可实现。所以请求人关于本专利权利要求1没有以说明书为依据，不符合《专利法》第26条第4款的无效理由不能成立。

▷ 拓展思考

权利要求以说明书为依据的判断与权利要求的理解密不可分。一方面，对于技术方案的理解，应当站在所述技术领域的技术人员的角度。在本案中，虽然所属技术领域的技术人员知晓"压制"的含义为"用压力制造"，包含了使用压力制造的各种方式。由于在本专利中，权利要求限定了制造散热器时压制的结果是将U形材改成D形管，故所属技术领域的技术人员在面对上述技术问题时，知晓并非所有的"压制"手段都适用，必然会根据"压制"所包含的具体加工手段的特点，选择其中能够完成上述变形的加工方式。并且说明书中已经给出了利用模具冲压的方式，所属技术领域的技术人员根据自己掌握的普通技术知识，能够得知除了冲压之外还存在其他方式，例如利用滚压工具施加到 U 形材上同样能够将其变形为 D 形管。

另一方面，在理解权利要求的限定术语时，不应该脱离该术语所处的技术环境，孤立、片面地理解，而应当从所属技术领域的技术人员的角度出发，结合包含该技术术语的技术方案，以及说明书的内容，恰当地理解该术语的含义。具体到本案，不应当片面地理解权利要求 1 中的"压制"，而应将"将 U 形材改压制成 D 形管"作为一个整体看待，其中的"压制"是将 U 形材变成 D 形管的压制方法，所属技术领域的技术人员知道，前述明显不能实现该功能的"压制"不包含在其保护范围内。

## 六、单一性

◇ 核心知识点

根据《专利法》（2020 年）第 31 条第 1 款的规定，一件发明或者实用新型专利申请应当限于一项发明或者实用新型。属于一个总的发明构思的两项以上的发明或者实用新型，可以作为一件申请提出。该条款就是对发明和实用新型专利申请的单一性要求。

单一性条款设置的主要目的，"首先是为了便于国家知识产权局对申请进行分类审查和对专利文献进行分类检索，其次也是为了避免申请人少缴申请费、审查费和授权后的维持年费"[1]。为了降低申请人的经济负担和提高专利审判工作效率，专利法允许申请人将技术上密切关联的多项发明或者实用新型合并提出。因此单一性条款约束的是作为同一件申请提出的发明创造的数量，而不是这一件申请的质量。与其他驳回条款相比，不符合单一性条款的规定并不会对公众利益造成直接损害，故单一性的审查仅在专利申请的授权阶段进行，其可以作为驳回专利申请的事由，但是不可作为专利无效的理由。

---

[1] 王迁. 知识产权法教程[M]. 7 版. 北京：中国人民大学出版社，2021：383.

○ 典型案例

含碳的多相聚集体和其制备方法复审请求案：国家知识产权局第7654号复审决定。

—— 基本案情 ——

本复审请求案涉及发明名称为"含碳的多相聚集体和其制备方法"的第98806373.5号发明专利申请，申请人为卡伯特公司。2004年1月9日，国家知识产权局以独立权利要求25与权利要求1之间不具备单一性为由驳回了本申请。

—— 裁判摘要 ——

复审决定摘要

权利要求1要求保护制备含碳相和含硅物质相的聚集体的方法，权利要求25要求保护制备含碳相、金属物质相和任选的含硅物质相的聚集体的方法，在工艺步骤方面非常相近。根据请求人的意见陈述，这些工艺步骤的技术特征，特别是多段进料的技术特征，正是本发明对现有技术的贡献所在，因此是相同的特定技术特征。在没有相反证据的情况下，国家知识产权局认为，本申请权利要求1和25在技术上相互关联，包含相同的特定技术特征，因此具有单一性，符合《专利法》第31条第1款的规定。

▷ 拓展思考

本案中，原实质审查部门并没有进行检索就认为权利要求1和权利要求25之间不具有单一性，其理由在于：权利要求1和权利要求25的方法所针对的产物并不完全相同，并且这些产物是方法技术方案的重要组成部分，因此这两种方法整体上具有差异而不具备单一性。显然，上述认定偏离了单一性判断的基本原则，即从技术方案的整体出发，判断不同技术方案是否包含了相同或相应的特定技术特征。这里所述的整体考虑是指结合技术方案的技术领域、要解决的技术问题和产生的技术效果去判断何为其特定技术特征，而并不要求技术方案的整体内容或者每个技术特征都是相同的或者相对应的。

由于本案的权利要求1和权利要求25的制备方法具有相同的工艺步骤特征，这些步骤所体现的多段进料手段正是其技术方案相对于现有技术的改进之处，而本案中的产物（无论是含碳相和含硅物质相的聚集体，还是含碳相、金属物质相和任选的含硅物质相的聚集体）不会对基于这些步骤进行的单一性判断造成实质性影响。由于上述工艺步骤特征并非本领域的公知常识，因此在没有进行检索之前，从技术方案整体考虑，应当认为上述工艺步骤特征是本发明对现有技术作出贡献的特征，即特定技术特征。因此本申请符合单一性的要求。

当然，对于不明显缺乏单一性的两项以上的发明或者实用新型，通常需要经过检索才能最终确定它们是否符合单一性的要求。此时，在确定特定技术特征时，仍然要坚持对技术方案进行整体分析，避免在审查过程中机械地拆分技术方案，造成对特定技术特征的不正确认定。

## 第二节 外观设计专利的授权条件

### 一、相同和实质相同

◇ 核心知识点

根据《专利法》（2020年）第23条第1款的规定，授予专利权的外观设计，应当不属于现有设计，就同样的外观设计也不存在抵触申请。不属于现有设计，是指在现有设计中，既没有与涉案专利相同的外观设计，也没有与涉案专利实质相同的外观设计。在涉案专利申请日以前任何单位或者个人向专利局提出并且在申请日以后（含申请日）公告的同样的外观设计专利申请，称为抵触申请。

所谓"外观设计相同"，是指涉案专利与对比设计是相同种类产品的外观设计，并且涉案专利的全部外观设计要素与对比设计的相应设计要素相同，其中外观设计要素是指形状、图案，以及色彩。相同种类产品是指用途完全相同的产品。外观设计实质相同的判断仅限于相同或者相近种类的产品外观设计。相近种类的产品是指用途相近的产品。在判断外观设计是否符合《专利法》（2020年）第23条第1、2款规定时，应当基于涉案专利产品的一般消费者的知识水平和认知能力进行评价。不同种类的产品具有不同的消费者群体。与"本领域技术人员"这一概念类似，"一般消费者"同样是一个法律拟制的概念，其目的同样在于避免外观设计专利性判断时的主观臆断。就判断方式而言，相同和实质相同判断以产品的外观作为判断的对象，采取单独对比、直接观察为原则，采取整体观察、综合判断的方式进行判断。

○ 典型案例

润滑油桶无效请求案：国家知识产权局第 16678 号无效决定。

—— 基本案情 ——

本无效宣告请求涉及国家知识产权局于 2010 年 7 月 14 日授权公告的 200930329504.8 号外观设计专利，使用该外观设计的产品名称为"润滑油桶"，申请日是 2009 年 12 月 17 日，专利权人是房体华。针对上述专利权，嘉实多有限公司于 2010 年 9 月 6 日向国家知识产权局提出无效宣告请求，其理由是本专利属于现有设计，不符合《专利法》第 23 条第 1 款的规定。

—— 裁判摘要 ——

无效决定摘要

将本专利与对比设计相比较，二者主要不同之处在于，本专利桶口部有盖子，对比设计无盖子，二者在桶口部与桶体弧面相交处的颈部曲率设计不同，二者把手底部与桶体连接处所示把手外边缘宽度不同。除所述不同外，其余设计基本相同。国家知识产权局进一步认为，本专利的桶盖为沿桶口部形状依附其上，基本为桶口部形状顺势延伸，对桶口部形状并未带来其他变化，对比设计虽无桶盖部分，但从主后视图可见也有与本专利基本相同的倒三角形设计，桶口部外形与本专利基本相同，二者在该部分的设计极其接近；二者在桶口部与桶体弧面相交处的颈部曲率、把手底部与桶体连接处所示把手外边缘宽度不同仅为局部的极细微差异；除所述不同外，二者所示整体形状及桶体、把手、桶口各部分形状和位置关系基本相同，相对于由此形成的基本相同的整体设计，按照一般消费者施以一般注意力整体观察，上述局部的差异极其细微，容易被忽略。因此可以认定本专利与对比设计实质相同。

▷ 拓展思考

本案涉及外观设计实质相同判断的一种情形，即涉案外观设计专利与对比设计的区别在于施以一般注意力不能察觉到的局部的细微差异。所述"不能察觉到"并不等同于"观察不到"，应当是在"施以一般注意力"，并且"整体观察"的前提下，相对于整体视觉效果而言达到容易被一般消费者忽视的程度。

此外，就实质相同判断的"施以一般注意力不能察觉到的局部的细微差异"与明显区别判断的"局部细微变化"之间的区别而言，本质上两者都是对有关差别大小程度的判断，从规定上来看，由于具有"施以一般注意力不能察觉到的"

限定，因此可以认为前者相对于后者的变化程度更小。换而言之，就相同的差异最终被认定为局部细微差异，有可能涉案外观设计专利符合《专利法》第 23 条第 1 款的规定，但不符合《专利法》第 23 条第 2 款的规定。①

## 二、明显区别

◇ 核心知识点

根据《专利法》（2020 年）第 23 条第 2 款的规定，授予专利权的外观设计与现有设计或者现有设计特征的组合相比，应当具有明显区别。所谓现有设计特征，是指现有设计的部分设计要素或者其结合，如现有设计的形状、图案、色彩要素或者其结合，或者现有设计的某组成部分的设计，如整体外观设计产品中零部件的设计。

○ 典型案例

化妆箱（01）无效请求案：国家知识产权局第 17193 号无效决定。

—— 基本案情 ——

本无效宣告请求涉及专利号为 21200930345934.9 号的外观设计专利，其申请日为 2009 年 12 月 17 日授权公告的、名称为"化妆箱（01）"的专利权人为吴明月。无效请求人以本专利不符合《专利法》第 23 条第 2 款为由提出无效请求。

—— 裁判摘要 ——

无效决定摘要

将涉案专利与现有设计 1 相比，二者相互区别的设计特征主要是：①现有设计 1 正、背面两侧边缘的中间部分进行了 45 度倒角处理，涉案专利则无；②涉案专利箱体表面有模仿动物表皮纹理而作的图案，现有设计 1 则无。结合现有设计 1 和现有设计 2 所公开的设计特征，涉案专利与现有设计 1 的区别设计特征（2）已被现有设计 2 所公开，涉案专利与现有设计 2 的纹理均属于模仿动物表皮的纹理，整体的排列方式近似，二者在纹理细部的区别属于细微变化；而涉案专利与现有设计 1 的区别设计特征（1）体现在视觉效果上只是涉案专利侧面的圆弧过渡更为平滑，现有设计 1 的侧面过渡略显突出，相对

---

① 吴大章. 外观设计专利实质审查标准新讲 [M]. 北京：知识产权出版社，2013：84.

于二者相同的整体形状，上述区别仍属于细微变化。

现有设计1和现有设计2与涉案专利的产品种类相同或相近，现有设计1公开了一种箱子的形状设计，现有设计2则公开了箱包表面的图案设计特征；在箱包领域，在箱包表面上压制一定的纹理或者绘制一定的图案属于一种常见的设计手法，即在相同或相近种类产品的现有设计中存在将现有设计1所示箱包形状和现有设计2所示箱包纹理设计特征进行组合的启示。因此，可以认定将现有设计1和现有设计2的设计特征仅作细微变化后组合即可得到涉案专利的外观设计，即涉案专利是将明显存在组合启示的相同、相近种类产品的现有设计特征仅作细微变化后直接拼合而得到的，且这种组合并未产生独特视觉效果。

综上所述，涉案专利与现有设计1和现有设计2的相应设计特征的组合相比不具有明显区别，其不符合《专利法》第23条第2款的规定。

▷ 拓展思考

实务中，在判断涉案专利与现有设计及其特征的组合相比是否具有明显区别时，人们可以遵循如下步骤进行：首先，确定与涉案专利最为接近的现有设计；其次，确定二者之间的区别，并确定上述区别是否属于明显区别；再次，确定上述区别点是否与其他现有设计所公开的相应设计特征相同，或者仅存在细微差别；最后，确定最接近的现有技术与其他现有设计之间是否存在组合的启示，如果存在将最接近的现有设计与其他现有设计相组合的启示，则通常可以认定涉案专利与现有设计的组合或者其设计特征的组合相比不具有明显区别。

## 三、权利冲突

◇ 核心知识点

根据《专利法》（2020年）第23条第3款的规定，授予专利权的外观设计不得与他人在申请日以前已经取得的合法权利相冲突。一项外观设计专利权被认定与他人在申请日（有优先权的，指优先权日）之前已经取得的合法权利相冲突的，应当宣告该项外观设计专利权无效。

○ 典型案例

食品包装袋无效请求案：国家知识产权局第14261号无效决定；北京市第

一中级人民法院（2010）一中知行初字第 1242 号行政判决书；北京市高级人民法院（2011）高行终字第 1733 号行政判决书；最高人民法院（2014）知行字第 4 号行政裁定。

—— 基本案情 ——

本无效宣告请求涉及 2001 年 5 月 2 日国家知识产权局授权公告的 00333252.7 号外观设计专利权，其名称是"食品包装袋"，申请日是 2000 年 10 月 16 日，专利权人是陈朝晖。针对上述外观设计专利权，河南省正龙食品有限公司（以下简称"正龙公司"）于 2009 年 8 月 4 日向专利国家知识产权局员会提出无效宣告请求，其中争议焦点是商标申请权是否可以作为在先取得的合法权利，由此适用《专利法》第 23 条第 3 款的规定。

—— 裁判摘要 ——

无效决定摘要

虽然请求人提交了附件 2 与附件 3 证明"白家"注册商标与"白象"注册商标相近似，但上述附件中第 1506193 号注册商标的核准注册日为 2001 年 1 月 14 日，在本专利申请日之后，在判断该商标是否为在先取得的合法权利时，应以其核准注册日而非申请日作为判断基准，因此附件 1 所述商标不属于《专利法》第 23 条规定的在先权利，请求人据此证明本专利与他人在先取得的合法权利相冲突的主张不能成立。

一审裁判摘要

原告主张本专利与其在先的注册商标专用权构成冲突，故本专利不符合 2001 年《专利法》第 23 条的规定。①鉴于注册商标专用权属于 2001 年《专利法》第 23 条规定的"合法权利"，而原告的该商标亦已被核准注册，故原告上述主张是否成立的关键在于原告的该注册商标专用权相对于本专利是否属于"在先取得"的权利，以及本专利是否与该注册商标专用权相冲突。

1. 原告该注册商标专用权相对于本专利而言是否属于"在先取得"的权利，应以外观设计专利权的"授权公告日"，而非"专利申请日"作为判断在先权利的时间标准，即在专利"授权公告日"之前已合法产生的权利或权益构成外观设计专利权的在先权利。

---

① 由于本专利申请日早于 2009 年 10 月 1 日，根据国家知识产权局制定的《实施修改后的专利法的过渡办法》，本案应当适用 2000 年修改的《专利法》。但是关于"权利冲突"部分的规定，2000 年的《专利法》与 2001 年的《专利法》没有太大的差别。

2. 本专利与原告在先的注册商标专用权是否构成权利冲突。判断外观设计专利权是否与在先注册商标专用权产生冲突应依据商标法中有关侵犯注册商标专用权行为的相应规定予以判定。外观设计专利的正常使用行为在符合以下要件的情况下应被认定为与注册商标专用权构成冲突：①外观设计专利产品中对于涉案标识的使用系商标意义上的使用，即该标识的使用具有区分商品或服务来源的作用；②外观设计专利产品中使用的标识与注册商标相同或相近似；③外观设计专利产品所使用的具体商品或服务与注册商标核定使用的商品或服务相同或相类似；④外观设计专利产品中对该标识的使用可能使注册商标核定使用商品或服务的相关公众对于商品或服务的提供者产生混淆误认。在本案中，涉案专利对于"白家"的使用属于商标意义上的使用行为；涉案专利使用的"白家"标识与原告的在先注册商标"白象"在文字构成、排列方式及表达形式上均较为近似，故二者属于近似商标；涉案专利使用的商品与原告在先注册商标核准使用的商品"方便面、挂面、面条"等在功能、用途及消费对象、销售渠道等方面均较为相近，相关商品构成类似商品；涉案专利的使用会使相关公众误以为该产品来源于原告，从而产生混淆误认，本专利的使用行为构成对原告注册商标专用权的侵犯。由此涉案专利与原告在先的注册商标专用权相冲突。

二审裁判摘要

从《专利法》的相关规定和修改前后《专利法》立法资料文献看，立法机关对"在先取得"的时间起算点均持"专利申请日"的观点。故应以"专利申请日"为"在先取得"的时间起算点，原审判决关于应以外观设计专利权的"授权公告日"而非"专利申请日"作为判断在先权利的时间标准的观点错误，应当予以纠正。根据查明的事实，正龙公司在本案中所主张的在先取得的合法权利重点在于其基于商标在先申请而享有的商标申请权，而《专利法》第23条中的"合法权利"包括依照法律法规享有并且在涉案专利申请日仍然有效的各种权利或者利益，例如商标申请权。在本案中，正龙公司涉案注册商标的申请日为1997年12月12日，早于本专利的申请日2000年10月16日，因此正龙公司基于涉案注册商标而享有的商标申请权构成《专利法》第23条规定的"在先取得的合法权利"。本专利是否违反了《专利法》第23条的规定、是否与该在先取得的合法权利相冲突，属于国家知识产权局应当审查的范围。但第14261号决定中将在先合法权利的审查范围仅仅局限于注册商标专用权，而未将商标申请权纳入在先合法权利的范围加以审查，遗漏了正龙公司复审申请的重要内容，违反了《专利法》第46条关于国家知识产权局对宣告专利权无效的请求应当及时审查和作出决定，并通知请求人和专利权人的规定，故依法应予撤销。

再审裁判摘要

在商标申请日早于外观设计专利申请日的情况下，外观设计专利权不会与商标申请权构成权利冲突，商标申请权不能作为2000年《专利法》第23条中规定的在先取得的合法权利。但是基于商标申请权本身的性质、作用和保护在先权利原则，只要商标申请日在专利申请日之前，且在提起专利无效宣告请求时商标已被核准注册并仍然有效，在先申请的注册商标专用权就可以对抗在后申请的外观设计专利权，用于判断外观设计专利权是否与之相冲突。

▷ 拓展思考

事实上，知识产权领域的"权利冲突"这一命题本身就具有一定的瑕疵，其原因在于人们对于知识产权客体，以及各具体法律部门相应客体的理解存在偏差。大体上，我们可以将知识产权的客体确定为符号，由此出发，各个知识产权部门法对于符号则会产生不同的规制对象。举例来说，知识产权可以保护一个三角符号，而这三角符号在著作权法中可以进一步体现出其认知功能和审美功能，在技术方案中体现出其构造功能和实用功能，在商标法中体现出其指代功能和区分功能，在外观设计法中体现出其表彰功能和广告功能。[1] 正是由于各个法律的目的有所不同，其指向的对象必然会有所差别，尽管在本源上这些对象都源自同一抽象符号。因此知识产权领域的"权利冲突"本质上属于一项权利的行使构成对于另一在先权利的侵害。

---

[1] 熊文聪. 知识产权权利冲突：命题的反思与检讨 [J]. 法制与社会发展，2013（3）.

# 第十一章 专利权的主体

## 第一节 职务发明的权利归属

### 一、概述

发明创造有职务发明与非职务发明的区分。在我国，职务发明的占比较高，除了企业所拥有的职务发明以外，我国诸多高校、科研机构也持有大量的职务发明。如何推动这些职务发明实际转化应用就成为影响我国有效实施创新驱动发展战略的一个重要因素。我国企业、高校和科研机构中的职务发明人是科研人员的重要组成部分，为了提升职务发明的质量水平和有效实施，就必须从制度上激励职务发明人积极参与到职务发明的转化应用中。在《中华人民共和国国民经济和社会发展第十四个五年规划和2035年远景目标纲要》中，提出要"完善科研人员职务发明成果权益分享机制，探索赋予科研人员职务科技成果所有权或长期使用权,提高科研人员收益分享比例"①。值得注意的是,在第四次《专利法》的修订中,为了促进职务发明的实施和运用,立法者允许单位依法处置职务发明创造申请专利的权利和专利权,同时也鼓励被授予专利权的单位实行产权激励,采取股权、期权、分红等方式,使发明人或者设计人合理分享创新收益,这些改进为实践中职务发明相关权利的灵活配置和对职务发明人的产权激励提供了基本的法律依据。

对于职务发明,依据我国《专利法》(2020年)第6条规定,申请专利的权利归属于发明人所在单位,专利申请审查通过后,由单位享有相应职务发明的专利权。由于职务发明的外延范围对于发明人与其所在单位均有重要的利害关系,一方面在立法上需要清晰界定职务发明的范围,提供容易操作的判断标准;另一方面法院在司法实践中需要结合具体案情灵活地适用《专利法》第6条所规定的判断标准,避免过于僵化的适用。结合我国《专利法》(2020年)第6条规定和司法实践,关于职务发明的判定,在实践中引发的争议主要集中在三个方面,即发明人与其所在单位之间劳动关系的确认、执行本单位任务与主要利用本单位的物质技术条件问题的判定。

## 二、劳动关系的判定

◇ 核心知识点

"要判断一项发明创造是职务发明创造还是非职务发明创造,首先需要明确谁是该发明创造的发明人或设计人,然后根据发明人、设计人与所在单位之间的关系才能予以确定。"② 尽管我国《专利法》(2020年)第6条的文字表述中并未明确提及发明人与单位之间存在劳动关系是认定职务发明的必要条件之一,但理论与实践均认同此项必要条件。不过由于《专利法》与《专利法实施细则》没有直接规定有关发明人与单位之间存在劳动关系的认定标准,③ 导致在司法实践中缺乏相关规则加以判定,考虑到社会现实情况的复杂性,容易

---

① 中华人民共和国国民经济和社会发展第十四个五年规划和2035年远景目标纲要. https://www.gov.cn/xinwen/2021-03/13/content_5592681.htm.

② 尹新天. 中国专利法详解(缩编版)[M]. 北京:知识产权出版社,2012:52.

③ 《专利法实施细则》第12条第2款也仅仅只是补充规定了"专利法第六条所称本单位,包括临时工作单位"的内容。

带来适用上的混乱问题。

○ 典型案例

天津南开大学蓖麻工程科技有限公司与张敏专利申请权纠纷案：天津市第一中级人民法院（2009）一中民五初字第142号民事判决书；天津市高级人民法院（2011）津高民三终字第26号民事判决书；最高人民法院（2011）民申字第1486号民事裁定书。

—— 基本案情 ——

原告天津南开大学蓖麻工程科技有限公司（以下简称"蓖麻公司"）诉称，被告张敏受聘于蓖麻公司并参与蓖麻无酚裂解制备癸二酸清洁生产方法的研发工作，然而张敏利用职务之便擅自将科研成果据为己有并申请专利，其行为侵犯了蓖麻公司之合法权益，故诉至法院，请求判令确认"由蓖麻油类化合物制备癸二酸的方法"发明专利申请权属于原告。

—— 裁判摘要 ——

一审、二审裁判摘要

结合本案查明的事实，可以认定本案涉诉的发明创造为职务发明创造，该发明创造申请专利的权利属于蓖麻公司。理由是：第一，通过蓖麻公司提交的课题申报文件、合同，以及张敏承认其在蓖麻公司从事前期研发工作的庭审陈述可以认定，张敏在蓖麻公司兼职，蓖麻公司是张敏的临时工作单位；第二，张敏在蓖麻公司从事的工作是蓖麻油提取癸二酸相关课题的研发工作；第三，张敏虽离开了蓖麻公司，但其申请专利的时间尚在其离开单位后一年之内；第四，被告申请的涉诉专利技术与其在蓖麻公司参与研发的技术相关。

再审裁判摘要

虽然张敏申请的专利是用稀释剂方法制备癸二酸，与其此前曾用微波方法制备癸二酸的方法不同，但两者都是蓖麻油类化合物制备癸二酸方法研发过程中的试验，目的都是从蓖麻油中提取癸二酸，属于对同一科研课题的研发。张敏申请专利的发明创造与其在蓖麻公司的研发工作有关，且在离职一年内作出，故应认定张敏申请的200810053917.2号专利系执行本单位的任务所完成的职务发明创造，该发明创造申请专利的权利应属于蓖麻公司。

▷ 拓展思考

本案当事人张敏在二审判决后向最高人民法院申请再审，最高人民法院经审查认定张敏的申请再审理由不能成立，驳回了张敏的再审申请。①在再审申请中，张敏主张自己是南开大学的教授，并非蓖麻公司的员工。这项抗辩实际上等于否定了张敏与蓖麻公司之间存在劳动关系的结论。法院经庭审调查确认，本案涉诉技术的研发分为两阶段，第一阶段为微波裂解制备癸二酸的清洁生产方法，该阶段张敏参与了研究。自微波裂解方法失败后，张敏退出第二阶段研制。最高院结合《专利法》第 6 条与《专利法实施细则》第 12 条规定，从张敏曾参与涉案技术发明前期研发阶段的事实，认定张敏与蓖麻公司之间存在兼职关系，并就此判定涉案技术发明属于职务发明，其权利应归属于蓖麻公司。②

### 三、执行本单位任务而完成的发明创造

◇ 核心知识点

《专利法》（2020 年）第 6 条明确规定发明人执行本单位的任务而完成的发明创造属于职务发明。在司法实践中引发的争议则主要集中于"何谓本单位任务"的问题。依据《专利法实施细则》第 12 条第 1 款规定，本单位任务包括本职工作、本单位交付的本职工作之外的任务两种情形，在此两种情形下完成的发明创造都属于执行本单位任务而完成的发明创造。另外，发明人在退休、调离原单位后或者劳动、人事关系终止后 1 年内作出的，与其在原单位承担的本职工作或者原单位分配的任务有关的发明创造同样属于执行本单位任务而完成的发明创造的范围。司法实践中则需要结合具体案例对本职工作、交付的本

---

① 最高院在裁定书中认为，张敏称其只是因与叶峰相识而为其提供技术支持，没有在蓖麻公司兼职并参与涉案无酚裂解制癸二酸项目研发的再审理由不能成立；一审和二审判决所认定的张敏系在离开蓖麻公司一年内作出的涉案发明创造的事实是正确的；涉案发明创造是与张敏在蓖麻公司从事的工作任务有关的发明创造。参见最高人民法院（2011）民申字第 1486 号民事裁定书。

② 有观点认为，在借调、兼职、实习等情况下，虽然被借调人员、兼职人员、实习人员的编制工资关系有可能仍在其所在单位，但在工作任务上受借入单位、聘用单位、实习单位支配，所以在执行借入单位、聘用单位、实习单位分配的任务或者主要利用其物质技术条件完成发明创造的情况下，这些单位就是《专利法》第 6 条意义上的"本单位"。参见尹新天.中国专利法详解（缩编版）[M].北京：知识产权出版社，2012：54.

职工作之外的任务等表述的意义作出进一步的解释和说明。①

○ 典型案例

**指导案例 158 号**：深圳市卫邦科技有限公司（以下简称"卫邦公司"）诉李坚毅、深圳市远程智能设备有限公司（以下简称"远程公司"）专利权权属纠纷案。

—— 基本案情 ——

卫邦公司是一家专业从事医院静脉配液系列机器人产品及配液中心相关配套设备的研发、制造、销售及售后服务的高科技公司。卫邦公司于 2012 年 9 月 4 日申请的 102847473A 号专利（以下简称"473 专利"）主要用于注射科药液自动配置。李坚毅于 2012 年 9 月 24 日入职卫邦公司生产制造部门，并与卫邦公司签订《深圳市劳动合同》《员工保密合同》，约定由李坚毅担任该公司生产制造部门总监，主要工作是负责研发"输液配药机器人"相关产品。李坚毅与卫邦公司于 2013 年 4 月 17 日解除劳动关系。李坚毅于 2013 年 7 月 12 日向国家知识产权局申请名称为"静脉用药自动配制设备和摆动型转盘式配药装置"、专利号为 201310293690.X 的发明专利（以下简称"涉案专利"）。李坚毅为涉案专利唯一发明人。涉案专利技术方案的主要内容是采用机器人完成静脉注射用药配制过程的配药装置。李坚毅于 2016 年 2 月 5 日将涉案专利权转移至其控股的远程公司。李坚毅在入职卫邦公司前，并无从事与医疗器械、设备相关的行业从业经验或学历证明。卫邦公司于 2016 年 12 月 8 日向一审法院提起诉讼，请求：1. 确认涉案专利的发明专利权归卫邦公司所有；2. 判令李坚毅、远程公司共同承担卫邦公司为维权所支付的合理开支 30 000 元，并共同承担诉讼费。

—— 裁判摘要 ——

判断是否属于专利法实施细则第 12 条第 1 款第（3）项规定的与在原单位承担的本职工作或者原单位分配的任务"有关的发明创造"时，应注重维护原单位、离职员工，以及离职员工新任职单位之间的利益平衡，综合考虑以下因

---

① 相比较而言，"执行本单位任务"标准可以从发明人的本职工作、交付任务、时间等相对客观的因素加以判断，相对比较明确，执行成本较低。参见向波. 职务发明的判定及其权利归属问题研究——兼论《专利法修改草案》第 6 条的修改和完善 [J]. 知识产权，2016（9）.

素作出认定：一是离职员工在原单位承担的本职工作或原单位分配的任务的具体内容；二是涉案专利的具体情况及其与本职工作或原单位分配的任务的相互关系；三是原单位是否开展了与涉案专利有关的技术研发活动，或者有关的技术是否具有其他合法来源；四是涉案专利（申请）的权利人、发明人能否对专利技术的研发过程或者来源作出合理解释。在本案中，根据李坚毅在卫邦公司任职期间承担的本职工作或分配的任务，其能够直接接触、控制、获取卫邦公司内部与用药自动配制设备和配药装置技术研发密切相关的技术信息，且这些信息并非本领域普通的知识、经验或技能。因此李坚毅在卫邦公司承担的本职工作或分配的任务与涉案专利技术密切相关。从涉案专利的内容来看，其与李坚毅在卫邦公司承担的本职工作或分配的任务密切相关，应属于职务发明。

▷ 拓展思考

在具体案例的审理中，法院往往需要结合单位提交的书面证据来确定"本单位任务"的具体范围。如在"北京路翔技术发展有限责任公司诉苟卉专利权权属纠纷案"中，法院依据路翔公司下发的"关于对公司经理、部门设置及部门经理调整的决定"和"关于下发'公司机构设置及工作任务、岗位职责'的通知"，确定了苟卉在路翔公司的工作任务之一就是对剪切式沥青混炼机的设计和改造。因此法院认定苟卉于 2001 年 12 月 3 日向国家知识产权局申请的并于 2002 年 8 月 7 日获得授权的第 01275601.6 实用新型专利权，是其在路翔公司工作期间，为完成路翔公司所交付的工作任务而作出的发明创造，属职务发明，路翔公司应是该发明创造的申请人和专利权人。[1]

### 四、主要是利用本单位的物质技术条件所完成的发明创造

◇ 核心知识点

按照我国《专利法》（2020 年）第 6 条规定，主要是利用本单位的物质技术条件所完成的发明创造为职务发明。所谓物质技术条件，是指本单位的资金、设备、零部件、原材料或者不对外公开的技术资料等。从实践来看，发明人在研发过程中是否利用本单位的物质技术条件，此问题依据有关证据不难作出判断，但究竟何谓"主要利用"本单位的物质技术条件则很难给出确定的结论。

---

[1] 北京市第一中级人民法院（2004）一中民初字第 218 号民事判决书。

要确定发明人"主要利用"本单位的物质技术条件完成发明创造，就需要某种判定标准以区分"主要利用"与"非主要利用"本单位的物质技术条件两种情形，而我国《专利法》与《专利法实施细则》都未提供可供操作的判定标准。[①] 在最高人民法院发布的《关于审理技术合同纠纷案件适用法律若干问题的解释》（法释〔2004〕20号）中，第4条给出了"主要利用法人或者其他组织的物质技术条件"的认定规则，既要求职工在技术成果的研究开发过程中，全部或者大部分利用了法人或者其他组织的资金、设备、器材或者原材料等物质条件；还要求这些物质条件对形成该技术成果具有实质性的影响。本条可作为发明人"主要利用"本单位的物质技术条件的参照规则，当然，其中仍有"实质性影响"等关键概念需要给出进一步的解释与说明。

○ 典型案例

武汉船用机械有限责任公司（以下简称"武船公司"）与王汉国专利权权属纠纷再审案：湖北省武汉市中级人民法院（2013）鄂武汉中知初字第03202号民事判决书；湖北省高级人民法院（2014）鄂民三终字第00405号民事判决；湖北省高级人民法院（2016）鄂民再12号民事判决书。

—— 基本案情 ——

王汉国系武船公司的员工。2006年，王汉国与武船公司签订了无固定期限的劳动合同。根据合同约定，王汉国的工作岗位是钳工，负责产品装配工作。2011年3月9日，王汉国作为申请人及发明人向国家知识产权局申请了发明专利，并于2012年8月8日获得授权。2013年1月9日，王汉国致函武船公司，承认本案发明的专利权人应当是武船公司。在一审法院主持的质证庭中，王汉国也认可本案发明是职务发明，专利权人是武船公司，但在正式庭审中，王汉国明确否认本案发明属于职务发明。

—— 裁判摘要 ——

一审、二审裁判摘要

一审判决认为，根据本案原告武船公司在诉状中的陈述和劳动合同中确定

---

[①] 考察相关具体案例，法院实际上未能严格区分"主要利用本单位物质技术条件"与"非主要利用本单位技术条件"，其主要原因在于信息成本高、审核难度大。参见向波. 职务发明的判定及其权利归属问题研究——兼论《专利法修改草案》第6条的修改和完善[J]. 知识产权，2016（9）.

的工作岗位，被告王汉国从事的是钳工工作，主要负责原告单位产品的装配，并不承担任何技术研发工作。而且原告武船公司也没有提交证据证明，涉案技术是被告王汉国接受原告单位指派研制的。因此被告王汉国从事与本职工作有关的技术研发，不属于履行原告单位交付的本职工作。至于被告王汉国是否利用了原告单位的物质技术条件，原告武船公司并未提交证据证明，且原告武船公司在庭审中明确主张涉案专利是被告王汉国在本职工作中作出的发明创造。因此原告武船公司主张涉案专利属于职务发明，缺乏事实依据，其要求确认涉案专利的专利权归其所有的诉讼请求，一审法院没有支持。二审判决基本上维持了一审判决的意见。

再审裁判摘要

本案发明并非王汉国在本职工作中作出，武船公司也未提供充分证据证明系王汉国履行武船公司交付的本职工作之外的任务或主要利用该公司物质技术条件所完成的发明，为鼓励创新，保护发明人的创造性劳动，一、二审判决驳回武船公司的诉讼请求正确，武船公司的再审请求不能成立。

▷ 拓展思考

法院在本案再审中参照了最高人民法院《关于审理技术合同纠纷案件适用法律若干问题的解释》第4条规定，认为"主要利用"应主要指以下两种情形：其一，职工在发明创造的研究开发过程中，全部或者大部分利用了单位的资金、设备、器材或者原材料等物质条件，并且这些物质条件对形成该发明创造具有实质性的影响；其二，职工作出的发明创造其实质性内容是在单位尚未公开的技术成果、阶段性技术成果基础上完成的。但对利用单位提供的物质技术条件，已约定返还资金或者交纳使用费的，以及仅是在发明创造完成后利用单位物质技术条件对技术方案进行验证、测试的，不属于前述的主要利用单位的物质技术条件的情形。由于单位对其资金、设备、器材、原材料，以及尚未公开的技术成果都有完全的控制权，一般均制定有管理措施，并有相应组织机构予以实施，因此单位主张发明人主要利用其物质技术条件完成发明创造的，应对"主要利用"的情形负举证责任。[①] 又如在"吴林祥、陈华南诉翟晓明专利权纠纷案"中，上诉人翟晓明并不否认一匙通公司为涉案发明创造投入了大量的人力、物力和财力，只是认为一匙通公司提供物质技术条件的行为本身并没有产生任何

---

[①] 湖北省高级人民法院（2016）鄂民再12号民事判决书。

具有实质性、创造性的技术革新，故认为涉案发明创造并非主要利用一匙通公司的物质技术条件完成。二审法院则结合本案具体情况认为，涉案发明创造系由一匙通公司独家研发和实施，且该项目的研发负责人为翟晓明。研发涉案发明创造是一匙通公司的一项主要任务，涉案发明创造的研发完成，主要是利用了一匙通公司的物质技术条件。[①]

# 第二节 合作发明与委托发明的权利归属

## 一、概述

除了职务发明，现实中还存在合作发明与委托发明两种特殊类型。为了促进这些发明创造的商业利用，同样也需要在法律上明确该两类发明创造的初始配置。根据《专利法》（2020年）第8条规定，关于合作发明，首先依据合作方之间的协议确定其专利申请权的归属主体，如果合作方之间没有对此进行约定时，则由共同完成的单位或者个人享有专利申请权。当就该合作发明的专利申请被批准后，提出专利申请的单位或者个人为专利权人。关于委托发明，首先同样依据委托方与受托方之间的协议确定其专利申请权的归属主体，当委托方与受托方之间没有就委托发明专利申请权的归属进行约定时，就由完成发明创造的一方享有专利申请权。同样，当就该委托发明的专利申请被批准后，提出专利申请的单位或者个人为专利权人。

## 二、合作发明

◇ 核心知识点

合作发明是指"两个以上单位或者个人共同投资、共同参与研究开发工作所完成的发明创造"[②]。依据我国《专利法》（2020年）第8条规定，一般由合作者共同享有该合作发明的专利申请权，当专利申请被批准后，往往也由这些合作者共同享有专利权。在共有人行使合作发明的专利权时，除了需要调整

---

① 《中华人民共和国最高人民法院公报》2008年第1期。
② 尹新天. 中国专利法详解（缩编版）[M]. 北京：知识产权出版社，2012：67.

共有人与他人（受让人或被许可人）之间的利益关系以外，还需要协调共有人之间的意志与利益。依据《专利法》（2020年）第14条规定，在共有专利权时，首先依据共有人之间的约定确定专利权的行使规则；在没有约定时，共有人可以单独实施或者以普通许可方式许可他人实施该专利，当许可他人实施该专利的，收取的使用费应当在共有人之间分配；在其他情形下，行使共有专利权应当取得全体共有人的同意。本条为共有专利权的行使确立了一般的行为规则。

○ 典型案例

吴登奎与陆丕贤专利权权属纠纷上诉案：上海知识产权法院（2015）沪知民初字第435号民事判决书；上海市高级人民法院（2016）沪民终436号民事判决书。

—— 基本案情 ——

涉案发明专利发明人为吴登奎、蔡兴良、陆丕贤，专利权人为陆丕贤、吴登奎。2014年4月23日、26日，该两专利权人向国家知识产权局提出《放弃专利权声明》。2014年5月19日，国家知识产权局发出两份《视为未提出通知书》，以经审查上述两份《放弃专利权声明》不符合《专利法实施细则》第45条的规定，视为未提出，并陈述了原因："本专利属共有权利，根据《专利法》第15条的规定，行使共有权利应当取得全体共有人的同意。本专利的专利权人之一吴登奎，于2014-5-5提交信函，信函中明确签章表示他未在2014-4-23、2014-4-26的放弃专利声明中签章，故该放弃专利权声明视为未提出。"后吴登奎向法院提起诉讼，请求判令涉案发明的专利权归原告一人所有。

—— 裁判摘要 ——

一审裁判摘要

根据我国《专利法》的相关规定，专利权人的变更不能仅凭个人意思表示生效，而需经国家专利行政部门确认并办理相关手续。根据专利证书，以及国家知识产权局相关文件记载，目前涉案专利处于有效状态，专利权人的状态为原告和被告共有，原告所列举的相关事实也并未变更这一法律状态。原告仅以被告具有放弃涉案专利权的意思表示为由要求将涉案专利权判归其一人所有，缺乏事实与法律依据，一审法院不予支持。

二审裁判摘要

专利权之终止或变更须遵循相关法律法规之规定，放弃专利权之意思表示仅系专利权终止之必要条件之一，同理，专利权共有人一方放弃专利权之意思表示亦仅系该专利权变更之必要条件之一。即便专利权共有人愿意放弃专利权，该专利权之实际变更仍须经国家专利行政部门确认并办理相关手续，而非仅凭个人意思表示即可成立。

▷ 拓展思考

在本案审理中，吴登奎认为陆丕贤系通过不缴纳专利年费等一系列行为旨在达到无偿享受涉案专利权，并使上海气动成套公司三分厂照常生产、销售涉案专利产品，从中获取利益之目的，此对吴登奎而言系属不公平。对此法院认为，我国《专利法》对共有人之间如何行使专利权已有相关规定，若上诉人吴登奎认为陆丕贤一方之行为侵害吴登奎作为涉案专利权共有人之合法权益，对其不公平，其可按照前述法律规定或约定之依据向陆丕贤另案主张返还相关专利费用等专利权共有人之相关责任，或依照前述法律规定向上海气动成套公司三分厂主张专利侵权责任，然而该些主张均与专利权属争议无涉，即与本案纠纷无关。[①]

## 三、委托发明

◇ 核心知识点

委托发明，是指"某个单位或个人提出研究开发任务并提供经费和报酬，由其他单位或者个人进行研究开发所完成的发明创造"[②]。关键问题则在于其权利的归属。从《专利法》（2020年）第8条规定的内容来看，立法者采取了约定优先的原则，只有在没有约定的情形下，才依据第8条规定确定委托发明的权利归属，即委托发明的专利申请权归属于完成发明创造的一方，即受托方。

○ 典型案例

云南泰华食品有限公司（以下简称"泰华公司"）诉李泽清专利权属纠纷案：云南省昆明市中级人民法院（2004）昆民六重字第2号民事判决书。

—— 基本案情 ——

泰华公司的法定代表人李泽明与被告李泽清系兄弟关系，双方与李泽贵等

---

① 参见上海市高级人民法院（2016）沪民终436号民事判决书。

② 尹新天.中国专利法详解（缩编版）[M].北京：知识产权出版社，2012：67.

兄弟同为泰华公司股东，2003年3月6日，李泽清通过签订《股权转让协议书》，将自己的股权转让给李泽明和李泽贵，正式退出泰华公司。2001年12月19日，被告李泽清委托云南协立专利事务所办理了牛肉干、猪肉松两种包装袋的外观设计专利申请，并交纳了专利代理费、申请费及文件费，其在外观设计专利请求书上写明设计人及申请人均为"李泽清"。国家知识产权局于2002年7月17日授予李泽清两项外观设计专利，刊登在国家知识产权局外观设计专利公报上的该两项专利的视图，系用原告泰华公司的包装袋拍照制成，与本案诉讼中原告泰华公司提交的"云泰食品系列包装设计稿"，以及包装袋实物对比，仅用细线条划去泰华公司的注册商标、公司名称、口味、净含量等说明性文字，其整体设计与原告泰华公司所使用的两种产品的包装袋一致。

—— 裁判摘要 ——

泰华公司主张其应当是该两项专利的专利申请人和专利权人的请求，有法律和事实依据，法院予以支持。被告李泽清既不是该两项外观设计图案的设计人，也无充分证据证明其从权利人处合法取得该两项专利的申请权，因此其取得该两项专利权没有法律依据。判决涉案的两项专利权归泰华公司所有。

▷ **拓展思考**

本案中，被告李泽清虽然在其申请专利过程中擅自将其本人填写为专利的设计人和申请人且获得授权，但其并不必然是最终合法的权利人。由于我国外观设计专利的授权审查仅为形式审查，对设计人和申请人的身份并不加以实质审核，因此其授权有时可能会出现主体上的错误。当他人认为自己应是真正的专利权人，双方发生权属纠纷起诉到法院时，不能因被告持有国家知识产权局颁发的专利证书，就认定其为最终的专利权人，而应当根据专利权取得的条件要求，依法加以审查判断。涉案设计作为委托设计，依照我国《专利法》第8条的规定，其专利申请权和申请专利的权利可以由当事人双方约定。根据泰华公司与风驰公司的《广告业务合同》和《附加说明》的约定，本案双方当事人争议的两项委托设计图案的设计人为受托人风驰公司，专利申请权和申请专利的权利属于泰华公司。据此泰华公司主张其应当是该两项专利的专利申请人和专利权人的请求，法院最终予以支持。①

---

① 云南省昆明市中级人民法院（2004）昆民六重字第2号民事判决书。

# 第十二章

## 专利权的内容、行使及限制

### 第一节 专利权的内容

一、概述

专利权的内容,即"专利法为专利权人规定的各项专有权利"[1]。专利权人依法享有的这些权项可以禁止他人未经许可而商业性实施发明创造的各类行为。"保护知识产权就是保护创新"[2],专利权就是一种主要保护科技创新的知识产权。一方面,创新具有高投入、高风险且易被他人模仿等特征;另一方面,创新的诸多环节是发生在市场当中,党的二十大报告也指出要"强化企业科技创新主体地位",这就导致创新要受到市场法则的制约与影响。就此而论,如果科技创新缺少了专利权的保护,创新就会被他人肆意模仿,从而显著降低企

---

[1] 王迁.知识产权法教程[M].7版.北京:中国人民大学出版社,2021:424.

[2] 习近平.全面加强知识产权保护工作激发创新活力推动构建新发展格局[J].求是,2021(3).

业等创新主体所获得的创新收益，甚至不能收回创新成本，如此就将打击企业等创新主体从事创新活动的积极性，也会在很大程度上影响我国创新能力的提升。通过行使其专利权，企业等创新主体就可以事前预防他人实施市场模仿行为，或者在事后追究模仿者的法律责任，从而遏制市场模仿行为的发生。当前，我国处于经济转型的关键时期，创新驱动发展战略的有效实施关系国家长远发展之大计，而专利权则是实施创新驱动的制度保障。"我们必须从国家战略高度和进入新发展阶段要求出发，全面加强知识产权保护工作，促进建设现代化经济体系，激发全社会创新活力，推动构建新发展格局。"[1]

## 二、产品专利的具体权项

根据我国《专利法》，可以将专利划分为产品专利（包括产品发明专利与实用新型专利）、方法发明专利与外观设计专利。依照我国《专利法》（2020年）第11条规定，对于产品专利，任何单位或者个人未经专利权人许可，都不得实施其专利，即不得为生产经营目的制造、使用、许诺销售、销售、进口其专利产品，其中涉及制造权、使用权、许诺销售权、销售权与进口权。

### （一）制造权

◇ 核心知识点

对于产品发明专利与实用新型专利来说，制造权主要是针对他人未经许可而制造相应专利产品的行为。制造可以理解为"权利要求中所记载的产品技术方案被实现"[2]，或指"通过机械或者手工方式加工、制作出具有权利要求所记载的全部技术特征"[3]。在实践中，在涉及他人未经许可制造专利产品的情形下，法院除了要首先判定产品本身是否包含了权利要求中所记载的全部必要技术特征外，还要就被告所实施的行为是否构成"制造"行为进行认定。就如何判定"一行为是否属于制造专利产品的行为"这一问题，我国《专利法》《专利法实施细则》，以及最高院的相关司法解释都没有给出具体的判定规则。在

---

[1] 习近平.全面加强知识产权保护工作激发创新活力推动构建新发展格局[J].求是，2021（3）.

[2] 参见《北京市高级人民法院专利侵权判定指南》（2013）第89条。

[3] 参见《江苏省高级人民法院侵犯专利权纠纷案件审理指南》（2010）第6.1条。

2013年发布的《北京市高级人民法院专利侵权判定指南》（以下简称《北京市高院侵权判定指南》）与2010年发布的《江苏省高级人民法院侵犯专利权纠纷案件审理指南》（以下简称《江苏省高院案件审理指南》）列举了几项可供参考的规则，如前者第89条认为"以不同制造方法制造产品的行为（但以方法限定的产品权利要求除外）""委托他人制造或者在产品上标明'监制'等类似参与行为"以及"将部件组装成专利产品的行为"都属于制造行为；后者第6.1条认为"组装专利产品的，应当认定为制造。但是产品通常以成套组件的形式对外销售，由销售者或者使用者自行组装的除外"。制造行为是导致其他所有实施行为的"龙头"，我国《专利法》对于制造权提供的是一种"绝对保护"。①

○ 典型案例

北京市捷瑞特弹性阻尼体技术研究中心（以下简称"捷瑞特中心"）诉北京金自天和缓冲技术有限公司（以下简称"金自天和公司"）、王菡夏侵害实用新型专利权纠纷案：北京市第一中级人民法院（2009）一中民初字第13772号民事判决书；北京市高级人民法院（2010）高民终字第1867号民事判决书；最高人民法院（2013）民申字第1146号民事裁定书。

—— 基本案情 ——

捷瑞特中心是被称为"快进慢出型弹性阻尼体缓冲器"的实用新型专利的专利权人。捷瑞特中心提交《收条》《铁路车辆产品验收合格证》复印件、《铁路车辆产品编号清单》复印件、《北京市增值税专用发票》、编号为JTH0903—1234的HM—1型缓冲器弹性胶泥芯体证明金自天和公司制造、销售被控侵权产品侵犯了涉案专利权。一审庭审中，当事人共同确认被控侵权技术方案与涉案专利相比区别在于：被控侵权产品没有套筒座，被控侵权产品的单向限流装置安装方式与涉案专利中的相反。捷瑞特中心在庭审结束后提交了套筒座，但该部件没有编号，亦无其他体现制造者的信息。2004年2月，王菡夏因非法窃取捷瑞特中心的技术秘密被判处有期徒刑。捷瑞特中心在诉讼中没有提交金自天和公司因侵权行为获利的证据。

---

① 对于制造者是否应当承担侵权责任，尤其是承担停止侵权行为的责任，与其主观上是否有过错无关。参见尹新天.中国专利法详解（缩编版）[M].北京：知识产权出版社，2012：96-97。

—— 裁判摘要 ——

一审、二审裁判摘要

当事人对被控侵权产品是否为金自天和公司制造、销售有争议，因此应当结合当事人提交的证据对争议事实予以认定。捷瑞特中心提交的《收条》《铁路车辆产品验收合格证》的复印件和《铁路车辆产品编号清单》复印件及被控侵权产品实物并不足以证明被控侵权产品为金自天和公司制造、销售。通过勘验，双方当事人均确认被控侵权产品缺少涉案专利中的必要技术特征——套筒座。捷瑞特中心在庭后补充提交套筒座已超出了举证期限，且补充提交的套筒座并无被控侵权产品的编号，因此被控侵权产品缺乏涉案专利的必要技术特征，未落入涉案专利权的保护范围。

再审裁判摘要

捷瑞特中心称其提交的被诉侵权产品实物是从齐齐哈尔公司技术中心取得，其提交的《收条》载明其中一只已经由齐齐哈尔轨道交通装备有限责任公司拆解。在一审庭审时，捷瑞特中心称编号为1234的产品实物为其自行拆解后提交给一审法院。捷瑞特中心的上述主张表明，其在取证过程中并未对其取得的被诉侵权产品实物进行封存，且自行进行了拆解，在金自天和公司不认可该产品实物系其制造的情况下，按照谁主张谁举证的原则，捷瑞特中心有责任通过申请被诉侵权产品实物提供方出庭作证等方式进一步举证证明该产品实物的来源及原始状态。由于捷瑞特中心并未履行相应的举证责任，本案现有证据尚不足以证明被诉侵权产品实物系由金自天和公司制造，此不利后果依法应由捷瑞特中心承担。

▷ 拓展思考

在北京市捷瑞特弹性阻尼体技术研究中心诉北京金自天和缓冲技术有限公司、王菡夏侵害实用新型专利权纠纷案中，专利权人一方始终未提供充分的证据证明涉案产品是由金自天和公司制造，由此在一审、二审与再审法院的审理中都未得到法院的认可。[①] 而在"深圳市银星智能科技股份有限公司诉深圳市华欣智能电器有限公司（以下简称"华欣公司"）、北京爱琪嘉业科技有限公司（以下简称"爱琪公司"）侵害实用新型专利权纠纷案"中，爱琪公司曾提出抗辩认为，其系采用贴牌销售方式，将自己的标识贴在华欣公司生产的被诉

---

① 最高人民法院（2013）民申字第1146号民事裁定书。

侵权产品外包装及其他附件上，爱琪公司没有实施专利侵权行为。为证明其主张，爱琪公司提供了其与华欣公司签订的《智能吸尘器产品合作协议》及其《补充协议》等证据。从该合作协议及补充协议约定的内容来看，爱琪公司对两款被诉侵权产品分别提出了具体的技术要求。由此法院反而认定该合作协议证明了在被诉侵权产品的生产过程中，爱琪公司不仅仅是简单的贴牌销售，而是与华欣公司存在深度技术合作关系，双方共同制造被诉侵权产品。而且3C证书查询显示爱琪公司为本案被诉侵权产品320i、520i智能吸尘器以制造商的身份申请了3C认证证书，进一步证明了爱琪公司与华欣公司系本两款被诉侵权产品的共同制造者。[①]

### （二）许诺销售权

◇ 核心知识点

所谓许诺销售，依照《最高人民法院关于审理专利纠纷案件适用法律问题的若干规定》（法释〔2015〕4号）第18条[②]规定，是指以做广告、在商店橱窗中陈列或者在展销会上展出等方式作出销售商品的意思表示。"据此，即使没有实际进行销售行为，而仅是为了销售专利产品进行广告宣传或产品展示，仍然构成对专利权的侵犯。"[③]从合同法的角度来说，许诺销售或者是要约邀请，或者构成要约。在《北京市高院侵权判定指南》第98条第1款认为，在销售侵犯他人专利权的产品行为实际发生前，被诉侵权人作出销售侵犯他人专利权产品意思表示的，属于许诺销售；该条第2款内容则与最高人民法院上述司法解释中的表述是一致的。在《江苏省高院案件审理指南》中，有关许诺销售的第6.3条内容则完全照搬了最高人民法院上述司法解释中的规则。从实践来看，法院往往可以从广告、陈列、展出等事实判定"许诺销售"行为的成立。

○ 典型案例

（美国）伊莱利利公司与甘李药业有限公司（以下简称"甘李公司"）发

---

① 广东省高级人民法院（2015）粤高法民三终字第329、330号民事判决书。

② 我国最高人民法院于2020年12月29日发布了《关于修改〈最高人民法院关于审理侵犯专利权纠纷案件应用法律若干问题的解释(二)〉等十八件知识产权类司法解释的决定》（法释〔2020〕19号），本条编号原为"第24条"，本编相关内容已根据该决定作了相应调整。

③ 王迁.知识产权法教程[M].7版.北京：中国人民大学出版社，2021：428.

明专利侵权纠纷案：北京市第二中级人民法院（2005）二中民初字第6026号民事判决书；北京市高级人民法院（2007）高民终字第1844号民事判决书。

—— 基本案情 ——

原告于1990年2月8日向原中华人民共和国专利局申请了名称为"含有胰岛素类似物的药物制剂的制备方法"发明专利。中华人民共和国国家知识产权局经审查后，于2003年3月26日授予原告伊莱利利公司专利权。被告甘李公司向中华人民共和国食品药品监督管理局申报了"双时相重组赖脯胰岛素注射液75/25"药品注册申请。根据原告掌握的证据，可以推定被告申报的上述药物中的活性成分是原告专利技术方案中指定的赖脯胰岛素，而且有载体，据此可以判断被告的上述药物落入了原告专利权的保护范围。被告已经取得了临床批件，而且在此之前被告已经通过网络宣传其申请的上述药物，其行为性质属于即发侵权和许诺销售，构成对原告专利权的侵犯。现原告提起诉讼，要求法院判令被告甘李公司停止侵权行为。

—— 裁判摘要 ——

一审裁判摘要

依据本案现有证据，原告伊莱利利公司指控被告甘李公司侵权的涉案申报药物"双时相重组赖脯胰岛素注射液75/25"尚处于药品注册审批阶段，虽然被告甘李公司实施了临床试验和申请生产许可的行为，但其目的是满足国家相关部门对于药品注册行政审批的需要，以检验其生产的涉案药品的安全性和有效性。鉴于被告甘李公司的制造涉案药品的行为并非直接以销售为目的，不属于《专利法》所规定的为生产经营目的实施他人专利的行为。另外，鉴于涉案药品尚处于注册审批阶段，并不具备上市条件，因此被告网站上的相关宣传内容不属于许诺销售行为，也不构成即发侵权。

二审裁判摘要

许诺销售行为发生在实际销售行为之前，其目的是实际销售。《专利法》禁止许诺销售的目的在于尽可能早地制止专利产品或依照专利方法直接获得的产品的交易，使专利权人在被控侵权产品扩散之前就有可能制止对其发明创造的侵权利用。因此被控侵权人不但应当具有即将销售侵犯专利权的产品的明确意思表示，而且在作出该意思表示之时其产品应当处于能够销售的状态。本案中，尽管甘李公司在其网站上对其"速秀霖"产品进行宣传，但现有证据不能证明甘李公司所进行的宣传系欲达到销售该产品的目的。因此甘李公司在其网站上进行宣传的行为不构成许诺销售。

▷ 拓展思考

本案中，法院认为甘李公司虽然实施了临床试验和申请生产许可的行为，但其目的是满足国家相关部门对于药品注册行政审批的需要，以检验其生产的涉案药品的安全性和有效性。由此法院认定甘李公司在其网站上对其"速秀霖"产品进行宣传的行为不构成许诺销售。[①] 就许诺销售行为的构成来说，一方面需要广告、陈列、展出等客观事实的存在，另一方面还需要证明行为人的目的在于销售专利侵权产品。一般说来，只有在被许诺销售的产品已经实际存在的情况下，才有可能认定许诺销售行为属于侵犯了专利权的行为。[②]

## （三）销售权

◇ 核心知识点

销售权所规范的销售行为，指他人未经许可而将专利产品的所有权让与他人的行为。"专利权人有为经营目的销售专利产品的专有权利，未经许可以经营目的销售专利产品构成专利侵权。"[③] 在最高院的相关司法解释中，列举了几项属于销售行为的情形，如《最高人民法院关于审理侵犯专利权纠纷案件应用法律若干问题的解释（二）》（法释〔2016〕1号）第19条规定：产品买卖合同依法成立的，人民法院应当认定属于《专利法》第11条规定的销售；《最高人民法院关于审理侵犯专利权纠纷案件应用法律若干问题的解释（法释〔2009〕21号）》第12条第1款规定，将侵犯发明或者实用新型专利权的产品作为零部件，制造另一产品再予以销售的，人民法院应当认定属于《专利法》第11条规定的销售行为。由此来看，最高院主要依据买卖合同的成立来认定销售行为的存在。

○ 典型案例

刘鸿彬与北京京联发数控科技有限公司（以下简称"京联发公司"）、天威四川硅业有限责任公司（以下简称"天威公司"）侵害实用新型专利权纠纷案：四川省成都市中级人民法院（2012）成民初字第707号民事判决；四川省高级人民法院（2014）川知民终字第29号民事判决书；最高人民法院（2015）

---

① 北京市高级人民法院（2007）高民终字第1844号民事判决书。

② 尹新天.中国专利法详解（缩编版）[M].北京：知识产权出版社，2012：103.

③ 王迁.知识产权法教程[M].北京：中国人民大学出版社，2014：335.

民申字第 1070 号民事裁定书。

—— 基本案情 ——

天威公司未取得刘鸿彬的许可，购买并使用被控侵权产品；京联发公司擅自制造、销售与涉案专利相近似的产品。刘鸿彬认为上述公司严重侵犯刘鸿彬的专利权，给刘鸿彬造成巨大的经济损失。据此诉请人民法院判令：天威公司停止使用侵犯刘鸿彬实用新型专利权的产品；京联发公司停止生产、销售侵犯刘鸿彬实用新型专利权的产品；天威公司、京联发公司连带赔偿刘鸿彬经济损失 30 万元及为制止侵权行为支出的合理费用 800 元，并承担本案诉讼费。

—— 裁判摘要 ——

一审、二审裁判摘要

将涉案专利的权利要求 1 与被控侵权产品硅芯磨锥机的技术特征相比对，被控侵权产品采用了与涉案专利权利要求 1 保护内容相同的手段，实现了相同的功能，达到了相同的效果，被控侵权产品已完全覆盖了涉案专利权利要求 1 的全部必要技术特征，故被控侵权产品已落入涉案专利的权利要求 1 的保护范围。由于京联发公司于 2009 年 10 月 16 日向天威公司出具了被控侵权产品货款 100% 的发票，在刘鸿彬未提供相反证据证明被控侵权产品没有交付给天威公司的情况下，可以认定京联发公司已在 2009 年 10 月 16 日前向天威公司交付了被控侵权产品，即《购销合同》的签订日及被控侵权产品的交付日均在涉案专利的授权公告日 2009 年 10 月 21 日之前，故应当认定京联发公司生产、销售被控侵权产品的行为发生在涉案专利的授权公告日之前。综上，刘鸿彬提出京联发公司销售被控侵权产品的行为在涉案专利授权公告日之前尚未完结的主张不能成立。

再审裁判摘要

《专利法》第 11 条规定的立法目的在于清晰界定专利权的权利范围，划定专利权人与社会公众的权利界限，充分保护专利权人的利益。该条从行为类型入手，规定发明和实用新型专利的权利人拥有制造、使用、许诺销售、销售和进口五项权能。上述权能同时构成专利权人禁止权的范围，是认定侵权行为的重要尺度。为确保专利权权利范围的清晰性，增强可预见性并预防纠纷发生，销售权能或者说销售侵权行为的认定标准必须清晰明确、简单易行、可操作性强，同时还应尽可能实现许诺销售行为与销售行为之间的无缝衔接，以便覆盖对专利权人利益产生较大影响的有关交易环节和过程，从而更有效地制止销售侵权行为。关于销售行为的认定，一般应当以销售合同成立为标准。本案中，天威公司与京联发公司之间的《购销合同》签订于 2009 年 4 月 10 日，《专利法》意义上的销售行为在该日已经实施，早于本案专利授权公告日（2009 年 10 月 21 日）。

▷ **拓展思考**

在涉及侵犯专利权中销售权项的案例纠纷中，法院常常需要判断销售行为的成立及成立时间的问题。"销售行为一般都有一个逐步形成的发展过程，包括提出销售要约、订立买卖合同、交付买卖合同标的物等不同阶段，每一个阶段的时间点不同。"[①] 最高院在驳回本案当事人刘鸿彬再审申请的民事裁定书中，对该问题作出了比较详细的解答。对于销售行为的认定标准，至少存在四种选择：合同成立标准、合同生效标准、合同价款支付完成标准、标的物交付或所有权转移标准。综合比较来看，采用标的物交付或所有权转移标准、合同价款支付完成标准或者合同生效标准，都将使得相应行为脱离专利权人的权利范围，过分缩小专利权人的权利空间，大大增加专利权人维权时的取证成本和证明难度。而如果采用合同成立标准，由于合同成立之前当事人以广告、商品展示等方式作出的销售商品的单方意思表示属于许诺销售行为，双方就销售商品的意思表示达成合意属于销售行为，则销售行为与许诺销售行为可以实现密切衔接，使得销售行为与许诺销售行为之间不存在专利权无法覆盖的空间，有利于充分保护专利权人的利益。同时合同成立是双方当事人就销售商品的意思表示达成合意的事实状态，往往通过书面合同等材料体现出来，不需要进一步考察合同的具体条款和履行过程，专利权人获取证据和证明销售行为成立更为容易，取证成本和认定成本均较低。因此销售行为的认定，一般应当以销售合同成立为标准。[②]

## 三、方法发明专利的具体权项

依据我国《专利法》，对于方法发明专利，任何单位或者个人未经专利权人许可，不得为生产经营目的使用其专利方法以及使用、许诺销售、销售、进口依照该专利方法直接获得的产品，其中涉及对于专利方法的使用权，以及对于依照该专利方法直接获得的产品的使用权、许诺销售权、销售权与进口权。

### （一）使用权

◇ **核心知识点**

与产品专利权不同，方法发明专利权的内容实际上包含两方面的权项：第

---

① 尹新天. 中国专利法详解（缩编版）[M]. 北京：知识产权出版社，2012：105.
② 参见最高人民法院（2015）民申字第1070号民事裁定书。

一，针对方法发明本身的使用权；第二，针对依照该专利方法直接获得的产品的使用权、许诺销售权、销售权与进口权。关于方法发明专利中的使用权，其目的在于禁止他人未经许可而商业性（生产经营目的）使用专利方法发明的行为。在实践中，这就需要证明被告在其生产经营过程中确实使用了专利方法发明。当然，由于信息的不对称，专利权人一般很难获得证据证明被告未经许可使用了其专利方法发明。我国《专利法》（2020年）第66条第1款规定，专利侵权纠纷涉及新产品制造方法的发明专利的，制造同样产品的单位或者个人应当提供其产品制造方法不同于专利方法的证明。依照该款规定，如果专利方法并非新产品制造方法的发明，则仍然要由专利权人举证证明使用行为的存在。

○ 典型案例

广东美的制冷设备有限公司（以下简称"美的公司"）与珠海格力电器股份有限公司（以下简称"格力公司"）侵犯发明专利权纠纷上诉案：广东省珠海市中级人民法院（2009）珠中法民三初字第5号民事判决书；广东省高级人民法院（2011）粤高法民三终字第326号民事判决书。

—— 基本案情 ——

2008年12月1日，格力公司以美的公司制造、销售、许诺销售的多款空调器侵害其专利权，泰锋公司销售该空调器侵权为由提起诉讼，请求判令美的公司立即停止侵权行为，并赔偿格力公司经济损失人民币300万元、因制止侵权所支付的费用人民币190703.70元；判令泰锋公司停止销售侵权产品，并对上述赔偿责任承担连带责任。

—— 裁判摘要 ——

一审裁判摘要

根据涉案发明专利权利要求书记载的内容，涉案发明专利是一种控制空调器按照自定义曲线运行的方法。根据鉴定结论，美的公司型号为KFR—26GW/DY—V2（E2）空调器在"舒睡模式3"运行方式下的技术方案中的技术特征包含有涉案发明专利权利要求2中记载的全部技术特征。根据《最高人民法院关于审理侵犯专利纠纷案件应用法律问题的解释》第7条第2款的规定，结合该款空调器的使用安装说明书相关说明，一审法院认定美的公司生产的相关型号的空调器产品在"舒睡模式3"运行方式下的技术方案落入涉案发明专利权的保护范围。

二审裁判摘要

就方法专利而言，未经许可的侵权行为包括使用专利方法，以及使用、许诺销售、销售、进口依照该专利方法直接获得的产品两类。美的公司主张，用户是被诉侵权产品"舒睡模式3"的使用者，美的公司实施的是制造行为，而非使用行为，因而未实施侵权行为。二审法院认为，制造具有"舒睡模式3"功能的空调器的行为，包含了使用被诉侵权方法的行为。"舒睡模式3"是一种控制空调器按照自定义曲线运行的方法，美的公司制造的空调器要实现这一功能，就要通过相应的设置、调配步骤，使空调器具备实现按照自定义曲线运行的条件，从而无可避免地使用到控制空调器按照自定义曲线运行的方法，因此美的公司是使用者。

▷ 拓展思考

对于方法专利来说，"专利权人的首要权利就是使用该方法的专有权利，他人未经许可为生产经营目的使用专利方法即构成侵权"[①]。《北京市高院侵权判定指南》第93条认为，使用专利方法，是指权利要求记载的专利方法技术方案的每一个步骤均被实现，使用该方法的结果不影响对是否构成侵犯专利权的认定。而《江苏省高院案件审理指南》没有单独就方法发明专利的使用进行规定，而只是在6.2条有关"使用"的规定中笼统地规定：使用，是指专利技术方案的技术功能得到应用。自然，本条也包括了对于方法发明专利的使用。另外，从上述裁判结果来看，使用方法发明专利不限于被告在其制造产品的过程中，如果产品在实现其预期功能的过程中需要使用受到保护的方法发明专利，同样构成方法发明专利的使用行为。

### （二）依照该专利方法直接获得的产品

◇ 核心知识点：

我国《专利法》在有关方法发明专利权内容的条文中，规定方法发明专利权的效力延及依照该专利方法直接获得的产品。针对依照该专利方法直接获得的产品，专利权人可对其享有使用权、许诺销售权、销售权与进口权，这些权项与前述有关产品专利的相应权项可作同一理解，在此不需赘述。但是对于"依

---

① 王迁.知识产权法教程[M].北京：中国人民大学出版社，2014：337.

照该专利方法直接获得的产品"这一表述应作何理解,在司法实践中有所争议。《最高人民法院关于审理侵犯专利权纠纷案件应用法律若干问题的解释》(法释〔2009〕21号)第13条规定,对于使用专利方法获得的原始产品,应当认定为依照专利方法直接获得的产品。对于将上述原始产品进一步加工、处理而获得后续产品的行为,同样应当认定属于使用依照该专利方法直接获得的产品。不过在《最高人民法院关于审理侵犯专利权纠纷案件应用法律若干问题的解释(二)》(法释〔2016〕1号)第20条对此作了一定的限缩。依据该条规定,对于将依照专利方法直接获得的产品进一步加工、处理而获得的后续产品,进行再加工、处理的,应当认定不属于"使用依照该专利方法直接获得的产品"。

○ 典型案例

申请再审人石家庄制药集团欧意药业有限公司(以下简称"欧意公司")与被申请人张喜田、二审上诉人石家庄制药集团华盛制药有限公司(以下简称"华盛公司")、石药集团中奇制药技术(石家庄)有限公司(以下简称"中奇公司"),一审被告吉林省玉顺堂药业有限公司侵犯发明专利权纠纷案:吉林省长春市中级人民法院(2005)长民三初字第36号民事判决书;吉林省高级人民法院(2006)吉民三终字第146号民事判决;最高人民法院(2009)民提字第84号民事判决书。

—— 基本案情 ——

张喜田是涉案发明专利的专利权人,该专利是制造左旋氨氯地平新产品的方法专利。马来酸左旋氨氯地平和马来酸左旋氨氯地平片新药由中奇公司研发,华盛公司生产了马来酸左旋氨氯地平(原料药),欧意公司生产了马来酸左旋氨氯地平片(终端产品,商品名"玄宁"),玉顺堂公司销售了该产品。张喜田认为该产品的生产与销售侵犯其专利权,由此向法院提起诉讼,请求判令相关公司停止侵权,并承担其他法律责任。

—— 裁判摘要 ——

一审、二审裁判摘要

一审判决认为,左旋氨氯地平作为一种化合物,并不能直接供消费者消费,其必须与马来酸、苯磺酸等经成盐工艺成为马来酸左旋氨氯地平、苯磺酸左旋氨氯地平后,才真正成为产品,因此涉案专利能够延及至被告生产的马来酸左旋氨氯地平及其片剂。二审判决认为,左旋氨氯地平作为一种化合物,本身并不能成为直接供消费者消费的产品。涉案专利为左旋氨氯地平的拆分方法,依照该方法不能直接得到产品,而左旋氨氯地平化合物与马来酸、苯磺酸等经过成盐工艺成为马来酸左旋氨氯地平、苯磺酸左旋氨氯地平后,才真正成为产品,所以上述产品应为依照左旋氨氯地平的拆分方法直接获得的产品。涉案专利能够延及中奇公司、华盛公司、欧意公司生产的马来酸左旋氨氯地平及其片剂。

再审裁判摘要

根据《专利法》第11条的规定,方法专利权的保护范围只能延及依照该专利方法直接获得的产品,即使用专利方法获得的原始产品,而不能延及对原始产品作进一步处理后获得的后续产品。本案中,华盛公司、欧意公司生产的马来酸左旋氨氯地平、马来酸左旋氨氯地平片,以及左旋氨氯地平,不属于依照涉案专利方法直接获得的产品,而均属于对上述产品作进一步处理后获得的后续产品。因此涉案专利权的保护范围不能延及左旋氨氯地平、马来酸左旋氨氯地平及其片剂。

▷ 拓展思考

对于"依照该专利方法直接获得的产品"[①],本案受理法院实际上就是依照《最高人民法院关于审理侵犯专利权纠纷案件应用法律若干问题的解释(二)》(法释[2016]1号)第20条规定进行了限定。在《北京市高院侵权判定指南》中,其第101条规定,依照专利方法直接获得的产品,是指将原材料、物品按照方法专利权利要求记载的全部步骤特征进行处理加工,使得原材料、物品在结构上或物理化学特性上产生明显变化后所获得的原始产品。将上述原始产品进一步加工、处理而获得的后续产品,即以该原始产品作为中间部件或原材料,加工、处理成为其他的后续产品,应当认定属于使用依照该专利方法直接获得的产品。对该后续产品的进一步加工、处理,不属于使用依照该专利方法所直接获得的产品的行为。尽管该条文字表达方式与最高人民法院发布的司法解释中的相关规定不尽一致,但涵盖的范围应是一致的。

四、外观设计专利权的具体权项

对于外观设计专利,任何单位或者个人未经专利权人许可,不得为生产经

---

① 对于"直接获得的产品"的意义,存在两种不同的解释:一为狭义解释,指实施授予专利的制造方法最初获得的原始产品;二为广义解释,不仅包括前述原始产品,还包括在一定条件下对原始产品做进一步加工、处理后所获得的产品。参见尹新天.中国专利法详解(缩编版)[M].北京:知识产权出版社,2012:115.

营目的制造、销售、进口其外观设计专利产品,其中涉及对于外观设计专利的制造权、销售权与进口权。

### (一)制造权

◇ 核心知识点

尽管外观设计专利权的内容也包含了制造权项,但由于外观设计与发明、实用新型的性质有所不同——即前者是对产品的富有美感并适于工业应用的新设计,而后两者都属于技术方案——故对于外观设计专利权中的制造权不能与发明专利权、实用新型专利权中的制造权作同一理解,而需有所区分。关于外观设计专利权中制造权的意义,《专利法》《专利法实施细则》及相关司法解释并没有做出明确的规定。

○ 典型案例

广东雅洁五金有限公司(以下简称"雅洁公司")诉杨建忠等侵害外观设计专利权纠纷再审案:河北省石家庄市中级人民法院(2012)石民五初字第00059号民事判决书;河北省高级人民法院(2012)冀民三终字第108号民事判决书;最高人民法院(2013)民提字第187号民事判决书。

—— 基本案情 ——

雅洁公司是涉案专利独占实施许可合同的被许可人,该合同有效期限为2009年10月22日至2015年7月1日。2011年10月18日,雅洁公司的委托代理人以普通顾客身份在石家庄市长安装饰材料和平路市场C区40号"佳家居五金商行"商铺购买包装盒上标有"吉固"字样的门锁一把,河北省石家庄市太行公证处对购买过程进行了公证,并对所购门锁进行了封存。将公证封存的门锁(被诉侵权产品)当庭开封,经比对与涉案专利外观设计无实质性差异,细节上的差异为:被诉侵权产品的面板下部装饰线为5条,涉案专利外观设计的面板下部装饰线为6条。被诉侵权产品包装上标有"吉固+JIGU+图"标识、"广东南海一固五金制品厂",产品型号AZ1215—35SNN。石家庄市长安佳家居五金商行业主卢炳仙2009年7月4日以单价41元从杨建忠处购进被诉侵权门锁20把。

—— 裁判摘要 ——

一审、二审裁判摘要

一审判决认为,杨建忠出售被诉侵权门锁给卢炳仙的日期为2009年7月4

日,在涉案专利授权公告日2009年9月16日之前。雅洁公司未提供证明杨建忠在涉案专利授权公告日以后制造、销售被诉侵权门锁的证据,且雅洁公司取得专利独占实施许可的日期为2009年10月22日。对于雅洁公司对杨建忠的诉讼请求,不予支持。卢炳仙在涉案专利授权公告日以后销售被诉侵权门锁,构成侵权,因此应当停止销售侵权门锁。二审判决认为,本案的涉案产品是2009年7月4日售出的,早于涉案专利的授权公告日2009年9月16日,故杨建忠的制造、销售行为不构成侵权,在本案中不应承担侵权赔偿责任。

再审裁判摘要

本案中,侵权产品上标注有"吉固+JIGU+图"这一商标,杨建忠是该注册商标的专用权人;雅洁公司提供了初步证据证明杨建忠注册了"温州市鹿城区临江县昌隆五金加工厂",证明杨建忠有制造侵权产品的能力。在已经确认侵权产品外包装上所标注商标的专用权人杨建忠有能力制造侵权产品,且没有其他证据表明存在他人冒用该商标,或者杨建忠曾将该商标许可给他人使用等证明侵权产品的实际制造者并非杨建忠本人的情况下,可以合理推定杨建忠是侵权产品的制造者。此外,卢炳仙提供的合法来源的初步证据也显示是从杨建忠处购买的侵权产品,且卢炳仙将购买侵权产品的货款付给了杨建忠。而且在本案一审、二审及再审诉讼过程中,杨建忠经法院多次合法传唤,拒绝签收传票和相关法律文书,拒不到庭,对其是否是"吉固+JIGU+图"这一注册商标的专用权人、是否注册有"温州市鹿城区临江县昌隆五金加工厂"、是否实际生产了侵权产品并销售给卢炳仙,没有提出任何异议,其应该承担相应的法律后果。综上,法院根据现有证据认定杨建忠系本案侵权产品的制造者。

▷ 拓展思考

《北京市高院侵权判定指南》第90条对制造外观设计专利产品含义作了一定的说明,即指专利权人向国务院专利行政部门申请专利时提交的图片或者照片中的该外观专利产品被实现。而在《江苏省高院案件审理指南》第6.1条中,则强调外观设计专利产品的制造是指通过机械或者手工方式加工、制作出具有授权外观设计全部要素的产品。总的来说,与发明专利、实用新型专利不同,对于外观设计专利产品制造行为的判断,需要结合反映外观设计呈现形式的照片、图片,以及简要文字说明等文件来进行判断。

## （二）许诺销售权

◇ 核心知识点

对于外观设计专利权中的许诺销售权，其含义应与前述产品专利权中的许诺销售权作相同理解，即可按照《最高人民法院关于审理专利纠纷案件适用法律问题的若干规定》（法释〔2015〕4号）第18条规定进行解释，指以做广告、在商店橱窗中陈列或者在展销会上展出等方式作出销售商品的意思表示。

○ 典型案例

上海星客特汽车销售有限公司（以下简称"上海星客特公司"）与天津世之源汽车销售有限公司（以下简称"天津世之源公司"）侵害外观设计专利权纠纷上诉案：天津市第二中级人民法院（2014）二中民三知初字第23号民事判决书；天津市高级人民法院（2014）津高民三终字第0019号民事判决书。

—— 基本案情 ——

上海星客特公司系"汽车（2008款客户之星）"外观设计专利的专利权人，该专利于2007年6月20日申请，2008年5月21日获得授权公告，专利号为ZL200730158973.9，年费交纳至2014年6月19日。2014年1月16日，天津世之源公司在其经营场所展销利用美国"福特E350"汽车改造的房车，上海星客特公司对该事实委托天津市北方公证处进行了公证。涉案"汽车（2008款客户之星）"外观设计专利产品亦为在美国"福特E350"汽车基础上改装的房车，但上海星客特公司认为天津世之源公司的设计与其专利已构成相似。2014年2月28日，案外人上海申昱专用汽车有限公司（以下简称"上海申昱公司"）向国家知识产权局提出涉案专利的无效宣告申请，国家知识产权局已经受理。

—— 裁判摘要 ——

一审裁判摘要

通过上述整体观察和综合判断，被控产品与涉案专利的外观设计无论是多处具体部位，还是整体视觉效果，均存在实质差异，不构成近似，即被控房车的设计未落入涉案专利权的保护范围，不构成侵权。

二审裁判摘要

根据（2014）津北方证经字第235号公证书内容可以证实，被上诉人天津世之源公司明确作出了销售被诉侵权产品的意思表示，虽然被上诉人天津世之源公司提供了其与案外人上海申昱公司签订的《展厅短期使用协议》，以及案外人上海申昱公司出具的《情况说明》，以此证明其没有许诺销售和销售行为，但案外人上海申昱公司是被上诉人天津世之源公司的供货商，两者存在关联关系，原审法院对上述书面材料不予认定是正确的。故被上诉人天津世之源公司在其展厅内作出了销售被诉侵权产品的意思表示，具有经营目的，该行为属于专利法规定的许诺销售行为，且未经上诉人上海星客特公司许可，侵害了上诉人上海星客特公司的涉案外观设计专利权。

▷ 拓展思考

本案还涉及外观设计专利侵权判定的具体方法。二审法院认为，外观设计专利是体现在产品外观上的智力劳动成果，可视性的产品整体造型样式和创新点带来的显著视觉效果应当是外观设计专利要保护的内容，因此在确定涉案外观设计专利的保护范围时，主要考虑整体性、可视性，以及创新性这三个因素。外观设计专利保护的设计要素为形状、图案和色彩，涉案专利的图片虽然为彩色图片，但是在简要说明中未对保护色彩和图案进行特别说明，本案涉案专利的保护范围不包括产品的色彩和图案，故涉案专利保护范围就是产品形状所形成的整体视觉效果。由此涉案专利产品在原型车顶部、前部、中部，以及后部进行改装和加装了这些富有一定美感的组件后，在整体外观上与原型车具有较大的区别，同时这些组件中散热器格栅、两个支臂的后视镜、车辆前大灯形状、两侧车窗形状，以及后门脚踏平台这些具有一定新颖性的设计特征，凝聚了涉案专利权人新颖的设计构思和创造性的智力劳动，这些部位也是产品中更容易引起一般消费者关注的部位，其体现的设计特征比产品中的其他设计特征在整体上对一般消费者的视觉效果更具有显著影响。[①]

### （三）销售权

◇ 核心知识点

关于外观设计专利权中的销售权，一方面需要依照《最高人民法院关于审理侵犯专利权纠纷案件应用法律若干问题的解释（二）》（法释[2016]1号）第19条规定进行一般性的判定，即产品买卖合同依法成立的，应当认定属于

---

① 天津市高级人民法院（2014）津高民三终字第0019号民事判决书。

专利法第 11 条规定的销售。另外，《最高人民法院关于审理侵犯专利权纠纷案件应用法律若干问题的解释》（法释［2009］21 号）第 12 条第 2 款作了补充性的规定，即将侵犯外观设计专利权的产品作为零部件，制造另一产品并销售的，应当认定属于《专利法》第 11 条规定的销售行为，但侵犯外观设计专利权的产品在该另一产品中仅具有技术功能的除外。

○ 典型案例

高邮市周巷镇康康超市与广东奥飞动漫文化股份有限公司（以下简称"奥飞公司"）侵害外观设计专利权纠纷上诉案：江苏省扬州市中级人民法院（2016）苏 10 民初 40 号民事判决书；江苏省高级人民法院（2016）苏民终 1323 号民事判决书。

—— 基本案情 ——

2010 年 4 月 15 日，奥飞公司及其关联公司广东奥迪动漫玩具有限公司（以下简称"奥迪动漫公司"）、广州奥飞文化传播有限公司（以下简称"奥飞文化公司"）向国家知识产权局提出了名称为"玩具刀（修罗炼狱）"的外观设计专利申请，并于 2011 年 3 月 2 日获得授权。2014 年 4 月，奥飞公司发现位于高邮市周巷新河南路的康康超市正在销售涉嫌侵权的玩具。随后奥飞公司以侵权为由向法院提起诉讼。

—— 裁判摘要 ——

一审裁判摘要

南京市钟山公证处（2014）宁钟证经内字第 1197 号公证书可以证明康康超市销售了被诉侵权产品。康康超市辩称涉案证据保全的公证书记载的内容与事实不符，公证程序不合法，但没有提供相反证据证明公证行为违反法律、行政法规的规定并足以影响公证行为中立性、客观性，故对该辩称不予采纳。康康超市作为销售商对于其所进、销的产品应负有审慎的注意义务。被诉侵权产品系"三无"产品，康康超市没有尽到合理审查的义务，主观上具有过错，且未提供有效证据证明其销售的被诉侵权产品具有合法来源，故对康康超市关于被诉侵权产品系其购自扬州小商品市场的辩称内容，亦不予采信。

二审裁判摘要

在涉及对购买行为进行保全证据的公证过程中，出于固定交易相对人身份的需求而对出售相关商品的店铺外观进行拍摄系通常作法，且康康超市在一审中已认可公证书所附照片拍摄的店铺外观系其经营的店铺门头。故涉案公证过程未拍摄店铺内的照片，并不影响对交易相对人身份的确定；根据工商管理法规的相关规定，领取营业执照的经营者应当在其经营场所内悬挂营业执照，以表明经营者的身份。康康超市系领取有营业执照的个体工商户，也应当按照工商管理法规的要求，在经营场所内悬挂营业执照。因此在涉案公证书已明确记载"该店悬挂营业执照，经营者：汤庆兰"的情况下，康康超市仅以其当时未悬挂营业执照为由否认公证购买事实的存在，二审法院对此没有采信。综上，因康康超市不能提供相反证据推翻涉案公证证明，故依照《民事诉讼法》第69条规定，应当根据涉案公证书的记载内容，认定康康超市销售了被诉侵权产品。

▷ 拓展思考

《北京市高院侵权判定指南》第96条也涉及销售外观设计专利产品的行为，即将含有外观设计专利的产品的所有权从卖方有偿转移到买方。其中对于《最高人民法院关于审理侵犯专利权纠纷案件应用法律若干问题的解释》（法释〔2009〕21号）第12条第2款中关于"仅具有技术功能"的表述作了进一步解释，指该零部件构成最终产品的内部结构，在最终产品的正常使用中不产生视觉效果，只具有技术功能作用。《江苏省高院案件审理指南》第6.4条有关"销售"的规定中，对于外观设计专利产品的销售行为，基本上沿用了最高院司法解释中的表述。

# 第二节　专利申请权、专利权的转让

## 一、概述

依照我国《专利法》（2020年）第10条规定，专利申请权和专利权可以转让。"专利申请权与专利权作为一种财产权，权利人应当享有对其进行处分的权利，转让权利是行使其处分权的基本方式之一。"① 当中国单位或者个人向外国人转让专利申请权或者专利权时，必须经国务院有关主管部门批准。另外，本条规定还就专利申请权或专利权转让合同的登记、公告问题进行了规定，即转让专利申请权或者专利权的，当事人应当订立书面合同，并向国务院专利行政部

---

① 尹新天. 中国专利法详解（缩编版）[M]. 北京：知识产权出版社，2012：82.

门登记，由国务院专利行政部门予以公告。专利申请权或者专利权的转让自登记之日起生效。当然，在理解本条规定时，需要将专利申请权或专利权转让合同的效力与专利申请权或专利权变动的效力区分开来。本条规定的登记程序影响的是专利申请权或专利权的变动效力，采用的是登记生效主义。但即使未经登记，只要双方意思表示达成一致，专利申请权或专利权转让合同经签字盖章后，就予以成立生效。不过对于中国单位或者个人向外国人转让专利申请权或者专利权的，则要获得国务院有关主管部门的批准后，专利申请权或专利权转让合同才能生效。除了可以通过转让合同使得专利申请权或专利权的归属发生变动外，实践中还可因赠与，继承，法人的合并、分立等情形导致专利申请权或专利权的变动。依照《专利法实施细则》（2010）第14条规定，当专利权因转让以外的其他事由发生转移的，当事人应当凭有关证明文件或者法律文书向国务院专利行政部门办理专利权转移手续。

## 二、专利申请权的转让

◇ **核心知识点**

在专利申请获得授权之前，对于发明创造和外观设计的权利转让主要包括两种情形：一是让与人在提起专利申请之前将申请专利的权利转让于他人；二是让与人在提起专利申请后至专利授权公告前将专利申请权转让于他人。[①] 我国《专利法》（2020年）第10条主要对专利申请权的转让做出了相关规定。

○ **典型案例**

高迅国际有限公司（以下简称"高迅公司"）与深圳市宝安区西乡镇臣田唐锋电器厂（以下简称"唐锋电器厂"）等专利权权属纠纷上诉案：广东省深圳市中级人民法院（2004）深中法民三初字第598号、598号民事判决书；广东省高级人民法院（2005）粤高法民三终字第323号、324号民事判决书。

---

① 有学者指出，提起专利申请之前的"申请专利的权利"与提起专利申请后的"专利申请权"两者的权利内容有所差别，前者主要体现在权利人有权决定是否对该发明创造申请专利、何时申请专利、申请何种专利，以及向哪些国家申请专利等；后者则主要体现在申请人有权决定是继续进行申请手续还是放弃其专利申请，是自己继续保留该专利申请还是将该专利申请权转让给他人等。尹新天.中国专利法详解（缩编版）[M].北京：知识产权出版社，2012：82-83.

—— 基本案情 ——

2002年8月23日，李诚与深圳市千纳专利代理有限公司签订《委托代理协议》，委托深圳市千纳专利代理有限公司代理申请"两杯旅行咖啡壶"和"电子蒸锅"专利事宜，代理费每项2400元，合计人民币4800元。2002年8月28日，深圳市千纳专利代理有限公司以李诚名义向国家知识产权局申请"两杯旅行咖啡壶"外观设计专利，2002年9月3日，国家知识产权局发文《专利申请受理通知书》。其间，李诚将该专利申请权转让给了唐锋电器厂。2003年5月7日，国家知识产权局授予唐锋电器厂"两杯旅行咖啡壶"外观设计专利权，并予以公告。高迅公司诉上述外观设计专利是其公司完成的设计，并在李诚到高迅公司之前就已经完成，李诚申请该专利只是履行高迅公司交办的任务。由此原、被告双方发生纠纷。

—— 裁判摘要 ——

一审裁判摘要

宏威公司是涉案专利原始权利人，依法享有处分权，其于2002年4月16日出具《声明》内容合法，意思表示明确，李诚因此取得涉案专利的申请权，符合法律规定。李诚在专利申请期间，自愿将涉案专利转让给唐锋电器厂，唐锋电器厂因此获得涉案专利权并无不当。李诚申请涉案专利的费用为高迅公司负担，但高迅公司与李诚之间的费用关系，其性质应当属于借贷的债权债务关系。高迅公司不能依据涉案专利申请费用由其承担，就简单地认为涉案专利权归其所有。

二审裁判摘要

根据我国《专利法》第10条的规定，专利申请权可以转让，专利申请权的转让自登记之日起生效。由于唐锋电器厂是依据专利申请权的转让关系而取得讼争专利的"专利申请权"，其"专利申请人"的主体资格合法。经过专利审批程序，国家知识产权局直接授予唐锋电器厂涉案外观设计专利权。就专利申请权和专利权作为物权性财产权利的性质而言，唐锋电器厂通过转让关系取得专利申请权，通过专利审批程序取得专利权，这与高迅公司在法律上不存在利害关系。专利申请权转让登记的公示公信效力，以及专利权审批程序的正当性，使得唐锋电器厂作为专利权人足以对抗高迅公司的诉讼请求。高迅公司以唐锋电器厂作为被告提出诉讼，不符合法律规定。因此高迅公司无权向唐锋电器厂追及涉案外观设计专利的所有权。

▷ 拓展思考

依照《最高人民法院关于审理技术合同纠纷案件适用法律若干问题的解释》（法释〔2004〕20号）第23条规定，专利申请权转让合同当事人以专利申请被驳回或者被视为撤回为由请求解除合同，该事实发生在依照《专利法》第10条第3款的规定办理专利申请权转让登记之前的，人民法院应当予以支持；发生在转让登记之后的，不予支持，但当事人另有约定的除外。当专利申请因专利申请权转让合同成立时即存在尚未公开的同样发明创造的在先专利申请被驳回时，当事人依据《民法典》第563条第1款第（四）项的规定请求解除合同的，人民法院应当予以支持。

### 三、专利权转让合同与专利权的变动

◇ 核心知识点

如前所述，需要将专利权转让合同的效力问题与专利权变动的效力区别开来。"应当注意，国家知识产权局予以登记和公告的事项是专利申请权或者专利权的转让这一民事法律行为，而不是专利申请权或者专利权转让合同。"[①]一方面，未向国务院专利行政部门登记，并不影响未经登记专利权转让合同的法律效力。只要专利权转让合同符合有关合同成立、生效的一般要件与特殊要件（如须经审批），未经登记的专利权转让合同仍然具有法律效力。另一方面，在当事人签订专利权转让合同后，即使专利权转让合同成立并生效，并不自动发生专利权的变动，即专利权从让与人移转于受让人。只有专利权转让合同在国务院专利行政部门登记后，专利权才发生变动。除此之外，依照《专利法实施细则》（2010）第14条规定，当专利权因转让以外的其他事由发生转移的，关于专利权的变动问题，在法律上没有明确规定采用登记生效主义。

○ 典型案例

王春富与深圳明华环保汽车有限公司等专利权权属纠纷上诉案：广东省深圳市中级人民法院（2003）深中法民三初字第19号民事判决书；广东省高级人民法院（2004）粤高法民三终字第155号民事判决书。

---

① 尹新天. 中国专利法详解（缩编版）[M]. 北京：知识产权出版社，2012：86.

―― 基本案情 ――

1999年5月25日，原告王春富向国家知识产权局申请名称为"一种清洁省油多能源复合动力电动车"的实用新型专利，1999年9月10日，原告王春富与深圳市明华环保汽车有限公司签订专利实施许可合同，双方约定，如果上述专利的申请获得授权，原告王春富许可该公司使用该专利。1999年10月1日，原告与深圳明华环保汽车有限公司签订专利权转让协议，双方约定：①原告将其拥有的名称为"一种清洁省油多能源复合动力电动车"的实用新型专利权转让给被告；②从转让生效之日起被告缴纳该专利维持的各项费用，并负责保护该专利。2000年1月22日，国家知识产权局授予原告上述实用新型专利权后原、被告双方因专利权转让的效力问题发生纠纷。

―― 裁判摘要 ――

一审裁判摘要

关于专利权转让合同是否成立、是否生效，在原告与被告签订的书面合同即专利权转让协议中，双方意思表示真实且符合法律规定，原告在庭审中也对该转让协议明确予以确认，应当认定该合同有效，即合同已经成立，原告应当按照合同中的约定履行自己的义务，包括协助被告办理专利权著录项目的变更登记手续，将专利权转让给被告，以实现合同的目的。本案中，原告与被告签订专利权转让协议后，原告就必须承担相应义务。当然，该合同在登记前不具有对抗第三人的效力。国家知识产权局随后凭双方真实意思表示的专利权转让合同进行了登记，该专利权转让已经生效。

二审裁判摘要

根据我国《专利法》第10条第3款规定，专利权要发生转让效力，必须满足两个条件：一是书面转让合同，二是国家知识产权局的登记。在本案中，引起专利权转让的原因是上诉人王春富与被上诉人深圳明华环保汽车有限公司在1999年10月10日签订的专利权转让协议，该协议是双方真实意思表示，内容未违反法律的禁止性规定，该协议合法有效。专利权转让协议的效力与国家知识产权局的登记无关，登记是专利权产生转让效力即发生权利变动的生效要件，但不是专利权转让协议的生效要件。根据《专利法》的规定，专利权转让效力的产生，除须有合法的书面转让协议外，还须登记。因为专利权是一种具有对世性的财产权，专利权的转让不仅涉及当事人双方利益，同时还涉及公众利益和国家知识产权监管，对交易安全和交易秩序均有重大影响，因此专利权变动应依法进行公示，而且专利权是一种无形财产权，其不能如动产那样采取交付的公示方法，只能采取登记的公示方法。

▷ **拓展思考**

专利权转让变更登记属于国家专利行政部门的行政行为。在专利权转让协议真实有效的情况下，专利权变更登记是由受让方一方向专利局提出申请即可办理变更登记，还是须转让合同的双方共同向专利局提出申请才能办理，有关办理专利权转让登记的程序、手续诸问题，由专利登记部门依据有关规定审查决定。当事人对于办理转让登记过程中的争议，人民法院在民事诉讼中不予审查。在上述案例中，因为转让协议合法有效，国家知识产权局专利局已经办理完毕本案专利权之转让登记手续，变更登记与专利权转让协议的约定相一致，其法律效果便是王春富与深圳明华环保汽车有限公司双方签订的协议中所约定的专利权转让得以完成，也就意味着实现了当事人签订合同的目的。

## 第三节　专利权的许可

### 一、概述

依照《专利法》（2020年）第12条规定，基于生产经营目的欲实施他人专利的，当事人应当与专利权人订立实施许可合同，向专利权人支付专利使用费。按照《民法典》合同编有关技术合同的规定，对于专利实施许可合同，其只在该专利权的存续期间内有效。[①] 当专利权有效期限届满或者专利权被宣布无效，专利权人不得就该专利与他人订立专利实施许可合同。专利实施许可合同的许可人应当按照约定许可被许可人实施专利，交付实施专利有关的技术资料，提供必要的技术指导。[②] 对于专利实施许可，依照《最高人民法院关于审理技术合同纠纷案件适用法律若干问题的解释》（法释〔2004〕20号）第25

---

① 专利权人可以允许被许可人在专利权的整个有效期限内，以及在专利权效力所及的全部地域内从事各种类型的实施专利行为，也可以对被许可人的实施行为施加种种限制。参见尹新天.中国专利法详解（缩编版）[M].北京：知识产权出版社，2012：118-119.

② 有学者认为，专利权许可合同具有设立专利许可使用权和确定专利许可使用权内容的双重功能，后者主要体现在专利许可范围的相关约定。参见邱永清.专利许可合同法律问题研究[M].北京：法律出版社，2010：59.

条规定,可以划分为独占实施许可、排他实施许可、普通实施许可三种类型。当事人对专利实施许可方式没有约定或者约定不明确的,认定为普通实施许可。一般来说,被许可人无权允许合同规定以外的任何单位或者个人实施该专利。专利实施许可合同约定被许可人可以再许可他人实施专利的,除另有约定外,该再许可为普通实施许可。

另外,除了双方通过意思表示而达成的专利许可以外,在第四次《专利法》的修订中,立法者还专门设置了"专利实施的特别许可"一章,其中包括三种情形:一是指定许可,即对国家利益或者公共利益具有重大意义的国有企业事业单位的发明专利,国务院有关主管部门和省、自治区、直辖市人民政府报经国务院批准,可以决定在批准的范围内推广应用,允许指定的单位实施;二是开放许可,即专利权人自愿以书面方式向国务院专利行政部门声明愿意许可任何单位或者个人实施其专利,并明确许可使用费支付方式、标准的,由国务院专利行政部门予以公告,实行开放许可;三是强制许可,即在符合专利法规定的条件下,国务院专利行政部门根据具备实施条件的单位或者个人的申请,可以给予实施发明专利或者实用新型专利的强制许可。尽管上述三种特别许可并非当事人之间直接通过意思表示一致而达成,但依据《专利法》(2020年)的规定,被许可人都需要向专利权人支付相应的许可使用费。

## 二、专利权转让与专利权许可的区分

◇ 核心知识点

专利权转让与专利权许可属于专利权人行使其权利的两种不同情形。除此之外,放弃专利权也属于专利权人行使自身权利的特殊情形。从法律效果上看,专利权转让会发生一定地域范围内专利权的主体变动,即专利权会从作为让与人的专利权人转移至受让人,原专利权人不再是相关专利的权利人,而受让人则成为新的专利权人。至于专利权能否部分转让其专利权,《专利法》与《专利法实施细则》(2010)未作规定,但从意思自治的角度来说,对于此种让与部分份额专利权的行为也应在允许的范围之内,由此可导致专利权的共有。相比较而言,专利权许可则不发生专利权的变动,被许可人可依据专利权实施许可合同的约定获得独占、排他或者普通的实施许可的权利,但也需按照约定向专利权人支付专利许可使用费。

○ **典型案例**

上诉人华纪平、合肥安迪华进出口有限公司（以下简称"安迪华公司"）与被上诉人上海斯博汀贸易有限公司（以下简称"斯博汀公司"）、如东县丰利机械厂有限公司（以下简称"丰利公司"）、南通天龙塑业有限公司（以下简称"天龙公司"）侵犯专利权纠纷案：江苏省高级人民法院（2005）苏民三初字第0006号民事判决书；最高人民法院（2007）民三终字第3号民事判决书。

—— 基本案情 ——

华纪平系哑铃套组手提箱实用新型专利的专利权人。2000年10月20日，华纪平就该专利向我国海关总署进行备案。2001年7月12日，该专利经国家知识产权局专利局检索咨询中心检索反映，现有文献不影响本专利的新颖性、创造性。在取得专利权后，华纪平就开始对该专利实施生产，并与第一被告斯博汀公司及其法国股东有着长期的贸易往来。自2005年1月以来，斯博汀公司及其法国股东突然与原告中断本案所涉专利产品的贸易，但斯博汀公司的法国股东在欧洲市场仍源源不断地销售与原告专利相同的由第二、第三被告所提供的产品。由于三被告的侵权行为，原告专利产品在欧洲市场丧失殆尽，并给原告造成不可估量的经济损失，故请求法院判令被告承担相应民事责任。

—— 裁判摘要 ——

一审裁判摘要

涉案被控侵权哑铃套组手提箱系由斯博汀公司委托丰利公司制造完成，双方之间属于法律规定的加工承揽关系，故应认定双方共同实施了侵犯两原告涉案专利权的行为，依法应当承担相应的民事责任。此外，两原告没有提供证据证明天龙公司实施了侵权行为，故其要求天龙公司承担侵权责任，缺乏事实和法律依据，不予支持。

二审裁判摘要

因涉案专利权归属明确且经两次无效宣告程序均维持有效，而各方当事人均认可原审法院有关被控侵权产品与涉案专利的技术对比结论，被控侵权人均已明确放弃现有技术抗辩，又不存在其他不侵权抗辩事由，故本院亦认定斯博汀公司和丰利公司构成对涉案专利权的侵犯。

▷ **拓展思考**

在本案的二审判决书中，最高人民法院认为，一个产品事实上可能同时存在多种知识产权，而且可能有不同的知识产权权利人，尤其是在定牌加工的情况下，产品的专利权与商标权分属不同主体实属正常。对于既没有付出创造性劳动又不存在权利转让的对价或者权利继受的事实，仅凭个别词句的表面意思就想获得知识产权，既没有明确的法律依据，也不符合交易习惯，以及诚实信用原则。涉案专利在1999年就已经获得授权，且至今专利证书上记载的专利权人仍是华纪平，而斯博汀公司与专利权人担任法定代表人的罗尔斯公司所签订的上述合同在后，在斯博汀公司不能举证证明其为了受让该专利权而付出相应的对价，亦未另行提起权属诉讼的情况下，不能得出涉案专利权应当属于斯博汀公司的结论。因此本案中，华纪平系合法的专利权人，安迪华公司系合法的专利实施被许可人，华纪平和安迪华公司有权针对涉案专利权主张权利。在实践中，有时当事人会将专利权转让行为与专利权许可行为相混淆，当双方就合同的目的与内容存在不同认识，需要结合合同的相关条文及辅助证据确定当事人的真实意思。①

### 三、专利权实施许可合同的成立与生效

◇ 核心知识点

我国《专利法》（2020年）第12条规定并未对专利权实施许可合同的成立与生效问题做出特别的规定，故可依据我国《民法典》有关法律行为成立与生效、合同成立与生效的相关规定来进行判断。一般来说，只要满足法律行为成立、生效要件，当事人意思表示达成一致，或者说要约经承诺后，当事人之间的专利权实施许可合同就予以成立、生效。专利权实施许可合同"主要涉及双方当事人的利益，而不直接涉及公众的利益"，因此"专利实施许可合同自合同成立之日起生效，无须向国家知识产权局登记和公告"。② 不过依照《专利法实施细则》（2010）第14条第2款规定，专利权人与他人订立的专利实施许可合同，应当自合同生效之日起3个月内向国务院专利行政部门备案。由于本款条文并未对备案对于专利实施许可合同的效力影响作出规定，可认为备案对于专利实施许可合同的效力不产生影响。

---

① 最高人民法院（2007）民三终字第3号民事判决书。
② 尹新天.中国专利法详解（缩编版）[M].北京：知识产权出版社，2012：121.

○ 典型案例

范俊杰与吉林市亿辰工贸有限公司（以下简称"亿辰公司"）侵害实用新型专利权纠纷申请案：吉林省长春市中级人民法院（2012）长民三重字第6号民事判决书；吉林省高级人民法院（2013）吉民三知终字第15号民事判决书；最高人民法院（2013）民提字第223号民事判决书。

—— 基本案情 ——

范俊杰为"棘齿防盗螺栓及紧固工具"实用新型专利的专利权人，其发现宏运公司承建的营城子到梅河口高速公路（以下简称"营梅高速公路"）建设项目交通安全设施工程01标段施工过程中，亿辰公司擅自向宏运公司销售了侵犯涉案专利的产品。请求法院判令：①亿辰公司停止侵权行为；②亿辰公司赔偿其因侵犯专利权而造成的经济损失547 360元人民币；③诉讼费、公证费、律师费由亿辰公司承担。亿辰公司则辩称，范俊杰已经同意他人使用涉案专利，权利已经用尽，按照《专利法》第69条第1项规定，亿辰公司属于合法使用，不应承担责任。

—— 裁判摘要 ——

一审裁判摘要

范俊杰提供图纸的行为不是专利权人销售专利产品的行为。亿辰公司提供的证据及范俊杰的自认只能证明范俊杰向吉林省公路勘测设计院提供相关图纸，无法证明范俊杰向设计院或者宏运公司销售过图纸，也无法证明范俊杰从提供图纸的行为中取得相应的报酬，且涉案专利及相应技术方案已经向社会公开，该领域一般技术人员通过阅读权利要求及技术方案可以绘出相应图纸或者制造出产品。宏运公司与亿辰公司签订供货合同，提供图纸也只是提供所需产品的技术标准、图样等，不能推断出宏运公司许可亿辰公司以侵权手段取得所需产品。

二审裁判摘要

范俊杰作为涉案专利的权利人，却将其专利技术提供给设计院，将其享有专利权的产品，以图纸的形式对外公开进行设计，并要求将该产品用于重点工程营梅高速公路的护栏上。因而使得宏运公司作为营梅高速公路交通工程01标段的需方与亿辰公司签订《供货合同》，亿辰公司也依据其合同约定的规格、数量及合同后附载明为设计院的图纸向宏运公司提供了被诉侵权产品。上述过程可以看出，范俊杰虽享有该项技术的专利权，但范俊杰并未依照法律规定对其专利技术加以保护,而是无偿地将其专利技术提供给公路设计部门,公路设计部门也未将其权利归属披露给第三方,因而亿辰公司并无过错,范俊杰的行为属于许可使用行为,故亿辰公司并不构成侵权。

再审裁判摘要

本案中,根据范俊杰和设计院的陈述,范俊杰确实曾向设计院提供涉案专利图纸进行推广,设计院也是在范俊杰所提供图纸的基础上作了《供货合同》所附图纸的设计,但由于设计院本身并不涉及专利产品的制造、销售和使用,范俊杰也未与设计院签订实施许可合同,未要求或者主张支付使用费,设计院甚至主张范俊杰从未告知涉及专利技术,因此从范俊杰的上述推广行为中并不能得出范俊杰许可设计院实施其专利的意思表示,更无法得出范俊杰许可设计方案的具体实施者宏运公司、亿辰公司实施涉案专利的意思表示。范俊杰和设计院均认为范俊杰的本意是希望设计院将其专利技术纳入设计方案中,然后通过设计方案具体实施者购买其专利产品或者依法获得其实施许可而获利。设计方案的实施者宏运公司、亿辰公司等仍需从专利权人或者经其许可的主体处购买专利产品,或者依法获得专利权人的实施许可。二审法院将范俊杰向设计院提供专利图纸的行为认定为许可行为没有法律依据。

▷ 拓展思考

本案涉及专利实施许可合同的成立问题。二审判决认为范俊杰虽享有该项技术的专利权,但范俊杰并未依照法律规定对其专利技术加以保护,而是无偿地将其专利技术提供给公路设计部门,公路设计部门也未将其权利归属披露给第三方,从而得出范俊杰的行为属于许可使用行为的结论。但该结论明显不符合我国《民法典》有关法律行为成立与生效、合同成立与生效的相关规则。而再审判决则认为,从范俊杰的上述推广行为中并不能得出范俊杰许可设计院实施其专利的意思表示,更无法得出范俊杰许可设计方案的具体实施者宏运公司、亿辰公司实施涉案专利的意思表示。[①] 本案历经一审、二审、再审,其中的焦点问题之一就是专利权实施许可合同是否成立、生效。本案例提醒我们,对于专利制度及其在司法适用中出现的诸多问题,我们可以从民法制度及相关理论中得到一些合理的解答。

---

① 参见最高人民法院(2013)民提字第 223 号民事判决书。

## 第四节　专利权的限制

### 一、先用权

◇ 核心知识点

当他人在专利申请日前已经制造相同产品、使用相同方法或者已经作好制造、使用的必要准备，并且仅在原有范围内继续制造、使用，依据该事实，他人可以此对抗专利权人提出的请求。就此而言，也可理解为他人在上述情形下被赋予了某项权利，此即为先用权。我国早在1984年颁布的《专利法》中，第62条第3项就规定了先用权。关于先用权的构成要件，从《专利法》（2020年）第75条第2项规定的内容来看，可从以下四个方面进行界定：①主体要件，即为非专利权人的自然人、法人或非法人组织，一般多为从事生产经营业务的企业；②行为要件，即该主体已经制造相同产品、使用相同方法或者已经作好制造、使用的必要准备；[①]③时间要件，即该行为只能发生在相关专利的申请日之前。如发生在专利申请日之后，则不满足该时间要件；④限度要件，即该主体只能在原有范围内继续制造、使用。如果超出了原有的范围，则可能构成侵权行为。

○ 典型案例

江西银涛药业有限公司（以下简称"银涛公司"）与被申请人陕西汉王药业有限公司（以下简称"汉王公司"）、一审被告西安保赛医药有限公司（以下简称"保赛公司"）侵犯专利权纠纷案：陕西省西安市中级人民法院（2010）西民四初字第43号民事判决书；陕西省高级人民法院（2011）陕民三终字第21号民事判决书；最高人民法院（2011）民申字第1490号民事裁定书。

---

[①] 先用权人所实施的制造、使用行为应属于非公开方式进行的制造、使用行为。如属公开的制造、使用，则可能使得被授权的相关专利不满足新颖性的条件而被宣告无效。参见王迁. 知识产权法教程 [M]. 北京：中国人民大学出版社，2014：342.

—— 基本案情 ——

2010年，汉王公司认为银涛公司生产和销售、保赛公司销售的"强力定眩胶囊"产品，其处方、工艺、剂型，以及主治功能等与汉王公司"一种具有降压、降脂、定眩、定风作用的中药组合物及其制备方法和用途"发明专利所保护的范围相同，请求法院判令保赛公司承担相应民事责任。

—— 裁判摘要 ——

一审、二审裁判摘要

被诉侵权药品"强力定眩胶囊"与汉王公司涉案专利权利要求1、6、23的技术特征相同。对于银涛公司主张的先用权抗辩问题，江西药监局向其颁发的"药品注册申请受理通知书"能够证明该药品注册申请已经被受理，是否能够得到批准有待审查。而银涛公司于2009年3月13日才取得被诉侵权药品的注册批件，国家药监局2009年3月13后才允许银涛公司生产被诉侵权药品。同时银涛公司提供其他证据以证明其已购买实施发明创造所必需的主要设备，但其提供的购买设备的合同、使用说明书、增值税专用发票，均无原件，汉王公司不予认可，其公司也不能证明这些设备系为被诉侵权药品"强力定眩胶囊"所购买。因此银涛公司的主张不符合先用权抗辩的有关规定，其关于先用权抗辩的理由不能成立。

再审裁判摘要

先用权抗辩是否成立的关键在于，被诉侵权人在专利申请日前是否已经实施专利或者为实施专利做好了技术或者物质上的必要准备，如已经完成实施发明创造所必需的主要技术图纸或者工艺文件；已经制造或者购买实施发明创造所必需的主要设备或者原材料。药品生产批件是药品监管的行政审批事项，与先用权抗辩的认定没有关系，其是否取得药品生产批件，对先用权抗辩是否成立不产生影响。本案中，通过2005年6月16日江西省食品药品监督管理局向其出具的"强力定眩胶囊"药品注册申请受理通知书，以及银涛公司申请药品注册时所报送的"强力定眩胶囊"申报项目资料、江西省药检所《药品注册检验报告表》及附件、《药品生产许可证》和《药品GMP证书》等证据，表明在涉案专利的申请日2006年9月27日前，银涛公司已经完成了生产"强力定眩胶囊"的工艺文件和设备，符合"已经做好制造、使用的必要准备"的条件。

▷ 拓展思考

"先用权"限制是基于公平原则而被提出并予以规定，在判定先用权的构成要件时也应以公平原则作为指导。[①] 依照《最高人民法院关于审理侵犯专利权纠纷案件应用法律若干问题的解释》（法释［2009］21号）第15条规定，被诉侵权人以非法获得的技术或者设计主张先用权抗辩的，人民法院不应予以支持。对于以下两种情形：即已经完成实施发明创造所必需的主要技术图纸或者工艺文件、已经制造或者购买实施发明创造所必需的主要设备或者原材料，应当认定属于"已经作好制造、使用的必要准备"。所谓的"原有范围"，既包括专利申请日前已有的生产规模，也包括利用已有的生产设备或者根据已有的生产准备可以达到的生产规模。如果先用权人在专利申请日后将其已经实施或作好实施必要准备的技术或设计转让或者许可他人实施，被诉侵权人主张该实施行为属于在原有范围内继续实施的，人民法院不予支持，但该技术或设计与原有企业一并转让或者承继的除外。

## 二、提供行政审批所需信息

◇ 核心知识点

当非专利权人为提供行政审批所需要的信息，制造、使用、进口专利药品或者专利医疗器械的，以及专门为其制造、进口专利药品或者专利医疗器械，同样属于"不侵犯专利权"的情形。本项规定乃是2008年我国修订《专利法》时，借鉴美国、加拿大、澳大利亚等国博拉（Bolar）例外规则。关于此项限制情形的构成要件，可从以下四个方面进行界定：①主体要件，即为非专利权人的法人或非法人组织，一般为从事药品、医疗器械生产经营业务的企业；②目的要件，即只能限于为提供行政审批所需要的信息；③行为要件，即该主体制造、使用、进口专利药品或者专利医疗器械，以及由其他企业专门为其制造、进口专利药品或者专利医疗器械。北京市高院发布的《专利侵权判定指南》中，第124条对"行政审批所需要的信息"给出了可做参考的解释，即为《中华人民共和国药品管理法》《中华人民共和国药品管理法实施条例》以及《药品注册管理办法》等相关药品管理法律法规、部门规章等规定的实验资料、研究报告、科技文献等相关材料。

---

[①] 从先用权在专利制度体系所处的位置与价值取向来看，先用权仅在于豁免先用者侵犯他人专利权的责任。参见尹新天.中国专利法详解（缩编版）[M].北京：知识产权出版社，2012：618–619.

○ 典型案例

三共株式会社、上海三共制药有限公司（以下简称"三共制药公司"）与北京万生药业有限责任公司（以下简称"万生公司"）发明专利侵权纠纷案：北京市第二中级人民法院（2006）二中民初字第 04134 号民事判决书。

—— 基本案情 ——

原告三共株式会社和三共制药公司主张，申请新药注册在临床试验阶段，申请人应当向临床试验单位提供申请人自己制备的临床试验药物；在申请新药生产阶段，国家药监局应对生产情况及条件进行现场核查，抽取连续 3 个生产批号的产品。据此可以证明被告为申请新药注册已经生产了"奥美沙坦酯片"。而将奥美沙坦与药用辅料混合制成片剂的行为落入涉案专利的保护范围，因此两原告认为被告万生公司在申请新药注册和生产许可的过程中生产了大量"奥美沙坦酯片"产品，侵犯了涉案专利权，并给两原告造成了经济损失，故诉至法院，请求判令被告停止使用涉案专利方法制造"奥美沙坦酯片"，并赔偿其经济损失及诉讼支出等。

—— 裁判摘要 ——

本案被告万生公司虽然为实现进行临床试验和申请生产许可的目的使用涉案专利方法制造了涉案药品，但其制造行为是为了满足国家相关部门对于药品注册行政审批的需要，以检验其生产的涉案药品的安全性和有效性。被告万生公司制造涉案药品的行为并非直接以销售为目的，不属于我国《专利法》所规定的为生产经营目的实施专利的行为，且涉案药品尚处于注册审批阶段，并无法上市从而影响专利权人的合法权利，未给专利权人带来经济利益的损失。

▷ 拓展思考

在药品或者医疗设备专利权的保护期届满之后，其他厂商就可生产此类药品及医疗器械，能够降低市场价格与医疗成本，有利于维护公共健康。但是依照我国《药品管理法》及其他相关法律，新药品、医疗器械的上市都必须事先经过国家药品监督管理部门的审批程序。因此如果不允许其他厂商在专利权保护期间届满之前为行政审批而实施专利权的话，就会大大拖延此类药品进入市场的时间，这等于变相地延长了专利权的保护期，不利于维护公众利益。故《专利法》第 69 条第 5 项规定了该项限制。

# 第十三章

# 专利权的宣告无效及终止

## 第一节 专利权的宣告无效

一、概述

依据我国《专利法》（2020年）第45—47条规定了有关专利权宣告无效的请求、审查和决定及其效力。[①]自国务院专利行政部门公告授予专利权之日起，任何单位或者个人认为该专利权的授予不符合专利法有关规定，可以请求国务

---

[①] 2019年，国家知识产权局专利复审委员会更名为国家知识产权局专利局复审和无效审理部，为国家知识产权局专利局内设机构，不再具有独立的法人资格。原由专利复审委员会负责的复审、宣告专利无效等事务则回归于作为国务院专利行政部门的国家知识产权局。

院专利行政部门宣告该专利权无效。① 从《专利法实施细则》第 65 条第 2 款规定来看，无效宣告请求的理由主要涉及专利权客体（发明、实用新型、外观设计）的定义、排除范围及其构成要件，专利申请文件的规范要求，单一性原则等方面的问题。在受理后，国务院专利行政部门对宣告专利权无效的请求应当及时审查和作出决定，并通知请求人和专利权人。宣告专利权无效的决定，由国务院专利行政部门登记和公告。对国务院专利行政部门宣告专利权无效或者维持专利权的决定不服的，可以自收到通知之日起三个月内向人民法院起诉。人民法院应当通知无效宣告请求程序的对方当事人作为第三人参加诉讼。当专利权被宣告无效且发生效力后，宣告无效的专利权视为自始即不存在。为了维护交易安全及合理的社会秩序，在某些情形下，宣告专利无效的决定不具有追溯力。

## 二、专利权宣告无效的审查和决定

◇ 核心知识点

国务院专利行政部门在受理无效宣告请求后，应当将专利权无效宣告请求书和有关文件的副本送交专利权人，要求其在指定的期限内陈述意见。专利权人和无效宣告请求人应当在指定期限内答复国务院专利行政部门发出的转送文件通知书或者无效宣告请求审查通知书。期满未答复的，不影响国务院专利行政部门审理。在无效宣告请求的审查过程中，发明或者实用新型专利的专利权人可以修改其权利要求书，但是不得扩大原专利的保护范围。发明或者实用新型专利的专利权人不得修改专利说明书和附图，外观设计专利的专利权人不得修改图片、照片和简要说明。国务院专利行政部门根据当事人的请求或者案情需要，可以决定对无效宣告请求进行口头审理。国务院专利行政部门对无效宣告的请求作出决定前，无效宣告请求人可以撤回其请求。国务院专利行政部门作出决定之前，无效宣告请求人撤回其请求或者其无效宣告请求被视为撤回的，无效宣告请求审查程序终止。但是国务院专利行政部门认为根据已进

---

① 关于提起专利无效宣告请求的时间点，从《专利法》第 45 条规定来看，自专利授权公告之日起，任何单位或个人就可提出无效宣告请求。不过该条并没有规定提起专利无效宣告请求的截止时间，这就意味着即使专利权因期限届满或其他原因终止后，他人仍然可以就此终止专利提出无效宣告请求。参见尹新天. 中国专利法详解（缩编版）[M]. 北京：知识产权出版社，2012：355.

行的审查工作能够作出宣告专利权无效或者部分无效的决定的，不终止审查程序。

○ 典型案例

国家知识产权局专利复审委员会（以下简称"专利复审委员会"）与王伟耀等实用新型专利权无效纠纷再审案：北京市第一中级人民法院（2012）一中知行初字第3616号行政判决书；北京市高级人民法院（2013）高行终字第530号行政判决书；最高人民法院（2013）知行字第92号行政裁定书。

—— 基本案情 ——

原告王伟耀诉称，专利复审委员会作出的第18967号决定使用合议组依职权引入的新的证据结合方式评价本专利创造性在审查程序上严重违法。第18967号决定使用合议组依职权引用的新的证据结合方式即证据3、2及公知常识的结合评价本专利创造性，超越了专利法及其实施细则、审查指南等法律法规的规定，审查程序严重违法。另外，第18967号决定事实认定错误。第18967号决定对涉案专利权利要求1—4相对于合议组自行引入的对比文件3、2及公知常识的结合不具备创造性的评述存在事实认定错误。请求法院撤销专利复审委员会作出的决定。

—— 裁判摘要 ——

一审、二审裁判摘要

本案中，福田雷沃公司作为申请人在专利复审委员会组织的口头审理中，明确放弃对比文件3结合公知常识评价本专利创造性的理由。而专利复审委员会依职权引入本专利权利要求1—4相对于对比文件3、2及公知常识不具备创造性的理由，不属于专利复审委员会可以依职权审查的具体情形或与上述列举具体情形性质相近的情形。专利复审委员会依职权引入的无效理由属于超越职权的行政行为。在复审程序中，福田雷沃公司明确放弃的是对比文件3结合公知常识评价本专利创造性的理由，并没有放弃对本专利宣告的请求，故福田雷沃公司放弃部分理由的行为不等同于其撤回部分无效宣告请求，不适用《专利法实施细则》第72条第2款规定。王伟耀的意见陈述亦不必然构成专利复审委员会依职权进行审理的合法理由。同时专利复审委员会亦不能超越职权对福田雷沃公司的不当认识进行修正，从而损害王伟耀的利益。

再审裁判摘要

本案中，福田雷沃公司并未提出过本专利相对于对比文件3、对比文件2

和公知常识的结合不具有创造性的无效宣告理由,且在口头审理中明确放弃对比文件3结合公知常识评价本专利创造性的无效宣告理由。在请求人未提出且明确放弃对比文件3的情形下,专利复审委员会主动引入请求人放弃的证据并引入请求人未提出的证据组合方式,这种做法并不属于审查指南规定的可以依职权审查的范围。专利复审委员会主动引入诉争无效宣告理由进行审查并据此宣告本专利无效,缺乏相应的法律依据。至于听证原则是在符合请求原则或者依职权审查原则之下的程序要求,不能因给予当事人陈述意见的机会就使得本没有法律依据的主动审查行为合法化。

▷ 拓展思考

依据《专利法》(2020年)第45条规定,无效宣告审查程序是基于当事人的请求而启动。请求原则作为无效宣告审查程序的基本原则,不仅要求无效宣告审查程序必须由请求人启动,而且在无效宣告审查程序中,通常仅针对当事人提交的无效宣告请求的范围、理由和提交的证据进行审查,国务院专利行政部门不承担全面审查专利有效性的义务。请求原则还意味着请求人有权处分自己的请求,可以放弃全部或者部分无效宣告理由及证据。对于请求人放弃的无效宣告理由和证据,在没有法律依据的情况下,通常国务院专利行政部门不应再作审查。审查指南规定了依职权审查原则,并对国务院专利行政部门可以依职权审查的具体情形作了列举规定。这些依职权审查的情形是请求原则的例外,一方面赋予国务院专利行政部门依职权审查的职权,给予公众相应的预期,另一方面也限定了国务院专利行政部门可以依职权审查情形的范围。

### 三、专利权被宣告无效的法律效力

◇ 核心知识点

依照《专利法》(2020年)第47条规定,宣告无效的专利权视为自始即不存在。不过为了维护交易安全及合理的社会秩序,宣告专利权无效的决定,对在宣告专利权无效前人民法院作出并已执行的专利侵权的判决、调解书,已经履行或者强制执行的专利侵权纠纷处理决定,以及已经履行的专利实施许可合同和专利权转让合同,不具有追溯力。但是因专利权人的恶意给他人造成的损失,应当给予赔偿。当不返还专利侵权赔偿金、专利使用费、专利权转让费,明显违反公平原则的，应当全部或者部分返还。

○ 典型案例

申请再审人陕西东明农业科技有限公司（以下简称"东明公司"）与被申请人陕西秦丰农机（集团）有限公司（以下简称"秦丰公司"）侵害实用新型专利权纠纷案：陕西省西安市中级人民法院作出（2008）西民四初字第18号民事判决书；陕西省高级人民法院（2009）陕民三终字第52号民事判决书；最高人民法院（2012）民提字第10号民事判决书。

—— 基本案情 ——

原告秦丰公司向法院提起诉讼，称其于2004年12月购买取得实用新型专利（以下简称本案专利）。2007年初在市场上发现一审被告东明公司生产的1YG—7.5型遥控微耕机侵犯本案专利权。秦丰公司向东明公司发出律师函，要求停止侵权，但东明公司未予停止，仍进行大量生产和销售，并在媒体上进行宣传。东明公司的产品已通过农业部推广鉴定，2007年已经具备生产3000台的能力，给秦丰公司造成巨大损害。故请求法院判令被告东明公司承担相应民事责任。涉案实用新型专利先后被三次提起宣告无效的程序。2008年9月27日专利复审委员会作出第12379号无效宣告请求审查决定，宣告本案专利权利要求1、4、5、6无效，在权利要求2、3的基础上维持有效。[①]2011年3月15日，专利复审委员会作出第16225号无效宣告请求审查决定，宣告秦丰公司的本案专利权全部无效。

—— 裁判摘要 ——

一审、二审裁判摘要

专利复审委员会第12379号无效宣告请求审查决定宣告本案专利权利要求1、4、5、6无效，在权利要求2、3的基础上维持本案专利有效。本案中，东明公司认可其制造、销售的产品与秦丰公司本案技术特征完全相同，但主张是依据现有技术制造，并提交了已过保护期的ZL92223888.X号实用新型专利说明书和ZL93242720.0号实用新型专利说明书作为证据。由于东明公司的产品是

---

[①] 2009年6月22日，陕西金之诚包装材料有限公司向专利复审委员会提出宣告本案专利权无效的请求。2010年1月21日，专利复审委员会作出第14443号无效宣告请求审查决定，在已生效的第12379号无效宣告审查决定维持有效的、授权公告的权利要求2、3的基础上维持本案专利权有效。

否系依据该两份文献制造,需要东明公司进一步举证,东明公司也申请进行司法鉴定,但在指定的期限内未预交鉴定费用。因此对东明公司主张其产品是根据自由公知技术制造的辩称理由不予采信。东明公司未经专利权人许可为生产经营目的制造、销售本案专利产品的行为,已构成侵权。

再审裁判摘要

宣告专利权无效的时间点应以无效宣告请求审查决定的决定日(作出日)为准。本案中,宣告本案专利权无效的第 16225 号决定的决定日是 2011 年 3 月 15 日,该决定在行政诉讼程序中得到维持,并已确定发生法律效力。原一、二审判决执行完毕日是 2011 年 3 月 16 日,而本案专利权被宣告无效的时间应为 2011 年 3 月 15 日。在该日之前,人民法院作出的专利侵权判决并未执行完毕,故本案不属于 2008 年修正的专利法第 47 条第 2 款规定的不具有追溯力的情形。由于出现了本案专利权被宣告无效这一新的事实和证据,原一、二审判决认定侵权成立的权利基础已不复存在,应予撤销。秦丰公司基于原一、二审判决的执行而获得的利益,应予返还。

▷ 拓展思考

《专利法》(2020 年)第 47 条区分不同情况,从不同角度出发规定宣告专利权无效的决定所产生的影响,其目的是在保障专利权人的合法权益和公众的合法权益之间,以及在维持正常的社会经济秩序、具有可操作性与公平合理之间寻求平衡。[①] 一方面,赋予专利无效宣告请求审查决定对专利权被宣告无效后尚未执行或者履行完毕的专利侵权判决、调解书、专利侵权纠纷处理决定、专利实施许可合同、专利权转让合同等以追溯力,保障被指控的专利侵权人、专利被许可人,以及被转让人的正当利益,防止专利权人借无效专利获得不当利益。另一方面,对于已经执行或者履行完毕的专利侵权判决、调解书、专利侵权纠纷处理决定、专利实施许可合同、专利权转让合同,专利无效宣告审查请求决定没有追溯力,维持已经形成并稳定化的社会秩序。由于宣告无效的专利权视为自始即不存在,以该专利权为基础的专利侵权判决、调解书、专利侵权纠纷处理决定、专利实施许可合同、专利权转让合同等所确定的利益本不应由专利权人获得。因此专利法第 47 条第 2 款的规定以专利无效宣告请求审查决定有追溯力为原则,以无追溯力为例外。

---

① 尹新天.中国专利法详解(缩编版)[M].北京:知识产权出版社,2012:378.

## 第二节 专利权的终止

### 一、概述

专利权的终止，也可称为专利权的消灭，是基于法定事由的发生而导致专利权不再具有法律效力。一方面，基于专利权人利益与公众利益的考量和平衡，专利权并不是永久存在的财产权利。依照《专利法》（2020年）第42条第1款规定，当专利被授权公告以后，发明专利权自申请日起满20年、实用新型专利权自申请日起满10年、外观设计专利权自申请日起满15年即为消灭。另一方面，基于其他法定事由，专利权也可能在保护期限届满之前予以终止。依据《专利法》（2020年）第44条规定，没有按照规定缴纳年费或者专利权人以书面声明放弃其专利权，均可导致专利权在期限届满前终止。不论是发明专利权，还是实用新型专利权、外观设计专利权，当因法定事由的发生而消灭后，原先受到专利权保护的发明创造(发明、实用新型和外观设计)则进入公共领域，任何民事主体皆可自由利用。

### 二、因期间届满而终止

◇ 核心知识点

依据我国《专利法》（2020年）第42条第1款规定，发明专利权的期限为20年，实用新型专利权的期限为10年，外观设计专利权的期限为15年，均自申请日起计算。专利制度一方面要实现鼓励发明创造、提高创新能力、促进科学技术进步等社会目标，对于专利权的保护期限不宜太短。另一方面，专利制度还要推动发明创造的应用、促进经济社会发展和维护社会公共利益，专利权的保护期限又不能太长。[①] 应该说我国《专利法》（2020年）42条第1款规定的各类专利的保护期限较好地平衡了各方的利益诉求。

○ 典型案例

深圳市顺电连锁股份有限公司（以下简称"顺电公司"）等与东莞欧陆电

---

① 尹新天.中国专利法详解（缩编版）[M].北京：知识产权出版社，2012：349.

子有限公司(以下简称"欧陆公司")侵害实用新型专利权纠纷上诉案:广东省深圳市中级人民法院(2016)粤03民初261号民事判决书;广东省高级人民法院(2016)粤民终1717号民事判决书。

—— 基本案情 ——

欧陆公司于2006年11月7日向国家知识产权局申请专利名称为"多国型转接器"的实用新型专利,2007年11月28日获得授权。欧陆公司指控顺电公司、高博公司以制造、销售的方式侵犯其实用新型专利权。顺电公司、高博公司确认该被控侵权产品系其销售给欧陆公司,但是其并没有实施制造行为,其销售的被控侵权产品有合法来源。

—— 裁判摘要 ——

一审裁判摘要

顺电公司、高博公司未经欧陆公司允许,以制造、销售的方式实施了侵害涉案实用新型专利权的行为,依法应承担赔偿经济损失的责任。由于没有证据证明欧陆公司因侵权遭受的损失或者顺电公司、高博公司因侵权获得的利益数额,且欧陆公司在庭审时请求法院适用酌情判定原则,故原审法院将考虑欧陆公司在本案中请求赔偿损失数额为人民币30万元,涉案专利权的类别,顺电公司、高博公司侵权行为性质和情节,被控侵权产品本身的价值,以及欧陆公司为调查、制止侵权行为支付的合理费用等因素酌情确定赔偿数额为人民币10万元。

二审裁判摘要

根据《专利法》第42条的规定,实用新型专利权的期限为10年,自申请日起计算。《专利法实施细则》第5条规定,《专利法》中的各种期限的第一日不计算在期限内。期限以年或者月计算的,以其最后一月的相应日为期限届满日;该月无相应日的,以该月最后一日为期限届满日;期限届满日是法定休假日的,以休假日后的第一个工作日为期限届满日。本案中,涉案实用新型专利权的申请日是2006年11月7日,其期限已于2016年11月7日届满,因此原审判决第一项顺电公司、高博公司立即停止以制造、销售的方式侵害欧陆公司涉案专利权的行为不再适用。

▷ 拓展思考

我国《专利法》在1992年修改之前,发明专利权的保护期限规定为15年;实用新型和外观设计专利权的保护期限规定为5年,届满可以申请续展3年。经过《专利法》1992年的修改,才将发明专利权的期限延长为20年,实用新型专利权和外观设计专利权的期限则延长为10年。而在2020年我国《专利法》的第4次修订中，为了进一步提升我国的工业设计水平，立法者进一步延长了外观设计专利权的保护期限。另外，在第四次《专利法》的修订中，立法者增加了"期限补偿"制度。依据《专利法》（2020年）第42条第2款和第3款规定，国务院专利行政部门在以下两种情形下可以应专利权人的请求给予专利权期限补偿：一是自发明专利申请日起满4年，且自实质审查请求之日起满3年后授予发明专利权，在授权过程中出现不合理的延迟，但由申请人自身原因引起的除外；二是为补偿新药上市审评、审批占用的时间，对在中国获得上市许可的新药相关发明专利，但补偿期限不超过5年，新药批准上市后总有效专利权期限不应超过14年。不过对于期限补偿制度的实际效果，还有待于实践的进一步检验。

## 三、因欠缴年费而终止

◇ 核心知识点

按照《专利法》（2020年）第44条规定，专利权人没有按照规定缴纳年费可导致专利权在期限届满前终止。依据《专利法实施细则》（2010）第98条、第100条规定，授予专利权当年以后的年费应当在上一年度期满前缴纳。专利权人未缴纳或者未缴足的，国务院专利行政部门应当通知专利权人自应当缴纳年费期满之日起6个月内补缴，同时缴纳滞纳金；滞纳金的金额按照每超过规定的缴费时间1个月，加收当年全额年费的5%计算；期满未缴纳的，专利权自应当缴纳年费期满之日起终止。申请人或者专利权人缴纳本细则规定的各种费用有困难的，可以按照规定向国务院专利行政部门提出减缴或者缓缴的请求。减缴或者缓缴的办法由国务院财政部门会同国务院价格管理部门、国务院专利行政部门规定。

○ 典型案例

谢新林与叶根木等著作权侵权纠纷上诉案：浙江省海宁市人民法院（2013）嘉海知初字第10号民事判决书；浙江省嘉兴市中级人民法院（2013）浙嘉知终字第5号民事判决书。

—— 基本案情 ——

2001年9月12日案外人谢瑞林将食品包装袋（老谢榨菜）向国家知识产

权局申请外观设计专利,并取得外观设计专利,2006年2月15日该外观设计专利权因未缴年费而终止。同年8月30日,案外人谢瑞林与谢新林所经营的桐乡市屠甸晏城酱制品厂签订著作权转让合同,约定谢瑞林将老谢榨菜食品包装袋作品的著作财产权无偿转让给桐乡市屠甸晏城酱制品厂。2012年12月12日,谢新林从叶根木经营的临安市根木酱菜批发部购买一箱标有"海宁市明扬食品有限公司"生产的榨菜。该榨菜包装袋印有"老榭榨菜"文字拼音组合及相关图片。2013年3月12日,谢新林以叶根木、明扬公司对被控侵权的食品包装袋图案的使用行为侵犯了其著作权为由,向法院提起诉讼。

—— 裁判摘要 ——

一审裁判摘要

谢新林对涉案图案的著作权受到转让人权利状态的约束,而叶根木、明扬公司对涉案图案的使用行为,符合对已失效外观设计的利用。谢新林仅以著作权的保护方式要求叶根木、明扬公司对其在榨菜食品包装袋上使用涉案图案的这一行为承担侵权责任,依据上述分析,可知叶根木、明扬公司的使用方式并未落入谢新林就涉案图案著作权享有的保护范围内,因此谢新林要求叶根木、明扬公司承担侵权责任的请求无法律依据。

二审裁判摘要

本案中,涉案外观设计专利已于2006年2月15日因未缴纳年费而终止。因此社会公众有理由相信该专利已经进入公有领域,可以自由利用。因著作权自作品创作完成之日起即产生,故公众无法得知其对已经进入公有领域的专利的利用是否会受到著作权人的追究,这显然有损社会公众的信赖利益,亦与专利法之宗旨相悖。被控侵权的食品包装袋图案使用在榨菜食品的包装袋上,与涉案外观设计专利产品相同,经比对,两者在整体视觉效果上并无差异,谢新林亦认为两者相同。叶根木、明扬公司对被控侵权的食品包装袋图案的使用行为,属于对已经进入公有领域的涉案外观设计专利的实施。受让人谢新林在受让外观设计专利中的外观设计图片的著作权时,已经知道该外观设计专利权已经终止,理应知道其对受让权利的行使应当受到专利制度的限制。因此即便谢瑞林对该专利图片享有著作权,且该著作权尚在保护期内,谢新林亦不得以此为由阻碍他人对已经进入公有领域的自由技术的实施。

▷ 拓展思考

"鼓励发明创造,推动发明创造的应用"是我国《专利法》的立法宗旨之一。通过专利权的授予,专利权人享有独占实施其专利,并禁止他人未经许可实施其专利的权利,亦应当承担向公众公开其专利及缴纳年费的义务。在专利权因保护期届满或其他原因如专利权人怠于履行缴纳年费义务、自愿放弃其专利权而导致终止后,该专利便进入公有领域,成为社会公众均可以自由利用的公共财富。

# 第十四章

## 专利权的保护

### 第一节 专利权的保护范围

一、概述

作为激励和保护科技创新的法律权利,专利权的保护不仅仅关涉创新主体的总体收益,也会影响一个国家和民族的创新能力。"回顾近代以来世界发展历程,可以清楚看到,一个国家和民族的创新能力,从根本上影响甚至决定国家和民族前途命运。"[①]党的二十大报告之所以提出"增强自主创新能力"这一表述,其原因显然在于我国自主创新能力的水平在很大程度上会决定创新驱动发展战略的实施效果。为了充分发挥专利权制度激励和保护创新的社会功能,我国发布了一系列有关加强知识产权保护的政策文件,如《关于加强知识产权审判领域改革创新若干问题的意见》《关于强化知识产权保护的意见》《知识

---

① 习近平.深入理解新发展理念[J].求是,2019(10).

产权强国建设纲要（2021—2035）》等，也通过修法将相关政策措施反映在包括专利法在内的知识产权法律当中。通过强化专利权的保护，从而在我国形成有利于创新的制度环境和文化氛围，这显然有助于稳固创新在我国现代化建设全局中的核心地位。

## 二、发明与实用新型专利权利要求的解释

### （一）准确界定专利权的保护范围

◇ 核心知识点

专利制度是以发明人向社会公开其发明创造的技术方案，以换取法律对该技术方案在所属法域及一定期限内的独占性实施，从而保护并激励技术创新、促进整个社会技术进步的制度。专利通过专利文件向公众公开其所保护的技术方案，而在发明和实用新型的专利文件中，权利要求书作为专利权的权利依据，用于限定专利技术方案的具体保护范围，在所有专利文件中占据最为重要的法律地位。权利要求书是发明和实用新型专利的申请人以文字的方式向社会公众就其专利的权利保护范围进行的公示；同时在侵权诉讼过程中，权利要求文字所限定的技术方案又是专利权人证明其权利范围并据以起诉的权利依据。[1]《专利法》（2020年）第64条第1款规定了确定发明和实用新型专利权保护范围的基本方法。从该款规定的内容来看，一般认为我国是采纳了折中原则来解释权利要求的意义，[2]较好地平衡了专利权人与社会公众之间的利益冲突。依照《最高人民法院关于审理侵犯专利权纠纷案件应用法律若干问题的解释（二）》（法释〔2016〕1号）的相关规定，人民法院在确定专利权的保护范围时，独立权利要求的前序部分、特征部分，以及从属权利要求的引用部分、限定部分记载的技术特征均有限定作用。而且人民法院可以运用与涉案专利存在分案申请关

---

[1] 上海市高级人民法院（2017）沪民终23号民事判决书。

[2] 在专利权保护范围的确定方式上，学术界普遍认为世界上曾经有过两种具有代表性的学说：一种是以英美为代表的"周边限定论"，另一种是以德国为代表的"中心限定论"。另外就是在1977年生效的《欧洲专利公约》第69条第1款规定的"折中主义"。参见尹新天.中国专利法详解（缩编版）[M].北京：知识产权出版社，2012：431-432.

系的其他专利及其专利审查档案[①]、生效的专利授权确权裁判文书解释涉案专利的权利要求。

○ 典型案例

指导案例 55 号：申请再审人柏万清与被申请人成都难寻物品营销服务中心（以下简称"难寻中心"）、上海添香实业有限公司（以下简称"添香公司"）侵害实用新型专利权纠纷案。

—— 基本案情 ——

原告柏万清系是名称为"防电磁污染服"实用新型专利的专利权人。2010年5月28日，难寻中心销售了由添香公司生产的添香牌防辐射服上装，该产品售价490元。7月19日，柏万清以难寻中心销售、添香公司生产的添香牌防辐射服上装（以下简称被诉侵权产品）侵犯涉案专利权为由，向四川省成都市中级人民法院提起民事诉讼，请求判令难寻中心立即停止销售被控侵权产品；添香公司停止生产、销售被控侵权产品，并赔偿经济损失100万元。

—— 裁判摘要 ——

本案中，涉案专利权利要求1的技术特征C中的"导磁率高"的具体范围难以确定。首先，磁导率有绝对磁导率与相对磁导率之分，根据具体条件的不同还涉及起始磁导率 μi、最大磁导率 μm 等概念。不同概念的含义不同，计算方式也不尽相同。磁导率并非常数，磁场强度 H 发生变化时，即可观察到磁导率的变化。但是在涉案专利说明书中，既没有记载导磁率在涉案专利技术方案中是指相对磁导率还是绝对磁导率或者其他概念，又没有记载导磁率高的具体范围，也没有记载包括磁场强度 H 等在内的计算导磁率的客观条件。本领域技术人员根据涉案专利说明书，难以确定涉案专利中所称的导磁率高的具体含义；其次，从柏万清提交的相关证据来看，虽能证明有些现有技术中确实采用了高磁导率、高导磁率等表述，但根据技术领域，以及磁场强度的不同，所谓高导磁率的含义十分宽泛，从 80Gs/Oe 至 $83.5 \times 10^4$ Gs/Oe 均被柏万清

---

[①] 专利审查档案，包括专利审查、复审、无效程序中专利申请人或者专利权人提交的书面材料，国务院专利行政部门制作的审查意见通知书、会晤记录、口头审理记录、生效的专利复审请求审查决定书和专利权无效宣告请求审查决定书等。参见《最高人民法院关于审理侵犯专利权纠纷案件应用法律若干问题的解释（二）》（法释〔2016〕1号）第6条第2款。

称为高导磁率。柏万清提供的证据并不能证明在涉案专利所属技术领域中，本领域技术人员对于高导磁率的含义或者范围有着相对统一的认识；最后，柏万清主张根据具体使用环境的不同，本领域技术人员可以确定具体的安全下限，从而确定所需的导磁率。该主张实际上是将能够实现防辐射目的的所有情形均纳入涉案专利权的保护范围，保护范围过于宽泛，亦缺乏事实和法律依据。综上所述，根据涉案专利说明书，以及柏万清提供的有关证据，不能准确确定权利要求1的保护范围，无法将被诉侵权产品与之进行有实质意义的侵权对比。

▷ 拓展思考

我国《专利法》（2020年）第26条第4款规定："权利要求书应当以说明书为依据，清楚、简要地限定要求专利保护的范围。"第64条第1款规定："发明或者实用新型专利权的保护范围以其权利要求的内容为准，说明书及附图可以用于解释权利要求的内容。"可见，准确界定专利权的保护范围，是认定被诉侵权技术方案是否构成侵权的前提条件。如果权利要求书的撰写存在明显瑕疵，结合涉案专利说明书、附图、本领域的公知常识，以及相关现有技术等，仍然不能确定权利要求中技术术语的具体含义，无法准确确定专利权的保护范围的，则无法将被诉侵权技术方案与之进行有意义的侵权对比。因此对于保护范围明显不清楚的专利权，不能认定被诉侵权技术方案构成侵权。如在尚亨中诉昆明恒兴包装材料有限责任公司侵害发明专利权纠纷案件中，受理法院同样不能依据现有的专利文件确定涉案专利方法的保护范围。涉案专利权利要求与说明书之间存在显而易见的冲突和缺陷，权利要求未得到说明书的有效支持，权利要求存在不确定性。这种不确定性为尚亨中在诉讼中随意解释其专利方法制造了不合理空间，也为准确界定涉案专利方法保护范围，以及依照该保护范围比对专利方法与其他技术方法的异同制造了现实障碍。①

---

① 参见云南省高级人民法院（2014）云高民三终字第67号民事判决书。

## （二）权利要求的解释方法

1. 产品权利要求

◇ 核心知识点

根据描述的内容，权利要求可分为产品权利要求与方法权利要求。① 由于发明专利可分为产品发明专利与方法发明专利，且实用新型专利仅涉及产品的形状、构造或二者结合产品，故此处所述的产品权利要求既包含产品发明专利的权利要求，也包含实用新型专利的权利要求。当然，产品发明涵盖的范围明显超出实用新型的范围，产品发明专利权利要求的描述方式显然比实用新型专利权利要求更为多样化。依照《专利审查指南》的相关规则，产品权利要求适用于产品发明或者实用新型，通常应当用产品的结构特征来描述。

○ 典型案例

申请再审人株式会社岛野与被申请人日骋公司侵犯发明专利权纠纷案：浙江省宁波市中级人民法院（2004）甬民二初字第240号民事判决书；浙江省高级人民法院（2009）浙民再字第135号民事判决书；最高人民法院（2012）民提字第1号民事判决书。

—— 基本案情 ——

株式会社岛野于2004年8月27日起诉至中华人民共和国浙江省宁波市中级人民法院称，其是ZL94102612.4号发明专利的专利权人。自2003年起，在中国市场上发现日骋公司生产销售的RD—HG—30A、RD—HG—40A型自行车后拨链器侵犯了株式会社岛野的上述专利权，请求人民法院判令：①日骋公司立即停止制造和销售侵权产品；②日骋公司立即销毁所有剩余侵权产品、侵权产品宣传资料，以及制造侵权产品的专用模具，并删除互联网上有关侵权产品的广告；③赔偿株式会社岛野经济损失30万元。

—— 裁判摘要 ——

一审、二审裁判摘要

被诉侵权产品因尚未被安装在自行车上，对其安装后是否会具备"所述自

---

① 所谓产品权利要求，指专利申请的主题或者保护的对象是产品的权利要求；而方法权利要求则指专利申请的主题或者保护的对象是方法的权利要求。参见杨志敏. 专利权保护范围研究——专利权行使与对抗的理论与实践 [M]. 成都：四川大学出版社，2013：39.

行车车架具有形成在自行车车架的后叉端（51）的换挡器安装延伸部（14）上的连接结构（14a）"这一必要技术特征及安装方式是否如本案专利权利要求所述并不清楚，因此该被诉侵权产品是否构成侵权的比对条件尚不具备。本案专利包括结构特征和安装特征两部分，但被诉侵权产品仅具备本案专利的结构特征，日骋公司没有进行安装行为，该被诉侵权产品也可以按本案专利限定外的其他方式进行安装，故日骋公司的行为不构成专利侵权。

再审裁判摘要

凡是写入权利要求的技术特征，均应理解为专利技术方案不可缺少的必要技术特征，对专利保护范围具有限定作用，在确定专利保护范围时必须加以考虑。已经写入权利要求的使用环境特征属于权利要求的必要技术特征，对于权利要求的保护范围具有限定作用。本案专利的保护主题是"自行车后换挡器支架"，但是权利要求1在描述该后换挡器支架的结构特征的同时，也限定了该后换挡器支架所用以连接的后换挡器，以及自行车车架的具体结构。这些关于后换挡器支架所连接的后换挡器及自行车车架的特征实际上限定了后换挡器支架所使用的背景和条件，属于使用环境特征，对于权利要求1所保护的后换挡器支架具有限定作用。株式会社岛野关于本案专利权利要求中出现的使用环境特征不构成本案专利的必要技术特征，不影响权利要求的保护范围的申请再审理由不能成立，不予支持。

▷ 拓展思考

关于产品权利要求解释的其他问题，最高院在其审理的其他案件中也做出了进一步的阐释。如在"申请再审人徐永伟与被申请人宁波市华拓太阳能科技有限公司侵犯发明专利权纠纷案"的再审判决中，最高院认为，权利要求的作用在于界定专利权的权利边界，说明书及附图主要用于清楚、完整地描述专利技术方案，使本领域技术人员能够理解和实施该专利。而教导本领域技术人员实施专利的最好方式之一是提供实施例，但实施例只是发明的例示，因为专利法不要求、也不可能要求说明书列举实施发明的所有具体方式。因此运用说明书及附图解释权利要求时，不应当以说明书及附图的例示性描述限制专利权的保护范围。否则，就会不合理地限制专利权的保护范围，有违鼓励发明创造的立法本意。[①] 而在"上海摩的露可锁具制造厂与上海固坚锁业有限公司侵害实

---

① 最高人民法院（2011）民提字第64号民事判决书。

用新型专利权纠纷案"中,最高人民法院还认为,为了满足描述新的专利技术方案的客观需要,应当允许专利申请人在撰写专利申请文件时使用自行创设的技术术语。在确定自行创设的技术术语的含义时,应当综合考虑权利要求书、说明书、附图中记载的与该技术术语相关的技术内容。权利要求书、说明书中对该技术术语进行了清楚、明确的定义或者解释的,一般可依据该定义或者解释来确定其含义。权利要求书、说明书中未能对该技术术语进行清楚、明确的定义或者解释的,则应当结合说明书、附图中记载的与该技术术语有关的背景技术、技术问题、发明目的、技术方案、技术效果等内容,查明该技术术语相关的工作方式、功能、效果,以确定其在涉案专利整体技术方案中的含义。①

2. 方法权利要求

◇ 核心知识点

方法权利要求,即关于制造方法、使用方法、通信方法、处理方法,以及将产品用于特定用途的方法等发明专利的权利要求。依照《专利审查指南》的相关规则,方法权利要求适用于方法发明,通常应当用工艺过程、操作条件、步骤或者流程等技术特征来描述。关于方法权利要求的解释问题,依照《最高人民法院关于审理侵犯专利权纠纷案件应用法律若干问题的解释(二)》(法释〔2016〕1号)第11条规定,方法权利要求未明确记载技术步骤的先后顺序,但本领域普通技术人员阅读权利要求书、说明书及附图后直接、明确地认为该技术步骤应当按照特定顺序实施的,人民法院应当认定该步骤顺序对于专利权的保护范围具有限定作用。

○ 典型案例

OBE—工厂·翁玛赫特与鲍姆盖特纳有限公司、浙江康华眼镜有限公司侵犯发明专利权纠纷案:北京市第一中级人民法院(2002)一中民初字第5048号民事判决书;北京市高级人民法院(2006)高民终字第1367号民事判决书;最高人民法院(2008)民申字第980号民事裁定书。

—— 基本案情 ——

OBE—工厂·翁玛赫特与鲍姆盖特纳有限公司(以下简称"OBE公司")

---

① 最高人民法院(2013)民提字第113号民事判决书。

是名称为"弹簧铰链的制造方法"的发明专利的专利权人,其起诉至北京市第一中级人民法院称,浙江康华眼镜有限公司(以下简称"康华公司")未经其许可,擅自为生产经营目的实施了侵犯涉案专利权的行为,请求法院判令康华公司停止侵权、赔偿其经济损失。

—— 裁判摘要 ——

一审裁判摘要

将涉案专利权利要求1与康华公司的加工方法对比可以看出,康华公司加工铰接件的方法与权利要求1的保护范围无明显差异,涉案专利的权利要求1为四个步骤,康华公司的加工步骤亦为四个,在将铰接件从金属带材上冲下后,模锻、打孔的顺序虽然可调,但顺序的调整并未产生新的效果。综上所述,康华公司加工生产铰接件的方法与涉案专利权利要求1所保护的方法等同,落入了涉案专利权利要求1的保护范围,康华公司应承担停止侵权、赔偿损失等民事责任。

二审裁判摘要

根据涉案专利说明书的记载,涉案专利技术方案是在各步骤先后顺延的情况下实现的,这既是涉案专利的发明目的,又是涉案专利方法的特征和效果的体现。步骤变化无法实现涉案专利方法的技术效果和技术目的。被控侵权方法包括以下步骤:①金属带材;②冲下铰接件;③砸圆;④打孔。该加工方法是首先将铰接件与金属带料分离,采取传统机械加工工艺中的冲裁、锻压和冲孔设备逐一完成,其中砸圆和打孔的顺序可调。由此可见,这与专利方案所采取的各步骤先后顺延的方法不同,被控侵权方法与专利方法既不相同也不等同,没有落入涉案专利权的保护范围。

再审裁判摘要

本案中,从涉案专利说明书记载的内容看,虽然冲压步骤与冲孔步骤的顺序是可以调换的,但是根据权利人在实质审查程序中提交的意见陈述书,以及在侵权诉讼中提交的有关书面意见陈述可知,在实际加工过程中,一旦确定了二者的顺序,二者的顺序就只能依次进行。综上所述,权利要求1中的四个步骤应当按照供料步骤、切割步骤、冲压步骤或冲孔步骤的顺序依次实施,各个步骤之间具有特定的实施顺序。因此在决定涉案专利的保护范围时,需要将其实施步骤考虑在内。

▷ **拓展思考**

方法专利通常是通过方法步骤的组合,以及一定的步骤顺序实现方法发明所要达到的目的。因此大多数情况下，方法专利权利要求中的各个步骤或者某些步骤，必须按照特定的顺序方能实施。如果以其他的顺序实施各步骤，或者在技术上不具有可行性，或者无法解决方法专利所要解决的技术问题，实现所要达到的技术效果，对于存在特定的步骤顺序的方法发明，步骤本身，以及步骤之间的顺序均属于方法专利的必要技术特征，应对专利权的保护范围起到限定作用。值得注意的是，需要考虑顺序的步骤应该属于具有逻辑关系、有着特定顺序的步骤，而不是可以随意调换顺序的步骤。不进行特定顺序的判断，将会不合适地缩小专利的保护范围。如在"陈顺弟与浙江乐雪儿家居用品有限公司、何建华及第三人温士丹侵害发明专利权纠纷案"中，最高人民法院在其再审判决中认为，方法发明专利的权利要求是包括有时间过程的活动，如制造方法、使用方法、通信方法、处理方法等权利要求。涉及产品制造方法的发明专利通常是通过方法步骤的组合，以及一定的步骤顺序来实现的。方法专利的步骤顺序是否对专利权的保护范围起到限定作用，从而导致在步骤互换中限制等同原则的适用，关键要看这些步骤是否必须以特定的顺序实施，以及这种互换是否会带来技术功能或者技术效果上的实质性差异。[1]

### 三、外观设计专利权保护范围的确定

◇ 核心知识点

依据《专利法》（2020 年）第 64 条第 2 款规定，外观设计专利权的保护范围以表示在图片或者照片中的该产品的外观设计为准，简要说明可以用于解释图片或者照片所表示的该产品的外观设计。从某个角度来说，通过图片或照片确定外观设计专利权保护范围要比依据权利要求确定发明专利权与实用新型专利权的保护范围难度更大一些。

○ 典型案例

马培德公司与阳江市邦立贸易有限公司（以下简称"邦立公司"）、阳江市伊利达刀剪有限公司（以下简称"伊利达公司"）侵害外观设计专利权纠纷案：广东省广州市中级人民法院（2010）穗中法民三初字第 165 号民事判决书；广东省高级人民法院（2011）粤高法民三终字第 164 号民事判决书；最高人民

---

[1] 最高人民法院（2013）民提字第 225 号民事判决书。

法院（2013）民申字第 29 号民事裁定书。

—— 基本案情 ——

马培德公司于 2004 年 2 月 6 日，向国家知识产权局申请了一款名称为"剪刀"的外观设计专利，并于 2004 年 9 月 1 日获得授权。2010 年 3 月，马培德公司发现邦立公司、伊利达公司共同生产、销售了与其专利产品极为相似的产品，随后向法院起诉，要求上述两家公司承担相应民事责任。

—— 裁判摘要 ——

一审、二审裁判摘要

在本案中，以一般消费者的知识水平及认知能力来判断，被诉侵权产品的不同设计特征已经达到使被诉侵权设计与授权外观设计在整体视觉效果上产生实质性差异的程度，故两者既不相同也不近似。本案被诉侵权产品是带有彩色图案的剪刀。这是一个不可分割的整体。彩色图案是附着在剪刀本体之上的，不能脱离后者单独存在。因此剪刀本体与彩色图案之间的关系并非零部件与零部件之间的关系。有鉴于此，邦立公司、伊利达公司的行为并不属于将侵犯外观设计专利权的产品作为零部件，制造另一产品并销售的行为。

再审裁判摘要

首先，正确界定外观设计专利权的保护范围，是进行外观设计专利侵权判断的基础。形状、图案、色彩是构成产品外观设计的三项基本设计要素，因此在确定外观设计专利权的保护范围，以及侵权判断时，应当以图片或者照片中的形状、图案、色彩设计要素为基本依据；其次，色彩要素不能脱离形状、图案单独存在，必须依附于产品形状、图案存在，色彩变化本身也可形成图案。简要说明中未明确请求保护色彩的，不应以图片、照片中的色彩限定外观设计专利权的保护范围。但产品上明暗、深浅变化形成图案的，应当视为图案设计要素，不应将其归入色彩设计要素；最后，在与外观设计专利产品相同或者相近种类产品上，采用与外观设计专利相同或者近似的外观设计的，人民法院应当认定被诉侵权产品落入《专利法》第 59 条第 2 款规定的外观设计专利权的保护范围。被诉侵权产品在采用与外观设计专利相同或者相近似的外观设计之余，还附加有其他图案、色彩设计要素的，如果这些附加的设计要素属于额外增加的设计要素，则对侵权判断一般不具有实质性影响。否则，他人即可通过在外观设计专利上简单增加图案、色彩等方式，轻易规避专利侵权。这无疑有悖于专利法鼓励发明创造，促进科技进步和创新的立法本意。

▷ **拓展思考**

在指导案例 85 号（高仪股份公司诉浙江健龙卫浴有限公司侵害外观设计专利权纠纷案）中，最高院认为，外观设计专利制度的立法目的在于保护具有美感的创新性工业设计方案，一项外观设计应当具有区别于现有设计的可识别性创新设计才能获得专利授权，该创新设计即授权外观设计的设计特征。对于已有产品，获得专利权的外观设计一般会具有现有设计的部分内容，同时具有与现有设计不相同也不近似的设计内容，正是这部分设计内容使得该授权外观设计具有创新性。对于该部分设计内容的描述即构成授权外观设计的设计特征，其体现了授权外观设计不同于现有设计的创新内容，也体现了设计人对现有设计的创造性贡献。由于设计特征的存在，一般消费者容易将授权外观设计区别于现有设计，因此其对外观设计产品的整体视觉效果具有显著影响。对于设计特征的认定，一般来说，专利权人可能将设计特征记载在简要说明中，也可能会在专利授权确权或者侵权程序中对设计特征作出相应陈述。根据"谁主张谁举证"的证据规则，专利权人应当对其所主张的设计特征进行举证。[①]

## 第二节 专利侵权的判定

### 一、概述

在有关专利侵权的纠纷案例中，法官首先需要依据相关规则及具体方法确定专利权的保护范围，然后再判断被控侵权事物（产品、方法或设计）是否落入专利权的保护范围之中。对于发明专利及实用新型专利而言，如果能够确定被控侵权事物（产品或方法）包含了专利权利要求中的所有必要技术特征，就可以得出被控侵权事物落入发明专利或实用新型专利的保护范围，如果不存在排除侵权的法定事由，则可以判定被告实施了侵犯发明专利权或实用新型专利权的行为。对于外观设计专利权，则需要判断被诉侵权设计与外观设计是否相同或者近似，法院应当根据授权外观设计、被诉侵权设计的设计特征，以外观设计的整体视觉效果进行综合判断。

---

① 最高人民法院（2015）民提字第 23 号民事判决书。

## 二、发明、实用新型专利侵权的判定

### （一）全面覆盖原则

◇ 核心知识点

依照《最高人民法院关于审理侵犯专利权纠纷案件应用法律若干问题的解释》（法释〔2009〕21号）第7条规定，人民法院判定被诉侵权技术方案是否落入专利权的保护范围，应当审查权利人主张的权利要求所记载的全部技术特征。被诉侵权技术方案包含与权利要求记载的全部技术特征相同或者等同的技术特征的，人民法院应当认定其落入专利权的保护范围；被诉侵权技术方案的技术特征与权利要求记载的全部技术特征相比，缺少权利要求记载的一个以上的技术特征，或者有一个以上技术特征不相同也不等同的，人民法院应当认定其没有落入专利权的保护范围。该种判定专利侵权的方法即为全面覆盖原则。[①]在相同侵权的情形下，被控侵权技术方案包含了与涉案专利权利要求中每一个必要技术特征相同的技术特征；而在等同侵权的情形下，同样要符合全面覆盖原则的要求，只不过被控侵权技术方案中存在一个或几个技术特征，其并不与涉案专利权利要求中相应技术特征构成相同的关系，而是等同的关系。

○ 典型案例

西安奥克自动化仪表有限公司（以下简称"奥克公司"）与被告上海辉博自动化仪表有限公司请求确认不侵犯专利权纠纷案：上海市第一中级人民法院（2007）沪一中民五（知）初字第192号民事判决书；上海市高级人民法院（2008）沪高民三（知）终字第58号民事判决书。

—— 基本案情 ——

奥克公司诉称，名称为"利用γ射线测量物位的方法"的发明专利的原专利权人为郭云昌，经专利权转移后，转移给辉博公司。因原、被告属同一行业，

---

[①] 全面覆盖原则并不意味着被控侵权技术方案包含的技术特征完全与涉案专利权利要求中的必要技术特征的数量相等。当被控侵权技术方案中的技术特征涵盖涉案专利权利要求中的所有必要技术特征，同时还具有涉案专利权利要求所不具备的技术特征时，同样满足全面覆盖原则的要求。参见尹新天. 中国专利法详解（缩编版）[M]. 北京：知识产权出版社，2012：463.

业务范围相近，奥克公司生产的核料位计产品与辉博公司在市场上产生了竞争。辉博公司在用户中宣称奥克公司的产品侵犯了其专利权，如用户使用奥克公司的产品，辉博公司会对用户起诉，很多用户因此不敢使用奥克公司的产品。奥克公司认为，辉博公司的专利是一个方法专利，奥克公司的产品与辉博公司的专利不属于同一个类型，不存在侵权，而辉博公司的行为使奥克公司产品的销量受到严重影响。因此奥克公司请求法院确认其不侵犯辉博公司的专利权。

—— 裁判摘要 ——

一审裁判摘要

利用 γ 射线测量物位的原理属于公知技术范畴，人人皆可自由使用，而奥克公司核料位计产品实现对物料的非接触式测量的技术方案与辉博公司的方法专利不同，故奥克公司生产、销售的 MRD—AZY 无放射源核料位计所使用的测量物位的方法并未落入辉博公司发明专利权的保护范围，依法不构成对辉博公司上述专利权的侵犯。

二审裁判摘要

判断奥克公司产品的使用方法是否侵犯辉博公司的专利权，应当将奥克公司产品使用方法的技术特征与辉博公司专利权利要求的技术特征进行比较，如果奥克公司产品使用方法包含与辉博公司专利权利要求的全部技术特征相同的技术特征，或者奥克公司产品使用方法的某个或某些技术特征虽与辉博公司专利权利要求的对应技术特征不同但构成等同，则奥克公司产品使用方法落入辉博公司专利权的保护范围，构成对辉博公司专利权的侵犯。否则，奥克公司产品使用方法不构成对辉博公司专利权的侵犯。

▷ 拓展思考

在适用全面覆盖原则进行专利侵权判定时，应当以专利权利要求记载的技术方案的全部技术特征，包括前序部分和特征部分写明的技术特征，与被控侵权产品的技术特征进行对比。当然，即使被控侵权技术方案覆盖了专利权利要求中的所有必要技术特征，如果存在其他的事由，如涉案专利权被宣告无效、被告使用的是现有技术等，则被告的行为仍然不构成侵权行为。如在"南京特能电子有限公司与台州市路桥天能电子电器厂等侵害实用新型专利权纠纷上诉案"中，一审法院认为，根据涉案专利权利要求1中的表述，"蓄电池"相对于其他部件而言具有相对独立的构造，属于涉案专利权利要求1前序部分写明的必要技术特征。被控侵权产品缺少涉案专利权利要求记载的"蓄电池"这一技术特征，其未落入涉案专利权的保护范围。二审法院则认为，特能公司不能在申请专利时强调"蓄电池"的存在，而在主张侵权对比时淡化"蓄电池"的概念，随意将专利权利要求中的特征予以忽略，由此扩大专利权的保护范围。[①]

### （二）等同侵权

1. 等同特征

◇ 核心知识点

我国《专利法》并无关于等同侵权的法律规定，在最高人民法院发布的《关于审理专利纠纷案件适用法律问题的若干规定》（法释〔2015〕4号）中，第13条在有关权利要求的解释规则中引入了等同特征的概念。依据该条规定，《专利法》第59条第1款所称的"发明或者实用新型专利权的保护范围以其权利要求的内容为准，说明书及附图可以用于解释权利要求的内容"，是指专利权的保护范围应当以权利要求记载的全部技术特征所确定的范围为准，也包括与该技术特征相等同的特征所确定的范围。所谓等同特征，是指与所记载的技术特征以基本相同的手段，实现基本相同的功能，达到基本相同的效果，并且本领域普通技术人员在被诉侵权行为发生时无需经过创造性劳动就能够联想到的特征。尽管该条规定形式上指涉权利要求的解释方法，但最高人民法院却通过"等同特征"这个概念实际引入了等同侵权的判定规则。[②]

○ 典型案例

指导案例84号：礼来公司诉常州华生制药有限公司（以下简称"华生公司"）侵害发明专利权纠纷案。

—— 基本案情 ——

2013年7月25日，礼来公司向江苏省高级人民法院（以下简称"江苏高院"）诉称，礼来公司拥有涉案91103346.7号方法发明专利权，涉案专利方法制备的

---

① 江苏省高级人民法院（2016）苏民终308号民事判决书。

② 如果在专利侵权纠纷案件中严格按照权利要求的内容确定专利权的保护范围，过分拘泥于权利要求的文字含义，反而不利于对专利权人提供有效和充分的法律保护。参见尹新天.中国专利法详解（缩编版）[M].北京：知识产权出版社，2012：464.应该说，等同侵权主要是基于司法实践中有效保护专利权的目的而逐渐发展起来的。

药物奥氮平为新产品。华生公司使用落入涉案专利权保护范围的制备方法生产药物奥氮平并面向市场销售，侵害了礼来公司的涉案方法发明专利权。为此礼来公司提起本案诉讼，请求法院判令华生公司承担相应法律责任。

—— 裁判摘要 ——

本案中，就华生公司奥氮平制备工艺的反应路线和涉案方法专利的区别而言，首先，苄基保护的三环还原物中间体与未加苄基保护的三环还原物中间体为不同的化合物，两者在化学反应特性上存在差异。相应地，涉案专利的方法中不存在取代反应前后的加苄基和脱苄基反应步骤。因此两个技术方案在反应中间物和反应步骤上的差异较大；其次，由于增加了加苄基和脱苄基步骤，华生公司的奥氮平制备工艺在终产物收率方面会有所减损，而涉案专利由于不存在加苄基保护步骤和脱苄基步骤，收率不会因此而下降。故两个技术方案的技术效果如收率高低等方面存在较大差异；最后，尽管对所述三环还原物中的胺基进行苄基保护以减少副反应是化学合成领域的公知常识，但是这种改变是实质性的，加苄基保护的三环还原物中间体的反应特性发生了改变，增加反应步骤也使收率下降。而且加苄基保护为公知常识仅说明华生公司的奥氮平制备工艺相对于涉案专利方法改进有限，但并不意味着两者所采用的技术手段是基本相同的。综上，华生公司的奥氮平制备工艺在三环还原物中间体是否为苄基化中间体，以及由此增加的苄基化反应步骤和脱苄基步骤方面，与涉案专利方法是不同的，相应的技术特征也不属于基本相同的技术手段，达到的技术效果存在较大差异，未构成等同特征。因此华生公司奥氮平制备工艺未落入涉案专利权保护范围。

▷ 拓展思考

在确定专利权的保护范围时，既不能将专利权保护范围仅限于权利要求书严格的字面含义上，也不能将权利要求书作为一种可以随意发挥的技术指导。确定专利权的保护范围，应当以权利要求书的实质内容为基准，在权利要求书不清楚时，可以借助说明书和附图予以澄清，对专利权的保护可以延伸到本领域普通技术人员在阅读了专利说明书和附图后，无需经过创造性劳动即能联想到的等同特征的范围。既要明确受保护的专利技术方案，又要明确社会公众可以自由利用技术进行发明创造的空间，把对专利权人提供合理的保护和对社会公众提供足够的法律确定性结合起来。根据这一原则，发明或者实用新型专利权的保护范围不仅包括权利要求书中明确记载的必要技术特征所确定的范围，而且也包括与该必要技术特征相等同的特征所确定的范围。从等同特征的定义可知，对于等同特征的判断主要集中在方式和效果，即如果使用者没有采用他人的专利技术，即使达到相同的效果，也不会被认定为侵权。而如果使用者采用了他人的专利技术，而没有达到相同的效果，仍然不会被认定为侵权。因此在判断被诉侵权产品的技术特征与专利技术特征是否等同时，不仅要考虑被诉侵权产品的技术特征是否属于本领域的普通技术人员无须经过创造性劳动就能够联想到的技术特征，还要考虑被诉侵权产品的技术特征与专利技术特征相比，是否属于基本相同的技术手段，实现基本相同的功能，达到基本相同的效果，只有以上两个方面的条件同时具备，才能够认定二者属于等同的技术特征。

2. 禁反悔原则

◇ 核心知识点

禁反悔原则属于英美法中的衡平法原则。在专利制度中，当专利权人为了避免因在先技术而被拒绝授权从而对权利要求作出修改，或者是为了取得专利授权而进行的限制性陈述，专利权人在主张权利时，不得通过等同特征的方式将原已放弃的内容再置入专利权的保护范围。[①] 在最高人民法院发布的《关于审理侵犯专利权纠纷案件应用法律若干问题的解释》（法释〔2009〕21号）中，第6条规定引入了禁反悔原则，即专利申请人、专利权人在专利授权或者无效宣告程序中，通过对权利要求、说明书的修改或者意见陈述而放弃的技术方案，权利人在侵犯专利权纠纷案件中又将其纳入专利权保护范围的，人民法院不予支持。

○ 典型案例

沈其衡与上海盛懋交通设施工程有限公司（以下简称"盛懋公司"）申请侵犯实用新型专利纠纷再审案：上海市第一中级人民法院（2006）沪一中民五（知）初字第281号民事判决书；上海市高级人民法院（2007）沪高民三（知）终字第51号民事判决书；最高人民法院（2009）民申字第239号民事裁定书。

—— 基本案情 ——

2000年12月18日，沈其衡向国家知识产权局申请了名称为"汽车地桩锁"的实用新型专利（简称涉案专利），2001年11月21日被授予专利权，专利权人为沈其衡。2006年9月26日，沈其衡向法院起诉称，盛懋公司生产、销售

---

[①] 闫文军. 专利权的保护范围——权利要求解释和等同原则适用 [M]. 北京：法律出版社，2007：135.

的汽车车位锁的结构特征覆盖了涉案专利的必要技术特征，落入涉案专利权的保护范围，盛懋公司的行为已构成侵权。请求判令盛懋公司停止侵权，赔偿经济损失20万元。

—— 裁判摘要 ——

一审、二审裁判摘要

专利权人在专利权授权审查程序、专利权无效宣告审查程序和随后的司法审查程序中对有关技术特征进行的说明，以及专利复审委员会和相应司法审查中法院的认定，也是解释专利权利要求的重要依据。法院在认定等同侵权时，应该依职权根据案件事实审查是否适用禁反悔原则，将等同侵权限定在恰当的范围内。根据禁反悔原则，沈其衡亦不能以等同为由主张专利侵权成立。由于上述技术特征既不相同，也不能主张等同，故被控侵权产品的技术特征未覆盖权利要求1记载的全部技术特征，未落入涉案专利权的保护范围。

再审裁判摘要

禁反悔原则是对认定等同侵权的限制。现行法律，以及司法解释对人民法院是否可以主动适用等同原则未作规定，为了维持专利权人与被控侵权人，以及社会公众之间的利益平衡，亦不应对人民法院主动适用禁反悔原则予以限制。因此在认定是否构成等同侵权时，即使被控侵权人没有主张适用禁反悔原则，人民法院也可以根据业已查明的事实，通过适用禁反悔原则对等同范围予以必要的限制，以合理地确定专利权的保护范围。因此二审法院对禁反悔原则的适用并无不当。

▷ 拓展思考

在判断是否构成侵犯专利权时，专利权人对专利权利要求的解释应当前后一致。不应允许专利权人为了获得专利权，在专利申请过程中对专利权利要求的保护范围进行狭义或较窄的解释，而在侵权诉讼中为了证明他人侵权，又对专利权利要求的保护范围进行广义或者较宽的解释。禁反悔原则是指在专利审批或无效程序中，专利权人为确定其专利具备专利性，通过书面声明或者修改专利文件的方式，对专利权利要求的保护范围作了限制或部分放弃，并因此获得了专利权。在侵犯专利权诉讼中，法院适用等同原则确定专利权的保护范围时，应当禁止专利权人将已被限制、排除或者已经放弃的内容重新纳入专利权保护范围。在"北京实益拓展科技有限责任公司与陕西三安科技发展有限责任公司确认不侵犯专利权纠纷案"中，二审法院认为，适用禁反悔原则应符合的条件是：专利权人对有关技术特征所做的限制承诺或放弃必须是明示的，且已被记录在专利文档中；限制承诺或者放弃保护的技术内容，必须对专利权的授予产生了实质性作用；适用该原则以当事人提出请求为前提。①关于最后一项条件，从最高院在上述案例的民事裁定中表达的意见来看，人民法院可以主动适用禁反悔原则。

3. 捐献原则

◇ 核心知识点

发明和实用新型专利的申请人或其专利代理人在撰写权利要求时，应当审慎斟酌写入权利要求中的文字，以便正确界定专利技术方案的保护范围，而在获得专利授权后亦应依据其被授权之权利要求主张其权利。若因权利要求撰写不当，导致本应写入权利要求的技术特征未体现在权利要求中，由此而产生的不利后果应由专利权人自己承担。专利侵权诉讼中的捐献原则即与此种情形相关。在最高人民法院发布的《关于审理侵犯专利权纠纷案件应用法律若干问题的解释》（法释[2009]21号）中，第5条规定了有关捐献原则的内容，即对于仅在说明书或者附图中描述而在权利要求中未记载的技术方案，权利人在侵犯专利权纠纷案件中将其纳入专利权保护范围的，人民法院不予支持。

○ 典型案例

陈顺弟与浙江乐雪儿家居用品有限公司（以下简称"乐雪儿公司"）、何建华及第三人温士丹侵害发明专利权纠纷案：辽宁省沈阳市中级人民法院（2010）沈中民四初字第389号民事判决书；辽宁省高级人民法院（2011）辽民三终字第27号民事判决书；最高人民法院（2013）民提字第225号民事判决书。

—— 基本案情 ——

2010年9月17日，陈顺弟以乐雪儿公司生产、销售，何建华销售和许诺销售的布塑热水袋侵犯了其"布塑热水袋的加工方法"发明专利权为由，向辽宁省沈阳市中级人民法院提起诉讼，请求判令：①何建华立即停止销售侵权产品，乐雪儿公司立即停止制造、销售侵权产品，并销毁侵权产品及模具；②何建华赔偿陈顺弟经济损失50万元，乐雪儿公司赔偿陈顺弟经济损失100万元（含

---

① 陕西省高级人民法院（2009）陕民三终字12号民事判决书。

陈顺弟为制止侵权行为而支出的合理费用）；③由乐雪儿公司和何建华承担本案诉讼费用。

—— 裁判摘要 ——

一审、二审裁判摘要

被诉侵权方法所具备的技术特征完全覆盖了涉案专利权利要求的全部必要技术特征。乐雪儿公司明知陈顺弟拥有涉案专利权，仍使用涉案专利方法进行生产，并销售依照涉案专利方法直接获得的产品，侵犯了涉案专利权，应承担停止侵权、赔偿损失的法律责任。

再审裁判摘要

涉案专利说明书在第3页中明确记载了第10、11步的步骤可以调换，而这一调换后的步骤并未体现在权利要求中，因此调换后的步骤不能纳入涉案专利权的保护范围，乐雪儿公司关于第10、11步的步骤调换方案应适用捐献原则的主张依法有据，本院予以支持。

▷ 拓展思考

在最高院发布的再审判决书中，对捐献原则的法理基础作了比较详细的阐释。一般来说，准确确定专利权的保护范围不仅是为专利权人提供有效法律保护的需要，也是尊重权利要求的公示和划界作用，维护社会公众信赖利益的需要。在权利要求解释中确立捐献原则，就是对专利的保护功能和公示功能进行利益衡量的产物。该规则的含义是，对于在专利说明书中记载而未反映在权利要求中的技术方案，不能包括在权利要求的保护范围之内。对于在说明书中披露而未写入权利要求的技术方案，如果不适用捐献原则，虽然对专利权人的保护是较为充分的，但这一方面会给专利申请人规避对较宽范围的权利要求的审查提供便利，另一方面会降低权利要求的划界作用，使专利权保护范围的确定成为一件过于灵活和不确定的事情，增加了公众预测专利权保护范围的难度，不利于专利公示作用的发挥，以及公众利益的维护。[1] 依照《最高人民法院关于审理侵犯专利权纠纷案件应用法律若干问题的解释》（法释[2009]21号）第5条规定，如果本领域技术人员通过阅读说明书可以理解披露但未要求保护的技术方案是被专利权人作为权利要求中技术特征的另一种选择而被特定化，则这种技术方案就视为捐献给社会。

---

[1] 参见最高人民法院（2013）民提字第225号民事判决书。

## 三、外观设计专利侵权的判定

由于外观设计并非如发明、实用新型这样的技术方案,而是富有美感的产品设计。故在判定外观设计专利侵权行为时,并不能遵照前述的全面覆盖原则。依照《最高人民法院关于审理侵犯专利权纠纷案件应用法律若干问题的解释》(法释〔2009〕21号)第8条规定,在与外观设计专利产品相同或者相近种类产品上,采用与授权外观设计相同或者近似的外观设计的,人民法院应当认定被诉侵权设计落入外观设计专利权的保护范围。可见,在判定外观设计专利侵权行为时,需要从两个要件来加以判断:第一,被控侵权产品与外观设计专利产品属于相同或者相近种类的产品;第二,被控侵权设计与授权外观设计属于相同或者近似的产品设计。当满足上述两个要件时,就可认定被控侵权设计落入外观设计专利权的保护范围。

### (一)产品种类相同或相近的判断

◇ 核心知识点

在判定外观设计专利侵权行为的两个要件中,第一个要件需要确定被控侵权产品与外观设计专利产品是否属于相同或者相近种类的产品。与第二个要件即"被控侵权设计与授权外观设计属于相同或者近似的产品设计"相比,法院在判定第一个要件时相对会更容易一些,在司法实践中法院会首先判定该要件是否成立。依照《最高人民法院关于审理侵犯专利权纠纷案件应用法律若干问题的解释》(法释〔2009〕21号)第9条规定,人民法院应当根据外观设计产品的用途,认定产品种类是否相同或者相近。可以看出,产品用途是判定第一个要件的主要标准,但法院在进行判断时要参考多方面的因素,如简要说明、国际外观设计分类表、产品的功能,以及产品销售、实际使用的情况等。

○ 典型案例

申请再审人法国弓箭玻璃器皿国际实业公司(以下简称"弓箭公司")与被申请人义乌市兰之韵玻璃工艺品厂(以下简称"兰之韵厂")侵犯外观设计专利权纠纷案:浙江省宁波市中级人民法院(2009)浙甬知初字第78号民事判决书;浙江省高级人民法院(2010)浙知终字第153号民事判决书;最高人民法院(2012)民申字第41号民事裁定书。

—— 基本案情 ——

2003年11月10日，弓箭国际向中华人民共和国国家知识产权局申请了一种名称为"餐具用贴纸（柠檬）"的外观设计专利，于2004年5月11日获得授权并公告。2006年12月27日，上述专利权人变更为弓箭国际。2009年3月18日，深圳市鑫辉达贸易有限公司（以下简称"鑫辉达公司"）向中华人民共和国宁波海关申报出口一批厨房用玻璃水杯，因涉嫌侵犯弓箭国际多个外观设计专利权，宁波海关于同年3月24日扣留了该批玻璃杯。另有15箱630个青苹果图案也涉嫌侵犯弓箭国际另一名称为"餐具用贴纸（十四）"的外观设计专利权。经查明，鑫辉达公司被宁波海关所扣留的该批玻璃杯系兰之韵厂所生产并销售给鑫辉达公司。弓箭国际以兰之韵厂和鑫辉达公司的行为侵犯其涉案专利权为由向法院提起诉讼。

—— 裁判摘要 ——

一审裁判摘要

被控侵权产品的外观设计与弓箭国际专利相近似，故被控侵权产品落入弓箭国际专利权保护范围。兰之韵厂未经专利权人同意，生产、销售与专利设计相近似的产品，侵犯了弓箭国际的外观设计专利权，应承担侵权的民事责任。弓箭国际要求兰之韵厂停止侵权、赔偿损失的诉请，应予支持。鑫辉达公司未经专利权人同意，销售与专利设计相近似的产品，侵犯了弓箭国际的外观设计专利权，也应承担侵权的民事责任。

二审裁判摘要

经勘验可以认定本案被控侵权产品上的图案并非使用贴纸一次形成，故本案被控侵权产品仅为餐具，主要是用于存放饮料、食物；而涉案专利产品名称为"餐具用贴纸"，主要是用于美化和装饰餐具。两者无论是在国际外观设计分类表中的分类，还是销售渠道和实际使用情况均不同，故应认定两者属于不同种类的产品，因此无须比对即可认定不构成侵权。

再审裁判摘要

涉案专利产品是"餐具用贴纸"，其用途是美化和装饰餐具，具有独立存在的产品形态，可以作为产品单独销售。被诉侵权产品是玻璃杯，其用途是存放饮料或食物等。虽然被诉侵权产品上印刷有与涉案外观设计相近的图案，但该图案为油墨印刷而成，不能脱离玻璃杯单独存在，不具有独立的产品形态，也不能作为产品单独销售。被诉侵权产品和涉案专利产品用途不同，不属于相同种类产品，也不属于相近种类产品。因此被诉侵权产品的外观设计未落入涉案外观设计专利权的保护范围。

▷ **拓展思考**

我国《专利法》（2020年）第64条第2款规定"外观设计专利权的保护范围以表示在图片或者照片中的该产品的外观设计为准"。因此在确定外观设计专利权的保护范围时，产品的种类及外观设计均是需要考虑的因素，只有在相同或相近种类的产品外观设计之间，才能进行相同或相似的比较判断。在第85号指导案例（高仪股份公司诉浙江健龙卫浴有限公司侵害外观设计专利权纠纷案）中，被控侵权产品与外观设计专利产品都是淋浴喷头产品，显然属于同类产品。从该指导案例的裁判理由来看，重点是对被控侵权产品设计与授权外观设计是否属于相同或者近似的产品设计进行阐释。[①] 又如"福建省晋江市青阳维多利食品有限公司与漳州市越远食品有限公司侵害外观设计专利权纠纷再审案"，最高院在其驳回再审申请的裁定书中，强调外观设计不能脱离其产品而单独存在，但外观设计专利的保护客体并非产品本身，也并非脱离外观设计专利限定的产品类别抽象出来的设计方案。如果在与外观设计专利产品相同或者相近种类产品上，被诉侵权产品采用了与授权外观设计相同或者近似的外观设计的，则应当认定为落入该外观设计专利权的保护范围。确定是否属于相同或相近种类产品的依据是产品是否具有相同或相近的用途，尽管涉案外观设计专利产品的类别是《国际外观设计分类表》第11类装饰类中的"11—02"，但并不意味着其他具有装饰用途的产品不属于涉案专利相近种类的产品。[②]

### （二）设计相同或者近似的判断

◇ **核心知识点**

在判定外观设计专利侵权行为时，法院在判断第二个要件是否成立时需要在比较被控侵权设计与授权外观设计的设计特征的基础上得出结论。依照《最高人民法院关于审理侵犯专利权纠纷案件应用法律若干问题的解释》（法释〔2009〕21号）第10条、第11条规定与《最高人民法院关于审理侵犯专利权纠纷案件应用法律若干问题的解释（二）》（法释〔2016〕1号）第14条规定，

---

① 最高人民法院（2015）民提字第23号民事判决书。
② 最高人民法院（2013）民申字第1658号民事裁定书。

人民法院应当以外观设计专利产品的一般消费者的知识水平和认知能力，判断外观设计是否相同或者近似。在认定一般消费者对于外观设计所具有的知识水平和认知能力时，一般应当考虑被诉侵权行为发生时授权外观设计所属相同或者相近种类产品的设计空间。设计空间较大的，可以认定一般消费者通常不容易注意到不同设计之间的较小区别；设计空间较小的，可以认定一般消费者通常更容易注意到不同设计之间的较小区别。而在认定外观设计是否相同或者近似时，应当根据授权外观设计、被诉侵权设计的设计特征，以外观设计的整体视觉效果进行综合判断；对于主要由技术功能决定的设计特征，以及对整体视觉效果不产生影响的产品的材料、内部结构等特征，应当不予考虑。法院在进行判断时，需要注意通常对外观设计的整体视觉效果更具有影响的设计特征，如产品正常使用时容易被直接观察到的部位，或者授权外观设计区别于现有设计的设计特征。如果被诉侵权设计与授权外观设计在整体视觉效果上无差异的，人民法院应当认定两者相同；在整体视觉效果上无实质性差异的，应当认定两者近似。

○ 典型案例

申请再审人国家知识产权局专利复审委员会（以下简称"专利复审委员会"）、浙江今飞机械集团有限公司与被申请人浙江万丰摩轮有限公司（以下简称"万丰公司"）专利无效行政纠纷案：北京市第一中级人民法院（2009）一中知行初字第2719号行政判决书；北京市高级人民法院（2010）高行终字第467号行政判决书；最高人民法院（2010）行提字第5号行政判决书。

—— 基本案情 ——

万丰公司不服专利复审委员会于2009年7月23日作出的第13657号无效宣告请求审查决定（以下简称"第13657号无效决定"），在法定期限内向北京市第一中级人民法院提起行政诉讼称：①第13657号无效决定对消费群体范围认定错误；②第13657号无效决定对受功能限定的产品的判断方式错误；③专利复审委员会对产品外观描述不清或不完整，本专利外观设计与附件13公开的产品外观相比，既不相同也不近似，消费者不会产生混淆，专利复审委员会认为两者属于相近似的结论错误。综上所述，万丰公司认为，专利复审委员会在第13657号无效决定中认定事实错误，适用法律不当，请求人民法院依法予以撤销。

—— 裁判摘要 ——

一审裁判摘要

本案中，涉案外观设计专利和在先设计存在多方面的区别，在设计空间有限的车轮产品上,已经对整体视觉效果产生了显著的影响,在该产品消费者所具有的较高分辨能力下,足以排除混淆。专利复审委员会认定涉案外观设计专利与在先设计属于相近似的外观设计证据不足,其基于以上认定作出的第13657号无效决定主要证据不足,应予撤销。

二审裁判摘要

在判断外观设计是否相同或者相近似时,应当基于相关产品的一般消费者的知识水平和认知能力进行评价,而不能从专业人员的角度进行判断。因此在判断本专利与在先设计是否相同或近似时,应当以对摩托车车轮产品具有常识性了解的一般消费者为判断主体。本案中,摩托车车轮的一般消费者应当是对摩托车车轮具有常识性了解的人,既包括组装商、维修商,也包括一般购买者、使用者,而不能局限于具有一定摩托车零部件专业知识的摩托车组装商或维修商。在判断外观设计是否近似时,应以表示在图片或者照片中的该产品的外观设计为准,采用整体观察、综合判断的方法进行对比。将涉案专利与在先设计相对比,二者均由轮辋、辐条和轮毂组成,二者主要存在多方面的差别。考虑到摩托车车轮产品在功能方面的限定,上述差别足以对设计的整体视觉效果产生显著影响。因此本专利与在先设计不属于近似的外观设计。

再审裁判摘要

问题的关键在于具体界定一般消费者的知识水平和认知能力。这就必然要针对具体的外观设计产品,考虑该外观设计产品的同类和相近类产品的购买者和使用者群体,从而对该外观设计产品的一般消费者的知识水平和认知能力作出具体界定。对于摩托车车轮产品的外观设计而言,由于摩托车车轮是摩托车主要的外部可视部件,在确定其一般消费者的知识水平和认知能力时,不仅要考虑摩托车的组装商和维修商的知识水平和认知能力,也要考虑摩托车的一般购买者和使用者的知识水平和认知能力。

▷ 拓展思考

关于"外观设计是否相同或者近似的判断,以外观设计的整体视觉效果为基础进行。如果被诉侵权设计与授权外观设计在整体视觉效果上无差异的,人民法院应当认定两者相同;在整体视觉效果上无差异的,应当认定两者近似"[1]。

---

[1] 张鹏,徐晓雁.外观设计专利制度原理与实务[M].北京:知识产权出版社,2015:348.

在"珠海格力电器股份有限公司与广东美的电器股份有限公司、国家知识产权局专利复审委员会外观设计专利权无效行政纠纷申请再审案"中,最高院在该案的再审判决中认为,在审理侵犯外观专利权纠纷的案件中,在对比外观设计专利与对比设计时应当采用整体观察、综合判断的方式,即由涉案专利与对比设计的整体来判断,而不从外观设计的部分或者局部出发得出判断结论。①

# 第三节 专利侵权抗辩

## 一、概述

专利制度并非单纯只保护专利权人的利益,而是要在专利权人、企业、潜在竞争者及社会公众之间保持一种动态的利益均衡。对于专利权人的保护,往往是通过法律赋予其一定期限的财产权利,并辅以有效的权利救济机制;而对于其他主体的利益维护,则是通过专利信息的公开、专利权的限制,以及对于专利权人提出的侵权主张的抗辩予以实现的。当然,在一定意义上也可以把有关专利权的各种限制理解为其他主体可用以对抗专利权人权利主张的抗辩,这部分内容已在之前的章节进行介绍,本节不再重复。除了专利权的限制以外,我国专利制度还明确规定了专利侵权诉讼中的两项抗辩事由,即现有技术(设计)抗辩与合法来源抗辩。其中现有技术(设计)抗辩使得被告无须再通过提起冗长的宣告专利无效程序,而可以直接通过行使该项抗辩来维护自身的正当利益,同时也节省了诉讼成本。合法来源抗辩目的则在于限制合法经营者所承担的侵权责任,消除或降低因他人实施专利侵权行为所带来的法律风险。

## 二、现有技术(设计)抗辩

### (一)现有技术抗辩

◇ 核心知识点

所谓现有技术抗辩,或称为公知技术抗辩,是指"在侵犯专利权纠纷案件中,被告主张被控侵权物(包括被控产品或被控方法)采用的是现有技术,因而其

---

① 最高人民法院(2011)行提字第 1 号行政判决书。

行为不侵犯原告所主张的专利的一种抗辩方式"①。依照我国《专利法》（2020年）第 67 条规定，专利侵权纠纷中，被控侵权人有证据证明其实施的技术属于现有技术的，不构成侵犯专利权。《最高人民法院关于审理侵犯专利权纠纷案件应用法律若干问题的解释》（二）（法释［2016］1 号）第 22 条规定，对于被诉侵权人主张的现有技术抗辩，人民法院应当依照专利申请日时施行的专利法界定现有技术。而依照《最高人民法院关于审理侵犯专利权纠纷案件应用法律若干问题的解释》（法释［2009］21 号）第 14 条第 1 款规定，被诉落入专利权保护范围的全部技术特征，与一项现有技术方案中的相应技术特征相同或者无实质性差异的，人民法院应当认定被诉侵权人实施的技术属于专利法第 62 条（即《专利法》（2020 年）第 67 条）规定的现有技术。

○ 典型案例

北京东方京宁建材科技有限公司（以下简称"东方京宁公司"）与北京锐创伟业房地产开发有限公司（以下简称"锐创伟业房地产公司"）、北京锐创伟业科技发展有限公司、北京睿达华通化工材料技术有限责任公司（以下简称"睿达华通公司"）侵犯实用新型专利权纠纷案：北京市第二中级人民法院（2008）二中民初字第 120 号民事判决书；北京市高级人民法院（2008）高民终字第 1165 号民事判决书。

—— 基本案情 ——

徐炎是"一种带硬质加强层的轻质发泡材料填充件"实用新型专利的权利人。徐炎已将上述专利权许可东方京宁公司实施。在锐创伟业房地产公司准备开发、建设的"中关村电子城西区（望京科技创业园）E6/E7 地块研发中心"项目中，选择使用了由睿达华通公司制造、销售的"轻质发泡材料建材"。徐炎认为上述产品属于侵犯其专利权的产品，故向法院提起专利侵权诉讼。

—— 裁判摘要 ——

一审裁判摘要

睿达华通公司提供的对比文件 1 的申请日早于本专利的申请日，该证据构成本专利的在先技术。本案被控侵权产品属于公知技术，睿达华通公司制造、销售该产品的行为不构成对本专利的侵犯。

二审裁判摘要

将被控侵权产品与对比文件 1 所揭示的 B 技术方案进行比较，首先，可以

---

① 北京市第一中级人民法院知识产权庭. 侵犯专利权抗辩事由[M]. 北京：知识产权出版社，2011：22.

看到被控侵权产品的 a 特征与 B 技术方案的 A 特征是相同的，各方当事人对此亦无异议；其次，被控侵权产品 b 特征为本体四周缠绕有胶带，c 特征为胶带与本体之一面之间是水泥浆和网格状纤维布的组合体，两者共同构成 B 技术方案所揭示的隔离层。显然，本领域的普通技术人员无须付出创造性劳动即可由对比文件 1 公开的 B 技术方案得出被控侵权物所使用的技术方案。基于上述理由，本院判定被控侵权物使用的技术方案系公知技术。

▷ 拓展思考

在侵犯发明或实用新型专利权诉讼中，当被控侵权人主张现有技术抗辩时，既可在先判定被控侵权技术与专利技术相同或等同的基础上进一步判定被控侵权技术是否属于现有技术，也可先行判定被控侵权技术是否属于现有技术。当然，由于第一种方法需要经过两次比对，而第二种方法只需要经过一次比对，相比较而言，应该说第二种方法更为节省成本。只要判定被控侵权技术使用的是现有技术，就可判定侵权不成立，而无需进一步判定被控侵权技术与专利技术是否构成相同或等同。另外，在"陈顺弟与浙江乐雪儿家居用品有限公司、何建华、温士丹侵害发明专利权纠纷提审案"中，最高院认为"乐雪儿公司用于主张现有技术抗辩的另一实用新型专利的申请日虽早于涉案专利申请日，但授权公告日晚于涉案专利申请日，故不构成现有技术，但依法构成抵触申请。由于抵触申请能够破坏对比专利技术方案的新颖性，故在被诉侵权人以实施抵触申请中的技术方案主张其不构成专利侵权时，应该被允许，并可以参照现有技术抗辩的审查判断标准予以评判。乐雪儿公司虽主张未公开的技术特征是本领域的公知常识和惯用手段，但并未举证证明。因此另一实用新型专利并未完全公开被诉侵权产品的加工方法，乐雪儿公司以此来主张现有技术抗辩不能成立"[①]。

## （二）现有设计抗辩

◇ 核心知识点

现有设计[②]抗辩与现有技术抗辩的含义类似。依照《专利法》（2020 年）

---

① 最高人民法院（2013）民提字第 225 号民事判决书。

② 现有设计，是指申请日以前在国内外为公众所知的设计。参见《专利法》（2020 年）第 23 条第 4 款规定。

第 67 条规定，专利侵权纠纷中，被控侵权人有证据证明其实施的设计属于现有设计的，不构成侵犯专利权。《最高人民法院关于审理侵犯专利权纠纷案件应用法律若干问题的解释》（二）（法释［2016］1 号）第 22 条规定，对于被诉侵权人主张的现有设计抗辩，人民法院应当依照专利申请日时施行的专利法界定现有设计。《最高人民法院关于审理侵犯专利权纠纷案件应用法律若干问题的解释》（法释［2009］21 号）第 14 条第 2 款规定，被诉侵权设计与一个现有设计相同或者无实质性差异的，人民法院应当认定被诉侵权人实施的设计属于专利法第 67 条规定的现有设计。

○ 典型案例

株式会社普利司通与浙江杭廷顿公牛橡胶有限公司（以下简称"杭廷顿公司"）、北京邦立信轮胎有限公司（以下简称"邦立信公司"）侵害外观设计专利权纠纷申请再审案：北京市第二中级人民法院（2007）二中民初字第 391 号民事判决书；北京市高级人民法院（2007）高民终字第 1552 号民事判决书；最高人民法院（2010）民提字第 189 号民事判决书。

—— 基本案情 ——

2000 年 12 月 27 日，株式会社普利司通依法向中华人民共和国国家知识产权局（以下简称"国家知识产权局"）申请名称为"机动车轮胎"的外观设计专利，并获得了授权。现普利司通发现杭廷顿公司未经其许可，制造、销售与其上述专利外观相近似的 BT98 型轮胎，该行为侵犯了其上述专利权。邦立信公司作为销售商，未经普利司通许可销售了杭廷顿公司制造的 BT98 型轮胎，亦构成对普利司通上述专利权的侵犯。故请求判令杭廷顿公司停止制造、销售花纹编号为 BT98 的全部规格的轮胎的行为，在普利司通监督下销毁侵权模具和现存侵权产品，从销售商处收回并销毁未售出的侵权产品，判令杭廷顿公司赔偿普利司通经济损失及为调查和制止侵权行为所支付的费用、代理费等共计人民币 30 万元，判令邦立信公司停止销售 BT98 型轮胎。

—— 裁判摘要 ——

一审裁判摘要

杭廷顿公司提出了现有设计抗辩主张。在具体运用现有设计抗辩原则时，只需对被控侵权产品与被控侵权人举证的现有设计是否构成相同或者等同作出判断。在进行外观设计近似性判断时，应当以普通消费者的审美观察能力为标准，进行整体观察与综合判定，既要从二者的主要设计部分进行比较，又要进行整体比较。结合整体比较后，二者仍构成相近似的外观设计。因此杭廷顿公司提出的现有设计抗辩成立，其行为不构成对普利司通的"机动车轮胎"外观设计专利权的侵犯，邦立信公司销售涉案 BT98 型轮胎的行为亦不构成侵权。

二审裁判摘要

在判断外观设计是否相同或者相近似时，应当基于一般消费者的知识水平和认知能力进行评价。由于一般消费者在整体观察、综合判断的方式下不会注意到产品的形状、图案，以及色彩上的微小变化，因此被控侵权产品与现有设计在整体上具有的六点细微区别不足以对汽车轮胎，尤其是其主胎面的整体视觉效果产生显著影响，被控侵权产品与现有设计构成相近似的外观设计。

再审裁判摘要

判断被控侵权人的现有设计抗辩是否成立，当然首先应将被控侵权产品的设计与一项现有设计相对比，确定两者是否相同或者无实质性差异。如果被控侵权产品的设计与一个现有设计相同，则可以直接确定被控侵权人所实施的设计属于现有设计，不落入涉案外观设计专利保护范围。而在被控侵权产品设计与现有设计并非相同的情况下，为了保证对外观设计专利侵权判定作出准确的结论，应以现有设计为坐标，将被控侵权产品设计、现有设计和外观设计专利三者分别进行对比，然后作出综合判断。在这个过程中，既要注意被控侵权产品设计与现有设计的异同，以及对整体视觉效果的影响，又要注意外观设计专利与现有设计的区别及其对整体视觉效果的影响力，考虑被控侵权产品的设计是否利用了外观设计专利与现有设计的区别点，在此基础上对被控侵权产品设计与现有设计是否无实质性差异作出判断。原审判决在被控侵权产品的设计与现有设计并不相同的情况下仅对二者进行对比即作出现有设计抗辩成立的结论，该侵权对比判断方法有所失当，应予纠正。

▷ 拓展思考

根据《专利法》（2020 年）第 23 条规定，授予专利权的外观设计，应当同现有设计不相同和不相近似，因而专利权人只能就其相对于现有设计的创新性贡献申请专利并获得保护，不能把已经进入公有领域或者属于他人的创新性贡献的部分纳入其保护范围。因此如果被控侵权人能够证明其实施的设计属于涉案专利申请日前的现有设计，就意味着其实施行为未落入涉案外观设计专利权的保护范围。在我国现行法律实行专利有效性判定程序和专利侵权判定程序分别独立进行的模式下，如果不允许被控侵权人在专利侵权民事诉讼中主张现有设计抗辩，在被控侵权产品属于现有设计的情况下依然认定构成侵犯涉案专利权，则会导致外观设计专利权的保护范围与专利权人的创新性贡献不相适应。因此允许被控侵权人在外观设计专利侵权民事诉讼中提出现有设计抗辩，是我国专利法所规定的外观设计专利权授权条件及保护范围确定的应有之义。

### 三、合法来源抗辩

◇ 核心知识点

《专利法》（2020年）第77条规定了有关"合法来源抗辩"的内容，即为生产经营目的使用、许诺销售或者销售不知道是未经专利权人许可而制造并售出的专利侵权产品，能证明该产品合法来源的，不承担赔偿责任。从该条规定来看，合法来源抗辩的构成要件包括以下三项内容：第一，仅限于为生产经营目的使用、许诺销售或者销售专利侵权产品，而不包括制造、进口行为；第二，行为人主观属于善意，即不知道是未经专利权人许可而制造并售出的专利侵权产品。所谓不知道，是指实际不知道且不应当知道[①]；第三，产品来源合法，即通过合法的销售渠道、通常的买卖合同等正常商业方式取得产品。对于合法来源，使用者、许诺销售者或者销售者应当提供符合交易习惯的相关证据。[②] 如果满足上述要件，被告即可以此主张不承担赔偿责任。依照《最高人民法院关于审理侵犯专利权纠纷案件应用法律若干问题的解释（二）》（法释〔2016〕1号）第25条第1款规定，为生产经营目的使用、许诺销售或者销售不知道是未经专利权人许可而制造并售出的专利侵权产品，且举证证明该产品合法来源的，对于权利人请求停止上述使用、许诺销售、销售行为的主张，人民法院应予支持，但被诉侵权产品的使用者举证证明其已支付该产品的合理对价的除外。

○ 典型案例

广东雅洁五金有限公司（以下简称"雅洁公司"）诉杨建忠等侵害外观设

---

① 《最高人民法院关于审理侵犯专利权纠纷案件应用法律若干问题的解释（二）》（法释〔2016〕1号）第25条第2款。

② 《最高人民法院关于审理侵犯专利权纠纷案件应用法律若干问题的解释（二）》（法释〔2016〕1号）第25条第3款。

计专利权纠纷再审案：河北省高级人民法院（2012）冀民三终字第 108 号民事判决书；最高人民法院（2013）民提字第 187 号民事判决书。

—— 基本案情 ——

2012 年 2 月 10 日，雅洁公司以杨建忠和卢炳仙侵犯其外观设计专利权为由，向法院提起本案诉讼，请求法院判令：①各被告立即停止生产和销售专利侵权产品的违法行为，并立即销毁与侵权行为有关的被诉产品；②各被告连带赔偿雅洁公司经济损失人民币 15 万元。

—— 裁判摘要 ——

一审、二审裁判摘要

杨建忠出售被诉侵权门锁给卢炳仙的日期为 2009 年 7 月 4 日，在涉案专利授权公告日 2009 年 9 月 16 日之前。雅洁公司未提供证明杨建忠在涉案专利授权公告日以后制造、销售被诉侵权门锁的证据，且雅洁公司取得专利独占实施许可的日期为 2009 年 10 月 22 日。故杨建忠的制造、销售行为不构成侵权，在本案中不应承担侵权赔偿责任。卢炳仙在涉案专利授权公告日以后销售被诉侵权门锁，构成侵权，因此应当停止销售侵权门锁。本案无证据证明卢炳仙知道或者应当知道所售产品涉及侵权，其所售产品有合法来源，卢炳仙依法不承担赔偿责任。

再审裁判摘要

对于侵权产品合法来源证据的审查应当从严把握，特别要注重对证据的真实性、证明力、与侵权产品的关联性、同一性的审查。本案中，卢炳仙主张其销售的侵权产品有合法来源，为此提供了发货清单和交通银行个人存款回单。但发货清单只是传真件，且其上没有任何主体签名或盖章，卢炳仙也未提交相应的购货合同予以佐证。交通银行个人存款回单不但没有显示付款人的姓名，且付款金额与发货清单上的金额也不相符。卢炳仙虽辩称该金额相对应的发货除了涉案发货清单上所列货品，还有其他的发货，但其并未就存在的其他货物及货款数额进行举证。因此卢炳仙提供的证据并不能真实有效地证明其所销售的侵权产品的合法来源，其合法来源抗辩不成立。

▷ 拓展思考

在"广东雅洁五金有限公司诉杨建忠等侵害外观设计专利权纠纷再审案"中，最高院还就"合法来源抗辩"的举证责任问题发表了意见。侵权产品的使用者、销售者与制造者所承担的法律责任有所不同，所承担的举证责任亦不同。

侵权产品的使用者、销售者承担的举证责任,并不因为发现了真正的制造者而得以免除或减轻。首先,合法来源抗辩是法律赋予善意的侵权产品使用者、销售者的一种权利,根据"谁主张、谁举证"的一般举证责任分配原则,侵权产品的使用者、销售者在行使合法来源抗辩权时,应承担举证责任,其应该举出合法获取侵权产品的证据,如购货发票或收据,以及付款凭证等。其次,对于这种特殊情况下侵权产品使用者、销售者的举证责任,也应该与存在多个中间销售环节时侵权产品使用者、销售者的举证责任相一致。最后,这样分配举证责任,既可以规范流通环节的市场秩序,也可以防止侵权产品使用者、销售者与他人串通,以提供虚假合法来源证据的方式逃避赔偿责任。①

## 第四节 专利侵权的民事责任

### 一、概述

专利权属于民事权利,当他人实施侵犯专利权的行为且不存在法定免责事由时,专利权人可要求其承担民事责任。在第四次《专利法》的修订中,为与《民法典》总则编有关诉讼时效的规则相对应,立法者将侵犯专利权的诉讼时效调整为3年,自专利权人或者利害关系人知道或者应当知道侵权行为,以及侵权人之日起计算。发明专利申请公布后至专利权授予前使用该发明未支付适当使用费的,专利权人要求支付使用费的诉讼时效也调整为3年,自专利权人知道或者应当知道他人使用其发明之日起计算,但是专利权人于专利权授予之日前即已知道或者应当知道的,自专利权授予之日起计算。② 一般来说,侵犯专利权的民事责任主要有停止侵权、损害赔偿等形式。由于专利权属于财产权,不需要通过赔礼道歉的责任形式来消除或减轻专利权人在人身利益上的不利影响。我国《专利法》(2020年)第72条规定了专利权人可在诉前向人民法院申请采取责令停止有关行为的措施,第71条则规定了有关专利侵权损害赔偿的计算方法。相比较而言,在专利侵权诉讼中损害赔偿的计算问题是一大难点。

---

① 参见最高人民法院(2013)民提字第187号民事判决书。
② 即《专利法》(2020年)第74条。

## 二、专利侵权损害赔偿的计算方法

◇ 核心知识点

依照《专利法》(2020年)第71条规定,侵犯专利权的赔偿数额按照权利人因被侵权所受到的实际损失、侵权人因侵权所获得的利益来加以确定。当权利人的损失或者侵权人获得的利益均难以确定时,还可参照该专利许可使用费的倍数合理确定损害赔偿的数额。而且在本次《专利法》的修订中,为了加强专利权的法律保护,进一步遏制侵犯专利权的行为,立法者还增加了惩罚性赔偿的规定,即对故意侵犯专利权,情节严重的,可以在按照上述方法确定数额的一倍以上五倍以下确定赔偿数额。如果权利人的损失、侵权人获得的利益和专利许可使用费均难以确定,人民法院可以根据案件具体情况在法定数额范围内确定赔偿数额,此即为法定赔偿,或称为酌定赔偿。立法者在本次《专利法》的修订中进一步提升了法定赔偿的数额上下限,即3万元以上500万元以下。

为了鼓励专利权人主张权利,依照《专利法》(2020年)第71条第3款规定,法院还可要求被告补偿专利权人为制止侵权行为所支付的合理开支。当然,关于专利侵权损害赔偿的计算问题,实践中由于专利权人不能充分掌握有关侵权行为的相关信息,一般难以举证证明实际损失的数额,而被告往往会隐匿真实证据或者捏造虚假的信息,从而消除或减轻承担的赔偿责任。对于该问题,《最高人民法院关于审理侵犯专利权纠纷案件应用法律若干问题的解释(二)》(法释[2016]1号)第27条有所规定,该条规定也被纳入《专利法》(2020年)中,即第71条第4款,人民法院为确定赔偿数额,在权利人已经尽力举证,而与侵权行为相关的账簿、资料主要由侵权人掌握的情况下,可以责令侵权人提供与侵权行为相关的账簿、资料;侵权人不提供或者提供虚假的账簿、资料的,人民法院可以参考权利人的主张和提供的证据判定赔偿数额。

○ 典型案例

上诉人华纪平、合肥安迪华进出口有限公司与被上诉人上海斯博汀贸易有限公司、如东县丰利机械厂有限公司、南通天龙塑业有限公司侵犯专利权纠纷案:江苏省高级人民法院(2005)苏民三初字第0006号民事判决书;最高人民法院(2007)民三终字第3号民事判决书。

—— 基本案情 ——

原审原告华纪平、安迪华公司于 2005 年 12 月 6 日以斯博汀公司、丰利公司、天龙公司为共同被告向江苏省高级人民法院起诉称，华纪平系哑铃套组手提箱实用新型专利的专利权人。2000 年 10 月 20 日，华纪平就该专利向我国海关总署进行备案。在取得专利权后，华纪平就开始对该专利实施生产，并与第一被告斯博汀公司及其法国股东有着长期的贸易往来。自 2005 年 1 月以来，斯博汀公司及其法国股东突然与原告中断本案所涉专利产品的贸易，但斯博汀公司的法国股东在欧洲市场仍源源不断地销售与原告专利相同的由第二、第三被告所提供的产品。由于三被告的侵权行为，原告专利产品在欧洲市场丧失殆尽，并给原告造成不可估量的经济损失，故请求法院判令三被告承担相应法律责任。

—— 裁判摘要 ——

一审裁判摘要

由于侵犯专利权不涉及权利人商誉等人身权利，而赔礼道歉一般适用于侵犯他人名誉权、商誉权等人身权利场合，故两原告要求被告承担赔礼道歉的民事责任缺乏法律依据，不予支持。本案中，因两原告提供了斯博汀公司和丰利公司的侵权数量及专利产品的利润情况，故依法应以两原告的损失确定赔偿数额。对此损失，斯博汀公司和丰利公司应当承担连带赔偿责任。两原告虽主张以双方专利实施许可合同约定的 500 万元专利许可使用费作为计算赔偿额的依据，但由于两原告之间在签订许可合同时具有利害关系，即华纪平系安迪华公司的股东和法定代表人，且安迪华公司提供的相关财务账册也反映该 500 万元许可使用费并没有实际支付，故不应当作为确定本案赔偿数额的依据。

二审裁判摘要

原审法院在当事人均不能准确举证证明相关专利产品或者侵权产品利润率的情况下，根据侵权人自认的使用涉案专利手提箱的哑铃产品的利润率，结合权利人当时主张的自己产品的利润率，同时考虑专利产品和侵权产品本身的价值和作为市场销售的哑铃产品的包装对整体产品销售利润的贡献作用，确定涉案专利包装箱的合理利润率为涉案哑铃产品销售价的 15%，虽然相对较高，但考虑到侵权人的主观过错明显，该酌定的利润率并无明显不妥，本院无须予以变更，各上诉人有关利润率计算的上诉理由本院均不予支持。

▷ **拓展思考**

最高人民法院在其发布的相关司法解释中进一步规定了计算专利侵权损害

赔偿数额的具体方法。如依据《最高人民法院关于审理专利纠纷案件适用法律问题的若干规定》（法释〔2015〕4号）第14条规定，"权利人因被侵权所受到的实际损失"可以根据专利权人的专利产品因侵权所造成销售量减少的总数乘以每件专利产品的合理利润所得之积计算；"侵权人因侵权所获得的利益"可以根据该侵权产品在市场上销售的总数乘以每件侵权产品的合理利润所得之积计算。① 该司法解释第21条则规定，权利人的损失或者侵权人获得的利益难以确定，有专利许可使用费可以参照的，可以根据专利权的类型，侵权行为的性质和情节，专利许可的性质、范围、时间等因素，参照该专利许可使用费的倍数合理确定赔偿数额。

### 三、法定赔偿

◇ 核心知识点

所谓法定赔偿，依照《专利法》（2020年）第71条第2款规定，如果权利人的损失、侵权人获得的利益和专利许可使用费均难以确定，人民法院可以根据专利权的类型、侵权行为的性质和情节等因素，确定给予3万元以上500万元以下的赔偿。"在实际操作过程中，法院还是要专利权人对自己损失的大小进行举证，只是对证据证明力要求有所降低。"② 另外，《最高人民法院关于审理专利纠纷案件适用法律问题的若干规定》（法释〔2015〕4号）第15条规定，没有专利许可使用费可以参照或者专利许可使用费明显不合理的，可以根据专利权的类型、侵权行为的性质和情节等因素，依照法定赔偿的方式确定赔偿数额。

○ 典型案例

三九企业集团兰考葡萄酒业有限公司蛋白食品分公司（以下简称"三九酒

---

① 依照《最高人民法院关于审理侵犯专利权纠纷案件应用法律若干问题的解释》（法释〔2009〕21号）第16条规定，人民法院依据专利法第65条第1款的规定确定侵权人因侵权所获得的利益，应当限于侵权人因侵犯专利权行为所获得的利益；因其他权利所产生的利益，应当合理扣除。侵犯发明、实用新型专利权的产品系另一产品的零部件的，人民法院应当根据该零部件本身的价值及其在实现成品利润中的作用等因素合理确定赔偿数额。侵犯外观设计专利权的产品为包装物的，人民法院应当按照包装物本身的价值及其在实现被包装产品利润中的作用等因素合理确定赔偿数额。

② 崔国斌. 专利法：原理与案例[M]. 2版. 北京：北京大学出版社，2016：888.

业蛋白分公司")与江西江中食疗科技有限公司(以下简称"江中集团")侵害外观设计专利权纠纷申请案:江西省南昌市中级人民法院(2014)洪民三初字第 13 号民事判决书;江西省高级人民法院(2016)赣民终 2 号民事判决书;最高人民法院(2016)最高法民申 2540 号民事裁定书。

—— 基本案情 ——

2013 年 8 月 12 日,江中集团向国家知识产权局申请名称为"包装盒(猴姑酥性饼干 15 天装)"的外观设计专利,于 2014 年 1 月 8 日获得授权。江中集团与江中食疗公司两次签订实施许可合同,其中约定合同双方任何一方发现第三方侵犯许可方的专利权时,双方均可追究第三方侵权责任。三九酒业公司自称于 2014 年元旦前后开始生产被诉侵权产品;三九酒业蛋白分公司自称于 2014 年 4 月停止使用被诉侵权产品包装,江中食疗公司认可三九酒业蛋白分公司约于 2014 年 7 月停止使用被诉侵权产品包装。江中食疗公司请求法院判令被告承担相应民事责任。

—— 裁判摘要 ——

一审、二审裁判摘要

结合涉案专利独占实施许可费的金额,侵权人侵权行为的性质,主观恶意程度,侵权时间长短及影响,生产、销售侵权商品的数量、价格,涉案产品包装对涉案产品利润所起的作用,江中食疗公司为制止侵权所支付的合理开支等各方面的因素,酌定三九酒业蛋白分公司赔偿江中食疗公司损失人民币 80 万元,三九酒业公司应对其分公司三九酒业蛋白分公司承担连带赔偿责任。

再审裁判摘要

一审、二审法院在实际损失、侵权获利,以及专利许可使用费用均难以确定的情况下,适用法定赔偿的方式确定本案赔偿数额的作法正确。但在确定具体赔偿数额的过程中,未准确参考相关因素,如将没有证据证明实际发生的专利许可使用费纳入法定赔偿的参考因素,并认定被控侵权产品包装对产品利润的取得起主要作用,均有不当之处。但是考虑到江中食疗公司在涉案专利产品的营销推广中投入了较多费用,取得较好的市场销售量,在相关公众中具有较高的知名度,三九酒业蛋白分公司的侵权行为客观上挤占了涉案专利产品的市场发展空间,给江中食疗公司造成较大经济损失。故一审、二审法院确定的 80 万元赔偿数额适中,可予维持。

▷ *拓展思考*

在专利侵权纠纷案件中，当法院决定通过适用法定赔偿的方式来补偿权利人或利害关系人的利益损失时，仍然需要参照多方面的因素来确定合理的赔偿数额。关于参照因素，《专利法》（2020年）第71条第2款与《最高人民法院关于审理专利纠纷案件适用法律问题的若干规定》（法释〔2015〕4号）第15条规定只提及专利权的类型、侵权行为的性质和情节等因素。而在司法实践中，法院往往还会参照其他因素以确定赔偿数额，如主观恶意程度，侵权时间长短及影响，生产、销售侵权商品的数量、价格等。当然，对于这些参照因素在法院确定赔偿数额时的影响权重，我国专利制度并没有给出具体的指导规则，更多依靠法官的直觉认识来加以把握。

# 第四编

# 商标权

# 第十五章 商标权的客体

## 第一节 商标的概念和功能

一、商标受保护的前提——不违背商标权人意志的使用才能获得法律保护

◇ 核心知识点

商标是用以区分某种商品或者服务的不同提供者的标识。根据我国《商标法》第 8 条的规定,商标是指"任何能够将自然人、法人或者其他组织的商品与他人的商品区别开的标志",其构成要素包括文字、图形、字母、数字、三维标志、颜色组合和声音,以及上述要素的组合。商标法是私法,自然要遵循意思自治原则的要求,商标权的取得、存续和消灭均与商标权人的意思自治有关。商标的使用,是商标权人意思自治的集中体现,商标的全部价值源于商业活动中的使用。在商业实践中,消费者经常会用简称或代称指代某一商标,这

种"商标俗称"能否被认定为第 49 条第 2 款中"撤三"制度下的"使用"，商标权人能否禁止"商标俗称"的注册和使用行为，对于商标权人而言是非常重要的。《关于审理商标授权确权行政案件若干问题的规定》[①]（以下简称《授权确权若干规定》）第 26 条第 1 款规定："商标权人自行使用、他人经许可使用以及其他不违背商标权人意志的使用，均可认定为商标法第 49 条第 2 款所称的使用。""以及其他"的连接词表明"商标权人自行使用、他人经许可使用"均为"不违背商标权人意志的使用"，换言之，"不违背商标权人意志的使用"才属于对商标的连续使用。按照反对解释的结果，他人未经商标权人许可的使用和商标权人明确否认的"商标俗称"的使用，均不构成"撤三"制度中连续使用的证据。

○ 典型案例

索尼爱立信移动通信产品（中国）有限公司（以下简称"索尼爱立信（中国）公司"）与国家工商行政管理总局商标评审委员会（以下简称"商标评审委员会"）、刘建佳商标争议行政纠纷案：北京市第一中级人民法院（2008）一中行初字第 196 号行政判决书；北京市高级人民法院（2008）高行终字第 717 号行政判决书；最高人民法院（2010）知行字第 48 号驳回再审申请通知书。

—— 基本案情 ——

2004 年"索爱"商标被核准注册，商标权人为刘建佳，核定使用商品为第 9 类影碟机、扩音器、扬声器音箱、电话机等商品。2005 年，索尼爱立信（中国）公司向商标评审委员会提起对争议商标撤销注册的申请。

—— 裁判摘要 ——

无论是作为未注册商标的简称，还是作为企业名称或知名商品特有名称的简称，其受法律保护的前提是，对该标识主张权利的人必须有实际使用该标识的行为，且该标识已能够识别其商品来源。在本案争议商标申请日前，没有证据证明索尼爱立信公司将争议商标用作其产品来源的标识，亦未有证据证明其有将该争议商标用来标识其产品来源的意图。相反，根据法院查明的事实，直至 2007 年

---

[①] 最高人民法院 2017 年 1 月 10 日法释 [2017] 2 号，根据 2020 年 12 月 23 日最高人民法院审判委员会第 1823 次会议通过的《最高人民法院关于修改〈最高人民法院关于审理侵犯专利权纠纷案件应用法律若干问题的解释（二）〉等十八件知识产权类司法解释的决定》修正。

10月、12月，在争议商标已经被核准注册3年之后，索尼爱立信集团副总裁兼中国区主管卢健生仍多次声明"索爱"并不能代表"索尼爱立信"，认为"索尼爱立信"被非正式简称为"索爱"不可以接受。鉴此，最高人民法院认为，在争议商标申请日前，索尼爱立信公司并无将争议商标作为其商业标识使用的意图和行为，相关媒体对其手机产品的相关报道不能为其创设受法律保护的民事权益，因此索尼爱立信公司关于争议商标的注册损害其在先权利的再审理由不能成立。

▷ 拓展思考

本案一审裁判与二审、再审裁判反差极大，最终裁判表明商业标识受商标法保护的前提，是对该标识主张权利的人必须有实际使用该标识的行为，且该标识已经能够识别其商品来源。一审法院认为，"索爱"已被广大消费者和媒体认可并使用，具有了区分不同商品来源、标志产品质量的作用，这些实际使用效果、影响自然及于索尼爱立信通讯公司和索尼爱立信公司，其实质即等同于它们的使用。因此尽管索尼爱立信公司认可其没有将"索爱"作为其未注册商标进行宣传，但消费者的认可和媒体的宣传共同作用，已经达到了索尼爱立信公司自己使用"索爱"商标的实际效果，故"索爱"实质上已经成为该公司在中国使用的商标。二审法院则强调被抢注的商标是指他人已经使用并有一定影响的商标，被抢注的商标应当由被抢注人自己在商业活动中进行了使用，索尼爱立信公司不但未将"索爱"作为商标进行商业性的使用，高管更是明确否认"索爱"与"索尼爱立信"之间具有对应关系，一审法院的认定缺乏法律依据。通过该案的最终裁决，最高人民法院明确只有通过对商业标识主张权利的人自身的实际使用行为和实际的识别效果才能获得商标法的保护。《授权确权若干规定》第26条第1款盖棺论定，明确违背商标权人意志的标识使用行为，即"商标俗称"的使用，不能被认定为商标权人的使用行为，商标权人只能就不违背其意志的标识使用行为所产生的正当利益享有权利。

## 二、商标的功能

### （一）商标的来源识别功能

◇ 核心知识点

商标的主要功能包括来源识别功能、品质保证功能和广告及竞争功能。作为法律创制的产物，商标必然要承载特定的制度想象的价值追求，具备相应的功能，侵权行为成立的实质，是商标功能无法正常实现。所谓来源识别功能（origin function），是指商标可以区分某一商品或服务的不同提供者。现代社会中生产、销售同类商品或者提供同类服务的经营者数量越来越多，没有商标作指引，消费者将彻底陷入选择困难，因此来源识别功能就成为商标的基本功能。《商标法》第 57 条侵犯注册商标专用权的行为列举中，第（一）、（二）、（三）、（四）和（六）项均为因妨碍来源识别功能的实现而构成侵权行为。特别是第（二）项，"未经商标注册人的许可，在同一种商品上使用与其注册商标近似的商标，或者在类似商品上使用与其注册商标相同或者近似的商标"，只在"容易导致混淆的"情况下才构成侵权，突出来源识别功能的保护是商标权救济的关键。在市场营销过程中，各级代理商、经销商通常会在广告宣传等活动中使用商标标识，这种未经许可的使用行为目的在于实现商标所指示的商品的销售，商标的来源识别功能正常实现，商标权人的利益不受损害。所以即便是未经许可，未妨碍来源识别功能的使用行为不构成侵犯商标权。

○ 典型案例

上海万翠堂餐饮管理有限公司与温江五阿婆青花椒鱼火锅店侵害商标权纠纷案，成都市中级人民法院（2021）川 01 民初 8367 号民事判决书，四川省高级人民法院（2021）川知民终 2152 号民事判决书。

—— 基本案情 ——

上海万翠堂餐饮管理有限公司（以下简称"万翠堂公司"）系第 12046607 号注册商标、第 17320763 号注册商标、第 23986528 号注册商标的权利人，核定服务项目均包括第 43 类饭店、餐厅等，且均在有效期内。2021 年 5 月 21 日，万翠堂公司发现温江五阿婆青花椒鱼火锅店（以下简称"五阿婆火锅店"）在店招上使用"青花椒鱼火锅"字样，遂以五阿婆火锅店侵害其注册商标专用权为由诉至法院，请求判令五阿婆火锅店立即停止商标侵权行为并赔偿万翠堂公司经济损失及合理开支共计 5 万元。一审法院认为，五阿婆火锅店被诉行为构成商标侵权，遂判令五阿婆火锅店停止侵权并赔偿经济损失及合理开支共计 3 万元。五阿婆火锅店不服，提起上诉。

—— 裁判摘要 ——

四川省高级人民法院二审认为，青花椒作为川菜的调味料已广为人知。由于饭店、餐厅服务和菜品调味料之间的天然联系，使得涉案商标和含有"青花椒"

字样的菜品名称在辨识上相互混同,极大地降低了涉案商标的显著性。涉案商标的弱显著性特点决定了其保护范围不宜过宽,否则会妨碍其他市场主体的正当使用,影响公平竞争的市场秩序。本案中,五阿婆火锅店店招中包含的"青花椒"字样,是对其提供的菜品鱼火锅中含有青花椒调味料这一特点的客观描述,没有单独突出使用,没有攀附万翠堂公司涉案商标的意图,不易导致相关公众混淆或误认。五阿婆火锅店被诉行为系正当使用,不构成商标侵权,遂判决撤销一审判决,驳回万翠堂公司的全部诉讼请求。

▷ 拓展思考

通常情形下,商标自身的显著性与商标的识别功能呈正相关关系,显著性越高的商标,其来源识别功能发挥作用的范围就越广,相关公众对来源认识产生混淆的可能性就大,商标专用权的保护范围相对较大;反之,显著性相对较弱的商标,其来源识别功能发挥作用的范围就越窄,相关公众由此产生混淆的可能性相应降低,商标专用权的保护范围随之变小。在本案中,川渝地区将青花椒用作餐食调味料由来已久,看到"青花椒"三字,该地区普通群众基本不会将其联想为某种商标。即使万翠堂公司在其官网上宣传"青花椒砂锅鱼"和"招牌青花椒味",也是为了强调菜品调味料或特色,并非为了指示商品或服务来源。同时餐饮门店和菜肴、调味料之间存在天然联系,必然导致万翠堂公司商标的显著性较低。因此"青花椒"作为商标使用时其专用权的排他效力比普通商标要低,不能因为商标的注册而损及公有领域和他人的经营自由。本案系"2022年中国法院十大知识产权案件",典型意义在于明确了商标正当使用的认定标准,讲出"权利有边界,行使须诚信"的"大道理"。"青花椒"的使用地域,对商标的正当使用的认定不产生影响。类似地,在山东鲁锦实业有限公司诉甄城县鲁锦工艺品有限责任公司、济宁礼之邦家纺有限公司侵犯注册商标专用权及不正当竞争纠纷案中,山东高院在判决中指出,"鲁锦"是具有地域性特点的棉纺织品的通用名称;对于具有地域性特点的商品通用名称,判断其广泛性应以特定产区及相关公众为标准,而不应以全国为标准。[①]进言之,商标法提供救济时关注点在于商标来源识别功能是否正常发挥,不是集中在商标所使用的符号组合本身上,符号组合不会发挥来源识别功能。最高人民法院在再审申请人杭州奥普卫厨科技有限公司与被申请人浙江现代新能源有限公

---

① 参见山东省高级人民法院(2009)鲁民三终字第34号民事判决书。

司、浙江凌普电器有限公司、杨艳侵犯商标权纠纷案①中指出，商标法所要保护的，是商标所具有的识别和区分商品及服务来源的功能，而并非仅以注册行为所固化的商标标识本身。商标标识本身的近似不是认定侵权行为是否成立的决定性因素，如果使用行为并未损害涉案商标的识别和区分功能，也未因此而导致市场混淆的后果，该种使用行为即不在商标法所禁止的范围之内。

### （二）广告及竞争功能

◇ 核心知识点

随着社会经济生活的发展，商标的广告及竞争功能获得了越来越多的承认。商标应当具备显著特征，符号组合往往比商号本身简单，易于呼叫、记忆，在广告中突出商标可以强化商标的宣传效果。商标是消除信息不对称的重要工具。所谓信息不对称（asymmetric information），是指在市场经济活动中，各类人员对有关信息的了解是有差异的；掌握信息比较充分的人员，往往处于比较有利的地位，而信息贫乏的人员，则处于比较不利的地位。商标可以消除销售过程中消费者与经营者之间的信息不对称，便利和促进消费者完成消费决策，消费者凭借商标形成对特定经营者商品质量、价格的固定认知，迅速有效地找到自己想要购买的商品；与此同时，生产商也可以借助商标锁定目标消费者，减少不必要的推广费用，获得竞争优势。因此商标发挥着广告及竞争功能。广告与竞争功能发挥的前提，是贴附商标的商品能够被消费者接触到。购买他人商品后未经其许可擅自更换商标或去除商标并出售的行为阻断了商标权人和消费者间的联系，排除了通过该批次商品建立商誉的可能性，妨碍了广告及竞争功能的正常发挥，商标权人的利益受到损害，故而反向假冒行为被认定为侵权行为。

○ 典型案例

如皋市印刷机械厂（以下简称"印刷机械厂"）诉轶德公司侵犯商标专用权纠纷案：《最高人民法院公报》2004年第10期。

—— 基本案情 ——

原告印刷机械厂系从事印刷机械生产及销售的企业，1991年12月20日受让取得南通市矿山机械厂用于印刷机械的"银雉"商标后，将该商标标识和产

---

① 最高人民法院（2016）最高法民再216号民事判决书。

品技术参数、该厂厂名一起制作成产品铭牌，固定在其生产的胶印机上。被告轶德公司于1997年7月注册设立，经营范围为印刷机械的组装、修理和销售。该公司自2001年以来，多次购买他人使用过的"银雉"牌旧印刷机械，除去机械铭牌，经修理后重新喷涂，以无标识的形式销售给用户。

—— 裁判摘要 ——

注册商标中的商品商标，作为商标权人与商标使用者之间的纽带，只有附在核准使用的商品上随着商品流通，才能增强商品的知名度和竞争力，使商品使用者认知商品生产者及其商品的全部价值，增加商品的市场交易机会，满足商标权人实现其最大经济利益的目的。所以商品商标与商品具有不可分离的属性，商标权人有权在商品的任何流通环节，要求保护商品商标的完整性，保障其经济利益。在商品流通过程中拆除原有商标的行为，显然割断了商标权人和商品使用者的联系，不仅使商品使用者无从知道商品的实际生产者，从而剥夺公众对商品生产者及商品商标认知的权利，还终结了该商品所具有的市场扩张属性，直接侵犯了商标权人所享有的商标专用权，并最终损害商标权人的经济利益。

▷ 拓展思考

本案涉及未经商标注册人同意去除其注册商标标识并将该商品又投入市场的行为性质判断。《商标法》仅规定了未经同意更换注册商标并投入市场的行为属于侵权行为，[1]对于去除注册商标标识后直接出售的行为缺少明确的处理依据。未经同意更换或去除注册商标并投入市场的行为，学理上通常称之为反向假冒。商标的反向假冒是指经营者合法取得贴附他人注册商标的商品后，未经该商标权人同意，擅自更换或去除其注册商标标识，并将更换商标或去除商标后的商品又投入市场的行为。对于擅自更换注册商标标识并出售的行为，学者称之为显性反向假冒，擅自去除注册商标标识并出售的行为称之为隐性反向假冒。[2]显性反向假冒行为发生的时间点在商品流通过程中尚未到达消费者之前，商标更换行为未经商标权人同意，商标更换行为使得消费者不能通过贴附于商品之上的商标意识到真正的生产者的存在，商标权人的商誉无从建立，广

---

[1] 参见2001年《商标法》第52条第（四）项、2019年《商标法》第57条第（五）项。
[2] 张玉敏，王法强. 论商标反向假冒的性质——兼谈商标的使用权[J]. 知识产权，2004（1）.

告及竞争功能无从发挥。因此显性反向假冒行为属于侵犯商标权的行为。未经许可去除注册商标标识后直接出售的隐性反向假冒行为，与更换注册商标的显性反向假冒行为在本质上是一致的，均切断了商标权人与相关公众之间的联系，商标的信誉无从建立，商标不能作为竞争工具助益商业经营，商标的广告及竞争功能的实现受到影响，商标权人的利益遭受损害。归根到底，对广告及竞争功能的实现造成妨碍的行为，构成侵犯商标权的行为。

## 第二节　商标的显著性

### 一、固有显著性的认定

◇ 核心知识点

商标的首要功能是来源识别功能，识别相同或类似商品的不同提供者。为发挥来源识别功能，商标必须具备显著性，能与已有的商标相区分。正如学者所言："商标法显著性之有无，以及显著性之强弱，将影响其商标之可注册性以及其受保护之范围。"[①]《商标法》第9条第1款规定："申请注册的商标，应当有显著特征，便于识别，并不得与他人在先取得的合法权利相冲突。"本条中的"有显著特征"和"便于识别"，应当视为同一个条件，是"显著性"的不同侧面："有显著特征"的着眼点在于商标符号组合本身的物理构成，"便于识别"的着眼点在于使用于特定商品或服务上的实际效果。商标是使用在特定商品或服务之上的标识，它不仅仅是一个符号，不能只从物理符号的角度来单纯地分析商标显著性问题，而应该结合所适用的商品或服务类别，考虑相关公众的实际消费过程，如此方才可能得出关于显著性的客观结论。依显著性的来源不同，我们可以将显著性分为固有显著性（inherent distinctiveness）和获得显著性（acquired distinctiveness），申请注册商标只要具有固有显著性或者获得显著性的一种，就应当被核准注册。固有显著性，旨在强调该标识的符号组合本身自始即能与已有的商标相区分。固有显著性，是从商标标识与其所使用的商品或服务类别间的关联程度来评价的，关联程度的高低与显著性成反比。

---

① 曾陈明汝.商标法原理[M].北京：中国人民大学出版社，2003：131.

○ 典型案例

再审申请人四川省川南干妈食品有限公司（以下简称"川南干妈公司"）与被申请人贵阳南明老干妈风味食品有限责任公司（以下简称"老干妈公司"）、一审被告国家工商行政管理总局商标评审委员会（以下简称"商评委"）商标争议行政纠纷案：北京市高级人民法院（2012）高行终字第493号行政判决书；最高人民法院（2013）知行字第1号行政裁定书。

—— 基本案情 ——

"老干妈"系列商标由老干妈公司提出注册申请并先后被商标局核准注册，"川南老干妈"商标（争议商标）由川南干妈公司提出注册申请并获准注册。老干妈公司以两商标高度近似，且用于类似商品、构成近似商标为由，向商评委对争议商标提出撤销注册申请，后商评委作出维持争议商标的裁定。

—— 裁判摘要 ——

二审裁判摘要

争议商标为"川南干妈"，其中的"干妈"与其核定使用的调味类商品并无关联，将这种普通称谓注册、使用在与其含义并无关联的商品上，属于显著性较强的任意性商标。争议商标中的"川南"表示川南干妈公司所在地域为四川南部，"川南"作为商标的组成部分，显著性不强。

再审裁判摘要

在商标近似判断过程中，应当将争议商标与五件引证商标逐一进行比对。引证商标一包括不同字体的"老干妈"和"老干妈及图"标志，引证商标二为"陶华碧老干妈及图"标志，其核心均是"老干妈"，而且老干妈公司率先在调味品、辣椒酱等商品上使用"老干妈"标志并获得一定知名度。二审法院认为，争议商标的显著部分为"干妈"，其与上述五件包含"老干妈"的引证商标共存容易使相关公众误认为使用争议商标的商品与老干妈公司存在特定联系，从而容易导致混淆误认，应予撤销。

最高院裁定驳回川南干妈公司的再审申请。

▷ 拓展思考

我国《商标法》中既在第9条中正面规定了申请注册的商标应当具备显著性，又在第11条中反面排除了不具有显著性的情形。《商标法》第11条第1款规定："下列标志不得作为商标注册：（一）仅有本商品的通用名称、图形、型号的；

(二)仅直接表示商品的质量、主要原料、功能、用途、重量、数量及其他特点的;(三)其他缺乏显著特征的。"可以选作商标物理组成的符号形式非常多,商标申请人既可以选择具有特定含义的符号或符号组合作为商标,也可以选择不具有特定含义的臆造的符号或符号组合作为商标,对于后者,当然具备显著性。人物的称谓一般情况下不构成商品的通用名称、图形、型号,因此将人物称谓申请注册商标,通常都会满足显著性的要求。从本案的裁判结果可以看出,将人物的普通称谓申请注册商标,显著性的判断只在个案中有意义,如果将人物普通称谓使用在与该称谓完全不相干的商品上,并非直接表示商品的质量、主要原料等特征,那么应当认定该申请注册的商标具有较强的显著性。除此之外,争议商标的组成部分含有已经注册的商标,尤其当已注册商标不构成争议商标的主要组成部分时,该事实本身不能支持整个商标不与他人注册商标构成近似,仍应个案认定。

## 二、获得显著性的认定

◇ 核心知识点

获得显著性,是指不具有固有显著性的标识,通过长期使用而为相关公众所知悉,相关公众能够凭借该标识将相关商品或服务与某个提供者间建立特定的联系。《商标法》第11条第2款规定:"前款所列标志经过使用取得显著特征,并便于识别的,可以作为商标注册。"该条内容即为获得显著性的规定。部分缺乏固有显著性特征的标识获得商标法保护的前提是通过使用获得显著性。获得显著性源于商标所使用标识的第一含义,而通过使用获得显著性是在第二含义(secondary meaning)上使用商标标识。作为商标含义的"第二含义"不是标识本来的含义,而是该标识本义之外的另一种含义,特指某种意指,仅存在于标识和商品的联系之间。实际上,使用是商标制度的价值基础,从本质上看,无论是何种标识,其之所以能够作为商标受到保护的根本原因,是因为该标识通过使用而为相关公众所知悉,显著性源于使用。正如一些学者所指出的,商标没有使用就不能具备区分商品来源的功能,也不能积累商誉,注册制模式下,标志不经使用而仅仅通过注册就获得商标权是法律对固有显著性商标的固有显著性进行的拟制,主要是出于减少制度实施成本的考虑。[1] 获得显著性也是显

---

[1] 文学.商标使用与商标保护研究[M].北京:法律出版社,2008:21.

著性的重要来源。

○ 典型案例

西安小肥羊烤肉馆诉国家工商行政管理总局商标评审委员会（以下简称"商评委"）商标行政纠纷案：北京市第一中级人民法院（2005）一中行初字第181号行政判决书；北京市高级人民法院（2006）高行终字第94号行政判决书。

—— 基本案情 ——

内蒙古小肥羊公司于2001年12月18日申请注册第3043421号"小肥羊及图"组合商标，后经国家工商行政管理总局商标局（以下简称"商标局"）初步审定公告。西安小肥羊烤肉馆提出异议后，商标局驳回了其异议申请。西安小肥羊烤肉馆不服，请求商评委复审，后裁定准予"小肥羊及图"商标注册。

—— 裁判摘要 ——

"小肥羊"文字在一定程度上确实表示了"涮羊肉"这一餐饮服务行业的内容和特点，故包头市小肥羊酒店于1999年12月14日在第42类上申请"小肥羊及图"、西安小肥羊烤肉馆于2000年10月23日在第42类上申请"小肥羊及图"商标，商标局对于"小肥羊"文字均不予批准。这就是说，"小肥羊"文字作为商标缺乏固有显著性，因此西安小肥羊烤肉馆关于内蒙古小肥羊公司违反《商标法》第31条，抢先注册其在先使用并具有一定影响的未注册商标的主张不能成立，但这并不排除"小肥羊"文字可以通过使用和宣传获得"第二含义"和显著性。实际上，内蒙古小肥羊公司自2001年7月成立后，采用了连锁加盟的经营方式，服务的规模和范围急剧扩张，2001年度即被评为中国餐饮百强企业，2002年度又位列中国餐饮百强企业第二名，至争议商标于2003年审定公告时，在全国具有了很高的知名度，从而使"小肥羊"文字标识通过内蒙古小肥羊公司大规模的使用与宣传，已经获得了显著性，并且便于识别，应当准予作为商标注册。

▷ 拓展思考

"小肥羊"案是我国描述性商标通过使用而获得显著性的典型案例。由于实践中这种实例较少，无论是商标局、商评委还是法院，均未形成关于获得显著性判断与证明的一般规则。小肥羊本身是"小肥羊"火锅的原料之一，属于《商标法》第12条第1款第（二）项中直接表示商标的主要原料的描述性商标，从而不具有固有显著性。通过后来内蒙古小肥羊公司大规模的使用和宣传行为，

"小肥羊"已经成为一种与四川火锅、北京火锅相区分的火锅类型,获得了显著性,消费者也对此产生了清晰的认知,可以作为商标注册。正如《商标法》第12条第2款所言,"前款所列标志经过使用取得显著特征,并便于识别的,可以作为商标注册"。北京高院在裁判中特别指出,商标局在针对三个"小肥羊"商标注册申请进行审查时并未采取双重标准,而是根据不同商业主体适用商标的不同情况进行商标显著性的判断,换言之,获得显著性的判断应当结合商标使用的具体情形,作个案判断。《授权确权若干规定》第7条对司法经验进行了总结:"人民法院审查诉争商标是否具有显著特征,应当根据商标所指定使用商品的相关公众的通常认识,判断该商标整体上是否具有显著特征。商标标志中含有描述性要素,但不影响其整体具有显著特征的;或者描述性标志以独特方式加以表现,相关公众能够以其识别商品来源的,应当认定其具有显著特征。"

### 三、三维标志申请注册商标时显著性的判断

◇ 核心知识点

商标的基本作用在于区分商品、服务的不同来源,具有显著性是识别功能发挥的前提,也是商标受法律保护的基础要求。按显著性的强弱,可分为固有显著性和通过使用获得显著性。我国《商标法》第11条第1款规定,"下列标志不得作为商标注册:(一)仅有本商品的通用名称、图形、型号的;(二)仅直接表示商品的质量、主要原料、功能、用途、重量、数量及其他特点的;(三)其他缺乏显著特征的"。按照体系解释的要求,前两项规定中的标志之所以不得作为商标注册,根本原因在于"缺乏显著特征",即缺乏固有显著性。显著性判断的主体是且只能是消费者,对于缺乏固有显著性的标志,如果通过长期的营销活动消费者能够实际区分,那么该标志就获得了显著性,能够作为商标注册。正是基于上述考虑,《商标法》第11条第2款规定:"前款所列标志经过使用取得显著特征,并便于识别的,可以作为商标注册。"三维标志在我国也可以作为商标申请注册。审查商标是否具有显著性特征,要结合诉争商标指定使用商品或服务的相关公众的通常认识,从整体上对商标是否具有显著特征进行审查判断。对于以商品包装形式体现的三维标志,设计上的独特性不当然地等同于商标的显著性,而仍应当以其能否区分商品来源作为固有显著性的判断标准。

○ 典型案例

再审申请人意大利爱马仕公司（以下简称"爱马仕公司"）（HERMES ITALIE S.P.A）与被申请人国家工商行政管理总局商标评审委员会商标驳回复审行政纠纷案：北京市第一中级人民法院（2008）一中行初字第323号行政判决书；北京市高级人民法院（2009）高行终字第635号行政判决书；最高人民法院（2012）知行字第68号行政裁定书。

—— 基本案情 ——

爱马仕公司提出国际注册第798099号"立体图形"商标注册申请，申请商标由包体上的翻盖、由包背面穿出的两条平行皮带及开关挂锁组成，商标评审委员会经审查后认为不具备显著性，驳回申请。

—— 裁判摘要 ——

以商品部分外观的三维形状申请注册的，在通常情况下，这种三维形状不能脱离商品本身而单独使用，故相关公众更易将其视为商品的组成部分，除非这种三维形状的商品外观作为商标，其自身具有区别于同类商品外观的显著特征，或者有充分的证据证明，通过使用，相关公众已经能够将这种商品外观与特定的商品提供者联系起来，否则难以认定此三维形状具有显著性。结合相关公众的通常认识，申请商标所包含的经过一定变形的皮包翻盖、皮带和金属部件均是包类商品上运用较多的设计元素，将这几种设计元素组合在一起的设计方式并未使其产生明显区别于同类其他商品外观的显著特征。仅从该三维标识本身来看，申请商标并不具有内在显著性，爱马仕公司在诉讼过程中提交的证据也难以证明申请商标通过使用而获得显著性。

▷ 拓展思考

在三叶草密封端钮案中，[①] 二审法院认为，申请人关于其申请注册商标的三维标志上的"三叶草"图案具有独特创意、能够与同行业经营者的同种商品区分开的上诉理由，仅能说明该三维标志本身可能会受到著作权法或专利法的保护，但不能作为其申请注册商标具有显著特征的理由，因为显著特征要求的

---

[①] 北京市第一中级人民法院（2009）一中行初字第71号行政判决书，北京市高级人民法院（2010）高行终字第131号行政判决书。

并非对商品的区分,而是对商品的不同提供者的区分。此后的芬达瓶案① 和雀巢方形瓶案② 中,法院在裁判中重申了这一态度。对于三维标志申请商标注册时显著性的审查判断,《授权确权若干规定》第9条对司法裁判的经验进行了很好的总结:"仅以商品自身形状或者自身形状的一部分作为三维标志申请注册商标,相关公众一般情况下不易将其识别为指示商品来源标志的,该三维标志不具有作为商标的显著特征。该形状系申请人所独创或者最早使用并不能当然导致其具有作为商标的显著特征。第一款所称标志经过长期或者广泛使用,相关公众能够通过该标志识别商品来源的,可以认定该标志具有显著特征。"根据本条规定,三维标志本身的独创性与显著特征的认定之间没有必然联系,前者强调标志本身,后者强调与商品结合之后的整体效果,遵循不同的判断规则。

---

① 北京市第一中级人民法院(2010)一中知行初字第2664号行政判决书,北京市高级人民法院(2011)高行终字第348号行政判决书。

② 北京市第一中级人民法院(2012)一中知行初字第269号行政判决书;北京市高级人民法院(2012)高行终字第1750号行政判决书;最高人民法院(2014)知行字第21号行政裁定书。

# 第十六章

# 商标权的取得

## 第一节 商标注册的绝对禁止条件

### 一、违反《商标法》第10条禁止作为商标使用的标志

**（一）对含有国名的标志申请注册为商标的审查判断**

◇ 核心知识点

为维护公共利益不受侵害，维护正常的市场秩序，《商标法》第10条规定了不得作为商标使用的标识，涉及国家尊严和公共秩序，其中第1款第（一）项是维护我国国家尊严而禁止使用的标识。按照《商标审查及审理标准》第一部分第3条第（一）项的规定，有下列情形之一的不构成与我国的国家名称相同或者近似，除此之外包含我国国家名称的商标一律不予注册并禁止使用：①描述的是客观存在的事物，不会使公众误认的；②商标含有与我国国家名称相同或者近似的文字，但其整体是报纸、期刊、杂志名称或者依法登记的企事业

单位名称的；③我国申请人商标所含我国国名与其他具备显著特征的标志相互独立，国名仅起表示申请人所属国作用的。"相同或者近似"，是指商标标志整体上与国家名称等相同或者近似，①包含国家名称的商标在整体上并不与我国国家名称相同或者近似时则不能依据《商标法》第10条第1款第（一）项驳回注册申请。对于含有中华人民共和国的国家名称等，但整体上并不相同或者不相近似的标志，如果该标志作为商标注册可能导致损害国家尊严的，人民法院可以认定属于《商标法》第10条第1款第（八）项规定的情形，构成"具有其他不良影响"的标志，不得作为商标使用。

○ 典型案例

国家工商行政管理总局商标评审委员会（以下简称"商评委"）与劲牌有限公司商标驳回复审行政纠纷案：北京市第一中级人民法院（2009）一中行初字第441号行政判决书；北京市高级人民法院（2009）高行终字第829号行政判决书；最高人民法院（2010）行提字第4号行政判决书。

—— 基本案情 ——

劲牌有限公司向商标局申请在第33类商品上注册"中国劲酒"商标，后被商标局驳回，理由是申请商标内含我国国名，违反《商标法》第10条第1款第（一）项，不得作为商标使用，不宜注册。

—— 裁判摘要 ——

一、二审判决摘要

申请商标为"中国劲酒"文字及方章图形共同构成的组合商标。其中文字"劲"字字体为行书体，与其他三字字体不同，字型苍劲有力，明显突出于方章左侧，且明显大于其他三个字，是申请商标的显著识别部分。方章图案中的"中国酒"三字，字体明显有别于"劲"字，虽然包含有中国国名，但该国名部分更容易使消费者理解为仅起表示商标申请人所属国的作用。因此商评委的驳回决定认定事实不清，主要证据不足，判决予以撤销。

再审判决摘要

《商标法》第10条第1款第（一）项规定，同中华人民共和国的国家名称相同或者近似的标志不得作为商标使用。此处所称同中华人民共和国的国家名称相同或者近似，是指该标志作为整体同我国国家名称相同或者近似。如果该标志

---

① 《最高人民法院关于审理商标授权确权案件若干问题的规定》第3条第1款。

含有与我国国家名称相同或者近似的文字,且其与其他要素相结合,作为一个整体已不再与我国国家名称构成相同或者近似的,则不宜认定为同中华人民共和国国家名称相同或者近似的标志。本案中,申请商标可清晰识别为"中国""劲""酒"三部分,虽然其中含有我国国家名称"中国",但其整体上并未与我国国家名称相同或者近似,因此申请商标并未构成同中华人民共和国国家名称相同或者近似的标志,商评委驳回申请商标的注册申请不妥,最高人民法院予以纠正。

▷ 拓展思考

争议商标"中国劲酒"涉及违反《商标法》第10条第1款第(一)项的规定,即商标中含有我国国家名称。《商标审查及审理标准》规定了三种例外情形,除此之外,包含我国国家名称的商标一律不予注册并禁止使用。商评委在诉讼程序中坚持认为,申请商标含有"中国"二字,且在视觉效果上已形成一个整体,"中国"二字成为商标中密不可分的组成部分,不属于《商标审查及审理标准》中所指的与其他显著特征相对独立,仅起表示申请人所属国作用的情况,而本案商标注册申请人的企业名称是"劲牌有限公司",并不属于能够使用"中国"字样的公司,在商标标志中将"中国"与企业字号合用,已构成对我国国家名称的不当使用。最高人民法院则在判决中指出,"中国劲酒"商标不符合前两个条件,但其中"劲"字和"中国酒"三字字体、大小均不相同且被突出使用,具有显著性特征,商标整体不会使人误认为该商标与中国国家名称相似。因此"中国劲酒"商标实际上符合第三种例外情形,国名仅起表示申请人所属国作用。最高人民法院的裁判表明,如果商标含有与我国国家名称相同或者近似的文字,但文字部分与其他要素结合后作为一个整体不再和我国国家名称相同或者近似的,不能认定为同中华人民共和国国家名称相同或者近似的标志。

**(二)带有欺骗性,容易使公众对商品的质量等特点或者产地产生误认的标志**

◇ 核心知识点

对于带有欺骗性,容易使公众对商品的质量等特点或者产地产生误认的标志,2013年《商标法》第10条第1款第(七)项规定不得作为商标使用,2019年《商标法》对此未作修改。而在2001年《商标法》第10条第1款第(七)项中,该条款被表述为"夸大宣传并带有欺骗性"。商标具有广告及竞争功能,它是重要的市场竞争工具。在广告宣传的过程中，企业对商品进行夸大宣传这一行为本身并不具有任何可责难性，可责难的，是夸大宣传的结果和性质，只有当夸大宣传的结果导致公众在消费选择时产生误认、行为具有欺骗性时这种行为才应当受到否定评价。因此 2013 年《商标法》修订时将该条款作了更改，将"夸大宣传"从《商标法》中删除，使之更符合商业逻辑与市场实际。按照现行《商标法》第 10 条第 1 款第（七）项，此类标志被禁用的要件有二：其一，标志的符号组合本身具有欺骗性，是以虚构事实等方面向相关公众传达了不真实或并非全部真实的信息；其二，标志的使用容易使相关公众产生误认，相关公众可能会基于对标志所传达信息的错误认识而作出消费选择。欺骗性标志的认定，要以相关公众对于申请注册的标志的认知为依据，涉案标志的符号含义仅仅是认定的必要前提之一，如果按照日常生活经验或者相关公众的通常认识等并不足以引入误解的，则该标志就不属于禁用标志。

○ 典型案例

李守军诉商标评审委员会商标申请驳回复审行政案：北京市第一中级人民法院（2014）一中知行初字第 2842 号行政判决书；北京市高级人民法院（2014）高行（知）终字第 2851 号行政判决书。

—— 基本案情 ——

2011 年 9 月 30 日，李守军向商标局提出第 10028666 号"天下第一虎及图"（指定颜色）商标的注册申请，指定使用在第 39 类服务上。2012 年 10 月 11 日，商标局以申请商标中含有"天下第一"，使用在指定服务上"夸大宣传了指定服务项目"为由，驳回了申请商标的注册申请。李守军不服商标局的驳回通知，向商标评审委员会提出复审申请，后被驳回。

—— 裁判摘要 ——

一审裁判摘要

法院认为，申请商标并未损害社会主义道德风尚和公共利益及公共秩序，不属于具有"其他不良影响"的情形。申请商标所包含的虎形塑像虽为"最大的锻铜雕塑"，但李守军并未提交该雕塑经过大量宣传和使用在全国范围内已获得较高知名度的证据，因此仅能认定该雕塑为一地方性人文景观，并不为相关公众广泛知晓。申请商标存在夸大宣传的情形，并具有一定的欺骗性，申请商标应属于 2001 年修正的《商标法》第 10 条第 1 款第（七）项所指不得作为商标使用的标志。综上，第 101016 号决定虽然适用法律错误，但结论正确。

二审裁判摘要

法院认为,申请商标属于具有"其他不良影响"而非"夸大宣传并带有欺骗性"的情形,原审判决虽然适用法律错误,但裁判结论正确。

▷ 拓展思考

"天下第一"之类的最高级形容词通常不宜作为商标标志的物理构成要素进行使用,注册更在禁止之列,如此才可避免此类标志在使用过程中导致相关公众产生混淆误认,同时也可以防止商标注册人通过注册行为抬高自己而贬低同业竞争者。对于包含"天下第一"之类的最高级形容词的商标不能获得注册,商标行政主管机关和两级法院的结论是一致的,但是在具体条款的适用上,存在明显的分歧。商标局和一审法院认为此类商标属于违反2001年修正的《商标法》第10条第1款第(七)项的"夸大宣传并具有欺骗性"的情形,而商标评审委员会和二审法院则认为此类商标属于违反2001年修正的《商标法》第10条第1款第(八)项的"具有其他不良影响"的情形。无论是旧法还是新法,该条款强调的都是具有"欺骗性"效果和结果的标志不得作为商标使用。对于那些容易使公众对商品的质量等特点产生误认的欺骗性标志,当然可以适用该项规定,认定其不得作为商标使用并禁止其注册;但是对于那些有相关证据证明并不存在欺骗性的标志,则难以适用该项规定。本案中,申请注册的商标中虎形塑像被上海大世界基尼斯总部认定为"最大的锻铜雕塑","天下第一虎"的称谓有充分的事实依据,认定申请商标具有"欺骗性"显然与事实不符,因此商标评审委员会和一审判决适用"欺骗性"条款对申请商标予以驳回并不准确。特别要指出的是,本案中的最高级形容词形容的是老虎,并非所指定使用的旅游服务,最高级形容词与所指定的商品或者服务的某个特征无关,在老虎上是否使用最高级别形容词与该商标能否获得注册之间本质上是没有因果关系的。判定是否有害于社会主义道德风尚或者有其他不良影响时,应当考虑社会背景、政治背景、历史背景、文化传统、民族风俗、宗教政策等因素,并应考虑商标的物理构成和所指定使用的商品或者服务类别。

(三)"有害于社会主义道德风尚或者有其他不良影响"的标志

1. "社会主义道德风尚""不良影响"与公序良俗原则

◇ 核心知识点

《商标法》第1款第(八)项规定,"有害于社会主义道德风尚或者有其他不良影响"的标志不得作为商标使用。"社会主义道德风尚"和"有不良影响"都不是严格的法律术语，其实指为民法上的公序良俗原则。《授权确权若干规定》第5条第1款指出："商标标志或者其构成要素可能对我国社会公共利益和公共秩序产生消极、负面影响的，人民法院可以认定其属于商标法第10条第1款第（八）项规定的'其他不良影响'。"按照反对解释的原理，如果有关标识的注册所损害的只是特定主体的民事利益，则不能穿凿附会为本款所保障的社会公共利益或公共秩序通过本条款进行救济，一则是因为利益的性质完全不同，二则是因为特定主体的民事利益另有救济方式，无须重复保护。公序良俗原则是民法的基本原则，凝聚了社会公众的价值共识，是立法活动的出发点与目的地，立法者通过设置行为底线的方式来影响法律行为的效力，进而影响民事主体的行为选择，最终助益于符合公序良俗原则要求的社会秩序的构建。因此作为禁止性原则，违反公序良俗原则的标志不得作为商标使用，这一弹性条款的存在确保了商标法的灵活性。

○ 典型案例

创博亚太科技（山东）有限公司（以下简称"创博亚太公司"）与国家工商行政管理总局商标评审委员会（以下简称"商评委"）、第三人张新河商标异议复审行政纠纷案：北京市知识产权法院（2014）京知行初字第67号行政判决书；北京市高级人民法院（2015）高行知终字第1538号行政判决书。

—— 基本案情 ——

2010年11月12日，创博亚太公司向商标局提出第8840949号"微信"商标的注册申请，指定使用在第38类"信息传送、电话业务、电话通信、移动电话通信"等服务上。2011年8月27日，被异议商标经商标局初步审定公告。在法定异议期内，张新河对被异议商标提出异议，商标局作出裁定，被异议商标不予核准注册。创博亚太公司不服该裁定，向商评委申请复审，后商评委裁定被异议商标不予核准注册。

—— 裁判摘要 ——

一审裁判摘要

"微信"在信息传送等服务市场上已经具有很高的知名度和影响力，广大消费者对"微信"所指代的信息传送等服务的性质、内容和来源已经形成明确的认知。在这种情况下，如果核准被异议商标注册，不仅会使广大消费者对"微信"所指代的信息传送等服务的性质、内容和来源产生错误认知，也会对已经形成的稳定的市场秩序造成消极影响。先申请原则是我国商标注册制度的一般原则，但在尊重"在先申请"这个事实状态的同时，对商标注册申请核准与否还应当考虑公共利益和已经形成的稳定市场秩序。当商标申请人的利益与公共利益发生冲突时，应当结合具体情况进行合理的利益平衡。本案中，一方面是商标申请人基于申请行为产生的对特定符号的先占利益和未来对特定符号的使用可能产生的期待利益，另一方面是庞大的微信用户群体已经形成的稳定认知和改变这种稳定认知可能造成的较大社会成本，鉴于此，选择保护不特定多数公众的现实利益具有更大的合理性。因此商评委认定被异议商标的申请注册构成《商标法》第10条第1款第（八）项所禁止的情形并无不当。

二审裁判摘要

根据《商标法》第10条第1款第（八）项的规定，有害于社会主义道德风尚或者有其他不良影响的标志不得作为商标使用。审查判断有关标志是否构成具有其他不良影响的情形时，应当考虑该标志或者其构成要素是否可能对我国政治、经济、文化、宗教、民族等社会公共利益和公共秩序产生消极、负面影响。如果有关标志的注册仅损害特定民事权益，由于商标法已经另行规定了救济方式和相应程序，不宜认定其属于具有其他不良影响的情形。本案中，被异议商标由中文"微信"二字构成，现有证据不足以证明该商标标志或者其构成要素有可能会对我国政治、经济、文化、宗教、民族等社会公共利益和公共秩序产生消极、负面影响。因此就标志本身或者其构成要素而言，不能认定被异议商标具有"其他不良影响"。通常情况下，商标注册申请行为不是《商标法》第10条第1款第（八）项的调整对象，不属于"其他不良影响"的考虑因素。虽然本案被异议商标的申请注册并未违反《商标法》第10条第1款第（八）项的规定，但被异议商标在指定使用服务上缺乏商标注册所必须具备的显著特征，其注册申请违反了《商标法》第1条第1款第（二）项的规定，被异议商标依法不应予以核准注册。

▷ 拓展思考

《商标法》上公序良俗条款的规定非常模糊，司法适用中有较大的不确定性。本案的一审裁判结果引发了极大的争议。支持者认为，禁用条款虽然与政治（组织）直接挂钩，而普通的商标则与商业经济有关，但它们与商标保护在机理上一脉相承，都是为了防止混淆误认。①混淆侵犯了相关公众的利益，故而商标法中相关公众的利益完全有资格成为公共利益。②反对者则认为，公序良俗条款所保护的内涵不同于混淆，混淆完全可以交由其他条款如第8条显著性条款来调整。③二审裁判明确表示，如果有关标志的注册仅损害特定民事权益，由于商标法已经另行规定了救济方式和相应程序，不宜认定其属于具有其他不良影响的情形。显然，二审裁判将相关公众可能造成混淆这一情形彻底排除在了公序良俗条款的保护范围之外。同时二审裁判还纠正了一审裁判的一个明显的逻辑与法理错误，重申"不良影响"属于绝对禁止事项。由于具有"其他不良影响"属于商标注册的绝对禁止事项，一旦认定某一标志具有"其他不良影响"，即意味着不仅该标志在所有的商品和服务类别上都不得作为商标使用，更不得作为商标注册。在《商标法》第10条第1款第（八）项未作例外规定的情况下，任何主体均不得将具有"其他不良影响"的标志作为商标使用和注册。因此对于某一标志是否具有"其他不良影响"，在认定时必须持相当慎重的态度。而一审裁判的思路是"微信"由创博亚太使用或注册则产生"不良影响"，由腾讯公司使用或注册则不产生"不良影响"，"不良影响"的认定因公司而异，这是非常荒谬的。

2. "其他不良影响"的认定

◇ 核心知识点

我国《商标法》第10条第1款第（八）项中"社会主义道德风尚"和"有不良影响"都不是严格的法律术语，依据体系解释和目的解释的要求，对于该条款应以民法上的"公序良俗"概念来解释和适用。对于如何认定有关标志是否构成具有"其他不良影响"，《授权确权若干规定》第5条中作了明确规定。商标标志或者其构成要素可能对我国社会公共利益和公共秩序产生消极、负面影响的，人民法院可以认定其属于《商标法》第10条第1款第（八）项规定的"其他不良影响"；将政治、经济、文化、宗教、民族等领域公众人物姓名等申请

---

① 邓宏光.商标授权确认程序中的公共利益与不良影响：以"微信"案为例[J].知识产权，2015（4）.

② 李扬."公共利益"是否真的下出了"荒谬的蛋"？——评微信商标案一审判决[J].知识产权，2015（4）.

③ 孔祥俊.论商标法的体系性适用——在《商标法》第8条的基础上展开[J].知识产权，2015（6）.

注册为商标,属于前款所指的"其他不良影响"。因此将在相关行业具有一定知名度和影响力的知名人物姓名作为商标注册在该行业相关商品上,易使相关消费者将该商品的品质特点与该行业相关知名商品生产工艺相联系,从而误导消费者的,可以认定为具有"其他不良影响"。需要注意的是,本条所针对的,只是相关领域公众人物姓名等对象,对于非公众人物姓名等对象而言,只能作为《商标法》第 32 条中"在先权利"获得救济。

○ **典型案例**

贵州美酒河酿酒有限公司(以下简称"贵州美酒河公司")与国家工商行政管理总局商标评审委员会(以下简称"商评委")、李长寿商标争议行政纠纷案:北京市高级人民法院(2010)高行终字第 1503 号行政判决书;最高人民法院(2012)知行字第 11 号驳回再审申请裁定书。

—— 基本案情 ——

李兴发生前系茅台酒厂副厂长,为茅台酒的酿造工艺做出一定贡献,在酒行业具有一定的知名度和影响力。2005 年贵州美酒河公司获准注册"李兴发",核定使用商品为第 33 类的"酒精饮料(啤酒除外)"。后李兴发之子李长寿以争议商标侵犯其父姓名权并造成不良影响为由向商评委提出撤销申请,商评委裁定撤销争议商标的注册。

—— 裁判摘要 ——

根据《最高人民法院关于审理商标授权确权行政案件若干问题的意见》第 3 条规定,人民法院在审查判断有关标志是否构成具有其他不良影响的情形时,应当考虑该标志或者其构成要素是否可能对我国政治、经济、文化、宗教、民族等社会公共利益和公共秩序产生消极、负面影响。本案中争议商标由"李兴发"文字及图组成,将李兴发的姓名作为商标注册在"酒精饮料(啤酒除外)"商品上,易使相关消费者将商品的品质特点与李兴发本人或茅台酒的生产工艺相联系,从而误导消费者,并造成不良影响。因此争议商标的注册违反了《商标法》第 10 条第 1 款第(八)项之规定,应予撤销。

▷ **拓展思考**

本案的争议焦点之一是争议商标的注册是否构成 2001 年《商标法》第 31 条所指"申请商标注册不得损害他人现有的在先权利"的情形。"他人现有的在先权利"是指他人享有的除商标权以外的其他在先权利,包括姓名权。本案中,李兴发之子李长寿是以争议商标侵犯其父姓名权并造成不良影响为由向商标评审委员会提出撤销申请的。商标评审委员会在撤销争议商标注册的裁定中明确指出他人的姓名权中的"他人"是指在世的自然人，因李兴发已死亡，李长寿主张争议商标的注册损害李兴发在先姓名权的主张缺乏事实依据，不予支持。本案的另一关键问题是争议商标是否属于《商标法》第10条第1款第（八）项"具有其他不良影响"的情形。不良影响的判定应综合考虑社会背景、历史背景、文化传统等因素，并应考虑指定的商品或服务。本案争议商标本身的文字内容和商标的图文组合虽不致产生有害于社会主义道德风尚的后果或者具有其他不良社会影响，但将在酒行业具有一定知名度和影响力的李兴发的姓名作为商标注册在"酒精饮料（啤酒除外）"商品上，容易使相关消费者将商品的品质特点与李兴发本人或茅台酒的生产工艺相联系，从而误导消费者，造成不良影响，属于"具有其他不良影响"的情形。

3. 宗教感情与宗教信仰

◇ 核心知识点

判断有关标识是否构成具有其他不良影响的情形时，应当考虑该标志或者其构成要素是否可能对我国政治、经济、文化、宗教、民族等社会公共利益和公共秩序产生消极、负面影响。宗教是客观存在的社会现象，有其历史背景和文化根源，在可以预见的未来，宗教还将在人类社会中存在并扮演着重要的角色。因此为避免因宗教问题引发的文化冲突、政治冲突乃至军事冲突，宗教感情应属于公序良俗的组成部分，伤害宗教感情的标志不能被使用于商标上，更不能被注册为商标。对具有宗教含义的商标，一般可以该商标的注册有害于宗教感情、宗教信仰或者民间信仰为由，认定其具有"其他不良影响"。判断商标是否具有宗教含义，应当结合当事人提交的证据、宗教人士的认知，以及该宗教的历史渊源和社会现实综合予以认定。

○ 典型案例

泰山石膏股份有限公司（以下简称"泰山石膏公司"）、山东万佳建材有限公司（以下简称"万佳公司"）与国家工商行政管理总局商标评审委员会（以下简称"商评委"）商标争议行政纠纷再审案：北京市第一中级人民法院（2014）一中知行初字第6325号行政判决书；北京市高级人民法院（2014）高行（知）终字第3390号行政判决书；最高人民法院（2015）知行字第62号行政裁定书；

最高人民法院（2016）最高法行再 21 号行政判决书。

—— 基本案情 ——

第 3011175 号"泰山大帝"商标（即争议商标）于 2010 年 4 月 14 日经核准转让予万佳公司。泰山石膏公司于 2013 年 5 月 17 日向商评委提出争议申请，其主要理由为：争议商标有害于宗教信仰、宗教感情或者民间信仰，容易使公众对商品的质量等特点或者提供者的资质产生误认。

—— 裁判摘要 ——

一、二审裁判摘要

一审法院认为，"泰山大帝"为道教众神之一，万佳公司将"泰山大帝"申请注册为商标并进行使用，容易伤害宗教人士、道教信众的宗教感情，构成《商标法》第 10 条第 1 款第（八）项规定的情形，应予撤销。二审法院认为，一审法院及商评委认定"泰山大帝"为道教山东泰山地区独有的神灵名称缺乏依据，应予纠正。

再审裁判摘要

判断有关标志是否构成具有其他不良影响的情形时，应当考虑该标志或者其构成要素是否可能对我国政治、经济、文化、宗教、民族等社会公共利益和公共秩序产生消极、负面影响。如果某标志具有宗教含义，不论相关公众是否能够普遍认知，该标志是否已经使用并具有一定知名度，通常可以认为该标志的注册有害于宗教感情、宗教信仰或者民间信仰，具有不良影响。本案中判断"泰山大帝"是否系道教神灵的称谓，是否具有宗教含义，不仅需考量本案当事人所提交的相关证据，也需考量相关宗教机构人士的认知，以及道教在中国民间信众广泛的历史渊源和社会现实。"泰山大帝"的称谓系客观存在，具有宗教含义，将"泰山大帝"作为商标加以注册和使用可能会对宗教信仰、宗教感情或者民间信仰造成伤害，从而造成不良影响，属于《商标法》第 10 条第 1 款第（八）项规定的情形，应予撤销。

▷ 拓展思考

本案一、二审和再审中人民法院对于"泰山大帝"是否为道教神灵称谓的结论大相径庭，根本原因在于判断的标准不一。二审法院认为"泰山大帝"不属于道教神灵称谓的理由之一是国家官方记载中未记载"东岳大帝"或"泰山神"称为"泰山大帝"。再审法院则强调是否具有宗教含义的判断，要综合考量当事人所提交的证据、相关宗教机构人士的认知及历史渊源和社会现实，是否在官方记载中明确只是考量因素之一而非必备要件,道教神灵的称谓不能仅限于国家官方记载。泰安市民族与宗教事务局、泰安市道教协会出具的"泰山大帝"系道教神灵称谓的证明属于相关宗教人士的认知,部分书籍、新闻报道和论文中提及"东岳大帝"或"泰山神"称为"泰山大帝",道教在我国具有悠久历史的事实也决定了道教神灵的称谓不能只以官方记载为准。根据相关证据和宗教界机构人士的认知表明,"泰山大神"均指向"泰山神"或"东岳大帝",而不是指向其他道教神灵,"泰山大帝"的称谓具有宗教含义,注册与使用行为可能会对宗教信仰、宗教感情或者民间信仰造成伤害,从而造成不良影响。最高人民法院的判决明确了伤害宗教感情属于"具有其他不良影响",也明确了宗教人物、角色认定的判断标准和考量因素。

### (四)县级以上行政区划的地名或者公众知晓的外国地名不得作为商标的规定

◇ 核心知识点

地名商标,是指仅由地名构成或包含地名的商标。《商标法》第10条第2款规定:"县级以上行政区划的地名或者公众知晓的外国地名,不得作为商标。但是,地名具有其他含义或者作为集体商标、证明商标组成部分的除外;已经注册的使用地名的商标继续有效。"禁止地名商标注册的原因主要有以下三点:其一,防止消费者对商品或服务的产地来源发生误认;其二,防止地名被个别经营者独占,妨碍其他同业竞争者的正常市场行为;其三,维护商标的显著特征。县级以上行政区划的地名以我国民政部编辑出版的《中华人民共和国行政区划简册》为准。县级以上行政区划地名包括全称、简称,以及县级以上的省、自治区、直辖市、省会城市、计划单列市、著名的旅游城市的拼音形式。公众知晓的外国地名,是指我国公众知晓的我国以外的其他国家和地区的地名,包括全称、简称、外文名称和通用的中文译名。商标的文字构成和我国县级以上行政区划的地名或者公众知晓的外国地名不同,但字形、读音近似足以使公众误认为是该地名,从而发生商品产地误认的,属于不得使用的情形。由县级以上行政区划的地名或者公众知晓的外国地名和其他要素组成的商标标志,如果整体上具有区别于地名的含义,不在禁用之列。[①] 地名商标之外,还有一些商标包含地名要素,对于此

---

① 参见《授权确权若干规定》第6条。

类商标是否可以注册,存在一定的变数,在商标审查和司法裁判实践中需要注意。

○ 典型案例

再审申请人百威哈尔滨啤酒有限公司(以下简称"哈尔滨啤酒公司")与被申请人国家知识产权局商标申请驳回复审行政纠纷案,北京知识产权法院(2015)京知行初字第807号行政判决书,北京市高级人民法院(2018)京行终2649号行政判决书,最高人民法院(2020)最高法行再370号行政判决书。

—— 基本案情 ——

"哈尔滨小麦王"商标(简称"诉争商标")由百威哈尔滨啤酒有限公司向商标局提出注册申请,指定使用在第32类啤酒等商品上。商标局以"诉争商标中的'哈尔滨'为县级以上行政区划名称,且诉争商标并未形成其他强于地名的含义"为由驳回了诉争商标的注册申请。哈尔滨啤酒公司不服,申请驳回复审,并提交了相应知名度证据。此后商标评审委员会作出商标驳回复审决定,仍裁定驳回诉争商标在复审商品上的注册申请。哈尔滨啤酒公司不服被诉裁定,向北京知识产权法院提起诉讼。北京知识产权法院撤销被诉决定,判令商标评审委员会重新作出决定。商标评审委员会不服,向北京市高级人民法院上诉。北京市高级人民法院撤销一审判决,驳回哈尔滨啤酒公司的诉讼请求。哈尔滨啤酒公司不服,向最高人民法院申请再审。最高人民法院撤销二审判决,维持一审判决。

—— 裁判摘要 ——

如果诉争商标是由地名和其他要素组合而成,可以从整体上实现与地名的区分,即不应被认定为违反了商标法第10条第2款的规定。这是因为诉争商标已经通过增加其他构成要素等方式,保持了与地名之间的必要距离。相关公众在看到诉争商标时,不再因此而产生地理位置上的联想,也不会影响其他社会公众使用地名的表达自由,进而避免了诉争商标申请人借助商标申请和注册行为不正当地挤占公共资源的可能性。

具体到本案而言,在案证据可以证明,哈尔滨系列啤酒产品经过哈尔滨啤酒公司长期、大量的使用和持续、广泛的宣传,已经具有了较高的市场知名度。相关公众在看到哈尔滨商标时,可以将其与啤酒等商品的提供者哈尔滨啤酒公司建立起较为稳定的产源联系。而根据原料、口感的差异,将使用同一商标的啤酒进一步细分为不同的产品类型,应属啤酒生产行业的常见作法。因此整体而言,诉争商标哈尔滨小麦王易被相关公众识别为哈尔滨啤酒的系列产品之一,具有区别于地名的其他含义，亦可以发挥识别商品来源的作用。同时基于哈尔滨商标在啤酒商品上已经积累的商业信誉，诉争商标与哈尔滨啤酒公司哈尔滨系列品牌所具有的产源指向关系一致，故诉争商标的使用也不会使相关公众因产源上的错误认识，而产生误认误购的后果。

▷ 拓展思考

含地名商标可分为两大类：一类是纯地名商标，如"凤凰""延长""香格里拉"等；一类是"地名+其他要素"商标，如"青岛啤酒""茅台酒"等。由于商标构成要素有差别，两类含地名商标的可注册性上也有不同。对于纯地名商标，《商标法》第10条第2款对禁止注册的情形有明确的限制性规定。对于"地名+其他要素"商标，《授权确权若干规定》第6条也作了例外处理："商标标志由县级以上行政区划的地名或者公众知晓的外国地名和其他要素组成，如果整体上具有区别于地名的含义，人民法院应当认定其不属于商标法第10条第2款所指情形。"根据该条，如果诉争商标属于"地名+其他要素"商标，就不能当然地以其中包含地名为由，直接援引《商标法》第10条第2款规定予以驳回，而仍然需要适用《授权确权若干规定》第6条，具体判断诉争商标是否已经在"整体上具有区别于地名的含义"。北京市高级人民法院的规范性文件对"其他含义"作了进一步界定："诉争商标标志或者其构成要素含有县级以上行政区划的地名或者公众知晓的外国地名，但是整体上具有其他含义的，可以认定其不属于《商标法》第10条第2款所规定的情形。具有下列情形之一的，可以认定诉争商标整体上具有其他含义：①诉争商标仅由地名构成，该地名具有其他含义的；②诉争商标包含地名，但诉争商标整体上可以与该地名相区分的；③诉争商标包含地名，整体上虽不能与该地名相区分，但经过使用足以使公众将其与之区分的。"①上述类型化的努力值得称赞，但仍然有一些含混之处需要在个案中澄清。同时还要注意《授权确权若干规定》第6条中"不属于第10条第2款所指情形"的含义，这一表述并不意味着诉争商标肯定能被核准注册，"如果其因含有地名而可能违反商标法规定的其他禁止性规范的，仍应适用相应规定进行规范。"②

---

① 《北京市高级人民法院商标授权确权行政案件审理指南》第8.10条。

② 孔祥俊.商标法：原理与判例[M].北京：法律出版社，2021：252–253.

## 二、违反《商标法》第 11 条缺乏显著特征的商标

### (一) 通用标识不得作为商标注册

◇ 核心知识点

《商标法》第 11 条第 1 款规定:"下列标志不得作为商标注册:(一) 仅有本商品的通用名称、图形、型号的;(二) 仅直接表示商品的质量、主要原料、功能、用途、重量、数量及其他特点的;(三) 其他缺乏显著特征的。"该条款所指的各类标志,本质上都属于缺乏显著特征的标志。通用标识是指"在某一类商品或服务上普遍使用的用于指称其名称、图形或型号的标识",[①] 即第 11 条第 1 款中的各类标志。通用标识是同业竞争者普遍使用的用于指称某类商品或服务的标志,无法发挥识别功能,因此不能作为商标注册。《授权确权若干规定》第 10 条第 1 款规定:"诉争商标属于法定的商品名称或者约定俗成的商品名称的,人民法院应当认定其属于商标法第 11 条第 1 款第 (一) 项所指的通用名称。依据法律规定或者国家标准、行业标准属于商品通用名称的,应当认定为通用名称。相关公众普遍认为某一名称能够指代一类商品的,应当认定为约定俗成的通用名称。被专业工具书、辞典等列为商品名称的,可以作为认定约定俗成的通用名称的参考。"需要注意的是,国家标准和行业标准只是证明力较强而非绝对,如果有相反证据,可以否定国家标准和行业标准中认定的通用名称。该条第 2 款规定:"约定俗成的通用名称一般以全国范围内相关公众的通常认识为判断标准。对于由于历史传统、风土人情、地理环境等原因形成的相关市场固定的商品,在该相关市场内通用的称谓,人民法院可以认定为通用名称。"

○ 典型案例

西南药业股份有限公司(以下简称"西南药业公司")与国家工商行政管理总局商标评审委员会(以下简称"评委会")、拜耳消费者护理股份有限公司(以下简称"拜耳公司")商标行政纠纷案:北京市高级人民法院(2006)高行终字第 248 号行政判决书;北京市高级人民法院(2007)高行监字第 291 号驳回再审申请通知书;最高人民法院(2007)行监字第 111-1 号驳回再审申请通知书。

---

[①] 冯术杰.商标法原理与应用[M].北京:中国人民大学出版社,2017:66.

—— 基本案情 ——

罗须公司经国家商标局核准于2000年10月14日注册了"散利痛"商标。2001年4月16日，西南药业公司以"散利痛"系药品通用名称为由，请求商评委撤销该商标。经审查，2005年商评委作出维持注册的裁定。二审判决后，拜耳公司依法受让了"散利痛"商标并向最高人民法院提交了参加本案再审诉讼的声明，罗须公司也向最高人民法院申请不再以自己的名义参加再审诉讼，并同意拜耳公司承继罗须公司在该案中的全部诉讼权利和义务。

—— 裁判摘要 ——

一、二审裁判摘要

通用名称包括法定的通用名称和约定俗成的通用名称，被列入地方药品标准的名称原则上应认定为通用名称，但如该国家药品标准修改后则不宜仍将其认定为法定的通用名称；判定其是否是通用名称的标准应当是其是否已为同行业经营者约定俗成、普遍使用的表示某类商品的名词。

再审裁判摘要

"散利痛"虽因列入四川、上海地方药品标准而成为该药品的通用名称，但2001年10月31日以后，因相关国家药品标准的修订不再是法定的通用名称，商评委根据作出评审裁定前同行业对该名称的实际使用情况等事实，认定"散利痛"具有显著性并维持其注册的裁定并无不当，原审法院维持其裁定的裁判结果正确。

▷ 拓展思考

实践中对于何种地域范围通用才能认定构成通用名称曾有不同认识。一种观点认为全国通用才能认定，另一种观点认为部分地域通用的也不能注册。我国地域辽阔，通用名称的情形复杂，认定标准不宜一刀切，对于具有地域性特点的商品通用名称，认定时需要对相关公众的范围进行限制。在山东鲁锦实业有限公司诉甄城县鲁锦工艺品有限责任公司、济宁礼之邦家纺有限公司侵犯注册商标专用权及不正当竞争纠纷案中，山东高院在判决中指出，"鲁锦"是具有地域性特点的棉纺织品的通用名称；对于具有地域性特点的商品通用名称，判断其广泛性应以特定产区及相关公众为标准，而不应以全国为标准；我国其他省份的手工棉纺织品不叫"鲁锦"，并不影响"鲁锦"专指山东地区特有的民间手工棉纺织品这一事实。[①] 而在再审申请人山西沁州黄小米（集团）有限

---

① 参见山东省高级人民法院（2009）鲁民三终字第34号民事判决书。

公司与被申请人山西沁州檀山皇小米发展有限公司、山西沁县檀山皇小米基地有限公司确认不侵害商标权及侵害商标权纠纷案中,最高人民法院认为,因历史传统、风土人情、地理环境等原因形成的相关市场较为固定的商品,其在该相关市场内的通用称谓可以认定为通用名称;注册商标权人不能因其在该商品市场推广中的贡献主张对该商品的通用名称享有商标权,无权禁止他人使用该通用名称来表明商品品种来源。① 该案的裁判规则被《授权确权若干规定》第11条第2款确认。

**(二) 仅直接表示商品的质量、主要原料、功能、用途、重量、数量及其他特点的标志不得作为商标注册**

◇ 核心知识点

《商标法》第11条第1款第(二)项中"仅直接表示商品的质量、主要原料、功能、用途、重量、数量及其他特点的"标识即为描述性标识。描述性标识是同业经营者所必需的标识,相关公众无法据此识别商品提供者,固有显著性和获得显著性均无由产生。除此之外,一些标识中含有间接描述商品特征的要素,这一类暗示性商标能否获得注册,则需要个案判断。含有描述性要素的标识,是否具备显著性,从而可以作为商标获准注册,需要根据描述性要素所发挥的作用分类判断。《授权确权若干规定》第7条规定:"商标标志中含有描述性要素,但不影响其整体具有显著特征的;或者描述性标志以独特方式加以表现,相关公众能够以其识别商品来源的,应当认定其具有显著特征。"第11条规定:"商标标志只是或者主要是描述、说明所使用商品的质量、主要原料、功能、用途、重量、数量、产地等的,人民法院应当认定其属于商标法第11条第1款第(二)项规定的情形。商标标志或者其构成要素暗示商品的特点,但不影响其识别商品来源功能的,不属于该项所规定的情形。"含有描述性要素的商标,显著性较低,能否获得商标注册需要个案判断。描述性商标,不具备显著性,不能获得商标注册。暗示性商标,相关公众需要经过思考或者联想之后才能发现该标识对商品或者服务特征的描述,思考或联想行为的存在使得这一类标识常常具备固有显著性,可以作为商标获准注册。对于使用时间较长,已经建立起一定的市场声誉,相关公众能够以其识别商品来源,并不仅仅直接表示商品质量、主要原料等特征的商标,应当认为其具备显著特征。

---

① 参见最高人民法院(2013)民申字第1642号驳回再审申请裁定书。

○ 典型案例

申请再审人长沙沩山茶业有限公司与被申请人国家工商行政管理总局商标评审委员会（以下简称"商评委"）、湖南宁乡沩山湘沩名茶厂（以下简称"湘伪名茶厂"）等商标行政纠纷案：北京市第一中级人民法院（2007）一中行初字第647号行政判决书；北京市高级人民法院（2007）高行终字第583号行政判决书；最高人民法院（2011）行提字第7号行政判决书。

—— 基本案情 ——

案外人湖南省宁乡县茶叶公司于2001年被核准注册"沩山牌及图"商标，后转让给沩山茶叶公司。2004年湘沩名茶厂等六公司以"沩山毛尖"为茶叶商品的通用名称，争议商标的注册违反《商标法》第11条第1款、第41条第1款的规定为由申请撤销争议商标，后商评委裁定撤销争议商标的注册。

—— 裁判摘要 ——

一、二审判决摘要

北京一中院一审认为，本案现有证据能够证明湖南省宁乡县沩山乡自古产茶，沩山乡独特的地理和自然环境决定了沩山茶的品质特点，争议商标由沩山牌文字及图组成，一般消费者会将文字部分作为商品的主要识别部分和呼叫对象，故其整体亦不具有显著性。遂判决维持商评委的裁定。北京高院二审判决驳回上诉，维持一审判决。

再审判决摘要

根据《商标法》第11条第1款第（二）、（三）项之规定，"仅仅直接表示商品的质量、主要原料、功能、用途、重量、数量及其他特点的""缺乏显著特征的"标志不得作为商标注册。判断争议商标是否应当依据上述法律规定予以撤销时，应当根据争议商标指定使用商品的相关公众的通常认识，从整体上对商标是否具有显著特征进行判断，不能因为争议商标含有描述性文字就认为其整体缺乏显著性。鉴于本案争议商标使用时间较长，已经建立一定的市场声誉，相关公众能够以其识别商品来源，并不仅仅直接表示商品的质量、主要原料、功能、用途、重量、数量及其他特点，商评委、原审法院以争议商标含有沩山文字就认为其整体缺乏显著性，属于认定事实错误，应予纠正。

▷ 拓展思考

在申请再审人佳选企业服务公司与被申请人国家工商行政管理总局商标评

审委员会(以下简称"商评委")商标驳回复审行政纠纷案[①]中,最高人民法院针对含有描述性外国文字要素的商标其显著性判断作出了进一步的阐释。商评委认为,"BEST BUY"使用在指定服务项目上仅仅直接表示了服务的品质和特点,缺乏作为商标应有的显著特征。北京一中院一审和北京高院二审均认为,相对于图形部分,文字部分更易为消费者所关注,是该商标的显著识别部分,"BEST""BUY"属于英文中较常用的词汇,中国消费者对于上述单词含义的认知度较高,组合在一起也未形成其他新的含义,适用于指定服务项目,直接表明了服务的品质和特点,缺乏显著性。最高人民法院认为,在审理商标授权确权行政案件时,应当根据诉争商标指定使用商品的相关公众的通常认识,从整体上对商标是否具有显著特征进行审查判断,如果商标标识中含有的描述性要素不影响商标整体上具有显著特征,相关公众能够以其识别商品来源的,应当认定其具有显著特征。该案中申请商标由英文单词"BEST"和"BUY",以及黄色的标签方框构成,虽然其中的"BEST"和"BUY"对于指定使用的服务具有一定的描述性,但是加上标签图形和鲜艳的黄色,整体上具有显著特征,便于识别。该案中商评委和一、二审法院对申请商标的显著性没有进行整体判断,认定申请商标不具有显著性的结论错误,最高人民法院进行了纠正。

## (三)"其他缺乏显著特征的"标识不得作为商标注册

◇ 核心知识点

《商标法》第11条第1款第(三)项中"其他缺乏显著特征的"标识,属于兜底性规定,用以涵盖各类立法时未曾预料到的情形。商标局《商标审查及审理标准》中规定,其他缺乏显著特征的标志是指《商标法》第11条第1款第(一)、(二)项以外的、依照社会通常观念其本身或者作为商标使用在指定商品上,不具备表示商品来源作用的标志。考虑到"社会通常观念"这一表述的宽泛性,可以认为本款项规定恰恰是要赋予商标注册审查人员必要的自由裁量权,以此来应对实践中的不确定性问题。不确定性是普遍存在的,无论是自然科学研究,还是社会科学研究,都以不确定性的消除作为重要目标之一。

---

① 北京市第一中级人民法院(2009)一中行初字第388号行政判决书;北京市高级人民法院(2010)高行终字第861号行政判决书;最高人民法院(2011)行提字第9号行政判决书。

与此同时，不确定性又是永远存在的，我们必须通过各种功能与设计的冗余（redundancy）来应对不确定性的冲击。毕竟"目前设计中的冗余对于在复杂系统中如何防止彻底失败具有决定性作用"[①]，而兜底条款就属于立法中的"冗余"设计。因此如何在实践中有效应用兜底条款，是今后的研究重点。

○ 典型案例

再审申请人重庆市沙坪坝区互旺食品有限公司、重庆市沙坪坝区磁器口老街陈建平麻花食品有限公司、冯万金、重庆陈记香酥王食品开发有限公司、重庆大渝人食品有限责任公司与被申请人重庆市磁器口陈麻花食品有限公司、国家知识产权局商标权无效宣告请求行政纠纷案。北京知识产权法院（2019）京73行初3833号行政判决书，北京市高级人民法院（2019）京行终9347号行政判决书，最高人民法院（2021）最高法行再255号行政判决书。

—— 基本案情 ——

本案再审被申请人重庆市沙坪坝区磁器口老街陈麻花食品有限公司（以下简称"被申请人"）于2013年11月申请注册本案诉争商标第13488202号"陈麻花"商标，指定使用在第30类麻花、甜食（糖果）、怪味豆等商品上。本案再审申请人重庆市沙坪坝区磁器口老街陈建平麻花食品有限公司、重庆市沙坪坝区互旺食品有限公司、重庆陈记香酥王食品开发有限公司等（以下简称"申请人"）分别于2017年12月、2018年1月等针对诉争商标向国家知识产权局提出商标无效宣告请求。国家知识产权局将案件进行合并审理。经审理，国家知识产权局做出认定"陈麻花"在诉争商标注册申请日前，在重庆磁器口地区已成为一种麻花商品约定俗成的通用名称。争议商标在麻花商品上的注册属于《商标法》第11条第1款第（一）项所禁止之情形。同时"陈麻花"作为一种麻花商品的通用名称，使用在除麻花商品以外的甜食（糖果）等商品上易使消费者对商品产生误认，诉争商标在除麻花商品外的甜食（糖果）、怪味豆等商品上的注册违反了《商标法》第10条第1款第（七）项规定。因此对诉争商标在全部商品上予以无效宣告。被申请人对无效裁定不服提起诉讼，北京知识产权法院经审理判决维持原无效宣告裁定。被申请人上诉，北京市高级人民法院判决撤销一审判决及无效裁定，判令国家知识产权局重新做出裁定。申请

---

① 亨利·N·波拉克.不确定的科学与不确定的世界[M].李萍萍，译.上海：世纪出版集团，上海科技教育出版社，2005：183.

人不服该二审判决,向最高人民法院提出再审申请。最高人民法院裁定提审本案,以判决撤销二审判决,维持一审判决。

—— 裁判摘要 ——

本案中,互旺公司等在再审期间提交的大量公开出版物等证据,能够证明在陈麻花公司申请注册诉争商标时,相关公众已将"陈麻花"与重庆磁器口联系起来,并有相当一部分公众将其认读为一种重庆小吃。在案证据能够证明在2001年以后,在重庆市磁器口地区有多家麻花经营者以包含"陈"和"麻花"的字号开展经营,直至诉争商标申请时,在重庆磁器口有多家麻花经营者在生产经营的麻花产品上突出使用"陈麻花"标志,而且当地从事麻花经营的多个生产主体,以及有关监管部门,已将陈麻花指称为一种产品,这种使用在诉争商标申请注册前后均存在。虽然在案证据不能证明相关公众普遍认为"陈麻花"所具体指代的是哪一类麻花商品,"陈麻花"尚不足以构成麻花类商品的通用名称,但基于上述相关公众对"陈麻花"的认识和当地经营者对"陈麻花"标志的使用状况等事实,证明本案诉争商标申请注册时,"陈麻花"已不能区别具体的麻花商品的生产、经营者,从而发挥商标应有的识别功能,故其构成《商标法》第11条第1款第三项其他缺乏显著特征的标志,不得作为商标注册。

▷ 拓展思考

对于《商标法》第11条第1款中兜底条款如何适用,目前尚缺少立法层面的明确指引,特别是兜底条款与其他款项之间的关系,有待澄清。本案的裁判结果则在一定程度上厘定了第11条第1款中三项的适用关系。一审判决认定诉争商标"陈麻花"构成一种麻花商品的通用名称,这一点是有疑问的,现有证据不足以认定"陈麻花"构成通用名称。实际上,现有证据表明"陈麻花"处于一个中间阶段,它既不是通用名称,也不具备足够的显著性,属于"其他缺乏显著特征的"标志。最高人民法院之所以维持一审判决,是因为一审判决驳回陈麻花公司的诉讼请求在整体上是正确的。至此,我们可以粗略梳理出该条款中兜底条款的适用规则:当且仅当诉争标识既不属于第(一)项所列情形,也不属于第(二)项所列情形,又缺乏显著特征的,才能适用第(三)项排除其注册。对于"其他缺乏显著特征的"标识,有学者认为至少包括以下几类:过于简单的图形、数字、字母,装饰性图案,口号短语和广告用语等。[1]

---

[1] 孔祥俊.商标法:原理与判例[M].北京:法律出版社,2021:323-336.

## 三、违反《商标法》第 12 条禁止注册为商标的三维标志

◇ 核心知识点

《商标法》要求申请注册商标的三维标志不仅应与平面标志同样具备商标应具有的显著性，同时还附加了技术功能性和美学功能性的要求，即三维标志只有在不属于由技术功能或者美学功能所决定的标志的情况下，才可以作为商标注册。该法第 12 条规定："以三维标志申请注册商标的，仅由商品自身的性质产生的形状、为获得技术效果而需要的商品形状或者使商品具有实质性价值的形状，不得注册。"按照该条规定，三维标志申请注册商标有三项限制条件：其一，仅由商品自身的性质产生的形状，即为实现商品固有的功能和用途所必须采用的或者通常采用的形状，不得注册为商标。其二，为获得技术效果而需有的商品形状，即为使商品具备特定的功能，或者使商品固有的功能更容易地实现所必需使用的形状，不得注册为商标。其三，为使商品具有实质性价值的形状，即为使商品的外观和造型影响商品价值所使用的形状，不得注册为商标。

○ 典型案例

开平味事达调味品有限公司（以下简称"味事达公司"）请求宣告雀巢产品有限公司（以下简称"雀巢公司"）国际注册商标无效行政纠纷案：北京市第一中级人民法院（2012）一中知行初字第 269 号行政判决书；北京市高级人民法院（2012）高行终字第 1750 号行政判决书；最高人民法院（2014）知行字第 21 号行政判决书。

—— 基本案情 ——

涉案争议商标为指定颜色的方形瓶，该商标核定使用商品为食用调味品，注册商标专用权人为雀巢公司。针对争议商标，味事达公司向商标评审委员会提出撤销申请，后商评委裁定维持争议商标的注册。

—— 裁判摘要 ——

关于争议商标是否具有固有显著性的问题。雀巢公司认为涉案瓶型经过特殊设计，且有指定颜色，是雀巢公司独创，已使用一百多年，具有当然的显著性。作为商品包装的三维标志，由于其具有实用因素，其在设计上具有一定的独特性并不当然表明其具有作为商标所需的显著性，应当以相关公众的一般认识，

判断其是否能区别产品的来源。本案中，争议商标指定使用的"调味品"是普通消费者熟悉的日常用品，在争议商标申请领土延伸保护之前，市场上已存在与争议商标瓶型近似的同类商品的包装，且由于2001年修改前的商标法并未有三维标志可申请注册商标的相关规定，故相关公众不会将其作为区分不同商品来源的标志，一、二审法院认为争议商标不具有固有的显著性是正确的。

▷ **拓展思考**

三维标志通常包含如下三种使用方式：用作商品自身的形状；用作商品的包装；用作商品或服务的装饰。上述三种使用方式中，三维标志用作商品本身的形状或包装时容易让消费者产生将该三维标志确信为商品的包装或者商品本身的形状的认知，直接表示了商品的相关特点，对于消费者而言，该三维标志并不具备商标应有的显著性。即便是作为商品或者服务装饰而使用的三维标志，消费者也未必会将该三维标志认知为商标，还需根据行业惯例进行具体判断。在本案中，争议商标指定使用商品为食用调味品，将该三维标志使用在此类商品上，相关公众当然会认为该标志属于该商品的包装物，通常情形下不会产生该三维标志指代、识别具体商品的提供者的认识。因此对于雀巢公司的"方形瓶"三维标志，因其具备技术功能性而被排除在注册范围之外。

## 第二节 商标注册的相对禁止条件

### 一、违反《商标法》第13条抢注他人驰名商标

◇ **核心知识点**

驰名商标是指在中国境内为相关公众所熟知的商标。"驰名商标保护的目的在于适当扩张具有较高知名度的商标的保护范围和保护强度，不是评定或者授予荣誉称号。"[①] 按照《商标法》第13条规定，未在中国注册的驰名商标可以在所使用的相同或者类似类别上禁止他人注册相同或近似的商标，在中国注

---

① 最高人民法院《印发〈关于充分发挥知识产权审判职能作用推动社会主义文化大发展大繁荣和促进经济自主协调发展若干问题的意见〉的通知》，法发〔2011〕18号。

册的驰名商标可以得到跨类保护，在不相同或者不相类似的商品上禁止他人注册相同或者近似的商标。商标实行被动保护原则，商标局、商标评审委员会、人民法院等不得主动适用《商标法》的有关保护驰名商标的规定，只在当事人提出保护其驰名商标的请求后，才可以适用相关的规定，对商标是否驰名作出认定，进而决定是否进行扩大保护。最高人民法院要求在司法实践中应当"坚持事实认定、个案认定、被动认定、因需认定等司法原则"，"依法慎重认定驰名商标"。①《商标法》第14条规定，认定驰名商标应当考虑下列因素：（一）相关公众对该商标的知晓程度；（二）该商标使用的持续时间；（三）该商标的任何宣传工作的持续时间、程度和地理范围；（四）该商标作为驰名商标受保护的记录；（五）该商标驰名的其他因素。驰名商标在相关公众中具有更高的知名度，因此也经常成为抢注的对象。

○ 典型案例

再审申请人山西三维集团股份有限公司（以下简称"三维集团"）与被申请人李学国、国家工商行政管理总局商标评审委员会商标争议行政纠纷案：北京市高级人民法院（2012）高行终字第1437号行政判决书；最高人民法院（2013）知行字第15号行政裁定书。

—— 基本案情 ——

争议商标为"三维及图"商标，由潍坊市坊子区三维电子厂注册，核定使用在第1类商品：建筑密封胶。该商标于2007年转让至李学国名下。引证商标为"SANWEI及图"商标，申请注册人为山西维尼纶厂，核定使用在第1类商品：纤维用聚乙烯醇等上。该商标于1996年转让至三维集团名下。2009年，三维集团向商标评审委员会提出撤销争议商标注册的申请，后商评委裁定撤销争议商标。

—— 裁判摘要 ——

在商标侵权及不正当竞争纠纷案件中，应当以被控侵权行为发生时或者被控企业名称注册时，作为判断商标是否驰名的时间点；对于商标评审程序和诉讼程序中的商标争议，应当以争议商标申请注册日为判断商标是否驰名的时间点。本案中，三维集团公司提交了一系列证据旨在证明引证商标在争议商标申请注册日前已经构成驰名商标，但其提交的部分证据形成在争议商标申请注册

---

① 最高人民法院《印发〈关于贯彻实施国家知识产权战略若干问题的意见〉的通知》，法发〔2009〕16号。

日之后，且其提交的证据中如三维集团公司的前身山西维尼纶厂销售、利税、行业证明、销售区域、广告投入、名牌产品证书等提及的商标大部分为"三维"而非引证商标"SANWEI及图"，其提交的湖南省常德市中级人民法院（2008）常民三初字第8号民事判决认定的驰名商标为第1688106号"SANWEI三维及图"商标，亦非本案中的引证商标。故依据驰名商标判断标准，三维集团公司提交的证据只能证明引证商标在争议商标申请注册日前有一定知名度，一、二审法院认定其并未达到驰名商标的程度并无不妥。三维集团公司关于引证商标构成驰名商标且判断驰名商标的时间点为李学国实施侵害行为之时而非争议商标申请注册日之前的再审理由无事实和法律依据，本院不予支持。

▷ **拓展思考**

认定驰名商标需要遵循按需认定、个案认定的原则，即使争议商标与引证商标是使用在相同或者类似商品上的近似商标，也要考虑案件综合情况判断是否需要适用驰名商标的扩大保护。在商标授权确权纠纷中，判断是否构成驰名商标的时间点为争议商标申请注册日；在商标侵权及不正当竞争纠纷案件中，应当以被控侵权行为发生时或者被控企业名称注册时，作为判断商标是否驰名的时间点。驰名商标的认定只具有个案效力，因此认定的情况不写入判决书的主文。商标是否驰名是对当事人提交的全部证据进行综合判断后得出的结论，不能孤立地看相关的证据，也不能机械地要求必须提供哪一类的证据，需要根据案件具体情况、所涉及的商品特点等进行具体分析判断。[1] 判断商标是否构成驰名需要综合考虑多种因素，这些因素并非需要完全考虑，如果要求获得驰名商标保护的当事人提交的主要证据存在瑕疵，即使还有其他辅助证据，也难以认定构成驰名。[2] 在"苹果图形"商标异议复审行政纠纷案中，最高人民法院指出，在对被异议商标是否复制、模仿驰名商标进行判断时，如果在申请注册被异议商标之前，被异议人在同类别商品上已经拥有近似的注册商标，法院应该比较被异议商标与被异议人自己的注册商标、他人的驰名商标之间的近似

---

[1] 申请再审人北京华夏长城高级润滑油有限责任公司与被申请人国家工商行政管理总局商标评审委员会、原审第三人日产自动车株式会社商标争议行政纠纷案：北京市高级人民法院（2010）高行终字第599号行政判决书；最高人民法院（2011）知行字第45号驳回再审申请裁定书。

[2] 漳州市万事顺贸易有限公司与商标评审委员会、第三人福建康之味食品工业有限公司商标争议行政纠纷案：北京市第一中级人民法院（2013）一中知行初字第2788号行政判决书；北京市高级人民法院（2014）高行终字第60号行政判决书。

程度；被异议商标与被异议人已经在同类别商品上注册的商标近似程度较高，不宜认定被异议商标构成对他人驰名商标的复制、模仿。①

## 二、违反《商标法》第15条违背诚实信用原则抢注特定关系人的商标

◇ 核心知识点

商标是商品经济的产物，而商品经济的前提则是信任，商标的注册与使用都不得违反诚实信用原则。《商标法》第15条以维护特定信任关系的方式，实现了对诚实信用原则的追求。该条规定："未经授权，代理人或者代表人以自己的名义将被代理人或者被代表人的商标进行注册，被代理人或者被代表人提出异议的，不予注册并禁止使用。就同一种商品或者类似商品申请注册的商标与他人在先使用的未注册商标相同或者近似，申请人与该他人具有前款规定以外的合同、业务往来关系或者其他关系而明知该他人商标存在，该他人提出异议的，不予注册。"本条第2款是2013年修法后增加的，旨在扩大适用范围，将商业运营所赖以展开的前提——特定信任关系也予以调整。需要注意的是，该条第1款和第2款在适用时存在较大区别：第一，法律效果不同，第1款赋予被抢注人异议权、无效宣告权和禁止使用权，第2款仅赋予被抢注人异议权。从逻辑上看，第2款情形中的特定主体仍然有权提出无效宣告。第二，适用范围不同，后者适用范围更广，二者不重叠。第三，适用前提不同，前者并不要求争议商标在先使用，后者则明确要求必须有在先使用。第四，主观要件不同，前者对主观要件没有特别的规定，后者则要求抢注人"明知"被抢注人使用该商标。

○ 典型案例

再审申请人雷博公司与被申请人商标评审委员会（以下简称"商评委"）、家园公司商标争议行政纠纷案：北京市第一中级人民法院（2011）一中知行初字第366号行政判决；北京市高级人民法院（2012）高行终字第686号行政判决；最高人民法院（2014）行提字第3号行政判决书。

---

① 参见德士活有限公司与国家工商行政管理总局商标评审委员会、第三人广东苹果实业有限公司商标争议行政纠纷案：北京市第一中级人民法院（2004）一中行初字第973号行政判决书、北京市高级人民法院（2005）高行终字第402号行政判决书、最高人民法院（2009）行提字第3号行政判决书。

—— 基本案情 ——

2001年8月,雷博公司的两个实际创始人爱德华·雷门和博杨曾就创办新公司进行过磋商。双方就共同创建未来的公司达成了基本一致的意见,只是对未来公司的部分细节问题没有形成明确的一致意见。双方曾谈及公司名称使用"LehmanBrown",并形成了未来公司要将公司品牌申请注册为商标的共识。博杨还专门设计了"LehmanBrown"标志样式及含有该标志的信头纸。2001年11月7日,爱德华·雷门提出争议商标"LehmanBrown"的注册申请,申请注册的商品类别为第35类。经双方交涉,爱德华·雷门于2001年11月16日出具承诺函,认可其以自己名义申请了争议商标,并可不撤回地同意,一旦上述商标获得注册,会将该商标转让给新公司。后爱德华·雷门单方将争议商标转让给家园公司。雷博公司向商标评审委员会提出撤销注册申请,后商标评审委员会作出维持争议商标的注册决定。

—— 裁判摘要 ——

一、二审裁判摘要

一审法院认为,雷博公司提交的证据不能证明在本案争议商标注册申请日之前,该公司已经实际商业使用了与争议商标相同或近似的标志,且使用范围与争议商标核定使用服务相同或者类似。据此判决维持商评委的裁定。

二审法院认为,雷博公司不能证明其对争议商标享有任何在先权利,遂判决驳回上诉,维持原判。

再审裁判摘要

适用《商标法》第15条需要具备如下条件:商标申请人与异议人之间构成代表或者代理关系;争议商标系被代理人或者被代表人的商标;争议商标核定使用的商品或者服务与被代理人或者被代表人提供的商品或者服务类似;代表人或者代理人违反诚信原则,未经授权擅自以自己名义将争议商标进行注册。代理或者代表关系是一种具有信赖性的特殊法律关系。基于这种特殊的法律关系,代理人或者代表人对于被代理人或者被代表人负有特殊的忠诚和勤勉义务,必须恪尽职守,秉承最大限度有利于被代理人或者被代表人的利益之原则行事。《商标法》第15条系针对代理或者代表关系这种特殊法律关系,基于诚实信用原则而设立的对被代理人或者被代表人的商标予以特殊保护的制度,并不一概要求该商标已经在先使用。只要特定商标应归于被代理人或者被代表人,代理人或者代表人即应善尽忠诚和勤勉义务,不得擅自以自己名义进行注册。被代理人或者被代表人是否已经将该商标投入商业使用,并非《商标法》第15

条的适用条件。作为正在创建中的雷博公司的代表人，爱德华·雷门对雷博公司负有善尽忠诚和勤勉义务，应该最大限度地维护雷博公司的利益。爱德华·雷门在与博杨就筹建中的雷博公司的名称、商号，以及将公司品牌申请商标等事宜已经达成一致，雷博公司将使用"lehmanbrown"作为名称和商号的情况下，依然将争议商标以个人名义进行注册，违反了代表人的忠诚和勤勉义务，损害了正在筹建中的雷博公司的利益。爱德华·雷门在此过程中一直存在隐瞒事实的行为，且争议商标的转让进一步增大了危及雷博公司利益的可能性。

▷ **拓展思考**

特定信任关系的维护对于商业道德的维系与商业秩序的重建至关重要，《商标法》第15条发挥了、并将继续发挥着重要作用。所以什么是特定信任关系，就成为不得不明确的问题。对于特定信任关系的主体，《授权确权若干规定》作了进一步界定。按照该规定第15条第1款，"经销、代理等销售代理关系意义上的代理人、代表人"，也属于《商标法》第15条第1款中的"代理人、代表人"。该规定第15条第2款则指出："在为建立代理或者代表关系的磋商阶段，前款规定的代理人或者代表人将被代理人或者被代表人的商标申请注册的，人民法院适用商标法第15条第1款的规定进行审理。"对于特定信任关系，《授权确权若干规定》第15条第3款名之为"特定身份关系"，将商标申请人与代理人或者代表人之间存在亲属关系等特定身份关系而发生的注册行为定性为恶意抢注行为，不予注册并禁止使用。对于《商标法》第15条第2款中的"其他关系"，《授权确权若干规定》第16条进行了列举："（一）商标申请人与在先使用人之间具有亲属关系；（二）商标申请人与在先使用人之间具有劳动关系；（三）商标申请人与在先使用人营业地址邻近；（四）商标申请人与在先使用人曾就达成代理、代表关系进行过磋商，但未形成代理、代表关系；（五）商标申请人与在先使用人曾就达成合同、业务往来关系进行过磋商，但未达成合同、业务往来关系。"一言以蔽之，上述细化规定均为诚实信用原则在商标法律实践中的展开。

### 三、违反《商标法》第16条注册虚假地理标志

◇ **核心知识点**

地理标志，"是指标示某商品来源于某地区，该商品的特定质量、信誉或

者其他特征,主要由该地区的自然因素或者人文因素所决定的标志"①。地理标志反映了特定地理环境与产品之间的关系,代表着产品的特定品质与信誉,其核心构成要素是客观存在的"地理名称",而非商标注册所力图追求的臆造、虚构的词汇。地理标志所指示的信息具有客观性的特征,相关公众根据地理标志所指示的内容进行消费选择,因此对于使用地理标志的商品而言,必须来源于地理标志所标示的地区,否则就可能导致该标志被禁止使用。根据《商标法》第 16 条第 1 款和第 45 条第 2 款规定,商标中有商品的地理标志,而该商品并非来源于该标志所标示的地区,误导公众的,不予注册并禁止使用;已经注册的商标,自商标注册之日起 5 年内,商标所有人或者利害关系人可以请求商评委裁定撤销该注册商标。因此地理标志利益相关方可以有效利用商标争议程序制止他人抢注地理标志的行为。在我国,地理标志可以作为证明商标或者集体商标申请注册。

○ 典型案例

第 3023790 号"湘莲 XIANGLIAN 及图"商标争议案。②

—— 基本案情 ——

争议商标由建宁县文鑫莲业有限公司于 2001 年 11 月 26 日提出注册申请,2003 年 1 月 7 日获得核准注册,核定使用商品为第 29 类莲子、果冻、肉等。后经商标局核准,注册人名义变更为被申请人福建文鑫莲业食品有限公司。申请人湘潭县湘莲协会请求依据《商标法》第 11 条第 1 款、第 16 条第 1 款、第 31 条的规定,撤销争议商标。

—— 判决摘要 ——

根据申请人提交的证据及《中国土特名产辞典》的记载,"湘莲"广布于湖南,尤其是洞庭湖地区,产品具有颗粒圆大、色白如凝脂、肉质饱满、汤色青、香气浓、味鲜美等特点,所含蛋白质、脂肪、矿物质等营养成分有别于其他地区所产莲子。上述品质特点主要是由湘莲所在地区的气温、雨量、湿度、日照、土壤、水利等自然条件和栽培方式决定的。"湘莲"称谓自南朝沿用至今,早已形成与其产地湖南相对应的关系,符合《商标法》第 16 条第 2 款规定的地理标志的认定条件,可以认定为莲子商品的一种地理标志。争议商标由"湘莲"

---

① 《商标法》第 16 条第 2 款。

② http://www.cicn.com.cn/zggsb/2015-01/22/cms65937article.shtml.

文字、对应的拼音及图形组成，文字"湘莲"为该商标的主要认读和呼叫部分。被申请人地处福建，在申请注册争议商标前已与湖南莲商具有湘莲购销往来，其明知湘莲为莲子商品的地理标志，仍将其注册为集体商标、证明商标以外的商标，易导致相关公众对该商标所标示的产品性质、来源产生误认，属于《商标法》第16条第1款禁止的情形，争议商标在莲子及类似商品上的注册应予撤销。

▷ 拓展思考

本案为商标评审委员会在商标争议案件中认定地理标志的首个案例。地理标志在没有被注册为证明商标或集体商标的情况下，也能成为商标法所保护的对象。在本案中，福建文鑫莲业食品有限公司以"湘莲"还未被注册为地理标志为由，主张争议商标未损害地理标志相关权利人的利益。商评委则明确了未注册的地理标志也可以在商标争议程序中获得保护。地理标志之所以能够在未注册的情况下仍然能够受到商标法的保护，根本原因在于它的事实属性：表述的是完全客观的信息。地理标志作为一种自然和人文资源，是一种历史的客观存在，商标法律法规仅是对地理标志这种客观事实提供一种确认和保护。《商标法》第16条对地理标志提供保护，立法目的是避免误导相关公众。地理标志之所以能对消费者产生吸引力，并不在于标记本身，而是因为使用地理标志的产品具有特定品质，因此地理标志的保护范围不能脱离其赖以知名的产品。如果在与地理标志产品相同或者类似商品上注册或使用地理标志，相关公众当然会对来源产生误认，此种注册或使用行为应予禁止。"如果诉争商标指定使用的商品与地理标志产品并非相同商品，而地理标志利害关系人能够证明诉争商标使用在该产品上仍然容易导致相关公众误认为该产品来源于该地区并因此具有特定的质量、信誉或者其他特征的，人民法院予以支持。"[①] 如果诉争商标使用在不相同或者不相类似商品上，不易导致误认的，则应维持注册。在"湘莲XIANGLIAN及图"商标争议案中，商评委就以避免误导相关公众为原则，合理界定了地理标志的保护范围，将在莲子及其类似商品上的注册予以撤销，而在非类似商品上的注册予以维持。

---

① 《授权确权若干规定》第17条第1款。

## 四、不得违反《商标法》第 32 条申请注册商标损害他人现有的在先权利

### （一）姓名权

◇ 核心知识点

《商标法》第 32 条规定："申请商标注册不得损害他人现有的在先权利，也不得以不正当手段抢先注册他人已经使用并有一定影响的商标。"该条属于典型的概括性规定。在先权利，包括姓名权、肖像权、商号权等，"已经使用并有一定影响的商标"则指的是知名度高于普通商标但尚未达到驰名商标要求的未注册商标。《授权确权若干规定》第 18 条规定："商标法第 32 条规定的在先权利，包括当事人在诉争商标申请日之前享有的民事权利或者其他应予保护的合法权益。诉争商标核准注册时在先权利已经不存在的，不影响诉争商标的注册。"第 20 条专门强调姓名权的保护："当事人主张诉争商标损害其姓名权，如果相关公众认为该商标标志指代了该自然人，容易认为标记有该商标的商品系经过该自然人许可或者与该自然人存在特定关系的，人民法院应当认定该商标损害了该自然人的姓名权。当事人以其笔名、艺名、译名等特定名称主张姓名权，该特定名称具有一定的知名度，与该自然人建立了稳定的对应关系，相关公众以其指代该自然人的，人民法院予以支持。"该规定为司法实践提供了明确的指引。

○ 典型案例

再审申请人迈克尔·杰弗里·乔丹与被申请人国家工商行政管理总局商标评审委员会（以下简称"商评委"）、一审第三人乔丹体育股份有限公司商标争议行政纠纷案：北京市第一中级人民法院（2014）一中行（知）初字第 9163 号行政判决书；北京市高级人民法院（2015）高行（知）终字第 1915 号行政判决书；最高人民法院（2016）最高法行再 27 号行政判决书。

—— 基本案情 ——

"乔丹"商标由乔丹公司于 2012 年 3 月 28 日获准注册，核定使用在国际分类第 28 类的"体育活动器械、游泳池（娱乐用）、旱冰鞋、圣诞树装饰品（灯饰和糖果除外）"商品上。2012 年 10 月 31 日，乔丹以争议商标的注册损害了其在先权利等为由，提出撤销申请，后商评委裁定维持争议商标的注册。

—— 判决摘要 ——

《商标法》（2001年修正）第31条规定："申请商标注册不得损害他人现有的在先权利。"对于《商标法》已有特别规定的在先权利，应当根据《商标法》的特别规定予以保护。对于《商标法》虽无特别规定，但根据《民法通则》《侵权责任法》和其他法律的规定应予保护，并且在争议商标申请日之前已由民事主体依法享有的民事权利或者民事权益，应当根据该概括性规定给予保护。《民法通则》第99条第1款、《侵权责任法》第2条第2款均明确规定，自然人依法享有姓名权。故姓名权可以构成《商标法》（2001年修正）第31条规定的"在先权利"。争议商标的注册损害他人在先姓名权的，应当认定该争议商标的注册违反《商标法》（2001年修正）第31条的规定。姓名被用于指代、称呼、区分特定的自然人，姓名权是自然人对其姓名享有的重要人身权。随着我国社会主义市场经济不断发展，具有一定知名度的自然人将其姓名进行商业化利用，通过合同等方式为特定商品、服务代言并获得经济利益的现象已经日益普遍。在适用《商标法》（2001年修正）第31条的规定对他人的在先姓名权予以保护时，不仅涉及对自然人人格尊严的保护，而且涉及对自然人姓名，尤其是知名人物姓名所蕴含的经济利益的保护。未经许可擅自将他人享有在先姓名权的姓名注册为商标，容易导致相关公众误认为标记有该商标的商品或者服务与该自然人存在代言、许可等特定关系的，应当认定该商标的注册损害他人的在先姓名权，违反《商标法》（2001年修正）第31条的规定。

▷ 拓展思考

在乔丹案中，最高人民法院还指出，自然人可就其未主动使用的特定名称获得姓名权的保护，这也是一大突破。首先，"使用"是姓名权人享有的权利内容之一，并非其承担的义务，更不是姓名权人"禁止他人干涉、盗用、假冒"、主张保护其姓名权的法定前提条件。其次，在适用"在先权利"条款保护他人在先姓名权时，相关公众是否容易误认为标记有争议商标的商品或者服务与该自然人存在代言、许可等特定关系，是认定争议商标的注册是否损害该自然人姓名权的重要因素。自然人就特定名称主张姓名权保护的，该特定名称应当符合三项条件：其一，该特定名称在我国具有一定的知名度、为相关公众所知悉；其二，相关公众使用该特定名称指代该自然人；其三，该特定名称已经与该自然人之间建立了稳定的对应关系。因此在符合上述有关姓名权保护的三项条件的情况下，自然人有权根据"在先权利"条款，就其并未主动使用的特定名称获得姓名权的保护。最后，对于在我国具有一定知名度的外国人，其本人或者利害关系人可能并未在我国境内主动使用其姓名；或者由于便于称呼、语言习惯、文化差异等原因，我国相关公众、新闻媒体所熟悉和使用的"姓名"与其主动使用的姓名并不完全相同。外国人外文姓名的中文译名如果符合前述三项条件，可以依法主张姓名权的保护。

### （二）著作权

◇ 核心知识点

著作权人对其作品拥有发表、署名、修改和保护作品完整权四项人身权利和复制、发行、展览、改编等财产权利，未经许可将他人的作品申请注册为商标和使用行为均构成侵犯著作权的行为。作品获得保护的前提是具有独创性，优秀的、具有较高知名度的作品经常被抢注为商标。在维权的过程中，著作权权属的证明对于著作权人而言至关重要。我国《著作权法》第11条规定："著作权属于作者,本法另有规定的除外。创作作品的公民是作者。由法人或者其他组织主持，代表法人或者其他组织意志创作，并由法人或者其他组织承担责任的作品，法人或者其他组织视为作者。如无相反证明，在作品上署名的公民、法人或者其他组织为作者。"因此在著作权原始取得的情况下，自然人著作权人需要提供证据证明自己创作了作品，法人著作权人需要证明是法人作品；在继受取得著作权的情况下，著作权人均需提供著作权转让协议或继承（自然人）或承继（法人）的证据，并且要提供证明原始权利归属的证据。《授权确权若干规定》第19条第2、3款规定："商标标志构成受著作权法保护的作品的，当事人提供的涉及商标标志的设计底稿、原件、取得权利的合同、诉争商标申请日之前的著作权登记证书等，均可以作为证明著作权归属的初步证据。商标公告、商标注册证等可以作为确定商标申请人为有权主张商标标志著作权的利害关系人的初步证据。"

○ 典型案例

美商NBA产物股份有限公司请求对黄为东商标不予注册异议复审案：北京市第一中级人民法院（2012）一中知行初字第3818号行政判决书；北京市高级人民法院（2013）高行终字第343号行政判决书。

—— 基本案情 ——

被异议商标由黄为东于2005年提出注册申请，商标局经审查对被异议商标指定使用在茶等商品上的注册申请予以初步审定。NBA公司对被异议商标提出异议，认为侵犯了NBA公司的在先著作权，后商标局裁定被异议商标不予核准注册。黄为东不服，向商标评审委员会申请复审，后经裁定被异议商标不予核准注册。

—— 裁判摘要 ——

《商标法》第30条规定："对初步审定的商标，自公告之日起3个月内，任何人均可以提出异议。公告期满无异议的，予以核准注册，发给商标注册证，并予公告。"因此因被异议商标的申请注册损害在先著作权而提出异议的主体，并不限于在先著作权人，对与在先作品具有利害关系的人，甚至是任何人，均可依据《商标法》的上述规定提出异议。根据众所周知的事实，"公牛图形"是美国全国篮球联赛芝加哥公牛队的队徽，作为《著作权法》意义上的作品，其著作权不可能归属于本案被异议商标的申请注册人黄为东。而经过对比可知，被异议商标标志与作为美国全国篮球联赛芝加哥公牛队队徽的"公牛图形"相比，除有无英文"CHICAGO BULLS"的差异外，二者的图形部分在构图方式、表现手法、整体效果等方面均极为近似，因此被异议商标与"公牛图形"已构成实质性相似。黄为东向商标评审委员会提交的部分含有"牛头"要素的商标档案也进一步印证了本案"公牛图形"的独创性和被异议商标与该图形的实质性相似。在未提交证据证明已获得"公牛图形"著作权人许可的情况下，黄为东将与众所周知的美国全国篮球联赛芝加哥公牛队队徽"公牛图形"构成实质性相似的被异议商标标志作为商标加以申请注册，无疑损害了该作品作者享有的在先著作权，属于《商标法》第31条规定的"损害他人现有的在先权利"的情形，依法不应予以核准。

▷ 拓展思考

本案是适用2001年《商标法》第31条（即2013年和2019年《商标法》第32条）的规定保护在先著作权的案例。在商标法中，在先著作权获得法律保护的要件有三：其一，争议商标与他人在先享有著作权的作品相同或者实质性相似；其二，争议商标注册申请人或使用人接触过或者有可能接触到他人享有著作权的作品；其三，争议商标注册申请人的注册行为或使用行为未征得著作权人的同意。而在本案中，NBA公司及商标评审委员会并未提供充分证据对具体行政行为认定的著作权归属加以证明，因此根据《著作权法》第11条规定,在本案中单纯依靠行政裁定不足以认定NBA公司对芝加哥公牛队队徽或"公牛图形"享有在先著作权。第11条中所指的"署名",是表明作者身份的署名,向公众传达的意思是署名者系作品创作者。商标公告、商标注册证等商标注册文件中载明的商标申请人及商标注册人的信息仅仅表明商标申请权或注册商标专用权的归属,其不属于《著作权法》意义上在作品中表明作者身份的署名行为。因此不能单纯依据NBA公司申请注册相关注册商标的行为直接认定NBA公司对芝加哥公牛队队徽或"公牛图形"享有在先著作权。尽管不能在商标法中适用前述"署名推定权利归属"的规则,但商标注册公告仍然对商标注册人是商标权所有人或被许可人的事实具有很强的证明力。

### (三) 商号权

◇ 核心知识点

《最高人民法院关于审理不正当竞争民事案件应用法律若干问题的解释》第6条第1款规定:"具有一定的市场知名度,为相关公众所知悉的企业名称中的字号,可以认定为反不正当竞争法第五条第(三)项规定的'企业名称'。"因此在中国境内具有一定市场知名度、为相关公众所知悉的企业名称中的字号,即商号,也可以作为企业名称权的一种特殊情况对待,作为2001年《商标法》第31条、2013年与2019年《商标法》第32条所规定的"在先权利"受到保护。企业名称是重要的商业标识之一,可以用于区别不同的商事主体。企业名称应当由以下部分组成:商号、行业或者经营特点、组织形式。企业名称应当冠以企业所在地行政区划名称。商号是企业名称的核心部分,商号权属于"在先权利"。在企业名称的使用过程中,简称或被企业自己使用,或被相关公众使用,当相关公众将该简称与原企业名称建立稳定的联系时,该简称实际上起到了商号的作用。为此《授权确权若干规定》第21条规定:"当事人主张的字号具有一定的市场知名度,他人未经许可申请注册与该字号相同或者近似的商标,容易导致相关公众对商品来源产生混淆,当事人以此主张构成在先权益的,人民法院予以支持。当事人以具有一定市场知名度并已与企业建立稳定对应关系的企业名称的简称为依据提出主张的,适用前款规定。"

○ 典型案例

再审申请人帕克无形资产有限责任公司(以下简称"帕克公司")与被申请人中华人民共和国国家工商行政管理总局商标评审委员会(以下简称"商评

委")、第三人戴均欢商标异议复审行政纠纷案：北京市中级人民法院（2012）一中知行初字第1769号行政判决书；北京市高级人民法院（2012）高行终字第1920号行政判决书；最高人民法院（2014）行提字第9号行政判决书。

—— 基本案情 ——

戴均欢于2004年申请注册"派克汉尼汾PARKERHANNNIFIN"商标，经初步审定公告后，帕克公司提出异议申请，商标局裁定被异议商标核准注册，帕克公司又提出复审申请，后商评委裁定核准注册被异议商标。

—— 裁判摘要 ——

中国境内具有一定市场知名度、为相关公众所知悉的企业名称中的字号，可以作为企业名称权的一种特殊情况对待，作为《商标法》第31条所规定的"在先权利"受到保护。本案中，"Parker Hannifin"是两个名称的组合，其中Parker是派克公司的创始人的名字，Hannifin是其合并公司的名称，这种因为公司并购后以两家公司名称组合的字号有其特别的历史背景，作为商业标记具有较强的显著性。"派克汉尼汾"是其惯用音译，通过派克汉尼汾公司及其关联公司的使用及相关宣传报道，已成为"Parker Hannifin"对应音译。在被异议商标申请日之前，通过派克汉尼汾公司及其关联公司的使用，"派克汉尼汾"已经成为在中国大陆地区具有一定市场知名度的字号，可以作为"在先权利"予以保护。

▷ 拓展思考

本案争议焦点之一，是"派克汉尼汾"中英文名称是否是派克汉尼汾公司及其子公司在先使用并且具有一定知名度的字号。本案中被异议商标为"派克汉尼汾PARKERHANNIFIN"，与派克汉尼汾公司及其关联公司中英文字号完全相同，指定使用在与派克汉尼汾公司及其关联公司生产的产品类似产品上。由于戴均欢所从事的行业与派克汉尼汾公司及其关联公司生产经营的产品有密切关系，其应当知道派克汉尼汾字号的知名度情况，仍将与该中英文字号完全相同的文字申请注册为商标，难以认定巧合，具有明显地攀附派克汉尼汾公司及其关联公司字号商誉的恶意，侵犯了该公司的在先字号权，不应予以核准注册。

除外国企业字号的对应音译外，司法实践中还对具有一定知名度并和有关企业存在唯一对应关系的企业名称的简称也予以保护。如在"潍柴WEICHAI商标异议复审案"中，[①] 法院认定在被异议商标申请日之前，潍柴控股公司的

---

[①] 参见上诉人潍柴控股集团有限公司、上诉人国家工商行政管理总局商标评审委员会因商标异议复审行政纠纷案：北京市第一中级人民法院（2010）一中知行初字第2468号行政判决书；北京市高级人民法院（2011）高行终字第137号行政判决书。

前身潍坊柴油机厂早就已将"潍柴"作为企业名称简称使用，在被异议商标申请注册前相关公众已将"潍柴"与潍坊柴油机厂相联系，在潍坊柴油机厂变更为潍柴控股公司后，潍柴控股公司继受取得了"潍柴"作为企业名称简称与自身的联系，此种简称应当受到保护。《授权确权若干规定》第 21 条将上述司法实践经验整理成规范："当事人主张的字号具有一定的市场知名度，他人未经许可申请注册与该字号相同或者近似的商标，容易导致相关公众对商品来源产生混淆，当事人以此主张构成在先权益的，人民法院予以支持。当事人以具有一定市场知名度并已与企业建立稳定对应关系的企业名称的简称为依据提出主张的，适用前款规定。"

## （四）在先权益

◇ 核心知识点

《授权确权若干规定》第 18 条规定："商标法第 32 条规定的在先权利，包括当事人在诉争商标申请日之前享有的民事权利或者其他应予保护的合法权益。诉争商标核准注册时在先权利已不存在的，不影响诉争商标的注册。"按照该条的表述，"在先权利"实际上包含两大类：在先的"民事权利"与在先的"其他合法权益"。转换到《民法典》第 126 条语境下，就是"应当由民事主体享有的其他权利和利益"。从语意逻辑上看，《授权确权若干规定》第 18 条对《商标法》第 32 条中的"民事权利"作了有悖于传统民法的扩大解释。站在《民法典》的总体视角看，这种扩大解释是符合立法者原意的目的解释和体系解释的。需要注意，"权利"和"利益"应当区分保护，二者在保护模式上有明显差异，[①] 适用《商标法》予以救济时也应体现出这种差异。

"在先权利"中的"在先权益"，属于开放性范畴，作品名称、角色名称等作品构成要素均可能归入其中。《授权确权若干规定》第 22 条第 2 款规定："对于著作权保护期限内的作品，如果作品名称、作品中的角色名称等具有较高知名度，将其作为商标使用在相关商品上容易导致相关公众误认为其经过权利人的许可或者与权利人存在特定联系，当事人以此主张构成在先权益的，人民法院予以支持。"

---

① 孙山. 民法典对"利益"保护的法理建构——逻辑基础、实现路径与实现方式 [J]. 北方法学，2022（2）.

○ 典型案例

再审申请人完美世界控股集团有限公司（以下简称"完美世界公司"）、国家知识产权局与被申请人上海游奇网络有限公司（以下简称"上海游奇公司"）商标权无效宣告请求行政纠纷案，北京知识产权法院（2017）京73行初2800号行政判决书；北京市高级人民法院（2018）京行终6240号行政判决书；最高人民法院（2021）最高法行再254号行政判决书。

—— 基本案情 ——

诉争商标"葵花宝典"由上海游奇公司申请注册，核定使用在第41类服务上。完美世界公司对诉争商标提出无效宣告申请，认为诉争商标的申请注册损害了金庸《笑傲江湖》小说作品中武学秘籍特有名称的商品化权益，违反了"申请注册商标不得损害他人现有的在先权利"的规定。商标评审委员会经审理，作出被诉裁定，诉争商标予以无效宣告。上海游奇公司不服，提起诉讼。一审法院判决，撤销商标评审委员会作出的"葵花宝典"商标无效宣告请求裁定书；商标评审委员会针对完美世界公司就"葵花宝典"商标提出的无效宣告请求重新作出裁定。完美世界公司和商标评审委员会不服，提起上诉。二审法院予以维持。再审判决，撤销北京市高级人民法院（2018）京行终6240号行政判决书和北京知识产权法院（2017）京73行初2800号行政判决书；驳回上海游奇公司的诉讼请求。

—— 裁判摘要 ——

对于"作品名称、作品中的角色名称等"作为"在先权益"予以保护，须满足三个条件：①作品处于著作权保护期限内。②作品名称、作品中的角色名称等具有较高知名度。商标法保护的必要性取决于作品元素的知名度和影响力。③商标使用在相关商品或服务上造成公众混淆误认的可能性较大。

"葵花宝典"作为《笑傲江湖》小说中武学秘籍的特有名称，是牵引小说情节发展的重要线索和贯穿整部小说的核心。经由作者的创造性劳动，"葵花宝典"已从普通词汇"葵花"与"宝典"的组合演变为具有明确指向性、对应性的名称。"葵花宝典"与《笑傲江湖》小说和金庸产生了稳定的对应关系。在诉争商标申请日之前，《笑傲江湖》小说、基于小说而改编的同名影视作品、小说中的"葵花宝典"名称及金庸已经为广大公众所熟知，具有较高知名度。

虽然"葵花宝典"超出了原有范畴而演化成为可以指代从事某一工作或任

务的高级攻略或手册的词汇，但该词汇在一定程度上的泛化使用，并不足以证明至诉争商标核准注册时，"葵花宝典"与金庸及其小说《笑傲江湖》之间的对应关系被阻断。现有证据不能说明，"葵花宝典"已经变为通用名称。

▷ **拓展思考**

本案的焦点之一，是包括作品名称在内的"商品化权"（商品化权益）究竟能否获得保护，以及获得何种模式的保护。对此国家知识产权局、二审法院和再审法院的认识存在较大差异。国家知识产权局认为，"商品化权"指的是权利人具有的将知名形象、知名作品名称、作品中具有知名度和独创性的特有元素等相关标识与商品（服务）结合，投入商业性使用而取得经济利益的权利，由于该权利并非法定的民事权利类型，故将其称为"商品化权益"为宜。二审法院认为，我国现有法律体系并未确认"商品化权益"，一方面，它不符合民法总则第126条的规定，"商品化权益"并不属于"民事主体享有法律规定的其他民事权利和权益"的范畴；另一方面，"商品化权益"本身的内涵、边界亦无法准确确定，相关公众对这一所谓的民事权益无法作出事先预见，当然也无法为避免侵权行为而作出规避。最高人民法院则认为，"商品化权益"虽然并非法律规定的概念，但是不能囿于其名称而径行得出"商品化权益"不受我国法律保护的结论。某项特定的权益是否受法律保护、如何保护，要与具体的法律规范相结合。国家知识产权局对"权利"范畴作了更为严格的界定，主张以"商品化权益"这一更为中性的表述来涵盖作品名称等受保护的状态。二审法院则曲解了《民法典》第126条规定的精神，该条中的"利益"并不以法律明确列举为限，否则根本无法发挥兜底保护的作用。最高人民法院的表述相对模糊，这种模糊根源于现阶段我国立法、司法和学术研究中对"利益"的认识水平较低。"利益"的出现，是立法弹性的体现，是司法灵活性的依据，是理论研究中新的学术增长点，有待进一步挖掘。

## 五、不得违反《商标法》第32条抢注他人在先使用并有一定影响的商标核心知识点

2001年《商标法》第31条、2013年和2019年《商标法》第32条规定："申请商标注册不得损害他人在先取得的合法权利，也不得以不正当手段抢先注册他人已经使用并有一定影响的商标。"本条后半句的法理基础是诚实信用原则，立法目的在于为已经使用并有一定影响的未注册商标提供保护，以期

制止恶意抢注行为，弥补不强调必须提交使用和意图使用证据的注册制度的不足。2019年《商标法》第四次修订时，立法者特意在第4条中增加了如下规定："不以使用为目的的恶意商标注册申请，应当予以驳回。""以不正当手段抢先注册"即为主观上的"恶意"，在明知或应知某一商标被他人在先使用且有一定影响的情况下仍然将相同或近似商标申请注册在相同或类似商品上，以达到攀附他人未注册商标商誉等不正当目的。"恶意"的判断至少应当综合考虑以下因素：①商业合作关系的存在；②重合的销售区域和渠道；③现存或既往的雇佣关系；④注册后使用过程中的误导宣传；⑤注册后的商标转让、许可使用洽谈、商业合作洽谈或诉讼威胁；⑥在先商标符号组合的独创性程度；⑦基于其他特定信任关系而知晓在先商标使用但未注册的事实；⑧其他可以认定为恶意的情形。

○ 典型案例

张学礼请求宣告王玉霞"天皮糖张 tian pi tang zhang 及图"商标无效行政纠纷案：北京市第一中级人民法院（2010）一中知行初字第3340号行政判决书；北京市高级人民法院（2011）高行终字第30号行政判决书。

—— 基本案情 ——

第3522359号"天皮糖张 tian pi tang zhang 及图"商标（简称"争议商标"）由王玉霞向国家工商行政管理总局商标局（以下简称"商标局"）申请注册，2004年10月7日争议商标获准注册，核定使用的商品为第30类的"糖果、软糖、皮糖、米花糖、糖粘、酥糖"商品。2005年3月23日，张学礼向商标评审委员会提出撤销争议商标的申请。2010年8月2日，商标评审委员会作出商评字〔2010〕第18111号《关于第3522359号"天皮糖张 tianpitangzhang 及图"商标争议裁定书》，该裁定依据《商标法》第31条、第41条第2款和第43条规定，裁定争议商标予以撤销。王玉霞不服第18111号裁定，向北京一中院提起诉讼。

—— 裁判摘要 ——

本案争议焦点为王玉霞使用"天皮糖张"商标是否合理，注册行为是否构成"以不正当手段抢先注册他人在先使用并有一定影响的商标"。争议商标与张学礼在先使用并有一定影响的"皮糖张"商标构成使用在相同或类似商品上的近似商标，二者在市场上的共存容易造成相关公众的混淆误认。王玉霞作为张学礼的前儿媳，明知"皮糖张"在先使用的事实，抢先申请注册争议商标的行为违反了《商标法》第31条规定，商评委裁定撤销该注册商标并无不当。

▷ 拓展思考

道高一尺，魔高一丈，实践中恶意抢注者的"不正当手段"层出不穷，很难在成文法中穷尽列举，"不正当手段"的解释就成为适用2001年《商标法》第31条的难点。"不正当手段"本身弹性极大，如果没有其他条文加以限制的话，该条的适用就很难摆脱裁判标准和结果不一致的质疑与指责。因此2013年《商标法》修改后在第7条第1款中增加了诚实信用原则，通过划定市场主体行为底线的方式来确定行为标准，以违背诚实信用原则的方式抢注他人在先使用并有一定影响的商标，均构成"不正当手段"。2013年《商标法》第32条中"在先使用并有一定影响的商标"，指的是有一定影响力但尚未达到驰名商标程度的未注册商标，所以该条的后半句是未注册商标的救济依据。本案中，争议商标的文字部分完整包含了"皮糖张"，两者极为近似，其核定使用的商品与"皮糖张"所使用的商品从功能、用途、消费对象等方面亦属相同或类似。王玉霞是张学礼的前儿媳，对"皮糖张"商标的使用应属于明知，注册争议商标具有明显的主观故意，构成"以不正当手段抢先注册他人已经使用并有一定影响的商标"的行为，应予撤销。王玉霞主张其使用和注册行为合理，依据为张学礼、张宽、张琦之间的《协议书》《协议书备忘录》及其与张宽的婚姻关系，但作为被许可使用人，她在没有获得许可人明确授权的情况下抢先注册与被许可使用的商标相近似的商标，主观上的恶意非常明显，构成"以不正当手段抢先注册他人在先使用并有一定影响的商标"，抗辩理由不成立。

## 第三节　商标的权利取得

### 一、自愿注册原则下未注册商标的法律保护

◇ 核心知识点

在商标权取得问题上，我国《商标法》实行自愿注册原则、申请在先原则和诚实信用原则，申请人提出商标注册申请时不要求提供使用证据或者说明有使用意图，这一规则缺失为恶意抢注留下了制度的后门。在商标授权程序中，未注册商标可以获得反抢注保护，前提和基础是该商标已经实际使用并能够识别商品和服务的来源。《商标法》第13、15、32条规定了对未注册商标提供

保护的基本类型，可以依据第33条的规定向商标局提出异议，依据第45条的规定向商标评审委员会请求宣告注册商标无效。其中第13条第2款规定了未注册的驰名商标的反抢注保护，第15条规定了禁止代理人或者代表人，以及因其他特定关系而明知该他人商标存在实施抢注行为，第32条中规定了禁止抢注他人在先使用并有一定影响的商标。同时，《商标法》第59条第3款中还规定，商标注册人申请商标注册前，他人已经在同一种商品或者类似商品上先于商标注册人使用与注册商标相同或者近似并有一定影响的商标的，注册商标专用权人无权禁止该使用人在原使用范围内继续使用该商标，但可以要求其附加适当区别标识。按照该条规定，注册商标专用权的效力受到限制，未注册商标属于在先取得的法益，有其存在的正当性。

○ 典型案例

申请再审人辉瑞有限公司（以下简称"辉瑞公司"）、辉瑞制药有限公司与被申请人上海东方制药有限公司（以下简称"东方公司"）破产清算组、原审被告北京健康新概念大药房有限公司、广州威尔曼药业有限公司（以下简称"威尔曼公司"）不正当竞争及侵犯未注册驰名商标权纠纷案：北京市高级人民法院（2007）高民终字第1684号民事判决书；最高人民法院（2009）民申字第313号民事裁定书。

—— 基本案情 ——

1997年，辉瑞公司的"VOAGRA"文字商标在中国获得注册，2001年经核准转让给辉瑞产品有限公司。1998年9月29日，《健康报》报道伟哥（VIAGRA）是枸橼酸西地那非的商品名，1998年10月16日至2003年9月28日，《海口晚报》等二十几家报刊的26份报道摘录中多将"VIAGRA"翻译成"伟哥"，将"伟哥"（VIAGRA）的生产者称为辉瑞公司或辉瑞制药厂，报道的主要内容是对"VIAGRA"的药效、销售情况、副作用的介绍，以及评论。《新时代汉英大词典》2000版第1601页和2002版第1232页对"伟哥"词条的解释为：伟哥，也称"威尔刚"VIAGRA、"万艾可"VIAGRA，用于治疗男性功能障碍的美国药品商标。2005年3月17日，中国国际贸易促进会专利商标事务所的代理人邱宏彦在新概念公司经公证购买了"伟哥"药品4盒。该"伟哥"产品系东方公司生产，新概念公司销售，东方公司系经威尔曼公司授权使用"伟哥"商标。

—— 裁判摘要 ——

根据本案查明的事实，1998年9月29日《健康报》等7篇报道、珠海出版社出版的"伟哥报告——蓝色精灵 Viagra",以及《海口晚报》等 26 份媒体的报道中虽然多将"伟哥"与"Viagra"相对应,但因上述报道均系媒体所为而并非两申请再审人所为,并非两申请再审人对自己商标的宣传,且媒体的报道均是对"伟哥"的药效、销售情况、副作用的一些介绍、评论性文章。辉瑞制药公司也明确声明"万艾可"为其正式商品名,并承认其在中国内地未使用过"伟哥"商标。故媒体在宣传中将"Viagra"称为"伟哥",亦不能确定为反映了两申请再审人当时将"伟哥"作为商标的真实意思。故申请再审人所提供的证据不足以证明"伟哥"为未注册商标。

▷ 拓展思考

未注册商标,是否能由商标使用人之外的指称而产生,实践中有争议,本案凸显了这一点。辉瑞公司得以主张权利的依据,是国家药监局的文件和媒体报道中对"伟哥"的使用,均非出于自身意愿的使用,也非辉瑞公司自身的使用。对于这一类商标的"俗称",是否将之定性为未注册商标,主要取决于被指称商标的商标权人的意思表示。如果被指称商标的商标权人明确表示反对,或并未积极承认该种指称,那么商标"俗称"不能被认定为未注册商标;如果被指称商标的商标权人认可这种指称,那么商标"俗称"应当被认定为未注册商标。

商标的价值源于使用,未注册商标通过使用产生价值,在自愿注册原则的逻辑下,当然能够获得法律的保护。反过来,已经获得注册的商标,如果没有实际使用,消费者就无法将其与特定商品或者服务联系在一起,商誉无从产生,更谈不到损害赔偿。因此《商标法》第 64 条中明确规定,注册商标专用权人不能举证证明此前 3 年内实际使用过该注册商标,也不能证明因侵权行为受到其他损失的,被控侵权人不承担赔偿责任。该条也可以充当在先使用人对抗后注册人,特别是恶意抢注人的抗辩事由。

## 二、诚实信用原则在商标权利取得中的作用

◇ 核心知识点

2013 年修订后的《商标法》第 7 条第 1 款首次引入"诚实信用原则",主要用于解决恶意抢注问题:"申请注册和使用商标,应当遵循诚实信用原则。"从该条中"应当"的条文表述来看,诚实信用原则能够用于规范商标的申请注册与使用行为,在申请注册和使用过程中违反该原则会导致商标法的否定评价。

除该条外,第 19 条和第 68 条中也明确使用了"诚实信用"的表述,在第 13、15、32 条等条文中都有具体体现。设计、选择所要注册的商标时,申请人应具有不侵害他人合法利益的主观认识,在先利益的避让属于理性人应当具备的诚信态度,但注意义务的设定应具体考量预见可能性与制度成本。根据条文间的相互关系,他人已经使用并有一定影响力的商标并非驰名商标,有一定知名度但影响力小于驰名商标,相关公众对该商标的知晓程度、该商标使用的持续时间、该商标的任何宣传工作的持续时间、程度和地理范围①等均小于驰名商标,所能获得的保护也要弱于驰名商标。因此对于这一类商标,只在其影响力所及范围内对注册人、申请人课加注意义务,在先使用人可以在所使用的商品或服务类别上禁止他人恶意注册。

○ 典型案例

再审申请人深圳歌力思服饰有限公司(以下简称"歌力思公司")、再审申请人王碎永及一审被告杭州银泰世纪百货有限公司(以下简称"杭州银泰公司")侵犯商标权纠纷案:浙江省杭州市中级人民法院(2012)浙杭知初字第 362 号民事判决书;浙江省高级人民法院(2013)浙知终字第 222 号民事判决书;最高人民法院(2014)民提字第 24 号。

—— 基本案情 ——

深圳歌力思服饰设计有限公司(以下简称"歌力思设计公司")成立于 1996 年,是本案歌力思公司的股东之一,第 1348583 号"歌力思"商标由歌力思设计公司提出注册申请,核定使用于第 25 类的服装等商品上,核准注册时间为 1999 年 12 月,现商标权人为歌力思公司。第 4225104 号"ELLASSAY"商标的注册人为歌力思公司,核定使用在第 18 类的钱包、手提包等商品上。第 4157840 号"歌力思"商标核准注册于 2011 年 6 月,注册人王碎永,核定使用商品为第 18 类的钱包、手提包等。2012 年 3 月 7 日,王碎永以歌力思公司及杭州银泰公司生产、销售皮包的行为侵犯自己的商标权为由,提起民事诉讼。

—— 裁判摘要 ——

歌力思公司拥有合法的在先权利基础。歌力思公司在本案中的使用行为系基于合法的权利,使用方式和行为性质均具有正当性。王碎永取得和行使"歌

---

① 上述区分标准参考了《商标法》第 14 条中驰名商标认定的考虑因素。

力思"商标权的行为难谓正当。王碎永以非善意取得的商标权对歌力思公司的正当使用行为提起的侵权之诉，构成权利滥用。

▷ 拓展思考

作为民法中的帝王原则，诚实信用原则在《商标法》中也有适用的空间，商标权的取得必须符合诚实信用原则的要求，可依据诉争双方间的特定信任关系、所处地域、从事生产经营活动的领域、贴附商标的商品或服务的销售范围、商标符号组合的显著性等完成过错的推定。王碎永取得"歌力思"商标的行为违背了诚实信用原则的要求，并无正当性，而一、二审法院根本没有考虑歌力思公司对歌力思商标在先使用和王碎永有较大可能性事先知悉歌力思公司使用该商标的事实，认定歌力思公司侵害王碎永对"歌力思"的注册商标专用权，明显错误。歌力思公司拥有合法的在先权利基础，经过长期使用和广泛宣传，作为企业字号和注册商标的"歌力思"已经具有了较高的市场知名度，歌力思公司据此就该标识享有合法的在先权利。"歌力思"属于无固有含义的臆造词，具有较强的显著性，依常理判断，在完全没有接触或知悉的情况下，因巧合而出现雷同注册的可能性较低。歌力思公司地处广东省深圳市，王碎永曾长期在广东省广州市经营皮革商行，作为地域接近、经营范围关联程度较高的商品经营者，王碎永对"歌力思"字号及商标完全不了解的可能性较低。在上述情况下，王碎永仍然在关联商品上申请注册"歌力思"商标，明显违背诚实信用原则的要求。王碎永以非善意取得的商标权对歌力思公司的正当使用行为提起的侵权之诉，属于权利滥用，以此为基础的诉讼请求不应得到法律支持。

# 第十七章

## 商标权的终止①

## 第一节　注册商标的撤销②

一、注册商标成为商品通用名称导致的撤销

◇ 核心知识点

《商标法》第 49 条第 2 款规定，注册商标成为其核定使用的商品的通用名称的，任何单位或者个人可以向商标局申请撤销该注册商标。该条款是 2013 年修改《商标法》时引入的。通用名称缺乏显著性，故而不能作为商标注册。

---

① 商标权的终止分为三种情形：注销、撤销和无效。因商标注销规定非常简单，实践中也无适用争议，本处略去注销部分内容。

② 商标权的撤销分为三种情形：因违规使用而导致撤销（第 49 条第 1 款）、因注册商标变成本商品通用名称而导致撤销（第 49 条第 2 款）和因连续三年停止使用而导致撤销（第 49 条第 2 款），其中因违规使用导致撤销情形罕见，本书不再赘述。

对于因嗣后的使用行为导致注册商标成为本商品通用名称的，任何人都可以提出撤销之诉。通用名称的产生来源有二：法定的商品名称和约定俗成的商品名称。《授权确权若干规定》第 10 条第 1 款规定："诉争商标属于法定的商品名称或者约定俗成的商品名称的，人民法院应当认定其属于商标法第 11 条第 1 款第（一）项所指的通用名称。依据法律规定或者国家标准、行业标准属于商品通用名称的，应当认定为通用名称。相关公众普遍认为某一名称能够指代一类商品的，应当认定为约定俗成的通用名称。被专业工具书、辞典等列为商品名称的，可以作为认定约定俗成的通用名称的参考。"第 2 款则对约定俗成的通用名称作了界定："约定俗成的通用名称一般以全国范围内相关公众的通常认识为判断标准。对于由于历史传统、风土人情、地理环境等原因形成的相关市场固定的商品，在该相关市场内通用的称谓，人民法院可以认定为通用名称。"

○ 典型案例

澄迈万昌苦丁茶场（以下简称"万昌茶场"）与国家工商行政管理总局商标评审委员会（以下简称"商评委"）、第三人海南省茶叶协会第 3140227 号"兰贵人"商标争议行政纠纷案：北京市第一中级人民法院（2008）一中行初字第 1141 号行政判决书；北京市高级人民法院（2009）高行终字第 330 号行政判决书。

案情简介

万昌茶场于 2003 年 5 月 28 日获得争议商标的注册，核定使用商品为第 30 类茶、茶饮料、茶叶代用品、冰茶、咖啡、糕点、调味品等。2003 年 7 月 15 日，海南省茶叶协会委托代理人以争议商标缺乏必要的显著性和识别特征、万昌茶场申请注册争议商标是一种不正当的注册行为、侵害了相关行业人的利益为由，依据《商标法》第 11、41 条和《反不正当竞争法》的有关规定向商评委提出撤销争议商标的申请。商评委裁定争议商标在茶、茶叶代用品、冰茶、茶饮料商品上的注册予以撤销，在其余商品上的注册予以维持，北京一中院和北京高院维持了该裁定。

—— 裁判摘要 ——

双方的争议焦点是"兰贵人"是否已经成为茶叶商品上一种约定俗成的通用名称，是否能够起到识别商品来源的作用。综合海南省茶叶协会和万昌茶场的相关证据，可以认定"兰贵人"最初是 20 世纪 90 年代台湾人参乌龙茶的另一名称。在争议商标申请注册的 2002 年 4 月之前，我国境内南方五省茶叶产区已经开始大量使用"兰贵人"作为添香加味拼配茶的统称来使用。经过十年左右的生产，"兰贵人"已经成为上述茶产区内相关公众广泛认知的再加工茶类。

▷ 拓展思考

《商标法》第9条规定，申请注册的商标应当具有显著特征。显著性是商标的生命线，经营者不能不重视。然而在实际的运营过程中，商标权人广告宣传不当、商标管理不善、维权不积极等原因均可能导致该注册商标逐渐失去显著特征，演化为该类商品的通用名称。当注册商标不再能发挥识别功能时，该商标也就无法继续扮演商标的角色，撤销就成为减轻制度负累的当然选择。通用名称不能作为注册商标的原因在于显著性的丧失，因此通用名称的判断主体是相关公众，非相关公众的认识没必要也不应当纳入考量范围内。特别是对一些地域性较强的商品，相关地域内的相关公众就足以构成中国《商标法》所认定的相关公众的全体。所以在通用名称的认定中，兰贵人案所涉及的南方五省内的相关公众，即为判定主体，不必引入全国范围内的公众。《授权确权若干规定》第10条第4款规定："人民法院审查判断诉争商标是否属于通用名称，一般以商标申请日时的事实状态为准。核准注册时事实状态发生变化的，以核准注册时的事实状态判断其是否属于通用名称。"在金骏眉案中，① 北京高院经审查认定，"金骏眉"商标在申请注册的时候不是法定的通用名称，也不是约定俗成的通用名称，但在二审时"金骏眉"已经作为一种特定红茶的通用名称存在。基于上述认定，北京高院对商评委作出的认定进行纠正，确认"金骏眉"属于特定种类的红茶的通用名称。

## 二、连续三年停止使用导致的撤销

◇ 核心知识点

《商标法》第49条第2款规定："注册商标成为其核定使用的商品的通用名称或者没有正当理由连续三年不使用的，任何单位或者个人可以向商标局申请撤销该注册商标。"连续3年停止使用导致商标被撤销的制度，又被称为"撤三"制度。"撤三"制度的创设，旨在督促商标注册人尽快使用商标，防

---

① 参见北京市第一中级人民法院（2013）一中知行初字第894号行政判决书；北京市高级人民法院（2013）高行终字第1767号行政判决书。

止符号圈地。在"撤三"制度的适用中，需要注意以下四个问题：第一，任何单位或者个人都可以向商标局申请撤销，申请主体上没有任何限制，商标局不能主动撤销此类商标。第二，撤销的前提是无正当理由不使用。所谓正当理由，按照《授权确权若干规定》第26条第4款规定，是指"商标权人有真实使用商标的意图，并且有实际使用的必要准备，但因其他客观原因尚未实际使用注册商标"。第三，"撤三"的时间要求必须是连续不间断的3年期间经过。第四，3年期间没有任何出现过任何本条款意义上的商标"使用"行为。《授权确权若干规定》第26条第1—3款对"使用"作了界定："商标权人自行使用、他人经许可使用以及其他不违背商标权人意志的使用，均可认定为商标法第49条第2款所称的使用。实际使用的商标标志与核准注册的商标标志有细微差别，但未改变其显著特征的，可以视为注册商标的使用。没有实际使用注册商标，仅有转让或者许可行为；或者仅是公布商标注册信息、声明享有注册商标专用权的，不认定为商标使用。"

○ 典型案例

申请再审人法国卡斯特兄弟股份有限公司（以下简称"卡斯特公司"）与被申请人国家工商行政管理总局商标评审委员会（以下简称"商评委"）、李道之商标撤销复审纠纷案：北京市第一中级人民法院（2008）一中行初字第40号行政判决书；北京市高级人民法院（2008）高行终字第509号行政判决书；最高人民法院（2010）知行字第55号驳回再审申请裁定书。

—— 基本案情 ——

温州五金交电化工（集团）公司酒类分公司于1998年9月7日申请注册"卡斯特"商标，后被核准注册，指定使用在第33类"果酒（含酒精）"等商品上。2002年经核准转让给李道之。2005年7月，卡斯代尔·弗雷尔股份有限公司（卡斯特公司前身）以连续3年停止使用为由，向商标局申请撤销争议商标。商标局以李道之未在法定期间内提交其使用争议商标的证据材料为由，决定撤销争议商标。李道之不服商标局决定，向商评委申请复审，请求维持争议商标，后商评委维持了争议商标的注册。

—— 裁判摘要 ——

注册商标长期搁置不用，该商标不仅不会发挥商标的功能和作用，而且还会妨碍他人注册、使用，从而影响商标制度的良好运转。应当注意的是，注册商标连续3年停止使用导致撤销的条款的立法目的在于激活商标资源，清理闲置商标，撤销只是手段，不是目的。因此只要在商业活动中公开、真实地使用了注册商标，且注册商标的使用行为本身没有违反商标法律规定，则注册商标权利人已经尽到法律规定的使用义务，不宜认定注册商标违反该项规定。本案中李道之所提交的证据可以证明获得其授权许可在商业活动中对争议商标进行公开、真实的使用，争议商标不属于连续3年停止使用导致撤销的情形。至于在使用争议商标有关的其他经营活动中是否违反进口、销售等方面的法律规定，并非该条款所要规范和调整的问题。

▷ 拓展思考

在撤销连续3年不使用商标行政案件中，对于违反法律、行政法规规定的商标使用是否能够认定为商标使用行为，最高人民法院曾在"康王"商标行政案件中持否定态度，在本案裁定中则持肯定态度。[1] 在再审申请人成超与被申请人通用磨坊食品亚洲有限公司（以下简称"通用公司"）、一审被告国家工商行政管理总局商标评审委员会（以下简称"商评委"）商标撤销复审行政纠纷案中，[2] 最高人民法院则在判决中对商标的实际使用作了解释，指出仅为维持注册商标的存在而进行的象征性使用不构成商标的实际使用。北京一中院一审认为，成超在指定期限内对"湾仔码头"进行了真实的商业使用，于是判决撤销商评委的决定。北京高院二审则认为，成超提供的使用证据多为意在维持"湾仔码头"注册的单次、象征性使用，不能认定为商标法意义上的使用，观点截然相反。2002年修订的《中华人民共和国商标法实施条例》第3条规定，商标的使用，包括将商标用于商品、商品包装或者容器，以及商品交易文书上，或者将商标用于广告宣传、展览，以及其他商业活动中。

最高人民法院认为，商标标识的价值在于能够识别商品或者服务的来源，2001年修正的《商标法》第44条规定撤销不使用商标的目的在于促使商标的实际使用，发挥商标的实际效用，防止浪费商标资源。商标的使用，不仅包括商标权人自用，也包括许可他人使用，以及其他不违背商标权人意志的使用。没有实际使用注册商标，仅有转让、许可行为，或者仅有商标注册信息的公布

---

[1] 孔祥俊.商标法适用的基本问题[M].北京：中国法制出版社，2010：206.

[2] 参见北京市第一中级人民法院（2013）一中知行初字第2541号行政判决书；北京市高级人民法院（2014）高知终字第1934号行政判决书；最高人民法院（2015）知行字第181号。

或者对其注册商标享有专有权的声明等，不能认定为商标使用。判断商标是否实际使用，需要判断商标注册人是否有真实的使用意图和实际的使用行为，仅为维持注册商标的存在而进行的象征性使用，不构成商标的实际使用。

# 第二节　注册商标的无效宣告

## 一、违反绝对拒绝注册理由的无效宣告

◇ 核心知识点

2013年《商标法》第44条第1款、2001年《商标法》第41条第1款规定："已经注册的商标，违反该法第10条、第11条、第12条规定的，或者是以欺骗或者其他不正当手段取得注册的，由商标局宣告该注册商标无效；其他单位或者个人可以请求商标评审委员会宣告该注册商标无效。"而在2019年《商标法》的修订中，又将违反第19条第4款的注册商标纳入第44条无效宣告的对象。《商标法》第10条指向禁止作为商标使用的标志，第11条指向缺乏显著特征的标志，第12条指向具备功能性的三维标志，第19条第4款指向商标代理机构的违规注册行为，均为绝对拒绝注册理由，违反这四条将导致注册商标无效。除此之外，还有"以欺骗或者其他不正当手段取得注册"这一兜底性条款，需要解释说明。以"不正当手段取得注册"条款适用的前提是注册行为损害了不特定主体的权益、破坏了公平竞争的市场秩序，保护的是以个人利益面目为表象的公共利益。在耐克国际有限公司与商评委等商标争议行政纠纷案判决中，[①]北京高院认为第44条规定中所指的"其他不正当手段"系指欺骗手段以外扰乱商标注册秩序、损害公共利益、不当占用公共资源或者以其他方式谋取不正当利益的手段，由此被侵害的主体属于不确定的公共群体。如果只是抢注个别主体的单个商标，此时损害的是特定主体的利益，不能被认定为以"其他不正当手段取得注册"，只能依据第45条提起无效宣告程序。对于该条中"其他不正当手段"的认定，《授权确权若干规定》第24条有明确解释："以欺骗手段以外的其他方式扰乱商标注册秩序、损害公共利益、不正当占用公共资源或者谋取不正当利益。""不

---

① 北京市高级人民法院（2013）高行终字第76号行政判决书。

正当手段"表述较为模糊,用意即在于充当制止商标抢注行为的兜底条款,《授权确权若干规定》第 24 条中的具体化并不属于完全封闭的解释。

○ 典型案例

再审申请人李隆丰与被申请人国家工商行政管理总局商标评审委员会(以下简称"商评委")、一审第三人三亚市海棠湾管理委员会商标争议行政纠纷案:北京市第一中级人民法院(2011)一中知行初字第 2752 号行政判决书;北京市高级人民法院(2012)高行终字第 582 号行政判决书;最高人民法院(2013)知行字第 41、42 号行政裁定书。

—— 基本案情 ——

2005 年李隆丰在第 36 类和第 43 类注册了"海棠湾"商标,海棠湾管委会向商评委申请撤销上述商标,后商评委裁定撤销上述商标。

—— 裁判摘要 ——

审查判断诉争商标是否属于该条款规定的"以其他不正当手段取得注册"的情形,要考虑是否属于欺骗手段以外的扰乱商标注册秩序、损害公共利益、不正当占用公共资源或者以其他方式谋取不正当利益的手段。《商标法》第 4 条规定,自然人、法人或者其他组织对其生产、制造、加工、拣选或者经销的商品或者提供的服务,需要取得商标专用权的,应当向商标局申请商标注册。从该条规定的精神看,民事主体申请注册商标,应该有使用的真实意图,以满足自己的商标使用需求为目的,其申请注册商标行为应具有合理性或正当性。李隆丰利用政府部门宣传推广海棠湾休闲度假区及其开放项目所产生的巨大影响力,抢先申请注册多个"海棠湾"商标的行为,以及没有合理理由大量注册囤积其他商标的行为,并无真实使用意图,不具备注册商标应有的正当性,属于不正当占用公共资源、扰乱商标注册秩序的行为。

▷ 拓展思考

商标抢注是目前我国商标实践中较为突出的一类不正常现象,本案所反映出的欠缺真实使用意图、大量申请、囤积注册商标的行为具有一定的普遍性。该案中,李隆丰在不同类别商品或服务上申请注册了"香水湾""椰林湾"等与海南地名、景点有关的商标三十余件,且多件商标有转让记录。不但如此,李隆丰还曾与海棠湾管委会取得联系,希望以高价转让"海棠湾"商标。李隆丰也未能提供其使用"海棠湾"等商标的有关证据。在本案的处理过程中,最高人民法院通过援引《商标法》第 4 条的规定，指明了商标法关于申请商标注册的立法本意，并以此认定缺乏真实的使用意图、申请注册商标的行为不具有正当性、大量囤积商标的行为属于扰乱商标注册秩序、损害公共利益、不正当占用公共资源的行为，足以认定李隆丰申请注册争议商标的行为构成以"不正当手段取得注册"，应依照 2001 年《商标法》第 41 条第 1 款规定予以撤销。本案的判决结果对于遏制商标抢注的相关法律适用具有指导作用。类似地，在"蜡笔小新"商标无效案中，[①] 法院考虑到诚益公司具有大批量、规模性"抢注"他人商标并转卖牟利的行为，情节恶劣，扰乱了商标注册管理秩序及公共秩序，损害了公共利益，构成"以其他不正当手段取得注册"的情形。上述裁判表明，申请注册商标的数量、核准注册后与在先权利人的磋商、使用情形等都是认定是否属于"不正当手段取得注册"的考量因素。

## 二、违反相对拒绝注册理由的无效宣告

### （一）提起无效宣告的时间

◇ 核心知识点

对于违反相对拒绝注册理由提起无效宣告的时间，2013 年与 2019 年《商标法》第 45 条、2001 年《商标法》第 41 条第 2 款有明确规定。2013 年《商标法》第 45 条第 1 款规定："已经注册的商标，违反本法第 13 条第 2 款和第 3 款、第 15 条、第 16 条第 1 款、第 30 条、第 31 条、第 32 条规定的，自商标注册之日起五年内，在先权利人或者利害关系人可以请求商标评审委员会宣告该注册商标无效。对恶意注册的，驰名商标所有人不受五年的时间限制。"从法条可以得知，针对违反相对拒绝注册理由提起无效宣告的主体，只能是在先权利人或者利害关系人，其他人不能越俎代庖。这是因为违反相对拒绝注册理由的注册行为，侵害的都是特定人的利益。在提起无效宣告的时间上，违反相对拒绝注册理由也不同于违反绝对拒绝注册理由，有 5 年的时间限制，如此设置的目的在于督促权利人或者利害关系人尽可能早地提出相应请求，避免躺在权利上睡眠，从而稳定社会经济秩序。对于驰名商标，则赋予了不同的时间规定，

---

① 北京市第一中级人民法院（2011）一中知行初字第 1229 号行政判决；北京市高级人民法院（2011）高行终字第 1427 号行政判决书。

恶意注册时不受5年时间的限制，如此设置的理由在于驰名商标的社会影响力大，同时还会涉及消费者的合法权益，所以需要突破一般的时间限制。根据《授权确权若干规定》第25条规定，引证商标知名度高、诉争商标申请人没有正当理由的，人民法院可以推定其注册构成"恶意注册"。

〇 典型案例

再审申请人宁波康宁线缆有限公司与被申请人国家知识产权局、一审第三人康宁有限公司商标权无效宣告请求行政纠纷案，北京市高级人民法院（2020）京行终1094号行政判决书；最高人民法院（2021）最高法行申966号行政裁定书。

—— 基本案情 ——

在再审申请人宁波康宁线缆有限公司（以下简称"康宁线缆公司"）与被申请人国家知识产权局、一审第三人康宁有限公司（以下简称"康宁公司"）商标权无效宣告请求行政纠纷案中，诉争商标于2008年1月28日申请注册，核定使用在第9类商品上，注册人为康宁线缆公司。2010年6月27日国家工商行政管理总局商标局作出商标初审公告，2011年4月27日商标局作出商标异议公告，2012年2月27日商标局作出异议裁定公告，准予诉争商标注册。2017年2月23日康宁公司向国家工商行政管理总局商标评审委员会提出无效宣告请求，商标评审委员会作出商评字〔2017〕第147311号《关于第6535691号"康宁"商标无效宣告请求裁定》，宣告诉争商标无效。康宁线缆公司不服，向北京知识产权法院提起行政诉讼。北京知识产权法院一审认为，康宁公司提出无效宣告请求的日期并未超过5年期限，诉争商标应予宣告无效，判决驳回康宁线缆公司的诉讼请求。康宁线缆公司不服，提起上诉。北京市高级人民法院二审判决驳回上诉，维持原判。康宁线缆公司不服，向最高人民法院申请再审。最高人民法院于2021年6月10日裁定驳回了康宁线缆公司的再审申请。

—— 裁判摘要 ——

最高人民法院审查认为，适用2013年《商标法》第45条第1款确定商标无效宣告5年期限的起算日时，应当区分不同的商标注册程序，既要保证无效宣告程序发挥积极作用，维持商标注册秩序，又要避免损害权利人的信赖利益。若商标申请注册过程中未经过商标异议程序，商标初审公告3个月期满之日，商标申请人则获得授权，可以该日作为商标无效宣告5年期限的起算日。但商标申请注册过程中经过异议或异议复审程序，该商标最终是否能获得授权处于不确定状态，不宜一概将商标初审公告3个月期满之日视为商标法第45条所指的"商标注册之日"。对于异议经审查不成立，商标予以核准注册的，商标申请人取得专用权之日与准予注册决定作出日可能并非同一时点。虽然诉争商标初审公告日为2010年6月27日，但商标局于2012年2月27日发布异议裁定公告，准予诉争商标注册。康宁公司于2017年2月23日对诉争商标提起无效宣告申请，并未超过5年期限。

▷ 拓展思考

根据《商标法》第45条第1款的规定，违反相对拒绝注册事由的无效宣告程序，应当在5年内提出，这5年时间限制属性究竟为何，立法上并不明确。在埃尔梅斯国际与中华人民共和国工商行政管理总局商标评审委员会商标争议行政纠纷上诉案中，[①] 北京法院在判决中指出上述期间属于除斥期间，与民事诉讼中的诉讼时效期间性质并不相同，因此埃尔梅斯国际关于商标评审委员会不应主动审查其撤销争议商标注册的申请是否超过5年的上诉理由，缺乏法律依据，法院不予支持。诉讼时效经过，权利人不行使其权利，将导致胜诉权丧失；除斥期间是法定权利存续期间，除斥期间经过，将导致权利本身消灭。诉讼时效的适用对象是请求权，除斥期间的适用对象是形成权。诉讼时效可以适用中止、中断、延长的，除斥期间为法定期间，不会因权利人的客观情况变化而相应变化。诉讼时效当事人不主动提出，法院不可以依职权主动审查；除斥期间是否经过，法院可依职权主动审查。因此，对于《商标法》第45条规定的5年除斥期间，法院可依职权主动审查，该期间也不会发生任何变动。这也就提醒了权利人，在维护自身权利时一定要注意时间节点，5年除斥期间一旦经过，申请宣告注册商标无效的权利即告消灭。

**（二）无效宣告的事由和依据《商标法》第15条请求无效宣告时该条规定的"代理人或者代表人"之范围确定**

◇ 核心知识点

《商标法》第45条第1款对违反相对拒绝注册理由提起无效宣告程序作

---

[①] 北京市第一中级人民法院（2010）一中知行初字第846号行政判决书；北京市高级人民法院（2012）高行终字第708号行政判决书。

了规定，违反相对拒绝注册理由分为以下六大类：抢注他人驰名商标（第13条第2、3款）、特定关系人恶意抢注（第15条）、注册虚假地理标志（第16条第1款）、重复授权（第30条）、抵触申请（第31条）和损害他人在先权利及抢注他人已经使用并有一定影响的商标（第32条）。《授权确权若干规定》第15条中对"代理人或者代表人"的范围作了进一步解释。对于已经通过合同方式确立特定关系的双方主体而言，"经销、代理等销售代理关系意义上的代理人、代表人"也落入"代理人或者代表人"的范围。对于尚处于为建立代理或者代表关系的磋商阶段、尚未通过合同方式确立权利义务关系的双方主体而言，《商标法》第15条第1款也适用。合同义务和先合同义务之外，商标申请人与代理人或者代表人之间存在亲属关系等特定身份关系的，可以推定其商标注册行为系与该代理人或者代表人恶意串通，人民法院适用《商标法》第15条第1款的规定进行审理。①《授权确权若干规定》第16条中对《商标法》第15条第2款中"其他关系"作了如下列举："（一）商标申请人与在先使用人之间具有亲属关系；（二）商标申请人与在先使用人之间具有劳动关系；（三）商标申请人与在先使用人营业地址邻近；（四）商标申请人与在先使用人曾就达成代理、代表关系进行过磋商，但未形成代理、代表关系；（五）商标申请人与在先使用人曾就达成合同、业务往来关系进行过磋商，但未达成合同、业务往来关系。"《商标法》第15条的立法目的在于维护诚实信用原则，并不一概要求该商标已经在先使用，最高人民法院在再审申请人香港雷博有限公司因与被申请人中华人民共和国国家工商行政管理总局商标评审委员会、家园有限公司商标争议行政纠纷案中指出，②只要特定商标应归于被代理人或者被代表人，代理人或者代表人即应善尽忠诚和勤勉义务，不得擅自以自己名义进行注册。

○ 典型案例

重庆正通药业有限公司（以下简称"正通公司"）、国家工商行政管理总局商标评审委员会（以下简称"商评委"）与四川华蜀动物药业有限公司（以

---

① 《授权确权若干规定》第15条第3款。
② 北京市第一中级人民法院（2011）一中知行初字第365号行政判决书；北京市高级人民法院（2012）高行终字第690号行政判决书；最高人民法院（2014）行提字第3号行政判决书。

下简称"华蜀公司")商标行政纠纷案：北京市第一中级人民法院（2005）一中行初字第437号行政判决书；北京市高级人民法院（2006）高行终字第93号行政判决书；最高人民法院（2007）行提字第2号行政判决书。

—— 基本案情 ——

"头孢西林"作为商品名称是由正通公司单独于2002年4月20日向国家有关主管机关提出申请并在5月28日获得审批。同年7月27日，正通公司与华蜀公司签订《关于专销"头孢西林"产品的协议书》。2002年9月12日，华蜀公司向商标局提出争议商标"头孢西林TOUBAOXILIN"的注册申请，并于2004年2月7日被核准注册，核定使用商品为第5类兽医用制剂等。2004年3月31日，正通公司(当时的重庆正通动物药业有限公司)以争议商标违反《商标法》第10条、第11条第1款第（一）项、第15条及第31条为由，向商评委提起撤销争议商标的申请，后商评委裁定撤销争议商标。

—— 裁判摘要 ——

最高人民法院认为，《商标法》第15条规定，未经授权，代理人或者代表人以自己的名义将被代理人或者被代表人的商标进行注册，被代理人或者被代表人提出异议的，不予注册并禁止使用。由于本案中当事人及一审、二审判决对"代理人"的含义具有不同的理解和认定，为消除分歧，正确适用法律，可以通过该条规定的立法过程、立法意图，以及参照相关国际条约的规定等确定其含义。《商标法》第15条的规定既是为了履行《巴黎公约》第6条之七规定的条约义务，又是为了禁止代理人或者代表人恶意注册他人商标的行为。据该条约的权威注释、有关成员国的通常做法和我国相关行政执法的一贯态度，《巴黎公约》第6条之七的"代理人"和"代表人"应当作广义的解释，包括总经销、总代理等特殊销售关系意义上的代理人或者代表人。参照最高人民法院《关于审理国际贸易行政案件若干问题的规定》第9条关于"人民法院在审理国际贸易行政案件所适用的法律、行政法规的具体条文存在两种以上的合理解释，其中有一种解释与中华人民共和国缔结或者参加的国际条约的有关规定相一致的，应当选择与国际条约的有关规定相一致的解释，但中华人民共和国声明保留的条款除外"的规定，巴黎公约第6条之七规定的"代理人"的含义，可以作为解释我国《商标法》第15条规定的重要参考依据。根据以上立法过程、立法意图、《巴黎公约》的规定，以及参照上述司法解释精神，为制止因特殊经销关系而知悉或使用他人商标的销售代理人或者代表人违背诚实信用原则、抢注他人注册商标的行为，《商标法》第15条规定的代理人应当作广义的解释，不只限于接受商标注册申请人或者商标注册人委托、在委托权限范围内代理商标注册事务等事宜的商标代理人、代表人，而且还包括总经销（独家经销）、总代理（独家代理）等特殊销售代理关系意义上的代理人、代表人。

▷ **拓展思考**

本案判决的法律意义在于澄清了《商标法》第15条中"代理人或者代表人"的含义。此前，北京高院在二审裁判中将"代理人或者代表人"作狭窄解释，仅限于《民法通则》《合同法》中严格意义上的代理，限定为商标代理人。最高院在再审裁判中根据《商标法》的立法过程、立法意图、《巴黎公约》第6条之七的规定，以及最高院相关司法解释的精神，认为应当对"代理人或者代表人"作广义的解释，不但包括接受商标注册申请人或者商标注册人委托、在委托权限内代理商标注册等事宜的商标代理人、代表人，还包括总经销（独家经销）、总代理（独家代理）等特殊销售代理关系意义上的代理人、代表人。《授权确权若干规定》第15条第1款吸纳了裁判的有效经验，将"代理人或者代表人"确定为"商标代理人、代表人或者经销、代理等销售代理关系意义上的代理人、代表人"，突破之处在于不限于特殊销售代理关系，扩展至一般意义上的销售代理关系。在再审申请人新东阳企业（集团）有限公司与被申请人新东阳股份有限公司、原审被告国家工商行政管理总局商标评审委员会商标异议复审行政纠纷案①中，最高人民法院指出，与代理人或者代表人有串通合谋抢注商标行为的人，可以视为代理人或者代表人；判断是否构成串通合谋抢注行为，可以视情况根据商标注册申请人与代理人或者代表人的特定身份关系进行推定。上述成熟经验最终被写入《授权确权若干规定》第15条当中。

### （三）长期停止使用的商业标识不能作为有一定影响的未注册商标或在先权利予以保护

◇ **核心知识点**

现行《商标法》第32条中"在先使用并有一定影响的商标"中的"在先使用"，

---

① 北京市第一中级人民法院（2011）一中知行初字第1167号行政判决书；北京市高级人民法院（2012）高行终字第1193号行政判决书；最高人民法院（2013）知行字第97号行政裁定书。

旨在突出其正当性，使用时间在前，"在先使用"判断的时间点为申请日。"有一定影响"，旨在确定第三人的注意义务，如果在先使用的未注册商标没有产生"一定影响"，缺少知名度和影响力，第三人在选择申请注册商标的符号组合时便无从了解和避让，自然不承担相应的注意义务。该条款中实际上还隐藏了一个限制条件，即主张权利的未注册商标在申请日前持续使用。商标的基本功能是来源识别功能，如果长期不使用，理性消费者无法就某一标识和特定商品或者服务建立起稳定联系，商标的来源识别功能无从发挥。对于品质保证功能、广告及竞争功能而言，商标的持续使用也是其实现的事实基础。商标长期停止使用，应当具备的功能无法实现，在先使用人丧失了主张权利的正当性基础，他人对相同标识的使用和注册不构成侵权。需要注意的是，判断长期停止使用的时间节点为申请日，如果申请日之后原来的在先使用人或者其利害关系人又开始使用的，仍然不构成"在先使用并有一定影响的商标"，可以提起异议和无效宣告程序的未注册商标必须是申请日前持续使用的商标。

○ 典型案例

再审申请人余晓华与国家工商行政管理总局商标评审委员会（以下简称"商评委"）、第三人成都同德福合川桃片食品有限公司（以下简称"成都同德福公司"）商标争议行政纠纷案：北京市高级人民法院（2011）高行终字第375号行政判决书；最高人民法院（2013）知行字第80号行政裁定书。

—— 基本案情 ——

"同德福 TONGDEFU 及图"商标由合川县桃片厂温江分厂于1997年8月4日提出注册申请，1998年10月14日经核准注册在第30类桃片（糕点）等商品上。2000年以该商标注册人名义经商标局核准变更为成都同德福公司。2003年4月24日余晓华以争议商标违反《商标法》第31条、第41条规定为由，申请撤销争议商标，后商评委裁定维持注册。

—— 裁判摘要 ——

《商标法》第31条所称的"他人在先使用并有一定影响的商标"，是指已经使用了一定的时间、因一定的销售量、广告宣传等而在一定范围的相关公众中具有知名度，从而被视为区分商品来源的未注册商业标志。这里所称的"有一定影响"，应当是一种基于持续使用行为而产生的法律效果，争议商标的申请日是判断在先商标是否有一定影响的时间节点。"同德福"商号确曾在余晓华先辈的经营下获得较好的发展，但自1956年起至争议商标的申请日，作为一个商业标识的"同德福"停止使用近半个世纪的时间。在这种情况下，即使余氏家族曾将"同德福"作为商业标识使用，但至争议商标的申请日，因长期停止使用，"同德福"已经不具备《商标法》第31条所规定的未注册商标的知名度和影响力，不构成"在先使用并有一定影响的商标"。

▷ 拓展思考

商标因使用而产生价值，因不再使用而失去价值，使用的事实状态决定了商标能否获得保护。无论是先前使用过的商标，还是从未使用过的商标，我国《商标法》都不鼓励"符号圈地"，使用才是商标获得保护的法理基础。本案中，"同德福"虽曾在20世纪20年代至50年代期间于四川地区就桃片商品上积累了一定的商誉，形成了较高的知名度，但在1956年公私合营以后至争议商标的申请日间，该商业标识已经连续停止使用45年。知名度和影响力的判断主体是相关公众，所有的消费者都具有时代性，将近半个世纪停止使用的事实决定了相关公众不能对"同德福"有清晰、明确的认识，"同德福"的知名度和影响力不复存在。因此长期停止使用的"同德福"商业标识不能作为有一定影响的未注册商标受到保护。

对于余晓华后来的使用行为，我们也需要准确定性。余晓华自2002年起又开始使用"同德福"作为字号，成立了同德福桃片厂，但该行为的发生已经晚于争议商标的申请日。在成都同德福公司已经在先注册并实际使用争议商标，余晓华对此又不享有任何在先权益的情况下，不能以其在后的使用行为对抗第三人已经合法形成的注册商标专用权。也就是说，余晓华对"同德福"的使用行为本身也属于侵权。

**（四）依据《商标法》第32条，请求对"以不正当手段抢先注册他人已经使用并有一定影响的商标"宣告无效的适用及其例外**

◇ 核心知识点

《商标法》第32条规定申请商标注册不得以不正当手段抢先注册他人已经使用并有一定影响的商标，何种情形构成本条规定的"不正当手段"，实践中存在一些困惑，原因主要在于很难从诉争商标注册人申请注册行为本身判断是否采用了不正当手段，"不正当"从何而来。《授权确权若干规定》第23条第1款规定："在先使用人主张商标申请人以不正当手段抢先注册其在先使用并有一定影响的商标的,如果在先使用商标已经有一定影响,而商标申请人明知或者应知该商标,即可推定其构成'以不正当手段抢先注册'。"推定当然可以被推翻,该款后一句即指出:"但商标申请人举证证明其没有利用在先使用商标商誉的恶意的除外。"以《商标法》第32条为依据提起无效宣告程序,另一要件是该商标已有一定影响,当在先使用人举证证明其在先商标有一定的持续使用时间、区域、销售量或者广告宣传的,人民法院可以认定有一定影响。[①] 对于以不正当手段抢先注册他人在先使用并有一定影响的商标的,只能在商标注册之日起5年内请求宣告无效,只能向商评委提出,只能由在先权利人或者利害关系人提出,有严格的条件限制。

○ 典型案例

再审申请人抚顺博格环保科技有限公司(以下简称"抚顺博格公司")与国家工商行政管理总局商标评审委员会(以下简称"商评委")、营口玻璃纤维有限公司(以下简称"营玻纤公司")商标争议行政纠纷案:北京市第一中级人民法院(2009)一中行初字第8号行政判决书;北京市高级人民法院(2009)高行终字第1275号行政判决书;最高人民法院(2013)行提字第11号。

—— 基本案情 ——

"氟美斯FMS"商标由抚顺市工业用布厂提出注册申请,2002年8月21日被核准注册,核定使用商品为第24类。2006年5月7日经商标局核准,争议商标被转让给抚顺博格公司。2002年12月30日,营口玻纤公司向商评委提出撤销争议商标的申请,后商评委裁定撤销争议商标的注册。

—— 裁判摘要 ——

一审裁判摘要

在抚顺博格公司与营口玻纤公司都使用争议商标的情况下,本案已经没有适用《商标法》第31条的必要,根据商标注册的先申请原则,抚顺博格公司申请注册争议商标并无不当。据此判决撤销商评委裁定。

二审裁判摘要

营口玻纤公司在先使用了"氟美斯FMS"商标并在相关公众中已经具有一定影响,抚顺市工业用布厂申请注册争议商标属于《商标法》第31条规定的"以不正当手段抢先注册他人已经使用并有一定影响的商标"的情形,商评委的裁

---

① 《授权确权若干规定》第23条第2款。

定并无不当。据此判决撤销一审判决，维持商评委的裁定。

再审裁判摘要

虽然在一般情况下，商标申请人明知他人在先使用并有一定影响的商标而申请注册即可推定其具有利用他人商标商誉获利的意图。但是本案事实显示，抚顺博格公司申请注册争议商标并不具有抢占营口玻纤公司在先使用并有一定影响的商标商誉的恶意。本案中抚顺博格公司独立申请注册争议商标并不侵犯营口玻纤公司的合法权益，亦不违反诚实信用原则，不应依据《商标法》第31条的规定予以撤销。

▷ 拓展思考

在本案的裁判中，最高人民法院认为，依据2001年《商标法》第31条主张争议商标应予撤销的当事人，应证明其在争议商标申请日之前，已经在相同或者类似产品上使用了与争议商标相同或者近似的商标，并且在相关公众中具有一定影响，同时争议商标申请人申请注册争议商标具有抢占其商标声誉的恶意。也就是说，他人商标在先使用并有一定影响只是要件之一，在后注册人的恶意也是抢注认定的必备要件。商标注册申请人明知他人在先使用并有一定影响的商标而申请注册可以推定注册申请人有抢注的恶意，但这种推定完全可以通过相反证据推翻。抚顺博格公司前身抚顺市工业用布厂与营口玻纤公司几乎同时使用"氟美斯FMS"商标，且在争议商标申请日前其销售规模大于营口玻纤公司，不存在违背诚实信用原则、恶意抢注的可能性。

本案的另一个争议点在于抚顺博格公司独自申请注册争议商标是否侵犯营口玻纤公司的合法权益。本案争议商标申请日前，营口玻纤公司和抚顺市工业用布厂同时在市场上销售"氟美斯FMS"商品且相互知晓，但双方对标识的归属并无特别约定。《商标法》实行先申请原则，其立法价值取向不同于《著作权法》和《专利法》，在缺乏其他法律或者合同依据的情况下，不能通过类比"创作作品的人为作者""对发明的技术方案做出实质性贡献的人为发明人"的规定的方式，得出"共同使用商标者应为共有商标权人"的结论。因此抚顺博格公司独立申请注册争议商标的行为并不侵犯玻纤公司的合法权益，不应依据2001年《商标法》第31条规定予以撤销。

# 第十八章

# 商标权的内容和行使

## 第一节 商标权的内容

### 一、注册商标专用权

◇ 核心知识点

在我国，商标权的取得采用注册制，通过核准注册获得注册商标专用权。未注册商标仅仅能够依《商标法》的特殊规则，以及《反不正当竞争法》关于仿冒行为的规范获得有限的保护，法律并未赋予未注册商标以权利。因此在我国，所谓商标权一般是指权利人对注册商标使用享有的排他性权利。通常来讲，商标权的内容可以被划分为积极的使用权和消极的禁止权两大方面。从积极使用权的角度看，注册商标专用权的范围，以核准注册的商标和核定使用的商品或者服务为限。[①] 商标权人在使用注册商标过程中不得擅自改变商标的显著特

---

① 《商标法》第 56 条。

征,也不得超出核定商品或者服务种类使用注册商标。不规范使用注册商标不构成合法的商标使用,同时可能导致侵犯他人商标权。从消极禁止侵权的角度看,商标权人有权禁止他人未经许可在相同类似商品或者服务上使用相同近似商标可能导致混淆的行为。

○ **典型案例**

洲际伟大品牌有限公司(以下简称"洲际公司")、江苏统业保健食品有限公司(以下简称"统业公司")与泰州市竞龙营养品厂(以下简称"竞龙厂")等侵害商标权及不正当竞争纠纷案:沈阳市中级人民法院(2011)沈中民四初字第106号民事判决书;辽宁省高级人民法院(2012)辽民三终字第101号民事判决书;最高人民法院(2014)民提第61号民事判决书。

—— **基本案情** ——

洲际公司是第6511408号"果珍"等商标的注册专用权人,核准商品为第32类的果子粉等。2004年3月,竞龙厂被核准注册"新果珍"商标,核定使用的商品为第30类非医用营养颗粒(晶)等。此后,竞龙厂许可统业公司在其生产的"甜橙味即溶营养晶"上使用"新果珍"商标。为此洲际公司以统业公司的上述行为侵犯了其注册商标专用权为由提起诉讼。2006年10月,商标局认定统业公司生产的即溶营养晶商品不属于第30类的非医用营养颗粒(晶),而应属于第32类的果子晶、果子粉。

—— **裁判摘要** ——

"新果珍"商标核定使用的商品为第30类的非医用营养颗粒等,而本案被诉侵权产品事实上属于第32类商品。统业公司实际上并未在其获得许可的注册商标核定使用的商品类别上使用该注册商标,而是超出核定商品的范围使用该注册商标,落入洲际公司第6511408号"果珍"注册商标专用权的保护范围,构成商标侵权。竞龙厂与统业公司共同实施了侵权行为,应就给商标权人造成的损失承担连带责任。

▷ **拓展思考**

在商标侵权的场合,被控侵权人往往会以其享有注册商标专用权为由进行抗辩。对于此种抗辩,首先需要考察其实际生产或者销售的商品是否超出核定范围。商标专用权的范围仅仅限定在核定使用的商品或者服务范围内,超出该范围使用商标的行为不受法律保护。实践中还存在被控侵权人规范使用其注册商标，生产或者销售的商品并未超出注册商标的核定使用范围的情形，按照相关司法解释的规定，此种争议需要先通过行政程序解决。[1] 但是被控侵权人是否超出核定范围在未经审理前难以确定。在"爱国者数码科技有限公司、爱国者电子科技有限公司诉飞毛腿电源（深圳）有限公司等侵害商标权纠纷案"中，北京知识产权法院指出，只要无法当然确认被诉侵权行为对于注册商标的使用系在核定使用范围内的，对于基于对注册商标的使用产生的侵权诉讼均应属于可以受理的情形，至于其是否实际属于核定使用范围内的使用行为，则需要在案件受理后对该问题进一步进行实体审理做出最终判断。[2]

## 二、商标共有权的行使

◇ 核心知识点

两个以上的自然人、法人或者其他组织可以共同向商标局申请注册同一商标，共同享有和行使该商标专用权。[3] 但是关于共有情形下商标权的行使问题，例如商标的许可、转让、质押、异议及评审请求的提出、侵权诉讼的提出等，《商标法》中没有明确规定。

○ 典型案例

张某某与沧州田霸农机有限公司（以下简称"田霸公司"）、朱某某侵害商标权纠纷案：沧州市中级人民法院（2014）沧民初字第95号民事判决书；河北省高级人民法院（2015）冀民三终字第79号民事判决书；最高人民法院（2015）民申字第3640号民事裁定书。[4]

—— 基本案情 ——

2009年4月，张某某与朱某某成立了科丰公司。2010年9月，科丰公司获准注册"田霸"商标。2012年3月，科丰公司将"田霸"牌注册商标转让给田霸公司。2012年5月，张某某与朱某某就科丰公司的清算达成调解协议，约

---

[1] 《最高人民法院关于审理注册商标、企业名称与在先权利冲突的民事纠纷案件若干问题的规定》第1条第2款。

[2] 北京知识产权法院（2015）京知民初字第709号民事判决书。

[3] 《商标法》第5条。

[4] 本案判决书发布于《最高人民法院公报》2017年第4期。

定原科丰公司所有的"田霸"注册商标归双方共同所有。2013年1月，张某某以田霸公司为被告、朱某某为第三人起诉，要求确认科丰公司与田霸公司之间转让"田霸"牌注册商标的行为无效；确认张某某与第三人朱某某系"田霸"商标的共有人。在前述商标转让行为被确认无效后，张某某要求确认朱某某将"田霸"许可给田霸公司的行为无效。

—— 裁判摘要 ——

在朱某某擅自将"田霸"商标转让至田霸公司名下行为无效的前提下，可以认定"田霸"商标由张某某和朱某某共同所有。在商标权共有的情况下，商标权的行使应遵循当事人意思自治原则，由共有人协商一致行使；不能协商一致，又无正当理由的，任何一方共有人不得阻止其他共有人以普通许可的方式许可他人使用该商标。朱某某作为"田霸"商标的共有人将涉案商标许可给田霸公司使用合同有效，商标许可合同是否备案并不影响商标许可行为的效力。

▷ 拓展思考

上述案件的意义在于明确了共有状态下商标权的行使规则。从促进商标使用的角度，商标权共有人单独以普通许可方式许可他人使用商标，一般不会影响其他共有人利益，该种许可方式原则上应当允许；商标权共有人如果单独以排他许可或者独占许可的方式许可他人使用该商标，则对其他共有人的利益影响较大，原则上应禁止。上述原则的基本精神在《著作权法》和《专利法》中均有体现，而与《物权法》中关于共有的规定有所区别。此外，在设定质权、异议和评审请求的提出，以及侵权诉讼等方面商标共有权行使的特殊问题仍然值得探讨。①

# 第二节 商标权的转让

## 一、商标权转让的基本规则

◇ 核心知识点

在我国，商标权的转让实行自由转让原则，并没有采取要求商标连同营业

---

① 汪泽．论共有商标权的行使特殊性［J］．法律适用，2002（10）．

或者商誉一并转让的原则。① 但是禁止产生容易导致混淆或者有其他不良影响的商标权转让。② 同时在同一种商品上注册的近似的商标，或者在类似商品上注册的相同或者近似的商标，应当一并转让。对于违反上述要求的商标权转让申请，商标行政管理部门将不予核准。申请转让集体商标、证明商标的，受让人应当具备相应的主体资格，并符合《商标法》《商标法实施条例》和《集体商标、证明商标注册和管理办法》的规定。③

○ 典型案例

张某某与洛阳牡丹宴酒业有限公司（以下简称"牡丹宴酒业公司"）股东出资（商标权）纠纷案：洛阳市中级人民法院（2008）洛民五初字第33号民事判决书；河南省高级人民法院（2009）豫法民三终字第34号民事判决书。

—— 基本案情 ——

2007年6月，徐某与张某某签订协议共同组建牡丹宴酒业公司，约定张某某以第902001号"牡丹宴"注册商标入股。张某某于2007年10月以转让人的身份向国家商标局申请将"牡丹宴"转让至受让人牡丹宴酒业公司名下。2008年2月，国家商标局向牡丹宴酒业公司签发了《转让申请改正通知书》，要求张某某注册的第240876号"牡丹仙"商标一并转让。此后，徐某与张某某就商标转让问题一直未能达成协议。牡丹宴酒业公司提起诉讼要求张某某转让"牡丹宴"和"牡丹仙"两个商标。张某某则以协议仅仅约定以"牡丹宴"商标进行出资为由，拒绝一并转让"牡丹仙"商标。

—— 裁判摘要 ——

张某某应当按合同约定，将"牡丹宴"商标权转移至牡丹宴酒业公司名下。但是因张某某所有"牡丹宴"商标与"牡丹仙"商标为同一所有权人，应根据国家商标局具体要求办理"牡丹宴"商标权的转移手续，全面履行合同约定的出资义务。

▷ 拓展思考

商标的一并转让规则属于强制性规定，但是关于违反上述规定的商标转让

---

① 关于商标转让规则的基本理论，参见彭学龙.商标转让的理论构建与制度设计［J］.法律科学，2011（3）.

② 《商标法》第41条第3款。

③ 《集体商标、证明商标注册和管理办法》第16条第1款。

合同效力如何，则是需要进行讨论的问题。① 上述案例中，法院认为违反一并转让规则的商标转让合同仍为有效。从法律的基本原理看，商标的一并转让规则虽然属于强制性规定，但是并非效力性规定，而是取缔性规定。违反该规定的，商标行政管理部门有权责令限期改正，限期未予改正的则不予核准。因此违反商标一并转让规则并不影响商标转让合同的效力。但是需要注意的是，商标转让合同的生效与商标权的取得并不相同，不予核准则意味着商标转让不发生效力，受让人在核准前尚未取得商标权。

## 二、商标权转让的生效

◇ 核心知识点

与大多数国家和地区采用登记对抗主义不同，我国商标权转让则采用登记生效主义。转让注册商标的，转让人和受让人应当签订转让协议，并共同向商标局提出申请。② 商标行政管理部门对转让申请进行核准后予以公告，受让人自公告之日起享有商标专用权。③ 商标行政管理部门核准的内容包括主体资格、是否一并转让，以及是否可能导致容易混淆或者有其他不良影响等。商标未一并转让的，限期改正；期满未改正的，则视为放弃该转让申请。④ 商标权利人发现其商标未经同意已经被他人转让的，可以向人民法院提起民事诉讼；商标局依据人民法院的裁判对该商标转让作出决定。⑤

○ 典型案例

案例一：南京金箔集团金宝园艺器具有限公司（以下简称"金宝公司"）诉南京尚诚家庭用品有限公司（以下简称"尚诚公司"）商标转让纠纷案：南京市中级人民法院（2005）宁民三初字第24号民事判决书；江苏省高级人民法院（2006）苏民三终字第0055号民事判决书。

---

① 关于该问题的争论，参见王娟.近似商标转让制度模式的选择与重构[J].知识产权，2017（2）.

② 《商标法》第42条第1款前段。

③ 《商标法》第42条第4款。

④ 《商标法实施条例》第32条第2款后段。

⑤ 《关于申请转让商标有关问题的规定》第6条。

—— 基本案情 ——

金宝公司是第3114221号"时尚园丁"图文组合商标的注册人。2004年5月，金宝公司监事、主办会计陶某某以金宝公司和尚诚公司联系人的身份向国家商标局提交转让上述注册商标的申请书，载明转让人为金宝公司，受让人为尚诚公司。2004年6月，国家商标局作出"转让申请受理通知书"。金宝公司认为陶某某未经公司授权擅自使用作废公章与尚诚公司签订商标转让协议的行为侵害了其合法权益，要求法院认定该协议无效。尚诚公司认为已经办理了转让手续，转让应为合法有效。

—— 裁判摘要 ——

金宝园艺公司既没有明确表示愿意将本案商标转让给尚诚公司，也没有作出将本案商标转让给尚诚公司的实际行为。在向国家商标局提交转让注册商标申请书之前，双方没有签订商标转让协议。陶某某以金宝园艺公司的名义转让注册商标的行为，不能代表金宝园艺公司。未经商标专用权人许可擅自转让其注册商标的行为，是对原商标专用权人合法财产的侵犯，原商标专用权人有权提出确认商标专用权转让行为无效的民事诉讼。陶某某以金宝园艺公司的名义转让商标的行为对金宝园艺公司不发生法律效力。

案例二：桦懋国际贸易有限公司（以下简称"桦懋公司"）与国家工商行政管理总局商标局第三人上海环邦塑胶制品有限公司（以下简称"环邦公司"）、上海环茂工贸有限公司（以下简称"环茂公司"）商标核准转让行政纠纷案：北京市第一中级人民法院（2006）一中行初字第267号行政裁定书；北京市高级人民法院（2007）高行终字第275号行政裁定书。①

—— 基本案情 ——

桦懋公司系第807327号苹果图形的商标注册人。2005年10月原告办理续展时发现该商标已被转让。国家商标局于2002年2月就该商标由桦懋公司转让给环邦公司进行了公告（第1次转让）；于2005年6月就该商标由环邦公司转让给环茂公司进行了公告（第2次转让）。桦懋公司认为上述两次转让均未经其许可，请求判令撤销上述两次核准涉案商标转让的行政行为。国家商标局辩称，桦懋公司就第1次转让提起诉讼已过诉讼时效，桦懋公司对第2次转让没有诉讼主体资格，且两次核准商标转让的行为均符合法律规定。第三人环茂公司则主张，其应取得涉案商标权系善意取得。

---

① 本案发布于《人民司法·案例》2008年第2期。

—— 裁判摘要 ——

商标转让公告是向社会公众发出的,《商标公告》关于商标转让的记载并不能推定原告知道或者应当知道被告核准了商标转让,桦懋公司提起诉讼尚未超过核准之日起5年,[①]法院应予受理。[②] 桦懋公司系涉案商标的权利人,在其并不知情的情况下,国家商标局对该商标的两次转让予以核准公告,损害了商标权人的利益。桦懋公司与国家商标局的具体行政行为有法律上利害关系,具有诉讼主体资格。环邦公司提交的《转让注册商标申请书》缺少桦懋公司印章,法定代表人签名亦系伪造。国家商标局没有尽到形式审查义务,对第1次转让予以核准公告不具备合法性,应予撤销。由于第1次转让不合法,环邦公司转让涉案商标没有合法权利基础,被告核准第2次转让亦应予撤销。

▷ 拓展思考

商标转让协议是典型的民事合同,商标转让的核准不是行政审批,公告仅仅起到公示作用,对于商标转让协议的成立和生效不发生本质影响。因此无权代理或者无权代表商标所有人进行商标转让,并在商标转让已经核准时商标转让亦不发生效力。在"张某某与沧州田霸农机有限公司、朱某某侵害商标权纠纷案"中,最高人民法院认为,未经股东会同意,以公司的名义转让公司商标,违反了《中华人民共和国公司法》的规定,且受让人不属于善意第三人,即使商标转让已经登记,商标的转让行为亦为无效。[③]

关于商标转让中受让人能否主张善意取得,在司法实践中亦存在否定观点。在"陈某等与青岛海洋焊接材料有限公司等商标专用权权属及商标权转让合同纠纷案"中,北京市第二中级人民法院认为,未获股东会或者董事会同意擅

---

① 根据《最高人民法院关于执行〈中华人民共和国行政诉讼法〉若干问题的解释》第41条的规定,不知道行政机关作出的具体行政行为内容的,起诉期限为行政相对人知道或者应当知道该具体行政行为内容之日起2年内,对于其他具体行政行为从作出之日起超过5年提起诉讼的,法院不予受理。

② 在实践中,关于提起上述行政诉讼的期限的计算存在不同意见。在"李某某与商标局第三人杨某某不服核准商标转让行为行政纠纷案"中,北京市高级人民法院认为,商标公告是法定的一种送达方式,具有对世效力,商标转让核准行为自商标公告之日起即应认定已经送达给包括转让人在内的不特定社会公众,转让人自该日即应当知道核准行为。北京市高级人民法院(2014)高行终字第1515号行政裁定书。

③ 最高人民法院(2015)民申字第3640号民事裁定书。

自转让商标的，转让行为无效。① 亦有观点认为，擅自转让商标权人注册商标的行为是商标侵权行为，受让人不能因此取得商标权，受让人通过正常商业交易再将该注册商标转让给第三人并经核准公告的，第三人亦不能因此取得该商标权。②

## 第三节　注册商标的许可使用

### 一、商标许可的类型

◇ 核心知识点

商标许可使用，是指商标注册人允许他人在约定的期间、地域和以约定的方式使用其注册商标的行为。一般来讲，商标许可包括独占使用许可、排他使用许可和普通使用许可三种基本类型。所谓独占使用许可，是指仅许可一个被许可人使用，商标注册人不得使用该注册商标；排他使用许可，是指仅许可一个被许可人使用，商标注册人可以使用该注册商标但不得另行许可他人使用该注册商标；普通使用许可，则是指许可他人使用其注册商标，并可自行使用该注册商标和许可他人使用其注册商标。③ 三类商标许可中，被许可人的诉讼地位存在较大区别。独占使用许可合同的被许可人可以向法院提起诉讼；排他使用许可合同的被许可人可以和商标注册人共同起诉，也可以在商标注册人不起诉的情况下，自行提起诉讼；普通使用许可合同的被许可人则只能在经商标注册人明确授权时提起诉讼。④

○ 典型案例

天津开发区泰盛贸易有限公司（以下简称"泰盛公司"）与北京业宏达经

---

① 北京市第二中级人民法院（2008）二中民终字第1064号民事判决书。

② 2006年《北京市高级人民法院关于审理商标民事纠纷案件若干问题的解答》第40条。

③ 《最高人民法院关于审理商标民事纠纷案件适用法律若干问题的解释》第3条。

④ 《最高人民法院关于审理商标民事纠纷案件适用法律若干问题的解释》第4条第2款。

贸有限公司（以下简称"业宏达公司"）、广州睿翔春皮具有限公司（以下简称"睿翔春公司"）商标许可使用合同纠纷案：北京市第二中级人民法院（2011）二中民初字第19534号民事判决书；北京市高级人民法院（2012）高民终字第917号民事判决书；最高人民法院（2012）民申字第1501号民事裁定书。

—— 基本案情 ——

2007年3月，沃尔西公司与业宏达公司签订协议，约定沃尔西公司授权业宏达公司在中国内地、香港、澳门地区独占使用"wolsey"系列文字及图形商标。2007年4月，业宏达公司与泰盛公司签订《再许可授权协议》，约定业宏达公司授权泰盛公司在中国内地独家使用第1802类商品上的"wolsey"商标。经查，涉案合同约定的第3730891号"wolsey"商标系沃尔西公司于2010年9月获得注册，核定使用的商品并不包括第1802类箱包皮具。业宏达公司以泰盛公司、睿翔春公司拒不支付商标许可费为由诉至法院，请求解除授权协议并支付商标使用费。业宏达公司则以沃尔西公司不享有"wolsey"商标在第1802类商品上的注册商标专用权，无权收取商标使用费为由进行抗辩。

—— 裁判摘要 ——

一、二审裁判摘要

《再许可授权协议》系业宏达公司与泰盛公司的真实意思表示，且未违反我国法律及行政法规的强制性规定，合法有效。第3730891号"wolsey"注册商标核定使用的商品并不包括协议约定的第1802类皮具商品，使泰盛公司签订合同目的不能实现。业宏达公司此行为已构成根本违约，应承担相应的违约责任。

再审裁判摘要

由于法律法规对许可他人尚未获得注册的商标未作禁止性规定，商标许可合同当事人对商标是否应该获得注册亦没有明确约定，一方不得以许可使用的商标未获得注册构成欺诈为由主张许可合同无效。当然，业宏达公司须对其违约行为承担相应的违约责任。

▷ 拓展思考

在实践中，可能会出现许可人超出核准使用的商品或者服务的范围许可他人使用商标的情形。根据《民法典》相关规定，无权处分的买卖合同仍然有效。

类推适用于商标许可的情形,超出核准范围的商标许可合同仍然有效,只是许可人须对被许可人承担违约责任。上述判决即采取了相同的观点。

## 二、商标许可合同的生效

◇ 核心知识点

商标注册人可以通过签订商标使用许可合同的,许可人应当监督被许可人使用其注册商标的商品质量。被许可人应当保证使用该注册商标的商品质量。[①] 经许可使用他人注册商标的,必须在使用该注册商标的商品上标明被许可人的名称和商品产地。[②] 许可他人使用其注册商标的,许可人应当将其商标使用许可报商标局备案,由商标局公告,商标使用许可未经备案不得对抗善意第三人。[③] 除当事人另有约定的,商标使用许可合同未经备案的,不影响该许可合同的效力。商标使用许可合同未经备案的,不影响该许可合同的效力。[④] 此外,除非另有约定,注册商标的转让亦不影响转让前已经生效的商标使用许可合同的效力。[⑤]

○ 典型案例

上海帕弗洛文化用品有限公司(以下简称"帕弗洛公司")诉上海艺想文化用品有限公司(以下简称"艺想公司")、毕加索国际企业股份有限公司(以下简称"毕加索公司")商标使用许可合同纠纷案:上海市第一中级人民法院(2012)沪一中民五(知)初字第250号民事判决书;上海市高级人民法院(2014)沪高民三(知)终字第117号民事判决书。

—— 基本案情 ——

毕加索公司于2003年5月获核准注册第2001022号"PIMIO及图"商标。此后,毕加索公司授权帕弗洛公司在中国使用系争商标(在先许可合同)。2009年3月,商标局向毕加索公司发出商标使用合同备案通知书。2012年1月,毕加索公司与帕弗洛公司签订商标使用许可合同备案提前终止协议。2012年3

---

① 《商标法》第43条第1款。
② 《商标法》第43条第2款。
③ 《商标法》第43条第3款。
④ 《最高人民法院关于审理商标民事纠纷案件适用法律若干问题的解释》第19条。
⑤ 《最高人民法院关于审理商标民事纠纷案件适用法律若干问题的解释》第20条。

月,商标局发布商标公告,提前终止许可合同备案,提前终止日期为 2012 年 1 月 1 日。2012 年 2 月,毕加索公司与艺想公司就涉案商标签订商标独占使用许可合同(在后许可合同)。帕弗洛公司请求法院判令上述许可合同无效。

—— 裁判摘要 ——

在先许可合同终止备案不等于终止授权,该合同仍属有效;而在后许可合同不存在侵害他人利益的情形,应属有效合同。在后商标使用许可合同相对人明知商标权人和在先商标使用许可合同相对人未解除在先商标独占使用许可合同,仍和商标权人签订许可合同,导致先后两个独占许可合同的许可期间存在重叠。由于在先许可合同未备案,不发生对抗善意第三人的效力。但是在后被许可人知晓在先许可关系的存在,不属于善意第三人。因此在先许可人可以对抗在后许可人。

▷ 拓展思考

在实践中,商标重复授权的情形十分普遍。在我国,商标许可使用权的取得采用登记对抗主义。然而实践中还可能存在前后两个商标许可合同均未备案的情况,此时保护在先被许可人认可其平等地位则颇有争议。[①] 需要对商标许可使用合同的生效与商标许可使用权的取得进行区分。一般而言,就同一商标签订多份独占许可使用合同的,各许可合同均为有效,其中已经备案的商标许可合同的被许可人可以对抗在后的被许可人。当然,在后被许可人知道在先许可合同存在的,不属于善意第三人,即使在先许可合同尚未备案,亦可以对抗在后被许可人。另外,关于在后许可经过备案,而在先许可未备案,在后许可人可否对抗在先被许可人的问题,一种观点主张,善意第三人可以继续使用,并不因其备案导致在先被许可使用权的消灭。[②]

---

① 凌宗亮.商标使用许可备案的对抗效力——兼谈新《商标法》第四十三条第三款的理解与适用 [J].中华商标,2014(6).

② 董美根.注册商标使用许可备案对抗效力研究 [J].电子知识产权,2017(7).

# 第十九章

# 商标权的保护

## 第一节 商标侵权的认定标准

### 一、概说

通常来讲,商标侵权是指未经商标注册人许可在相同或者类似商品上使用相同或者近似商标的行为。按照《商标法》的规定,商标侵权的主要表现形式为在同种商品上使用与其注册商标相同商标的行为,[①] 以及在同种商品上使用与其注册商标近似的商标,或者在类似商品上使用与其注册商标相同或者近似的商标,容易导致混淆的行为。[②] 因此商标侵权的构成要件可以归纳为以下两个方面:其一为存在未经许可的商标使用行为;其二为可能导致混淆。需要注意的是,在商品类别和标识双重相同的场合下,《商标法》并未要求考虑是否

---

① 《商标法》第 57 条 1 项。
② 《商标法》第 57 条 2 项。

容易导致混淆的问题。最高法院指出，"未经商标注册人许可，在同一种商品上使用与其注册商标相同的商标的，除构成正当合理使用的情形外，认定侵权行为时不需要考虑混淆因素"①。但是《TRIPS 协议》则明确规定，"在对相同货物或服务使用相同标记的情况下，应推定存在混淆的可能性"（第 16 条第 1 款后段）。如何理解上述规定，不但涉及法律解释技术，同时关乎对商标功能的认识这一根本问题。此外，《商标法》对于已注册的驰名商标提供不以混淆为要件的跨类保护。

## 二、商标使用

◇ 核心知识点

商标侵权主要表现为一种未经许可使用商标的行为。商标侵权中的商标使用，是指在商业标识意义上使用相同或者近似商标的行为，即将被控侵权标识作为区别商品或者服务来源的标识来使用。一般来讲，并非用于识别或者区分商品或者服务来源而使用商标标识的行为，并不会导致消费者对商品或者服务的来源产生混淆，不致影响商标指示商品或者服务来源功能的实现，因此也就不构成商标侵权意义上的使用行为。从形式上看，商标使用包括将商标用于商品、商品包装或者容器、商品交易文书上，以及将商标用于广告宣传、展览或者其他商业活动中。②在同一种商品或者类似商品上将与他人注册商标相同或者近似的标志作为商品名称或者商品装潢使用，起到识别来源作用从而可能误导公众的，亦属于商标侵权行为。③实践中，判断是否为商标的使用应当综合考虑使用人的主观意图、使用方式、宣传方式、行业惯例、消费者认知等因素。④在涉及涉外定牌加工商标侵权的系列案件中，商标使用的含义得到了详细的讨论。

---

① 2009 年《最高人民法院关于当前经济形势下知识产权审判服务大局若干问题的意见》。

② 《商标法》第 48 条。关于商标权维持中的使用要求与商标侵权中使用的含义是否相同，在理论和实务中均存在争议。参见李士林．商标使用：商标侵权先决条件的检视与设定 [J]．法律科学，2016（5）．

③ 《商标法实施条例》第 76 条。

④ 《国家知识产权局商标侵权判断标准》第 7 条。

○ 典型案例

案例一：辉瑞产品有限公司（以下简称"辉瑞产品公司"）与上海东方制药有限公司（以下简称"东方公司"）破产清算组侵害商标权纠纷案：北京市第一中级人民法院（2005）一中民初字第11350号民事判决书；北京市高级人民法院民事判决书（2007）高民终字第1687号民事判决书；最高人民法院（2009）民申字第268号民事判决书。

—— 基本案情 ——

辉瑞产品公司为菱形和蓝色相结合的立体商标的注册商标权人。辉瑞产品公司许可辉瑞制药公司使用该商标。新概念公司销售的一种声称可以治疗男性勃起功能障碍的药片与辉瑞产品公司获得注册的立体商标图样相同。该药片是由东方公司在威尔曼公司的监督指导下擅自制造的。此外，威尔曼公司还在其互联网网页上展示该立体商标。东方公司等三公司的上述行为侵犯其注册商标专用权。据此请求法院判令被告等承担商标侵权责任。

—— 裁判摘要 ——

一审裁判摘要

涉案立体商标的立体形状为锐角角度较大的菱形，颜色为较深的蓝色，而被控侵权产品的立体形状为锐角角度较小近似指南针形的菱形，颜色为浅蓝色。尽管二者在立体形状和颜色上确实存在一定差别，但是在相关公众施以一般注意力的情况下，不易予以区分。因此被控侵权产品与涉案立体商标构成近似。东方公司的行为构成对辉瑞产品公司涉案立体商标权的侵犯。

二审、再审裁判摘要

即便被控侵权药片的外部形态与辉瑞产品公司的涉案立体商标相同或相近似，但是包装于不透明材料内的药片并不能起到表明其来源和生产者的作用，消费者在购买该药品时不会与辉瑞产品公司的涉案立体商标相混淆，亦不会认为该药品与辉瑞产品公司、辉瑞制药公司存在某种联系进而产生误认。故东方公司的行为不构成对辉瑞产品公司涉案立体商标权的侵犯。

案例二：本田技研工业株式会社（以下简称"本田株式会社"）与重庆恒胜鑫泰贸易公司（以下简称"恒胜鑫泰公司"）、恒胜集团公司侵犯商标权纠纷案：云南省德宏傣族景颇族自治州中级人民法院（2016）云31民初52号民事判决书；云南省高级人民法院（2017）云民终800号民事判决书；最高人民法院（2019）

最高法民再 138 号民事判决书。①

—— 基本案情 ——

本田株式会社在中国取得了"HONDA"等三个商标的注册商标专用权人，核定商品类别为第 12 类车辆等。2016 年，云南瑞丽海关查获一批申报出口至缅甸的摩托车，带有"HONDAKIT"标识，生产者为恒胜鑫泰公司，系恒胜集团公司的子公司。本田株式会社提起商标侵权诉讼。恒胜鑫泰公司、恒胜集团公司辩称，被诉行为系受美华公司授权的定牌加工行为，不构成商标侵权。经查，"HONDAKIT"商标在缅甸的注册人系美华公司董事，该批货物系由美华公司授权委托恒胜集团公司加工生产。

—— 裁判摘要 ——

一审裁判摘要

恒胜鑫泰公司、恒胜集团公司提交证据无法确认其行为系受美华公司授权的定牌加工行为。二被告生产和销售的涉案商品，在使用"HONDAKIT"文字及图形时突出"HONDA"的文字部分，与本田株式会社的"HONDA"商标构成近似商标，容易导致混淆，构成商标侵权。

二审裁判摘要

恒胜鑫泰公司、恒胜集团公司所实施的行为是涉外定牌加工行为。恒胜鑫泰公司、恒胜集团公司办理出口的涉案商品全部出口至缅甸，不进入中国市场参与商业活动，中国境内的相关公众不可能接触到该产品，这种使用行为不可能在中国境内起到识别商品来源的作用，并非商标法意义上的商标使用行为，因此不构成侵权。

再审裁判摘要

商标使用行为应当作整体解释，不应该割裂开来只看某个环节，在生产制造或者加工的产品上以标注方式或者其他方式使用商标，只要具备区别商品来源的可能性，就应当认定为属于商标使用。涉案商品虽全部销往国外，但是中国相关公众仍然有接触的可能性，②从而具备区别商品来源的可能性，因此被控行为属于商标使用。被告通过突出使用"HONDA"的方式

---

① 本案为最高人民法院发布"2019 年中国法院 10 大知识产权案件"之一。

② 最高人民法院认为，相关公众接触到被控侵权商品的可能性表现为：运输者可能接触涉案商标，销售到国外的商品可能回流国内从而被消费者接触，以及国内消费者在国外旅游时可能接触到涉案商品。最高人民法院（2019）最高法民再 138 号民事判决书。

已经与本田株式会社的商标构成近似商标,容易导致相关公众混淆,构成商标侵权。

▷ **拓展思考**

在实践中,商标使用的方式多种多样,应当以是否能够发挥识别商品或者服务来源的功能作为被控侵权行为是否构成商标使用行为的最终判断标准。在"喜盈门公司与百威英博公司等侵害商标权及不正当竞争纠纷案"中,最高人民法院指出,通过回收商标所有人或者合法授权人使用的带有他人商标的商品包装或者容器,再次用于被控侵权人自身商品或者服务的行为,目的在于利用他人商标标示仿冒他人商品或者服务,亦构成商标使用。① 在"上海梅思泰克生态科技有限公司与无锡安固斯建筑科技有限公司侵害商标权纠纷案"中,江苏省无锡市中级人民法院认为,将他人的注册商标设置为搜索关键词,并向搜索引擎网站购买、使用竞价排名服务,客观上利用了该注册商标进行广告宣传,属于商标使用行为,侵犯了他人商标专用权。② 然而在"北京百度网讯科技有限公司等与新会江裕信息产业有限公司不正当竞争纠纷案"中,北京市高级人民法院则指出,在搜索引擎竞价排名过程中,作为关键词出现的商标所发挥的来源识别功能并未受到影响,且推广链接及后续跳转的网页中并未出现涉案商标,相关公众不会对商品来源产生混淆误认。③ 在使用与他人注册商标相同或者近似的电视节目名称是否构成商标侵权的案件中,争议问题亦在于电视节目名称的使用是否构成商标使用。④ 在"江苏省广播电视总台、深圳市珍爱网信息技术有限公司与金某某侵害商标权纠纷案"中,一审法院认为电视节目名称的使用不构成商标使用,而二审和再审法院则认为电视节目名称的使用构成商标使用,但是对具体服务类别的认定给出了不同的结论。⑤

涉外定牌加工行为是否构成对权利人在中国取得商标权的侵害,是近年来

---

① 最高人民法院(2014)民申字第1182号民事裁定书。

② 江苏省无锡市中级人民法院(2009)锡知民初字第71号民事判决书。

③ 北京市高级人民法院(2018)京民再177号民事判决书。但是法院认为,该行为势必使广告者借助网络用户对他人产品的认知提高自己网站的访问率,挤占他人的市场利益,降低其竞争优势,因此构成不正当竞争。

④ 彭学龙,郭威.论节目名称的标题性与商标性使用——评"非诚勿扰"案[J].知识产权,2016(1).

⑤ 广东省高级人民法院(2016)粤民再447号民事判决书。

商标侵权案件中的热点与难点。① 在"浦江亚环锁业有限公司与莱斯防盗产品国际有限公司侵害商标权纠纷案"中，最高人民法院认为，由于被控侵权商品不在中国市场销售，被控侵权标识不会在我国领域内发挥识别功能，不具有使我国相关公众对商品来源产生混淆误认的可能，涉外定牌中受托方在加工过程中仅仅实施了物理贴附行为，并不能被认定为是商标意义上的使用行为。② 但是在前述"HONDA"案中，二审法院沿用了上述观点，但是最高人民法院则在再审判决中改变了上述看法。就该类案件的处理思路而言，目前除了关于定牌加工是否属于商标使用、是否可能导致混淆的争议以外，还有一种主张加工人需要对定作人是否享有注册商标专用权承担审查义务的观点。《北京市高级人民法院关于审理商标民事纠纷案件若干问题的解答》规定，承揽人未尽到注意义务加工侵犯注册商标专用权的商品的，应当与定作人承担共同侵权责任。在"江苏常佳金峰动力机械有限公司与上海柴油机股份有限公司侵害商标权纠纷案"中，最高人民法院在坚持涉外定牌加工不属于商标使用观点的同时指出，涉外定牌加工合同受托人仅需对委托方的商标权利状态进行审查，否定了二审法院对被告明知涉案商标为驰名商标仍然接受境外委托、未尽到合理注意与避让义务，实质性损害了原告利益，构成商标侵权的认定。③

## 三、容易导致混淆

### （一）混淆的概念

◇ 核心知识点

混淆是商标侵权的结果要件和核心标准。当然，商标侵权并不以相关公众的实际混淆为要件，被控侵权标识的使用仅仅具有混淆的可能性已足以构成商

---

① 刘维.涉外定牌加工类案裁判的回顾与展望——评江苏省高级人民法院"东风"案判决[J].中华商标，2017（5）.

② 最高人民法院（2014）民提字第38号民事判决书。

③ 最高人民法院（2016）最高法民再339号民事判决书。对该类案件的讨论，还涉及商标保护地域性原则的问题，即是否应当保护中国商标权人在外国的合法权益。

标侵权。① 所谓混淆，既包括相关公众对于涉案商品或者服务的来源发生误认，即将被控侵权商品或者服务误认为来源于商标所有人，亦包括对被控侵权人与商标所有人的商品或者服务之间存在许可、赞助、参股等特定关系发生误认。② 所谓相关公众，是指与商标所标识的某类商品或者服务有关的消费者和与前述商品或者服务的营销有密切关系的其他经营者。③ 除了传统的混淆之外，我国司法实践逐渐承认了反向混淆原则。按照反向混淆原则，相关公众将商标权人的商品误认为被诉侵权人的商品，或者误认商标权人与被诉侵权人有某种联系的亦构成商标侵权。反向混淆的理论基础在于，商标侵权人妨碍了商标的识别来源作用的发挥，影响了注册商标专用权的正常行使。④

○ 典型案例

曹某某与云南下关沱茶（集团）股份有限公司（以下简称"下关沱茶公司"）侵害商标权纠纷案：昆明市中级人民法院（2016）云01民初246号民事判决书；云南省高级人民法院（2016）云民终738号民事判决书；最高人民法院（2017）最高法民再273号民事判决书。

—— 基本案情 ——

原告曹某某是第5492697号"金戈铁马及图"商标的注册人，该商标核定使用商品为第30类茶等。2014年（农历马年），被告下关沱茶公司在其生产的金印系列茶类产品包装上使用了"甲午金戈铁马铁饼"字样，其中"甲午"及"铁饼"较小，而"金戈铁马"四字较大，且位于茶饼包装的显著位置，在"金戈铁马"四字旁边还配有一匹呈现奔跑状态马的图案。同时被告在其生产的上述茶饼的包装上均标注有"松鹤延年"注册商标和"下关沱茶"字样，并在内外包装上标注有被告下关沱茶公司名称。原告以被告在其生产、销售的产品上使用"金戈铁马"标志侵犯其注册商标专用权为由提起诉讼。被告辩称，"甲午金戈铁马铁饼"只是被告生产的系列商品的名称，并不是作为商标使用。

---

① 关于混淆可能性，美国法强调仅仅有可能（possible）构成混淆并不足以构成商标侵权，只有在混淆具有较大可能性（probable）时，即被控侵权行为足以导致相当大数量的购买者混淆时，商标侵权方能成立。See Streetwise Maps, Inc. v. VanDam, Inc., 159 F.3d 739, 743 (2d Cir. 1998).

② 彭学龙. 商标混淆类型分析与我国商标侵权制度的完善[J]. 法学，2008（5）.

③ 《最高人民法院关于审理商标民事纠纷案件适用法律若干问题的解释》第8条。

④ 杜颖. 商标反向混淆构成要件理论及其适用[J]. 法学，2008（10）.

—— 裁判摘要 ——

一审裁判摘要

原告的注册商标系文字与图形组合商标,而被告仅使用了简体中文的"金戈铁马"字样。然而文字"金戈铁马"在原告商标构成元素中更为显著,被告突出使用"金戈铁马"四字,虽然字体不同,但是读音和字意相同,两者构成近似。"金戈铁马"注册商标已形成一定的市场份额,具有一定的消费群体,被告突出使用"金戈铁马"标志,容易导致相关公众混淆,构成商标侵权。

二审裁判摘要

虽然被告使用的"金戈铁马"标志与涉案商标在读音和含义上没有区别,但是排列、构图、字形字体不同,导致二者在视觉效果方面存在明显区别。被控侵权商品的外包装明确标注了被告的公司名称,并在正面用显著的红色印有"下关沱茶"商标,相关公众不会产生混淆。"下关沱茶"商标较本案诉争商标具有更高的知名度,被诉侵权商品没有必要攀附涉案商标。被告在其商品的包装装潢上使用"金戈铁马"字样,不构成商标侵权。

再审裁判摘要

涉案注册商标虽是文字与图形组合商标,但是文字"金戈铁马"在商标构成元素中更为显著,下关沱茶公司突出使用"金戈铁马"四字,虽然字体不一样,但是读音和字意相同,两者构成近似,使用在同一种茶叶商品上易使相关公众产生混淆,将实质性损害涉案注册商标识别商品来源功能的发挥,对涉案注册商标专用权造成损害。

▷ **拓展思考**

我国法院在司法实践中逐渐拓展了混淆原则的适用范围,出现了若干适用反向混淆、初始兴趣混淆和售后混淆原则的案例。在"周某某与新百伦贸易(中国)公司等侵害商标权纠纷案"中,广东省高级人民法院适用了反向混淆原则,认为新百伦公司将"新百伦"与具有较高知名度的"New Balance""NB"等组合使用,使"新百伦"与"New Balance"紧密联系,足以使相关公众将"新百伦"与新百伦公司的特定商品产生联系,误以为该标识就是新百伦公司的商标,阻止了注册商标权人使用自己注册商标的权利,损害了涉案注册商标专用权。[①] 在"沃力森公司与八百客公司等侵犯商标权纠纷案"中,北京市第一中级人民法院适用了初始兴趣混淆原则,认为就被告以"xtools"为关键词在百度

---

① 广东省高级人民法院(2015)粤高法民三终字第444号民事判决书。

网站进行推广的行为而言,对这一关键词进行搜索的网络用户在看到被控侵权页面时,可能认为被控侵权行为的实施者即为涉案商标的所有人。①在"古乔古希股份公司诉江苏森达集团侵犯商标权纠纷案"中,上海市浦东新区法院适用了售后混淆原则,认为被控侵权产品使用"GG图形"将导致其他人对购买者实际消费品牌的误认。②从法律适用的角度看,初始兴趣混淆和售后混淆原则的引入面临对"相关公众"进行解释的难题。更为重要的是,新型混淆原则的引入导致了商标权的扩张,在本质上脱离了以降低消费者搜寻成本为基础的传统商标法理论框架,这种趋势的正当性值得关注。③

**(二)认定混淆的考量因素**

1. 概说

在认定是否容易导致混淆时,应当以相关公众对商品或者服务的一般认识进行判断。除了需要考虑被控侵权标识与涉案商标是否相同近似、商品或者服务是否相同类似两大方面因素之外,还需要考察涉案商标的显著性和知名度、被控侵权人的主观状态、诉争标识的实际使用状况等因素,结合相关公众的认知状态进行综合判定。

2. 商标标识相同近似

◇ **核心知识点**

所谓商标相同,是指被控侵权商品或者服务上使用的标识与涉案注册商标在视觉上基本无差别。④所谓商标近似,则是指文字的字形、读音、含义或者图形的构图及颜色,或者其各要素组合后的整体结构相似,或者其立体形状、颜色组合近似。⑤在认定商标标识相同近似的过程中,应以相关公众的一般注

---

① 北京市第一中级人民法院(2010)一中民终字第2779号民事判决书。
② 上海市浦东新区人民法院(2007)浦民三(知)初字第78号民事判决书。
③ 冯晓青.商标权扩张及其利益平衡机制探讨[J].思想战线,2006(2).
④ 《最高人民法院关于审理商标民事纠纷案件适用法律若干问题的解释》第9条第1款。
⑤ 《最高人民法院关于审理商标民事纠纷案件适用法律若干问题的解释》第9条第2款。

意力为标准,坚持隔离观察、整体对比的原则,在进行整体对比的过程中,同时可以考虑将商标中发挥主要识别作用的部分抽出来做重点比对。①

○ 典型案例

湖南省华光机械实业有限公司(以下简称"华光机械公司")、湖南省嘉禾县华光钢锄厂(以下简称"华光钢锄厂")与湖南省嘉禾县锻造厂(以下简称"嘉禾县锻造厂")、郴州市伊斯达实业有限责任公司(以下简称"伊斯达公司")侵犯商标权纠纷案:湖南省高级人民法院(2007)湘高法民三终字第44号民事判决书;最高人民法院(2010)民提字第27号民事判决书。

—— 基本案情 ——

嘉禾县锻造厂于2001年申请注册了"雏鸡及图"商标,核定使用商品第8类锄头等。此后,嘉禾县锻造厂将上述商标许可给伊斯达公司使用。华光钢锄厂于1999年开始使用"银鸡"及图商标。华光钢锄厂于2000年申请注册了"银鸡YINJI"商标,核定使用商品第8类锄头等。华光钢锄厂、华光机械公司在其生产的钢锄上使用了"银鸡"和鸡(鸡尾朝右,鸡头向左并反向向右)图案。2007年1月,嘉禾县锻造厂、伊斯达公司以华光钢锄厂、华光机械公司生产和出口的"银鸡"牌钢锄侵犯其"雏鸡"牌注册商标专用权为由提起诉讼。

—— 裁判摘要 ——

一、二审裁判摘要

华光钢锄厂、华光机械公司使用的"银鸡"及图商标与嘉禾县锻造厂的"雏鸡"及图注册商标在视觉上基本无差别,容易使相关公众对商品的来源产生误认或者认为其来源与嘉禾县锻造厂注册商标的商品有特定的联系,侵犯了嘉禾县锻造厂注册商标专用权。

再审裁判摘要

两者的鸡图形从视觉上看有明显不同,"雏鸡""银鸡"文字在视觉及呼叫上亦有明显区别,从整体上比较与嘉禾县锻造厂的注册商标有明显的区别。嘉禾锻造厂未提交其"雏鸡及图"注册商标在1999年以前具有较高知名度的相关证据,在此之前华光钢锄厂已经在其生产、销售的钢锄上使用了银鸡中英文和鸡图案商标。华光钢锄厂、华光机械公司和嘉禾县锻造厂、伊斯达公司虽然处于同一地区,双方的锄头等产品均多数销往国外市场,相关公众已经将两

---

① 《最高人民法院关于审理商标民事纠纷案件适用法律若干问题的解释》第10条。

者的商标区别开来，已经形成了各自稳定的市场。因此华光钢锄厂、华光机械公司并不构成商标侵权。

▷ **拓展思考**

1982 年《商标法》制定以来，我国在立法上并没有在商标侵权中明确引入混淆标准，而是强调标识本身是否相同近似这一要件。直至 2002 年，最高人民法院通过司法解释的方式在商标近似的认定中引入了混淆标准。[①] 因此所谓的商标相同近似即指混淆性的相同近似。除了考察标识本身是否相似以外，司法实践中法院通常还会考察涉案商标的显著性和知名度，以是否可能导致相关公众混淆作为商标近似的最终判断标准。在"山东泰和世纪投资有限公司、济南红河饮料制剂经营部与云南城投置业股份有限公司侵犯商标权纠纷案"中，最高人民法院指出，"红河"作为地名，其固有显著性不强，亦没有证据证明"红河"商标经过使用获得显著性；而被控侵权的"红河红"商标经过云南红河公司大规模的持续性使用，已经具有一定的市场知名度，已形成识别商品的显著含义，应当认为已与"红河"商标产生整体性区别，不构成与"红河"近似的商标。[②] 2013 年《商标法》第三次修改过程中才在立法上确立了混淆作为商标侵权最终标准的地位。然而关于商标相同近似、商品服务相同类似与混淆的关系，目前存在不同观点。一种观点将前两者看作混淆认定的考量因素；另一种观点则将混淆作为独立的判断因素。[③] 例如《国家知识产权局商标侵权判断标准》则采用后一观点，第 19 条明确规定，在同一种商品或者同一种服务上使用近似商标，或者在类似商品或者类似服务上使用相同、近似商标的情形下，还应当对是否容易导致混淆进行判断。

3. 商品或者服务相同类似

◇ **核心知识点**

混淆可能性认定的另一个重要因素是被控侵权商品或者服务是否与涉案商

---

[①] 《最高人民法院关于审理商标民事纠纷案件适用法律若干问题的解释》第 9 条、第 11 条。

[②] 最高人民法院（2008）民提字第 52 号民事判决书。

[③] 王太平.商标侵权的判断标准：相似性与混淆可能性之关系［J］.法学研究，2014（6）.

标核定使用的商品或者服务类别相同或者类似。商品或者服务的相同类似同样需要以相关公众的一般认识,结合市场实际情况进行综合判断。需要说明的是,在商标侵权案件中判断商品或者服务是否相同类似的过程中,《商标注册用商品和服务国际分类》和《类似商品和服务区分表》仅仅起到参考作用。[①]一般而言,类似商品的判断,需要综合考察商品功能、用途、生产部门、销售渠道、消费对象等因素进行具体判断;类似服务的判断,需要考虑服务的目的、内容、方式、对象等方面因素进行具体判断;商品与服务类似的判断,则需要关注二者之间是否存在特定关系进行具体判断。[②]

○ 典型案例

钜强(广州)机械有限公司(以下简称"钜强公司")与林某某侵害商标权纠纷案:福州市中级人民法院(2012)榕民初字第632号民事判决书福建省高级人民法院(2013)闽民终字第548号民事判决书;最高人民法院(2015)民提字第49号民事判决书。

—— 基本案情 ——

林某某是第1752465号"钜钢 STEELKING"、第8173544号"钜钢"和第8173498号"STEELKING"注册商标的所有人,核定使用商品均为第7类注塑机等商品。钜强公司是第583755号"钜钢(繁体)"、第583756号"图及KingSteel"注册商标的所有人,核定使用商品为第7类的制鞋机械。钜钢公司将上述两个商标许可给钜强公司使用。林某某发现晋江市梅岭新天地B03的店铺销售带有"图及KingSteel"标识的制鞋用发泡成型机等产品,以钜强公司侵害其注册商标专用权提起诉讼。钜强公司则认为其生产的被诉侵权产品主要功能是用来制鞋,属于制鞋机械,使用"钜钢(繁体)""图及KingSteel"注册商标未超出核定使用范围,属于合法使用。

—— 裁判摘要 ——

一、二审裁判摘要

钜强公司的被诉侵权产品上使用的标识与林某某的注册商标构成近似商标;钜强公司的被诉侵权产品为制鞋机械,与林某某注册商标核定使用的商品同属第7类,与注塑机、塑料注射成型机在功能、用途、生产部门、销售渠道、

---

[①] 《最高人民法院关于审理商标民事纠纷案件适用法律若干问题的解释》第12条。

[②] 《最高人民法院关于审理商标民事纠纷案件适用法律若干问题的解释》第11条。

消费对象等方面基本相同，可以认定为相同商品。钜强公司侵犯了林某某的商标权。

再审裁判摘要

就制鞋工业而言，各类鞋用射出发泡成型机、射出成型机等已成为制鞋企业必备的机械设备；根据相关行业标准，各类鞋用射出发泡成型机、射出成型机等亦被归为制鞋机械。二审法院未充分考虑制鞋工业发展的客观实际和国家相关行业标准，仅依据《商标注册用商品和服务国际分类》《类似商品和服务区分表》，认定被控侵权产品不属于制鞋机械不当。在已认定鞋用注塑机属于制鞋机械的情况下，钜强公司在鞋用注塑机等产品上使用"图及 KingSteel"注册商标，是对该商标的正当使用，不构成对林某某的"钜钢 STEELKING"注册商标专用权的侵害。

▷ 拓展思考

司法实践中结合实际市场情况突破《类似商品和服务区分表》认定商品或者服务构成近似的案例越来越多。在"菏泽汇源罐头食品有限公司与北京汇源食品饮料有限公司侵害商标权及不正当竞争纠纷案"中，最高人民法院认为，认定尽管涉案注册商标核定使用的商品为第32类果汁饮料类，而被诉侵权商品是属于第29类罐头，但是从相关公众的一般认识来看，饮料与罐头均属于日常消费品，并且本案中的水果罐头和果汁饮料在原材料、销售渠道、消费对象等方面具有关联性，被控侵权水果罐头与涉案商标核定使用的果汁饮料构成类似商品。① 在"高速地产与钓鱼台美高梅酒店管理有限公司侵害商标权纠纷案"中，江苏省高级人民法院认定，高速地产在网站及其售楼现场、楼盘的宣传书等处以"钓鱼台别墅""姑蘇釣魚臺"文字广为宣传的行为，构成对钓鱼台公司核定的服务类别为不动产管理、建筑的"釣魚臺"注册商标的侵害。②

随着现代商业实践的复杂化，对于商品或者服务进行正确归类的难度也逐渐增大，确定被控侵权商品或者服务所属类别往往成为案件争议的焦点。在"江苏省广播电视总台、深圳市珍爱网信息技术有限公司与金某某侵害商标权纠纷案"中，二审法院认定"非诚勿扰"节目与涉案注册商标所核定的交友、婚姻介绍服务相同，进而适用了反向混淆原则认定侵权成立；再审法院则认为"非

---

① 最高人民法院（2015）民三终字第7号民事判决书。
② 江苏省高级人民法院（2016）苏民终1167号民事判决书。

诚勿扰"系使用在电视文娱节目上，与涉案商标核定使用的服务类别不构成相同类似，从而否定了侵权成立的结论。①

在互联网环境下，传统行业不断整合，通过应用软件提供服务已成为普遍的经营方式，此类案件中服务类别的认定成为司法实践中的热点问题。例如在"广州市睿驰计算机科技有限公司与北京小桔科技有限公司侵害商标权纠纷案"中，原告注册了"嘀嘀"和"滴滴"商标，核定使用的类别是第35类商业管理、替他人推销，以及第38类信息传递等，被告则是"滴滴打车"软件的运营商。北京市海淀区人民法院认为，不能将网络和通信服务的使用者与提供者混为一谈，不应仅因形式上使用了基于互联网和移动通信业务产生的应用程序，就机械地将其归为此类服务，而是需要从服务的整体进行综合性判断。在本案中，"滴滴打车"服务并不直接提供源于电信技术支持类服务，在服务方式、对象和内容上均与原告商标核定使用的项目区别明显，不构成相同或者类似服务。②

值得注意的是，由于《类似商品和服务区分表》并未引入"尼斯分类"中的零售服务，实践中存在一种以第35类中替他人推销代替零售服务的做法。对此国家知识产权局于2022年发布《关于第35类服务商标申请注册与使用的指引》，明确单纯的商品销售行为不属于为他人推销服务范畴，所谓替他人推销，是指为帮助他人提升商品或者服务在市场上的销量或者需求，提供具体建议、策划、咨询等服务，既不包括向消费者出售自己的商品或者服务，也不包括销售他人的商品或者服务以赚取差价的情形。

4. 涉案商标的显著性和知名度

◇ 核心知识点

商标的显著性和知名度决定了市场上相关公众对涉案的认知程度，是影响商标权利范围的重要因素。一般而言，商标的固有显著性越高，相关公众的认知程度就可能更高；显著性较弱但是通过长期使用亦可以获得一定的知名度。涉案商标的显著性和知名度越高，混淆的可能性就越强。对于缺乏显著性和知名度的商标，即使被控侵权产品构成相同近似商品，所使用的标识亦构成相同近似商标，发生混淆的可能性亦很小，因为涉案商标的指识来源功能尚未建立

---

① 广东省高级人民法院（2016）粤民再447号民事判决书。

② 北京市海淀区人民法院（2014）海民（知）初字第21033号民事判决书。

起来，在市场上相关公众不会将涉案商标与商标所有人联系在一起。在商标显著性和知名度的判定中，可以考虑商标本身的显著性、商品销售和广告宣传情况等因素进行综合判断。

○ 典型案例

杭州奥普卫厨科技有限公司（以下简称"奥普卫厨公司"）与浙江现代新能源有限公司（以下简称"新能源公司"）、浙江凌普电器有限公司（以下简称"凌普公司"）及杨某侵害商标权纠纷案：苏州市中级人民法院（2010）苏中知民初字第 0312 号一审民事判决书；江苏省高级人民法院（2011）苏知民终字第 0143 号二审民事判决书；最高人民法院（2016）最高法民再 216 号民事判决书。

—— 基本案情 ——

2002 年 3 月，新能源公司获准注册第 1737521 号"aopu 奥普"商标，核定使用的商品为第 6 类"金属建筑材料、家具用金属附件"。其后，新能源公司将上述商标许可给凌普公司使用。2009 年，凌普公司在杨某的经营场所中发现标有"AUPU 奥普"商标的金属吊顶，生产者为奥普卫厨公司。遂向法院提起诉讼。

—— 裁判摘要 ——

一审裁判摘要

被控侵权标识与涉案商标构成近似；涉案产品集成吊顶是一种包含电器和金属建筑材料的组合体，与涉案商标核定使用的商品构成类似，可能导致混淆，因此商标侵权成立。

二审裁判摘要

奥普公司的电器类商标具有较高的知名度，消费者将奥普公司的被控金属扣板误认为来源于新能源公司的可能性较小。但将新能源公司生产销售的金属扣板误认为来源于奥普公司或认为二者之间存在某种关联的可能性较大，会降低或者消灭涉案注册商标在消费者心目中的影响，妨碍新能源公司合法行使涉案商标专用权，对其合法利益造成损害。

再审裁判摘要

商标权的保护强度，应与商标的显著性和知名度相适应。奥普公司的"奥普"系列商标已经在与"金属建筑材料"关联程度很高的浴霸等电器商品上具有较高知名度。被诉侵权产品的销售地点为奥普公司的正规销售门店，该门店之上突出标注了奥普公司的字号及注册商标。一般消费者凭借上述信息，已足以实现对商品来源的清晰区分，亦不会产生攀附新能源公司商业信誉的损害后果。

▷ 拓展思考

近年来司法实践强调在混淆可能性的认定中关注涉案商标显著性和知名度，改变了机械地考察商品或者服务相同类似和商标标识相同近似的做法，使得商标侵权认定标准更加符合市场实际。在"山东齐鲁众合科技有限公司（以下简称"齐鲁众合公司"）与齐鲁证券有限公司南京太平路证券营业部侵害商标权纠纷案"中，最高人民法院认为，由于齐鲁众合公司并不从事证券业务，在该行业没有知名度，因此被控侵权标识的使用不会导致混淆。[①]但是强调对涉案商标显著性和知名度的考察同时，带来了一个值得思考的问题，即如何处理传统混淆原则（或者正向混淆原则）与反向混淆原则的适用关系，因为反向混淆原则恰恰是为了解决涉案商标尚未发挥识别功能时商标权的保护问题的。[②]在上述"奥普"案中，二审法院适用了反向混淆原则，再审法院则否定了反向混淆的适用性，转而以涉案商标缺乏显著性和知名度为由否定了混淆的可能性。但是在该案中，法院并没有对传统混淆原则与反向混淆原则的适用关系问题给出明确的指引。

5. 其他考量因素

◇ 核心知识点

除了标识是否相同近似、商品或者服务是否相同类似、涉案商标的显著性与知名度等因素以外，在司法实践中，判断混淆可能性的常见其他考量因素还包括被控侵权人是否具有攀附涉案商标商誉的主观恶意、涉案商标和被控侵权标识的实际使用状况和市场认知情况等。

○ 典型案例

（法国）拉科斯特公司（以下简称"拉科斯特公司"）与（新加坡）鳄鱼国际公司等侵害商标权纠纷案：北京市高级人民法院（2000）高民初字第29号民事判决书；最高人民法院（2009）民三终字第3号民事判决书。

—— 基本案情 ——

拉科斯特公司于1933年在法国注册了"鳄鱼图形"商标。1980年至1999

---

[①] 最高人民法院（2011）民申字第222号驳回再审申请裁定书。
[②] 黄武双. 反向混淆理论与规则视角下的"非诚勿扰"案[J]. 知识产权，2016（1）.

年，拉科斯特公司在中国注册了系列"LACOSTE 及鳄鱼图形"商标，分别核定使用在第 25 类和第 18 类相关商品上。拉科斯特公司产品于 1984 年正式进入中国。鳄鱼国际公司前身系新加坡利生民公司。利生民公司于 1951 年在新加坡注册了"crocodile 及鳄鱼图形"商标。鳄鱼国际公司于 1993 年、1994 年在中国申请注册"CARTELO 及鳄鱼图形"商标，使用商品分别为第 25 类和第 18 类，该两商标已经于 2007 年依生效判决核准注册。2000 年 5 月，拉科斯特公司以鳄鱼国际公司侵犯其注册商标权为由提起诉讼。

—— 裁判摘要 ——

一审裁判摘要

鳄鱼国际公司在主观上并无利用拉科斯特公司的品牌声誉，造成消费者混淆的故意；鳄鱼国际公司的系列商标标识经过在中国大陆市场上大规模、长时间的使用，已经建立起特定的商誉。而且被诉侵权产品标示的并非仅为"鳄鱼图形"，还标有"CARTELO""CARTELO 及鳄鱼图形"，这些作为一个整体，使得被诉侵权产品具有了整体识别性，能够有效地与其他标有鳄鱼形象的商品相区别，不会导致消费者混淆。

二审裁判摘要

认定涉案标识是否构成侵权，不仅需要比对标识本身的近似性，还必须综合考量被告的主观意图、双方共存和使用的历史与现状等因素，结合市场实际状况进行综合判断。鳄鱼国际公司进入中国市场后使用相关商标，主要是对已有商标的沿用。从相关国际市场看，双方在亚洲部分国家和地区已经形成长期共存的市场格局。双方在中国市场亦已拥有各自的相关公众，在市场上已形成客观的划分，成为可区别的标识。鳄鱼国际公司使用的被诉标识与拉科斯特公司请求保护的注册商标不构成混淆性近似，不足以对涉案商标造成损害。

▷ 拓展思考

上述"鳄鱼"案确立的规则是，如果被控侵权产品与原告商品已经形成各自的市场格局，不会导致相关公众混淆，即可以认定被告不构成侵权。在"烟台张裕卡斯特酒庄有限公司（以下简称"张裕卡斯特公司"）与上海卡斯特酒业有限公司（以下简称"上海卡斯特公司"）、李某某确认不侵犯商标权纠纷案"中，山东省高级人民法院亦认为，张裕卡斯特是葡萄酒生产企业；而李某某及上海卡斯特所经营的葡萄酒均依赖于进口，二者商品已经形成各自的市场区分，相关公众不会因二者均带有"卡斯特"字样而发生混淆。①

事实上,涉案商标的使用情况与被控侵权人的主观状态两个因素均与涉案商标的显著性和知名度这一因素有关。涉案商标的使用是其获得知名度的重要证据,而涉案商标越具有知名度,被控侵权人在主观上越可能具有攀附商誉的恶意。例如在"泸州千年酒业有限公司、四川诸葛酿酒有限公司、四川诸葛亮酒业有限公司与四川江口醇酒业(集团)有限公司及周某、言某某侵害商标权纠纷案"中,最高人民法院认为,虽然被诉侵权标识"诸葛酿"与涉案注册商标"诸葛亮"在读音和文字上构成近似,但是涉案注册商标本身显著性较弱、尚无证据证明其经使用获得较高知名度,而"诸葛酿"酒在涉案商标注册前已经获得较高知名度,因此不会导致混淆。②因此上述因素的独立性问题需要进一步探讨。

另一个有争议的问题在于,被控侵权人的主观心态是否应当被作为判断混淆的考量因素。关于此点在司法实践中存在不同意见。在"金华山松工程机械有限公司与山东源根石油化工有限公司、王某某侵害商标权及商业诋毁纠纷案"中,最高人民法院认为,认定商标侵权行为通常不考虑被控侵权人的主观状态;③而在"北京大宝化妆品有限公司与北京市大宝日用化学制品厂、深圳市碧桂园化工有限公司侵害商标权和不正当竞争纠纷案"中,最高人民法院则明确指出,商标侵权的判定应以被告在被控侵权产品上突出使用涉案商标、是否具有恶意为基础。④

## 四、驰名商标的特殊保护

◇ 核心知识点

《商标法》对于被认定为驰名商标的注册商标和未注册商标提供了特别保护。对于已注册的驰名商标,商标权的范围被扩展至不相同或者不相类似商品之上。法律明确禁止在不相同或者不相类似商品上使用复制、摹仿或者翻译的他人已经在中国注册的驰名商标,误导公众,致使该驰名商标注册人的利益可

---

① 山东省高级人民法院(2013)鲁民三终字第155号民事判决书。
② 最高人民法院(2007)民三监字第37-1号民事裁定书。
③ 最高人民法院(2012)民申字第1505号民事裁定书。
④ 最高人民法院(2012)民提字第166号民事判决书。

能受到损害的行为。① 所谓致使该驰名商标注册人的利益可能受到损害，是指足以使相关公众认为被诉商标与驰名商标具有相当程度的联系，而减弱驰名商标的显著性、贬损驰名商标的市场声誉，以及不正当利用驰名商标的市场声誉的行为。② 对于未注册的驰名商标，则可以获得与普通注册商标相同的保护，即禁止在相同或者类似商品上使用复制、摹仿或者翻译的他人驰名商标，容易导致混淆的行为。③ 在我国，对于驰名商标采取个案认定被动保护的原则。商标所有人在诉讼中主张驰名商标保护的，需要主动提出主张并提供相关证据，法院则将其作为处理涉及商标案件需要认定的事实进行认定。④ 可以作为证明商标驰名的证据包括使用该商标的商品的市场份额、销售区域、利税等，该商标的持续使用时间，该商标的宣传或者促销活动的方式、持续时间、程度、资金投入和地域范围，该商标曾被作为驰名商标受保护的记录，该商标享有的市场声誉等。⑤

○ 典型案例

贵州永红食品有限公司（以下简称"永红公司"）与贵阳南明老干妈风味食品有限责任公司（以下简称"老干妈公司"）、北京欧尚超市有限公司（以下简称"欧尚超市公司"）侵害商标权及不正当竞争纠纷案：北京知识产权法院（2016）京73民初108号民事判决书；北京市高级人民法院（2017）京民终28号民事判决书。

—— 基本案情 ——

老干妈公司系第2021191号"老干妈"商标的注册人，核定使用商品为第30类的豆豉、辣椒酱（调味）等，该商标曾多次被商标局、商标评审委员会和法院认定为驰名商标。永红公司自2014年开始购入老干妈公司生产的"老干妈"

---

① 《商标法》第13条第3款。

② 《最高人民法院关于审理涉及驰名商标保护的民事纠纷案件应用法律若干问题的解释》第9条第2款。

③ 《商标法》第13条第2款。参见"商务印书馆有限公司与华语教学出版社有限责任公司侵害商标权及不正当竞争纠纷案"，北京知识产权法院（2016）京73民初277号民事判决书。

④ 《商标法》第14条。

⑤ 《最高人民法院关于审理涉及驰名商标保护的民事纠纷案件应用法律若干问题的解释》第5条。

牌豆豉作为调料生产牛肉棒，部分商品上标有"老干妈味"字样，除此以外，其牛肉棒还有"原味""麻辣""香辣""黑胡椒"等口味。2015年，老干妈公司从欧尚超市处购买到永红公司生产的标有"老干妈味"字样的牛肉棒，以永红公司和欧尚超市侵犯其注册商标专用权为由提起诉讼。永红公司以涉案商品包装使用"老干妈"字样是为了对商品添加老干妈豆豉油进行描述，并非商标使用进行抗辩。

—— 裁判摘要 ——

永红公司虽然是将"老干妈"作为商品的口味名称使用，但是标注于涉案商品包装正面，属于对涉案商标的复制，能够起到识别商品来源的作用，属于商标使用行为。虽然涉案商品确实添加有"老干妈"牌豆豉，但是"老干妈"并非食品行业的常用原料，也不是日用食品行业对商品口味的常见表述方式，永红公司对"老干妈"字样的使用不属于正当使用。涉案牛肉棒商品与豆豉、辣椒酱（调味）等商品虽然在原料、用途等方面存在差异，但是均属日用食品，在销售渠道和消费群体方面存在一定重合。涉案商标为驰名商标，永红公司在商品上使用"老干妈"字样的行为，足以使相关公众直接联想到涉案商标，破坏该商标与老干妈公司所生产的豆豉、辣椒酱（调味）等商品之间的密切联系和对应关系，减弱该商标作为驰名商标的显著性。永红公司明知涉案商标具有较高知名度，仍然使用"老干妈"字样，意图利用该商标的市场声誉吸引相关公众的注意力，获取不正当经济利益，侵犯了老干妈公司的商标权。

▷ 拓展思考

对于已注册的驰名商标，司法解释明确地引入了淡化原则，既禁止弱化驰名商标显著性的行为，亦禁止丑化驰名商标形象的行为。但是从《商标法》上的条文表述上看，驰名商标的保护亦以"误导公众"为要件，由此带来了驰名商标保护中是否还需要讨论混淆的问题。[①] 关于该问题，司法实践中存在不同观点。在上述案例中，一、二审法院均没有提及混淆问题，而是直接适用了淡化原则。而在"捷豹路虎有限公司与广州市奋力食品有限公司（以下简称"奋力公司"）、万明政侵害商标权纠纷案"中，广东省高级人民法院指出，奋力公司在果汁、饮料等商品上使用"路虎"商标虽然与路虎公司涉案商标核定使

---

① 李友根．"淡化理论"在商标案件裁判中的影响分析——对100份驰名商标案件判决书的整理与研究[J]．法商研究，2008（3）．

用的"陆地机动车辆"等商品类别不同，但是由于涉案商标构成驰名商标，相关公众容易误以奋力公司与路虎公司之间具有许可、控股、投资、合作等相当程度的联系，削弱了涉案商标作为驰名商标所具有的显著性，从而构成商标侵权。① 该判决虽然最终落脚于淡化原则，但是在分析过程中却糅合了典型的混淆原则的适用思路。在理论界，则有观点主张区分基于混淆的跨类保护和基于淡化的跨类保护。② 但是对于混淆和淡化两个不同的法律基础，已注册驰名商标的跨类保护程度是否应当有所不同？关于该问题似乎尚有进一步讨论的必要。

此外，与商标行政案件中关于驰名商标保护范围的讨论相似，关于跨类保护的限度问题亦是驰名商标保护中的难点问题。司法实践强调，所谓的跨类保护并非全类别保护。驰名商标的保护强度需要结合商标的知名度、被控标识使用情况等因素综合加以确定。例如在"沃尔玛百货有限公司与童小菊、深圳市家之宝家私灯饰精品有限公司商标侵权及不正当竞争案"中，深圳市中级人民法院指出，就已有他人注册相同文字的商标专用权的领域，驰名商标的权利应该在该类别中受到限制。③

## 第二节　商标侵权的其他类型

### 一、概说

除未经许可使用商标的行为之外，《商标法》列举了其他几类商标侵权行为。例如销售侵犯注册商标专用权的商品，伪造、擅自制造他人注册商标标识或者销售伪造、擅自制造的注册商标标识，未经商标注册人同意，更换其注册商标并将该更换商标的商品又投入市场，帮助他人实施侵犯商标专用权行为，以及给他人的注册商标专用权造成其他损害的行为等。其中反向假冒侵权已经在本书第十五章第二节进行了介绍，本节不再赘述。

---

① 广东省高级人民法院（2017）粤民终 633 号民事判决书。
② 刘春田.知识产权法学[M].北京：高等教育出版社，2019：212-214 页；王迁.知识产权法教程[M].7 版.北京：中国人民大学出版社，2021：670.
③ 广东省深圳市中级人民法院（2004）深中法民三初字第 143 号民事判决书。

## 二、销售侵权

◇ 核心知识点

销售侵犯注册商标专用权的商品的行为构成商标侵权。所谓侵犯注册商标专用权的商品,是指未经许可使用他人商标的行为。但是被控侵权人不知道其销售的商品为侵犯注册商标专用权的商品,且能够证明该商品是自己合法取得并说明提供者的,不承担赔偿责任。[①]因此即使被控侵权人能够证明其销售的商品为侵犯注册商标专用权的商品,但是无法提供涉案侵权产品合法来源的,亦不能免除赔偿责任。所谓不知道,包括实际上不知道或者不应当知道其销售的商品是侵权商品,即主观上没有过错。[②]所谓合法取得,包括能够提供供货单位合法签章的供货清单和货款收据且经查证属实或者供货单位认可的,供销双方签订的进货合同且经查证已真实履行的,合法进货发票且发票记载事项与涉案商品对应的,以及其他能够证明合法取得涉案商品的情形。[③]

○ 典型案例

山东银座商城股份有限公司(以下简称"银座商城公司")与贵州茅台酒股份有限公司(以下简称"茅台股份公司")侵害商标权纠纷案:济南市中级人民法院(2014)济民三初字第747号民事判决书;山东省高级人民法院(2015)鲁民三终字第70号民事判决书。

—— 基本案情 ——

茅台股份公司为第3159141号"贵州茅台"、第284519号"茅台"、第3029843号"MOUTAI"的注册商标的独占被许可人,上述商标核定使用商品均为第33类酒精饮料、酒(饮料)等。2010年12月,银座商城公司与北京盛泉京丰商贸有限公司签订购销合同,约定乙方向甲方提供包括上述"茅台"等品牌的商品。2011年12月,济南市公安局高新分局在银座配送公司扣押贵州茅台酒1668瓶,经鉴定为假冒产品,被控侵权产品的外包装上标有"贵州茅台酒"字样、"图形"标识和茅台股份公司的企业名称等企业信息。上述商品

---

[①] 《商标法》第64条第2款。
[②] 最高人民法院(2013)民提字第187号民事判决书。
[③] 《商标法实施条例》第79条。

系银座商城公司购买并用于销售。茅台股份公司以银座商城公司销售侵犯注册商标专用权的商品为由提起诉讼。银座商城公司则主张上述商品系购买自盛泉公司、具有合法来源,并提供了酒类流通随附单、验收单等证明其已经履行了合理的注意义务,应当免除赔偿责任。

—— 裁判摘要 ——

对于注册商标知名度较高、销售商经营规模较大的情形,销售商对其经销的商品应当负有较高的审查义务。被控侵权商品属于我国知名白酒产品,价格高于市场同类白酒;银座商城公司属于全国知名大型百货连锁企业之一,对其经营的茅台酒是否来源于商标权人或者其授权经销商负有较高的审查义务。根据本案查明的事实,银座商城公司轻信了供应商的承诺,并未对被控侵权茅台酒的来源渠道进行审查,从而放任了被控侵权茅台酒进入市场零售环节,银座商城公司对此具有主观过错,应承担赔偿责任。

▷ 拓展思考

在司法实践中,对于被控侵权的销售商是否知道其销售的是否为侵犯注册商标专用权的商品,法院通常会结合被控侵权商品的知名度、销售商的经营规模,以及销售商应尽到的合理注意义务等因素进行综合考量。上述"茅台"案确立了如下标准,即涉案商标知名度越高、销售商经营规模越大,其注意义务的标准就越高,甚至可能要求其对销售商品是否侵犯注册商标专用权承担一定的审查义务。当然,在确定销售商合理注意义务的程度时,还要考虑被控侵权行为的类型这一因素。在前述"老干妈"案中,虽然涉案商标具有极高的知名度,但是由于被控侵权行为属于商标淡化行为,法院对销售商并未课加以较高的注意义务。

## 三、帮助侵权

◇ 核心知识点

根据《商标法》的规定,故意为侵犯他人商标专用权行为提供便利条件,帮助他人实施侵犯商标专用权行为的构成商标侵权。[①] 帮助侵权的主观要件是故意,即明知他人从事商标侵权行为仍然为其提供便利条件。所谓为侵犯他人商标专用权行为提供便利条件,主要包括为侵犯他人商标专用权提供仓储、运

---

① 《商标法》第57条第6项。

输、邮寄、印制、隐匿、经营场所、网络商品交易平台等。① 然而在涉及网络交易平台的商标侵权案件中，司法实践中法院则通常适用民法上关于网络服务提供者侵权责任的规定，关注网络交易平台是否履行了注意义务，以及是否采取了必要措施制止用户的商标侵权行为。需要注意的是，上述规则在主观要件上与《商标法》上规定的帮助侵权行为存在本质区别，为强化网络交易平台的商标侵权责任提供了空间。

○ 典型案例

衣念（上海）时装贸易有限公司（以下简称"衣念公司"）与浙江淘宝网络有限公司（以下简称"淘宝网"）、杜某某侵害商标权纠纷案：上海市浦东新区人民法院（2010）浦民三（知）初字第 426 号民事判决书；上海市第一中级人民法院（2011）沪一中民五（知）终字第 40 号民事判决书。

—— 基本案情 ——

原告衣念公司获得依兰德有限公司授权，在中国大陆独占使用第 1326011 号 "TEENIE WEENIE 及图" 等注册商标。2009 年以来，原告对淘宝网上涉嫌侵权商品进行了筛查，并向被告淘宝网发送书面通知函及商标权属证明材料，要求被告删除侵权商品信息并提供卖家信息。被告对上述投诉进行审核后，删除了其认为构成侵权的商品信息，并告知原告卖家身份信息。对于提出异议的并提供商品合法来源初步证据的卖家，被告会将卖家的异议转交给原告。在上述投诉中，包含了原告于 2009 年 9 月至 11 月期间针对被告杜某某的 7 次投诉。被告在接到衣念公司投诉后即删除了杜某某发布的商品信息，杜某某并未就此提出异议。直至 2010 年 9 月，被告才对杜某某进行扣分等处罚。原告起诉要求本案被告承担损害赔偿责任。

—— 裁判摘要 ——

商标权人不断地向淘宝网发出侵权通知的事实，足以认定淘宝网知道其平台上普遍存在着侵犯原告商标权行为；被告删除侵权信息的做法无法有效地减少网络交易平台上侵权行为的发生，对于网络交易平台上不断出现的侵权行为，商标权人仍然需要不断地发出侵权通知，对于商标权人，被告所采取的仅作删除链接的处理方式见效并不明显，单纯地删除侵权信息不构成"必要措施"。淘宝网在知道杜某某多次发布侵权商品信息的情况下，未严格执行其管理规则，

---

① 《商标法实施条例》第 75 条。

依然放任、纵容杜某某的侵权行为，构成故意为杜某某销售侵权商品提供便利条件，构成帮助侵权，应承担连带赔偿责任。

▷ **拓展思考**

在司法实践中，大部分法院认为网络交易平台在签订服务合同过程中对网络用户的经营资质进行审查即已经尽到了合理注意义务，并将商标权人的通知作为认定网络交易平台具体知道侵权存在的唯一手段，从而免除了主动发现商标侵权的审查义务，使得网络交易平台进入"避风港"。[①] 例如在"广州顺丰速运有限公司与李某某、浙江淘宝网络有限公司侵害商标权纠纷案"中，杭州市余杭区人民法院即认为，李某某发布在淘宝网上的涉案商品信息不存在明显违法或侵权的行为，淘宝公司在收到顺丰公司通知后，对侵权链接进行了处理、回复，淘宝公司不存在明知或应知侵权行为存在而不采取措施的情形，不构成侵权，顺丰公司要求淘宝公司主动彻查及删除其他可能存在的侵害顺丰公司注册商标专用权链接的主张并无法律依据或合同依据。[②] 上述做法沿用了网络服务提供者著作权侵权的审理思路，但是在网络交易平台提供网络服务的同时亦作为市场提供者的场合是否适用，以及在多大程度上应当承担管理义务等问题均值得进一步探讨。在上述"依念"案中，两级法院在一定程度上强化了网络交易平台的商标侵权责任。类似地，在"探索传播有限责任公司诉中山市探索户外用品有限公司、北京京东叁佰陆度电子商务有限公司侵害商标权案"中，北京知识产权法院亦指出，网络交易平台设置的品牌旗舰店入驻商家资格的审查规则仅要求提交商标申请受理通知，不能视为尽到了合理注意义务，应当承担帮助侵权责任。[③]

## 四、企业名称侵权

◇ **核心知识点**

企业名称是在商事活动中用来标示商主体身份的商业标识，其核心部分是

---

① 朱冬.网络交易平台商标侵权中避风港规则的适用及其限制[J].知识产权，2016（7）.
② 浙江省杭州市余杭区人民法院（2015）杭余知初字第304号民事判决书。
③ 北京知识产权法院（2015）京知民初字第1227号民事判决书。

字号。从理论上讲，企业名称权和商标权有各自的权利范围。但是商标与企业名称均属商业标识的范畴，在实践中二者的冲突十分常见。主要涉及以下两种情形：一种情形是将与他人注册商标相同或者相近似的文字作为企业的字号在相同或者类似商品上突出使用的，实际上是将字号作为商标使用，容易导致相关公众产生误认的，这种使用已经超出企业名称权的范围，属于商标侵权行为；① 另一种情形则是将他人注册商标、未注册的驰名商标作为企业名称中的字号使用，误导公众的，这种情形实际上并不是在标示商品或者服务来源的意义上使用商标，而是在企业名称的意义上使用商标标识，应当构成不正当竞争。②

○ 典型案例

成都同德福合川桃片食品有限公司诉重庆市合川区同德福桃片有限公司、余某某侵害商标权及不正当竞争纠纷案：重庆市第一中级人民法院（2013）渝一中法民初字第00273号民事判决书；重庆市高级人民法院于（2013）渝高法民终字00292号民事判决书。③

—— 基本案情 ——

成都同德福公司是第1215206号"同德福TONGDEFU及图"商标的所有人，该核定使用范围为第30类，即糕点、桃片（糕点）等商品。2011年5月6日，重庆同德福公司成立，经营范围为糕点（烘烤类糕点、熟粉类糕点）生产，其多种产品外包装使用了"老字号【同德福】商号，始创于清光绪23年（1898年）历史悠久"等介绍同德福历史及获奖情况的内容。成都同德福公司认为，重庆同德福公司在其字号及生产的桃片外包装上突出使用了"同德福"字样，侵害了涉案注册商标专用权并构成不正当竞争。重庆同德福公司则认为，同德福为具有较高知名度的老字号，独特技艺代代相传。"同德福"第四代传人余某某继承祖业先后注册重庆同德福公司是善意的。

—— 裁判摘要 ——

"同德福"第四代传人余某某继承祖业先后注册重庆同德福公司是善意的，

---

① 《最高人民法院关于审理商标民事纠纷案件适用法律若干问题的解释》第1条第1项。

② 《商标法》第58条。

③ 本案为最高人民法院发布的指导案例第58号。

不构成不正当竞争。从重庆同德福公司产品的外包装来看，重庆同德福公司使用的是企业全称，标注于外包装正面底部，"同德福"三字位于企业全称之中，与整体保持一致，没有以简称等形式单独突出使用，也没有为突出显示而采取任何变化，且整体文字大小、字形、颜色与其他部分相比不突出。因此重庆同德福公司在产品外包装上标注企业名称的行为系规范使用，不构成突出使用字号，也不构成侵犯商标权。

▷ **拓展思考**

在处理涉及商标与企业名称冲突类的案件中，通常需要考虑相关公众的混淆误认、保护在先权利、当事人是否善意等因素。有疑问的是，在该类案件中混淆误认是否应限于相同或者类似商品或者服务的范围内。在"腾讯科技（深圳）有限公司与安徽微信保健品有限公司侵害商标权纠纷案"中，合肥市中级人民法院认为，微信公司作为后成立的食品饮料类企业，在选择其企业名称中的字号时应对腾讯公司的即时通信服务名称"微信""微信及图"商标中的文字部分进行合理避让，避免相关公众误认为与腾讯公司存在许可使用、关联企业等特定联系。①

除此以外，对于我国司法实践中存在很多涉及老字号的商业标识冲突案件，还需要考虑历史因素。上述"同德福"案确立了以下规则，即与"老字号"具有历史渊源的个人或企业在未违反诚实信用原则的前提下，将"老字号"注册为个体工商户字号或企业名称，未引人误认且未突出使用该字号的，不构成不正当竞争或者侵犯注册商标专用权。

在企业名称侵犯商标权案件中，被控侵权人需要承担停止侵害的民事责任。是否判决被告变更企业名称，需要根据案件的具体情况进行判断。在"王将饺子（大连）餐饮有限公司与李某某侵害商标权纠纷案"中，最高人民法院确认，如果企业名称的注册使用并不违法，只是因突出使用其中的字号而侵犯注册商标专用权的，不宜判决停止使用或者变更企业名称，只需判决被告规范使用企业名称、停止突出使用行为即足以制止被告的侵权行为。②

---

① 安徽省合肥市中级人民法院（2017）皖01民初526号民事判决书。
② 最高人民法院（2010）民提字第15号民事判决书。

## 五、域名侵权

◇ 核心知识点

域名是用于在数据传输时标识计算机电子方位的技术手段。但是域名同时又可能具有商业标识的属性，能够起到识别商品或者服务来源的功能，近年来将他人商标抢注为域名的情形十分多见。域名纠纷可以诉诸域名管理机构按照各自的争议管理办法进行解决，亦可以向法院提起诉讼。[1] 将他人注册商标作为域名使用，并通过该域名进行相关商品交易电子商务的行为构成商标侵权，容易使相关公众产生误认的，属于商标侵权行为。[2] 但是将他人注册商标抢注为域名后，并没有从事交易的行为，我国司法解释专门规定，恶意注册域名后自己并不使用也未准备使用，而通过高价转让该域名获取不正当利益或者有意阻止权利人注册该域名的，构成不正当竞争行为。[3] 域名注册、使用等行为构成商标侵权或者不正当竞争的，可以判令侵权行为人停止侵权、注销域名，或者依权利人的请求判令由权利人注册使用该域名；给权利人造成实际损害的，可以判令侵权行为人赔偿损失。[4]

○ 典型案例

曾某某与梦工厂动画影片公司（以下简称"梦工厂公司"）网络域名权属、侵权纠纷案：厦门市思明区人民法院（2015）思民初字第4746号民事判决书。

—— 基本案情 ——

梦工厂公司成立于1995年，1997年以来，在中国大陆地区成功注册了包含"DREAMWORKS""ORIENTAL DREAMWORKS""梦工厂""梦工场"等系列商标。2011年，曾某某通过域名注册服务商易名公司注册取得

---

[1] 目前，互联网名称与数字地址分配机构（ICANN）和中国互联网络信息中心（CNNIC）均制定了自己的域名争议解决办法。

[2] 《最高人民法院关于审理商标民事纠纷案件适用法律若干问题的解释》第1条第3项。

[3] 《最高人民法院关于审理涉及计算机网络域名民事纠纷案件适用法律若干问题的解释》第5条。

[4] 《最高人民法院关于审理涉及计算机网络域名民事纠纷案件适用法律若干问题的解释》第8条。

orientaldreamworks.com、shanghaidreamworks.com 两个域名。2013 年，梦工厂公司在协商未果的情况下，向世界知识产权组织（WIPO）仲裁中心提出投诉。WIPO 仲裁中心裁决曾某某将涉案域名转让至梦工厂公司。收到裁决后，曾某某就其与梦工厂公司关于涉案两个域名的争议向厦门市中级人民法院提起确认不侵权之诉，请求确认其注册持有涉案两个域名不侵犯梦工厂公司的商标权，厦门市中级人民法院受理后将本案移送域名注册商易名公司所在地法院即厦门市思明区人民法院审理。在思明法院审理期间，梦工厂提起管辖权异议，并提出反诉请求，要求判决曾某某停止侵权，并将涉案两个域名转移归其所有。

—— 裁判摘要 ——

梦工厂公司对"dreamworks"企业名称、包含涉案域名主要识别部分"dreamworks"及中译文"梦工厂""梦工场"的商标进行了广泛的使用和宣传，具有合法的在先权益。曾某某域名注册前未取得相关合法在先权益，域名注册后长时间内未使用并欲高价出售，同时也未充分使用域名使其具有一定的知名度而足以与梦工厂公司的在先权益进行区分，其行为侵犯了梦工厂公司的合法权益。

▷ 拓展思考

将他人商标抢注为域名是商标保护领域的新问题。由于商标侵权规则的固有限制，对于不实际使用或者不在相同类似商品或者服务上使用商标的情形，法律上设定了专门规则规制上述行为。但是上述规则已经脱离了商标侵权的范畴，本质上是对商标权的扩张保护。

利用域名侵犯商标权诉讼的难点之一，在于案件的地域管辖问题。根据《民事诉讼法》和相关司法解释的规定，涉及域名的侵权纠纷案件，由侵权行为地或者被告住所地的法院管辖；对难以确定侵权行为地和被告住所地的，原告发现该域名的计算机终端等设备所在地可以视为侵权行为地。[1] 在实践中，域名案件的侵权行为地是难以确定的。在前述"梦工厂"案中，厦门市思明区人民法院以涉案域名的注册服务机构所在地为侵权行为地裁定驳回了梦工厂公司的管辖权异议。[2]

---

[1] 《最高人民法院关于审理涉及计算机网络域名民事纠纷案件适用法律若干问题的解释》第 2 条第 1 款。

[2] 厦门市思明区人民法院（2015）思民初字第 4746 号民事裁定书。

# 第三节　商标侵权抗辩

## 一、概说

商标侵权抗辩，有的教材称之为商标权的例外，[1]主要涉及描述性使用、叙述性使用、在先使用、权利用尽等情形。其中商标的描述性使用和叙述性使用在美国又被称为商标的合理使用。然而上述情形仅仅是从反面澄清哪些行为不属于商标使用，本质上并未落入商标权的保护范围。[2]因此将上述情形称为商标权的例外似乎并不合适。本书则采取商标侵权抗辩的表述，强调被控侵权人可以从以上几个方面入手，否定商标权人的侵权主张。对于抢注他人标识取得专用权的商标注册人提起的侵权诉讼，为了遏制商标囤积、鼓励商标使用，最高人民法院在前述"歌力斯"案中确立了以违反诚实信用原则和禁止权利滥用为由否定商标侵权主张的规则。[3]因此商标权人构成权利滥用也可以作为商标侵权的抗辩事由。关于此点，本书第十六章第三节已有论述，在此不再赘述。

## 二、描述性使用

### （一）概说

所谓描述性使用，是指将商标作为商品或者服务本身的名称，或者用于描述商品或者服务的特点、地域来源。描述性使用并非将商标标识作为指示商品或

---

[1]　黄晖.商标法[M].2版.北京：法律出版社，2016：155.

[2]　熊文聪.商标合理使用：一个概念的检讨与澄清——以美国法的变迁为线索[J].法学家，2013（5）.

[3]　亦参见"优衣库商贸有限公司与广州市指南针会展服务有限公司、广州中唯企业管理咨询服务有限公司、优衣库商贸有限公司上海月星环球港店侵害商标权纠纷案"，最高人民法院（2018）最高法民再396号民事判决书。在该案中，最高人民法院指出，指南针会展服务有限公司、广州中唯企业管理咨询服务有限公司以不正当方式取得商标权后，意图将该商标高价转让给优衣库商贸公司，在未能成功转让该商标后以基本相同的事实提起系列诉讼，借用司法资源以商标权谋取不正当利益，主观恶意明显，明显违反诚实信用原则，不予保护。

者服务来源的标记,因此不构成商标侵权意义上的商标使用。关于描述性使用,《商标法》明确规定,注册商标中含有的本商品的通用名称、图形、型号,或者直接表示商品的质量、主要原料、功能、用途、重量、数量及其他特点,或者含有的地名时,注册商标专用权人无权禁止他人正当使用;① 对于三维标志注册商标中含有的商品自身的性质产生的形状、为获得技术效果而需有的商品形状或者使商品具有实质性价值的形状,注册商标专用权人亦无权禁止他人正当使用。②

### (二)通用名称

◇ 核心知识点

所谓通用名称,是指法定的或者约定俗成的某一种类商品或者服务的名称。通用名称不具有显著性,无法起到识别商品或者服务来源的作用。当注册商标具有描述性时,其他生产者出于说明或者客观描述商品或者服务的目的,不构成侵权意义上的商标使用,不会导致相关公众将其视为商标而发生混淆,构成正当使用。通用名称抗辩的难点在于通用名称的证明。依据法律规定或者国家标准、行业标准属于商品或者服务的名称,为法定的通用名称;相关公众普遍认为某一名称能够指代一类商品或者服务的名称,为约定俗成的通用名称。对于约定俗成的通用名称,一般以全国范围内相关公众的通常认识为判断标准;对于由于历史传统、风土人情、地理环境等原因形成的相关市场固定的商品,在该相关市场内通用的称谓,亦可以认定为通用名称。

○ 典型案例

山东鲁锦实业有限公司(以下简称"山东鲁锦公司")诉鄄城县鲁锦工艺品有限责任公司(以下简称"鄄城鲁锦公司")、济宁礼之邦家纺有限公司侵害商标权及不正当竞争纠纷案:济宁市中级人民法院(2007)济民五初字第6号民事判决书;山东省高级人民法院(2009)鲁民三终字第34号民事判决书。③

—— 基本案情 ——

山东鲁锦公司是第1345914号的"鲁锦"文字商标和第1665032号的

---

① 《商标法》第59条第1款。
② 《商标法》第59条第2款。
③ 本案为最高人民法院发布的第46号指导案例。

"Lj+LUJIN"的组合商标的商标所有人,上述两个商标分别核定使用在第25类服装、鞋、帽类和第24类纺织物、棉织品等商品上。"鲁锦"牌系列产品,特别是"鲁锦"牌服装在国内享有一定的知名度。2007年3月,山东鲁锦公司从礼之邦鲁锦专卖店购买到由鄄城鲁锦公司生产、销售的商品,该商品上的标签、包装盒、包装袋及店堂门面上均带有"鲁锦"字样。在该店门面上"鲁锦"已被突出放大使用,其出具的发票上加盖的印章为礼之邦公司公章。山东鲁锦公司以鄄城鲁锦公司大量生产、销售标有"鲁锦"字样的商品,侵犯其注册商标专用权为由提起诉讼。鄄城鲁锦公司辩称,"鲁锦"已成为通用名称,其在商品上使用属于正当使用,不构成商标侵权。

—— 裁判摘要 ——

一审裁判摘要

鄄城鲁锦公司构成商标侵权,应当停止在其生产、销售的第25类服装类系列商品上使用"鲁锦"作为其商品名称或者商品装潢的行为,并赔偿鲁锦公司经济损失。

二审裁判摘要

据媒体报道、地方史料、专业工具书籍等证据可以认定,"鲁锦"是20世纪80年代中期以来山东地区,特别是鲁西南地区民间纯棉手工纺织品的通用名称。判断其广泛性应以特定产区及相关公众为标准,而不应以全国为标准。其他省份的手工棉纺织品不叫"鲁锦",并不影响"鲁锦"专指山东地区特有的民间手工棉纺织品这一事实。鄄城鲁锦公司在其生产的涉案产品的包装盒、包装袋上使用"鲁锦"两字,仅是为了表明其产品采用鲁锦面料,其生产技艺具备鲁锦特点,并非作为商业标识使用,属于正当使用。鉴于"鲁锦"是注册商标,鄄城鲁锦公司在使用"鲁锦"字样以标明其产品面料性质的同时,应在其产品包装上突出使用自己的商标,以显著区别商品来源。

▷ 拓展思考

关于认定通用名称的地域范围标准,原则上应当以全国范围为限,只有在相关市场固定的商品这一特定情形中,才可以考虑适用地域标准。在"福州米厂与五常市金福泰农业股份有限公司、福建新华都综合百货有限公司福州金山大景城分店、福建新华都综合百货有限公司侵害商标权纠纷案"中,最高人民法院认为,涉案商品在全国范围内销售的事实表明不应适用地域范围标准。[1]

---

[1] 最高人民法院(2016)最高法民再374号民事判决书。

通用名称抗辩应仅仅限定于说明或者客观描述商品特点的行为，应当以善意方式在必要的范围内予以标注，超出该范围的则可能构成商标侵权。在"漳州片仔癀药业股份有限公司与漳州市宏宁家化有限公司侵害商标权纠纷案"中，最高人民法院认为，"片仔癀"作为一种中药名称，商标权人无权禁止他人在含有片仔癀成分的药品上使用该通用名称，但是宏宁公司在其商品上突出地使用"片仔癀"字样，采用的字体亦与涉案商标基本一致，在涉案商标具有较高知名度的情况下可能造成混淆，不构成正当使用。① 在山西沁州黄小米（集团）有限公司与山西沁州檀山皇小米发展有限公司、山西沁县檀山皇小米基地有限公司确认不侵害商标权纠纷案中，最高人民法院认为，"沁州黄"是一种谷物品种的通用名称，尽管沁州黄公司的"沁州"注册商标具有较高知名度，但是被控侵权人在产品上使用"沁州黄"字样的同时，显著地标明了自己的商标，仅仅是为了表明其小米的品种来源，属于正当使用。②

### （三）地名

◇ 核心知识点

生产者在商品上为标明实际产地而使用地名的，即使与相同或者类似商品上含有地名的商标相同或者近似，亦不会导致相关公众混淆的，属于正当使用。《商标法》对于地名商标的注册规定了较为严格的限制。③ 当包含地名的商标经过长期使用取得第二含义，具有识别商品或者服务来源功能时，被控侵权人在商品或者服务上突出使用该地名，可能导致相关公众混淆的，则不构成正当使用。

○ 典型案例

灌南县预算外资金管理局（以下简称"预算外资金管理局"）、两相和公司诉陶某侵害商标权纠纷案：江苏省高级人民法院二审判决书。

—— 基本案情 ——

预算外资金管理局是"汤沟"图形商标的所有人，该商标核准使用在第33类酒类商品上。预算外资金管理局授权两相和公司使用上述商标。"汤沟"商

---

① 最高人民法院（2009）民申字第1310号民事裁定书。
② 最高人民法院（2013）民申字第1642号民事裁定书。
③ 《商标法》第10条第2款、第16条。

标在白酒市场上具有很大的影响力。预算外资金管理局和两相和公司认为，陶某经营的灌南县汤沟曲酒厂未经许可，在其生产的酒类商品上突出使用"汤沟"字样，侵犯了涉案商标的注册商标专用权。陶某辩称，"汤沟"是县级以下行政区划的地名，以白酒业闻名于世，其悠久的酒业文化资源为汤沟人所共有。陶某注册设立汤沟曲酒厂并在商品包装上使用自己的企业名称的宣传，并未侵犯涉案注册商标专用权。

—— 裁判摘要 ——

一审裁判摘要

"汤沟"系地名，以生产白酒享有盛名，且历史悠久，知名度显然高于"汤沟"注册商标。陶某在自己产品的包装上以红底金字显示"汤沟"文字，与涉案"汤沟"图形商标有明显区别，是突出其产品的产地，是对地名的正当使用，且在产品包装上同时使用自有的"珍汤"商标，不会使相关公众对产品来源产生混淆。

二审裁判摘要

由于"汤沟"图形商标经过长期使用已经获得了较高的知名度，陶某生产的商品包装上除标注其厂址外，还在显著位置突出使用了"汤沟"字样，而其自己的"珍汤"商标则被放在不显著的位置，消费者在看到被控侵权产品上的"汤沟"字样，首先会将其作为涉案商标看待，容易导致混淆，因此构成商标侵权。

▷ **拓展思考**

在司法实践中，对以地名对商标侵权进行抗辩逐渐形成了如下规则，对他人注册商标中地名的使用是出于善意，为了表明产地或者地理来源，不会使相关公众产生混淆的，属于正当使用；但是如果并非出于善意使用他人含有地名的商标，主要目的是为了攀附他人已具有较高知名度的地名商标的商誉，容易导致相关公众产生混淆的，则构成商标侵权。在具体判断被控侵权人是否出于善意使用地名时，可以考虑使用地名的目的和方式、商标和地名的知名度、相关商品或服务的分类情况、相关公众在选择此类商品或服务时的注意程度，以及地名使用的具体环境等因素进行综合判断。①

---

① 《最高人民法院关于对南京金兰湾房地产开发公司与南京利源物业发展有限公司侵犯商标专用权纠纷一案请示的答复》。

## （四）描述商品或者服务的特性

◇ 核心知识点

除了使用通用名称和地名两种描述性使用的典型情形以外，其他为描述商品或者服务特点而使用他人商标标识的，例如对成分、质量、功能、用途等的描述，均可能构成正当性使用。对于描述商品或者服务特点抗辩是否成立，亦需要结合使用目的、使用方式、主观状态、相关公众是否产生混淆等方面进行综合判断。

○ 典型案例

上海万翠堂餐饮管理有限公司与温江五阿婆青花椒鱼火锅店侵害商标权纠纷案：四川省成都市中级人民法院（2021）川01民初8367号民事判决书；四川省高级人民法院（2021）川知民终2152号民事判决书。[1]

—— 基本案情 ——

万翠堂公司系第12046607号、第17320763号、第23986528号"青花椒"及图注册商标的权利人，核定服务项目包括第43类饭店、餐厅等。2021年，万翠堂公司发现五阿婆火锅店在店招上使用"青花椒鱼火锅"字样，遂以其侵害注册商标专用权为由诉至法院，请求判令五阿婆火锅店立即停止侵权并赔偿损失及合理开支。

—— 裁判摘要 ——

一审裁判摘要

五阿婆火锅店未能举证证明"青花椒"为"饭店"这一服务类别的法定或约定俗成的通用名称。被诉侵权标识被五阿婆火锅店用于店招等处，且属于突出使用，其使用方式、使用位置起到了识别服务来源的功能，属于商标性使用。因此五阿婆火锅店被诉行为构成商标侵权，判令五阿婆火锅店停止侵权并赔偿经济损失及合理开支。

二审裁判摘要

青花椒作为川菜的调味料已广为人知。由于饭店、餐厅服务和菜品调味料之间的天然联系，使得涉案商标和含有"青花椒"字样的菜品名称在辨识上相互混同，极大地降低了涉案商标的显著性。涉案商标的弱显著性特点决定了其保护范围不宜过宽，否则会妨碍其他市场主体的正当使用，影响公平竞争的市

---

[1] 本案为最高人民法院发布"2022年中国法院十大知识产权案件"之一。

场秩序。五阿婆火锅店店招中包含的"青花椒"字样，是对其提供的菜品鱼火锅中含有青花椒调味料这一特点的客观描述，没有单独突出使用，没有攀附万翠堂公司涉案商标的意图，不易导致相关公众混淆或误认。五阿婆火锅店的被诉行为系正当使用，不构成商标侵权。

▷ 拓展思考

在司法实践中，关于描述性使用的案例很多。在"阳江市金辉煌日化有限公司与广州丽信化妆品有限公司申请侵犯商标权纠纷"案中，最高人民法院认为，丽信公司对于青苹果的使用意图系表明产品的成分和香型特点。[①] 在"冯某与西安曲江阅江楼餐饮娱乐文化有限公司侵害商标权纠纷案"中，最高人民法院指出，使用"阅江楼"文字的主要目的在于客观描述并指示其经营场所所在地。[②] 在"天津狗不理集团有限公司诉济南市大观园商场天丰园饭店侵犯商标专用权纠纷案"中，山东省高级人民法院认为，天丰园饭店使用"狗不理猪肉灌汤包"乃是作为商品名称善意使用的。[③] 在"盛焕华诉北京世纪卓越信息技术有限公司、延边教育出版社侵害商标权纠纷案"中，江苏省高级人民法院认为，作为《课时详解随堂通》图书名称的一部分，将"随堂通"作为关键词系向相关公众说明该图书本身的内容特点。[④] 在"光明乳业股份有限公司与美食达人股份有限公司、上海易买得超市有限公司侵害商标权纠纷案"中，上海知识产权法院认为，光明公司在被控侵权产品上使用85°C仅仅是为了向公众说明采取了巴氏杀菌工艺，是对温度表达方式的正当使用。[⑤]

### 三、指示性使用

◇ 核心知识点

尽管我国《商标法》中并未对指示性使用作出明确规定，但是在司法实践中已经承认指示性使用构成对商标侵权的有效抗辩事由。所谓指示性使用，是指

---

① 最高人民法院（2009）民申字第959号民事判决书。
② 最高人民法院（2017）最高法民申4920号民事裁定书。
③ 山东省高级人民法院（2007）鲁民三终字第70号民事判决书。
④ 江苏省高级人民法院（2012）苏知民终字第0124号民事判决书。
⑤ 上海知识产权法院（2018）沪73民终289号民事判决书。

经营者在商业活动中使用他人注册商标来客观说明自己商品或者服务来源的行为。[1] 指示性使用的目的在于标示商品或者服务的真实来源,而非使相关公众对商品或者服务的来源发生混淆,从而抢夺商标权人商品或者服务的潜在消费者。

○ 典型案例

案例一:维多利亚的秘密商店品牌管理公司(以下简称"维多利亚公司")与上海麦司投资管理有限公司(以下简称"麦司公司")侵害商标权及不正当竞争纠纷案:上海市第一中级人民法院(2014)沪一中民五(知)初字第33号民事判决书;上海市高级人民法院(2014)沪高民三(知)终字第104号民事判决书。

—— 基本案情 ——

原告维多利亚公司在第35类广告宣传等和第25类服装等上分别注册了"VICTORIA'S SECRET"和"维多利亚的秘密"共计四个商标。被告麦司公司在其经营的店铺招牌、员工胸牌、VIP卡、时装展览等处使用"VICTORIA'S SECRET"商标,通过专卖店形式销售商品,对外宣称其店铺为"VICTORIA'S SECRET"或者"维多利亚的秘密"的直营店等,并且在宣传和推广活动中使用"VICTORIA'S SECRET"和"维多利亚的秘密"商标。原告以被告侵犯其商标专用权为由提起诉讼,被告则以指示性使用进行抗辩。

—— 裁判摘要 ——

由于被告所销售的并非假冒商品,商标权人当然无权禁止他人在销售商品过程中对其商品商标的指示性使用。但是如果被告使用涉案商标的行为超出了指示商品来源所必需的范围,则会对相关的服务商标构成侵权。被告在店铺大门招牌、店内墙面、货柜等处使用"VICTORIA'S SECRET"标识,并对外宣称其门店为维多利亚的秘密直营店等行为,已经超出指示所销售商品来源所必要的范围,可能导致相关公众误认为销售服务系商标权人提供或者与商标权人存在商标许可等关联关系,构成对"VICTORIA'S SECRET"服务商标专用权的侵害。被告在网络广告宣传过程中使用"VICTORIA'S SECRET""维多利亚的秘密"标识,目的是利用涉案商标开展与产品销售相关的招商加盟业务,系在与涉案服务商标同类的服务上使用与涉案服务商标相同的商标,亦构成商标侵权。

案例二:河北大午酒业有限公司(以下简称"大午酒业")、山东大众报

---

[1] 李雨峰,刁青山.商标指示性使用研究[J].法律适用,2012(11).

业集团鲁中传媒发展有限公司（以下简称"鲁中传媒公司"）侵害商标权纠纷案：淄博市人民法院（2015）淄民三初字第195号民事判决书；山东省高级人民法院（2016）鲁民终811号民事判决书；最高人民法院（2017）最高法民再99号民事判决书。

—— 基本案情 ——

五粮液公司是第160922号"五粮液及图"注册商标、第9828847号"五粮"注册商标的独占被许可人，上述商标核准使用的商品为第33类酒等。2015年5月，五粮液公司在晨报商城购买"大午粮液"一瓶，该酒外包装盒上有书法体呈竖行排列的"大午粮液"四个大的红色字体，字体上方有相对较小的"大午"注册商标，标注的生产厂家为"河北大午酒业有限公司"。淘宝网上出售"大午粮液"的店铺使用"孙氏家酒大午粮液打造老百姓喝得起的五粮液"宣传用语。在《鲁中晨报》对"大午粮液"的广告宣传中使用"五粮品质百姓价格""咱喝得起的五粮佳酿"等用语。五粮液公司以上述行为侵犯其注册商标专用权为由提起诉讼。

—— 裁判摘要 ——

一、二审裁判摘要

大午酒业使用的"大午粮液"标识在文字构成和读音上与"五粮液及图"商标构成近似，构成商标侵权；大午酒业、鲁中传媒公司未经许可，在报纸广告宣传、展示中使用"五粮"标识，可能导致混淆，构成商标侵权。

再审裁判摘要

大午酒业使用的"大午粮液"标识，与"五粮液"商标字数、字形、含义、视觉效果均不相同，不会使相关公众产生混淆；广告宣传中虽然使用了"五粮液""五粮"标识，具有与五粮液公司产品的品质和价格进行对比、突出大午粮液白酒质优价廉的意图，但是均同时突出宣传"孙氏家酒大午粮液"或者有较为突出的"河北大午集团酒业有限公司"字样，足以表明商品来源，不致相关公众对商品来源混淆误认或者认为其来源与五粮液公司产品有特定联系，不构成商标侵权。

▷ **拓展思考**

尽管《商标法》中没有对商标的指示性使用进行明确规定，司法实践中已经承认在提供配件或者维修服务中使用他人商标的，构成指示性使用可以作为商标侵权抗辩。在"五粮液公司与天源通海公司侵犯商标专用权及不正当竞争纠纷案"中，最高人民法院认为，授权经销商为指明其授权身份、宣传推广商标权人的商品而善意使用，没有破坏识别功能，不构成侵犯商标权。① 在"迈安德公司与牧羊集团公司侵害注册商标专用权案"中，最高人民法院认为，集团公司成员企业为彰显其身份而在经营活动中合理规范使用集团标识，不构成侵犯商标权。②

一般来讲，正品的转售并不破坏商标的指示来源功能，原则上亦构成指示性使用。但是在实践中有些法院认为对商品进行分装销售的行为构成商标侵权。在"不二家（杭州）食品有限公司与钱某某、浙江淘宝网络有限公司侵害商标权纠纷案"中，钱某某未经许可将不二家公司的糖果擅自分装到带有涉案商标的包装盒进行销售，浙江省杭州市余杭区人民法院认为，尽管被告的行为并未导致混淆，但是被告的分装行为不能达到美化商品、提升商品价值的作用，反而会降低相关公众对涉案商标所指向的商品信誉，损害了涉案商标的信誉承载功能，构成商标侵权。③

另一个可能涉及指示性使用的典型情形是比较广告。比较广告最突出的特点是，借助与他人的商品或者服务进行对比或比较，以说明或者突显自身商品或者服务的特征、品质或者质量等。从比较法的角度看，各个国家和地区对比较广告的态度不尽相同，均设定了详细规则。④ 关于在比较广告中使用他人商标是否侵犯他人商标权的问题，《商标法》中没有明确规定。在上述"五粮液"案中，最高人民法院确立了比较广告一般不会侵害涉案商标识别来源功能的基本原则。但是从商标的广告宣传功能出发，比较广告恰恰是一种利用涉案商标商誉的行为。比较广告是否可能构成"不正当利用驰名商标的市场声誉"或者商业诋毁行为，这些问题均需要进一步的探讨。⑤

## 四、在先使用

◇ 核心知识点

对于商标注册人申请商标注册前，他人已经在同一种商品或者类似商品上

---

① 最高人民法院（2012）民申字第 887 号民事判决书。
② 最高人民法院（2012）民提字第 61 号民事判决书。
③ 浙江省杭州市余杭区人民法院（2015）杭余知初字第 416 号民事判决书。
④ 杨祝顺.欧美比较广告的商标法规制及其启示[J].知识产权，2016（10）.
⑤ 黄武双.不法比较广告的法律规制[J].中外法学，2017（6）.

先于商标注册人使用与注册商标相同或者近似并有一定影响的商标的，注册商标专用权人无权禁止该使用人在原使用范围内继续使用该商标，但可以要求其附加适当区别标识。① 在先使用抗辩的制度目标在于缓解商标注册制度与商标实际使用之间矛盾，在一定程度上对注册商标的使用给予保护。在先使用抗辩的构成要件有四：第一，使用时间早于商标注册申请日；第二，使用时间亦早于商标注册人；第三，使用在相同类似商品上并具有一定影响；第四，仅能在原有范围内继续使用。

○ 典型案例

双飞人制药股份有限公司与广州赖特斯商务咨询有限公司等侵害商标权及不正当竞争纠纷案：最高人民法院（2020）最高法民再23号民事判决书

—— 基本案情 ——

双飞人公司是"双飞人"注册商标权利人，该商标核定使用商品为第3类的花露水、化妆品等。同时双飞人公司还是两个核定使用在爽水产品上的双飞人立体商标的权利人。法国利佳制药厂拥有指定使用在第3类商品上的"利佳"注册商标，赖特斯公司独家代理在中国境内宣传、推广、分销和销售利佳薄荷水等"利佳"品牌化妆品。双飞人公司以赖特斯公司等生产、销售利佳薄荷水侵害其注册商标专用权，并同时实施了不正当竞争行为为由，向法院提起诉讼。

—— 裁判摘要 ——

一审、二审裁判摘要

一审法院认为，利佳薄荷水与"双飞人"商标核定使用的"双飞人爽水"属于相同商品。经对比，被诉侵权产品包装与双飞人公司的立体商标构成近似并可能导致相关公众混淆误认，赖特斯公司侵害了双飞人公司的立体商标专用权。同时赖特斯公司为实现商业目的，在产品宣传中强调其产品为"双飞人"产品（双飞人药水），构成对"双飞人"文字商标的侵权。此外，利佳薄荷水的包装装潢与双飞人公司知名商品的包装装潢近似，赖特斯公司的行为构成不正当竞争。赖斯特公司等不服提起上诉，二审法院判决驳回上诉、维持原判。

再审裁判摘要

赖特斯公司提交的证据可以证明，法国利佳制药厂自20世纪90年代起在

---

① 《商标法》第59条第2款。

中国部分地区的报纸上刊登"双飞人药水"广告,持续时间较长、发行地域和发行量较大,可证明法国利佳制药厂在先使用的"双飞人药水"所采用的"蓝、白、红"包装有一定影响。双飞人公司明知"双飞人药水"存在于市场,却恶意申请注册与"双飞人药水"包装近似的立体商标并行使权利,其行为难言正当,赖特斯公司的在先使用抗辩成立。双飞人公司关于赖特斯公司构成侵害注册商标专用权及不正当竞争的主张均不能成立。最高法院判决撤销一审、二审判决,驳回双飞人公司的诉讼请求。

▷ 拓展思考

如何认定使用涉案标识是否超出原有范围是实践中的难点问题。是否需要对使用的主体、使用的地域、使用方式,以及使用的规模等进行限制,关乎保障在先使用者合法权益与维护商标注册制度之间的平衡问题。在"北京中创东方教育科技有限公司与北京市海淀区启航考试培训学校侵害商标权纠纷案"中,北京知识产权法院认为,"启航考研"系使用在考研等教育培训上,该服务内容与被上诉人启航考试学校在先使用的服务内容并无不同,该行为中所涉及的商标及服务仍在原有范围内;原有范围不受在先使用规模的限制,启航考试学校在经营活动中对于"启航考研"的后续使用行为无论是否超出在先使用时的规模,均属于原有范围内;启航公司在网站宣传等经营活动中对于"启航考研"的使用均仅是为启航考试学校提供宣传推广的行为,并未超出原有范围。[1]

## 五、商标权用尽

◇ 核心知识点

商标权用尽,又称商标权穷竭,是指经商标权人合法授权的商品首次销售后,他人在对上述商品进行转售的,不构成商标侵权。[2] 尽管《商标法》中并没有明确规定商标权用尽,从司法实践来看,商标权用尽已是商标侵权中的一种重要的抗辩事由。由于立法和司法解释没有规定,商标权用尽的构成要件问题尚存在争议。需要注意的是,商标权用尽仅仅适用于合法获得商品的转售,

---

[1] 北京知识产权法院(2015)京知民终字第588号民事判决书。
[2] 马强.商标权权利穷竭研究[J].现代法学,2000(1).

如果是将旧商品翻新后再次出售则属于商标侵权行为。①

○ 典型案例

维多利亚的秘密商店品牌管理有限公司（以下简称"维多利亚公司"）与上海锦天服饰有限公司（以下简称"锦天公司"）侵害商标权及不正当竞争纠纷案：上海市第二中级人民法院（2012）沪二中民五（知）初字第86号民事判决书。

—— 基本案情 ——

维多利亚公司是"VICTORIA'S SECRET"商标的所有权人，并将"VICTORIA'S SECRET"商标许可给其母公司LBI公司使用。锦天公司在其专柜销售了带有"VICTORIA'S SECRET"商标的内衣服饰。经查，这些内衣服饰系被告委托案外人宁波亿泰公司代理自美国进口，上述被控侵权商品系来源于LBI公司。维多利亚公司以锦天公司侵犯商标权为由提起诉讼。

—— 裁判摘要 ——

被告销售的商品是从LBI公司处购买并通过正规渠道进口的正牌商品，并非假冒商品，被告在销售商品的过程中在商品吊牌、衣架、包装袋、宣传册上使用原告涉案注册商标的行为不会造成相关公众对商品来源的混淆误认。被告向零售商销售被控侵权商品的行为不构成侵害原告的注册商标专用权。

▷ 拓展思考

对商标平行进口的态度，取决于商标权用尽范围标准的选择：采用国内用尽说则通常会得出反对平行进口的结论；采用国际用尽说则通常会得出赞同平行进口的结论。②《TRIPS协议》允许各成员自行制定权利用尽的政策，③导致各国对该问题的态度不一。目前我国商标法的立法和司法实践对于上述问题并未给出直接的回答。上述"维多利亚的秘密"案实际上是采用了国际用尽标准，肯定了平行进口的合法性。在司法实践中，关于平行进口的处理还有另外一种思路，即从是否损害商标功能入手进行分析。在"法国大酒库股份公司因与慕

---

① 李士林.回收利用中的商标权穷竭[J].云南大学学报（法学版），2010（1）.

② 黄晖.论商标权利用尽及商品平行进口[J].中华商标，1999（2）.

③ 《TRIPS协议》第6条规定："就本协定的任何规定而言，在遵守第2条和第4条规定的前提下，本协定的任何规定不得用于处理知识产权用尽问题。"

醒国际贸易（天津）有限公司侵害商标权纠纷案"中，天津市高级人民法院认为，只要进口商品没有经过任何加工、改动，仅仅以原有的包装销售，依法合理标注相关信息，不会导致消费者的混淆误认，其行为就不构成对商标权的侵害。[①] 上述思路适用于国内外商标权为同一主体享有的情形，对于国内外商标分属不同主体的情形，似乎再难以得出不构成侵权的结论。

## 第四节  商标侵权的民事责任

### 一、概说

侵害注册商标专用权的民事责任包括停止侵害、排除妨碍、损害赔偿、消除影响等民事责任。除此以外，侵权人还可能受到民事制裁，包括罚款、收缴侵权商品、伪造的商标标识和专门用于生产侵权商品的材料、工具、设备等财物。[②]《商标法》进一步规定，根据权利人的请求，法院可以责令销毁假冒注册商标的商品，销毁主要是用于制造假冒注册商标的商品的材料、工具，且不予补偿；在特殊情况下，法院可以责令禁止前述材料、工具进入商业渠道，且不予补偿。[③] 对于假冒注册商标的商品，法律禁止在仅去除假冒注册商标后进入商业渠道。[④] 如前文所述，被控侵权的销售商不知道其销售的为侵权产品，并且能够证明其销售的侵权商品有合法来源的，被控侵权人不承担赔偿责任。此外，注册商标专用权人请求赔偿，被控侵权人以注册商标专用权人未使用注册商标提出抗辩的，法院可以要求注册商标专用权人提供此前3年内实际使用该注册商标的证据。注册商标专用权人不能证明此前3年内实际使用过该注册商标，也不能证明因侵权行为受到其他损失的，被控侵权人不承担赔偿责任。[⑤] 但是侵权人应该承担停止侵害的民事责任，并赔偿权利人的制止侵权的合理开

---

① 天津市高级人民法院（2013）津高民三终字第0024号判决。

② 《最高人民法院关于审理商标民事纠纷案件适用法律若干问题的解释》第21条第1款。

③ 《商标法》第64条第4款。

④ 《商标法》第64条第5条。

⑤ 《商标法》第64条第1款。关于该问题的讨论，参见彭学龙．《论连续不使用之注册商标请求权限制[J]．法学评论，2018（6）．

支。此外，对恶意侵犯商标专用权，情节严重的，可以适用惩罚性赔偿。①

## 二、损害赔偿数额的计算

◇ 核心知识点

侵犯商标专用权的赔偿数额，按照因被侵权所受到的实际损失确定；实际损失难以确定的，可以按照侵权人因侵权所获得的利益确定；权利人的损失或者侵权人获得的利益难以确定的，参照该商标许可使用费的倍数合理确定。②以上难以确定的，可以由法院根据侵权行为的情节判决给予500万元以下的赔偿。③根据相关司法解释，赔偿数额的具体计算方式可以由权利人选择。④因被侵权所受到的损失，可以根据权利人因侵权所造成商品销售减少量或者侵权商品销售量与该注册商标商品的单位利润乘积计算。⑤侵权所获得的利益，则可以根据侵权商品销售量与该商品单位利润乘积计算；该商品单位利润无法查明的，可以按照注册商标商品的单位利润计算。⑥在权利人已经尽力举证，而与侵权行为相关的账簿、资料主要由侵权人掌握的情况下，赋予法院责令侵权人提供与侵权行为相关的账簿、资料的权利；侵权人不提供或者提供虚假的账簿、资料的，法院可以参考权利人的主张和提供的证据判定赔偿数额。⑦适用法定赔偿的方法确定赔偿数额时，应当考虑侵权行为的性质、期间、后果，商标的声誉，商标使用许可费的数额，商标使用许可的种类、时间、范围及制止侵权行为的合理开支等因素综合确定。⑧对于难以证明实际损失或者侵权获利的具体数额，但是有证据证明上述数额明显超过法定赔偿最高限额的，可以综合全

---

① 《商标法》第63条第1款后段。

② 《商标法》第63条第1款前段。

③ 《商标法》第63条第3款。关于商标侵权法定赔偿的上限，2001年《商标法》规定为50万元，2013年修改为300万元，2019年则修改为500万元。

④ 《最高人民法院关于审理商标民事纠纷案件适用法律若干问题的解释》第13条。

⑤ 《最高人民法院关于审理商标民事纠纷案件适用法律若干问题的解释》第15条。

⑥ 《最高人民法院关于审理商标民事纠纷案件适用法律若干问题的解释》第14条。

⑦ 《商标法》第63条第2款。

⑧ 《最高人民法院关于审理商标民事纠纷案件适用法律若干问题的解释》第16条第2款。

案的证据情况，在法定赔偿最高限额以上合理确定赔偿数额。①制止侵权行为所支付的合理开支，包括权利人或者委托代理人对侵权行为进行调查、取证的合理费用，法院根据当事人的诉讼请求和案件具体情况，可以将符合国家有关部门规定的律师费用计算在赔偿范围内。②

○ 典型案例

卢某某、梁某与安徽采蝶轩蛋糕集团有限公司等侵害商标权纠纷案：合肥市中级人民法院（2012）合民三初字第00163号民事判决书；安徽省高级人民法院（2013）皖民三终字第00072号民事判决书；最高人民法院（2015）民提字第38号民事判决书。

—— 基本案情 ——

原告卢某某、梁某是"采蝶轩及图"系列注册商标的所有人，上述商标核定使用的商品或者服务为第30类蛋糕、糕点等，第43类餐馆等。原告发现被告和巴莉甜甜公司擅自在其店面、宣传广告和产品上使用"采蝶轩"字样和"采蝶轩及图"商标。为此原告向法院提起诉讼，要求被告承担商标侵权责任。

—— 裁判摘要 ——

一审、二审裁判摘要

"采蝶轩"属于在先使用的有一定影响的非注册商标，将"采蝶轩"标识作为商品商标使用，不会造成混淆；采蝶轩服务公司在第35类上受让取得的"采蝶轩"服务商标，核定使用的类别与涉案商标不同，不构成侵权。

再审裁判摘要

面包店的服务类别属于第43类，采蝶轩服务公司在面包店铺门头上使用"采蝶轩"标识，不是对于其注册在第35类的"推销（替他人）"的服务商标的使用，不能构成正当使用；采蝶轩集团公司在与涉案商标相同或类似的商品和服务上使用"采蝶轩集团"字样，采蝶轩服务公司在商品上突出使用"合肥采蝶轩"字样，不是对企业名称的规范使用，容易导致混淆，构成侵权。

关于损害赔偿数额的计算，卢某某、梁某主张按照其销售收入与中山市采蝶轩食品有限公司的销售利润率的乘积计算侵权获利。再审法院指出，销售收

---

① 《最高人民法院关于当前经济形势下知识产权审判服务大局若干问题的意见》。
② 《最高人民法院关于审理商标民事纠纷案件适用法律若干问题的解释》第17条。

入与生产经营规模、广告宣传、商品质量等密切相关，而不仅仅来源于对商标的使用及其知名度。当事人主张以全部销售收入与销售利润率为基础计算侵权获利的，不应予以支持。

▷ 拓展思考

商标侵权中实际损失的认定，需要权利人证明侵权产品与损失之间存在因果关系。但是在实践中，因果关系的存在通常难以证明。在"沈阳唐氏生物科技有限公司与广州方凡生物科技有限公司等侵害商标权纠纷案"中，沈阳市中级人民法院指出，原告提供的淘宝交易记录虽然能够证明原告销量明显下滑，但是原告的下滑销量与被告的同期销量差距很大，难以认定原告销量下滑完全根源于被告行为，故权利人的损失难以确定。①

关于侵权获利的计算，按照司法解释的规定，可以将注册商标商品的单位利润推定为侵权产品的单位利润。然而在实践中，侵权获利与商标权人的获利情况并不具有对应性。上述"采蝶轩"案所确立的规则是，当商标权人商品的单位利润与侵权产品的单位利润不具有可比性时，不能以商标权人的获利水平来计算侵权获利。此外，侵权获利计算中的又一难点问题在于采用何种利润标准，实践中有销售利润、营业利润和净利润等不同概念。不同概念的选择可能导致最终计算得出的侵权获利数额存在差异。在"雅马哈发动机株式会社与浙江华田工业有限公司、台州华田摩托车销售有限公司等侵害商标权纠纷案"中，最高人民法院指出，对侵权获利的计算，一般以侵权人的营业利润计算，对于完全以侵权为业的侵权人，可以按照销售利润计算。②

### 三、惩罚性赔偿的适用

◇ 核心知识点

为有效遏制商标侵权现象，《商标法》引入惩罚性赔偿制度。对恶意侵犯商标专用权、情节严重的，可以适用惩罚性赔偿，即在按照实际损失、侵权获利或者许可费倍数确定数额的一倍以上五倍以下确定赔偿数额。惩罚性赔偿的要件有二，即恶意和情节严重。值得注意的是，《商标法》关于惩罚性赔偿主

---

① 辽宁省沈阳市中级人民法院（2016）辽 01 民初 525 号民事判决书。
② 最高人民法院（2006）民三终字第 1 号民事判决书。

观要件的规定与《民法典》其他知识产权单行法不同，这些法律将故意作为惩罚性赔偿的主观要件。根据司法解释的规定，故意包括恶意的情形，需综合考虑被侵害权利客体类型、权利状态和相关产品知名度、被告与原告或者利害关系人之间的关系等因素综合确定。[①]情节严重的认定，则应当综合考虑侵权手段、次数，侵权行为的持续时间、地域范围、规模、后果，侵权人在诉讼中的行为等因素。[②]此外，惩罚性赔偿的适用需以当事人请求为前提，[③]法院无权主动适用。

○ 典型案例

惠氏有限责任公司（以下简称"惠氏公司"）、惠氏（上海）贸易有限公司（以下简称"惠氏上海公司"）与原广州惠氏宝贝母婴用品有限公司（以下简称"广州惠氏公司"）等侵害商标权及不正当竞争纠纷案：浙江省杭州市中级人民法院（2019）浙01民初412号民事判决书；浙江省高级人民法院（2021）浙民终294号民事判决书。

—— 基本案情 ——

惠氏公司是"惠氏""Wyeth"等注册商标的权利人，惠氏上海公司经许可在中国使用上述商标并进行维权。原广州惠氏公司长期大规模生产、销售带有"惠氏""Wyeth""惠氏小狮子"标识的母婴洗护产品等商品，并通过抢注、受让等方式在洗护用品等类别上获得"惠氏""Wyeth"等商标，在宣传推广中明示或者暗示与惠氏公司具有关联关系，并与其他被告以共同经营网上店铺等方式，实施线上线下侵权行为，获利巨大。惠氏公司、惠氏上海公司以原广州惠氏公司等为被告，诉至法院。

—— 裁判摘要 ——

一审裁判摘要

被诉侵权行为成立，且各被告具有明显的主观恶意，本案可以适用惩罚性赔偿。经查，原广州惠氏公司的侵权获利至少1000万，故以此确定惩罚性赔偿的基数，并以侵权获利的3倍计算赔偿金额，全额支持原告赔偿请求。

---

[①] 《最高人民法院关于审理侵害知识产权民事案件适用惩罚性赔偿的解释》第1条第2款、第3条。

[②] 《最高人民法院关于审理侵害知识产权民事案件适用惩罚性赔偿的解释》第4条。

[③] 《最高人民法院关于审理侵害知识产权民事案件适用惩罚性赔偿的解释》第2条第1款。

二审裁判摘要

各被诉方侵权故意明显、情节严重，在权利人明确请求适用惩罚性赔偿的情况下，应适用惩罚性赔偿方式确定本案赔偿数额。根据二审查明的侵权商品销售收入，以及参考同行业的平均利润率，以侵权人提交的财务数据计算出侵权期间的营业总收入，以及以经销商数量与年购货指标计算销售收入确定本案惩罚性赔偿基数的区间为789.08万元至5193.19万元，再综合考虑侵权方主观过错程度、侵权行为的情节严重程度等因素，确定以3倍作为惩罚性赔偿计算的倍数，故本案赔偿总额应为基数的4倍。据此本案损害赔偿总额的区间为3156.32万元至20772.76万元，该区间的下限已超出损害赔偿诉讼请求的数额，应予以全额支持。驳回上诉，维持原判。

▷ 拓展思考

关于惩罚性赔偿使用的主观要件，司法解释已经明确故意和恶意的含义应作一致性的理解。仍然有疑问的是，所谓故意是否仅指直接故意？是否应当包括间接故意？法谚有云：重大过失等同于故意。惩罚性赔偿是否可以适用于重大过失的情形？关于上述问题，在理论和实务界均尚有争议。[①]

商标侵权中惩罚性赔偿的适用以实际损失、侵权获利或者许可费倍数作为计算基础，法定赔偿不能作为惩罚性赔偿的计算基础。实践中，法院认可惩罚性赔偿的请求可以独立于补偿性的损害赔偿请求。按照这样的理解，如果惩罚性赔偿的适用可以达到补偿性赔偿的5倍，原告获得的总赔偿额最高则可以达到补偿性赔偿的6倍。前述"惠氏"案中，法院即采取了上述观点。

关于惩罚性赔偿与公法制裁的关系，需要关注以下问题：在侵权人因其违法行为被处行政罚款或者因其犯罪行为被处罚金时，是否可以因其已经承担了惩罚性赔偿责任而予以减免？反之，如果侵权人因其违法行为已经被处行政罚款或者因其犯罪行为已经被处罚金时，是否可以因此而减轻惩罚性赔偿适用的力度？关于上述问题存在肯定说和否定说两种观点。司法解释采用否定说，规定因同一侵权行为已经被处以行政罚款或者刑事罚金且执行完毕，被告主张减免惩罚性赔偿责任的，不予支持。[②]

---

① 朱冬.《民法典》第1185条（知识产权侵权惩罚性赔偿）评注[J].知识产权,2022(9).
② 《最高人民法院关于审理侵害知识产权民事案件适用惩罚性赔偿的解释》第6条第2款。

# 第五编
# 其他知识产权

# 第二十章 反不正当竞争

## 第一节 《反不正当竞争法》概述

### 一、反不正当竞争法的主要内容

《反不正当竞争法》禁止经营者在生产经营活动中的扰乱市场竞争秩序、损害其他经营者或者消费者的合法权益的不正当竞争行为。[①] 在我国,通常认为反不正当竞争法属于竞争法的范畴,与反垄断法共同构成竞争法的主要内容,而竞争法被认为是经济法的核心。[②] 然而根据《巴黎公约》和《成立世界知识产权组织公约》的规定,制止不正当竞争亦是知识产权保护的重要内容。我国《反不正当竞争法》明确禁止的与知识产权有关的不正当行为包括混淆行为、虚假宣传、商业诋毁、侵害商业秘密,以及网络不正当竞争等。考虑到商业秘密保

---

① 《反不正当竞争法》第 2 条第 2 款。

② 张守文.经济法学[M].2 版.北京:高等教育出版社,2018:29.

护的重要性和特殊性，本书单列一章进行论述。

## 二、反不正当竞争法与知识产权专门法的关系

◇ 核心知识点

反不正当竞争法与知识产权专门法的关系，可以从不同方面来认识。

从法律形式上看，《反不正当竞争法》仅仅规范具体行为，并不创设专有权利。与《著作权法》《专利法》《商标法》等直接赋予权利人专有权的模式不同，《反不正当竞争法》并不创设第一性意义上的权利，所谓"制止不正当竞争的权利"是指第二性的、救济上的权利而言。[1]因此《反不正当竞争法》的适用应当避免权利法思路的影响。

从适用关系上看，《反不正当竞争法》是对知识产权专门法保护的补充。例如《反不正当竞争法》通过禁止混淆行为为注册商标以外的其他商业标志提供保护，《反不正当竞争法》中关于商业秘密保护的规定被认为是对专利保护的补充。此外，对于知识产权专门法无法提供保护的对象，还可以通过适用《反不正当竞争法》的一般条款给予保护。[2]

由于不当竞争行为的判断具有独立要件，实践中还可能出现竞合的情形：同一行为既构成知识产权侵权，又构成不正当竞争。出于避免重复评价的考虑，如果已经对同一行为认定侵害知识产权并判令承担民事责任，当事人又以该行为构成不正当竞争为由请求侵权人承担民事责任的，法院不予支持。[3]

○ 典型案例

广州网易计算机系统有限公司（以下简称"网易公司"）、上海网之易吾世界网络科技有限公司与深圳市迷你玩科技有限公司（以下简称"迷你玩公司"）侵犯著作权及不正当竞争纠纷案，深圳市中级人民法院（2019）粤03民初2157号民事判决书；广东省高级人民法院（2021）粤民终1035号民事判

---

[1] 关于权利法与行为法的区别，参见李琛.论知识产权法的体系化[M].北京：北京大学出版社，2005：168-174.

[2] 《最高人民法院关于适用〈中华人民共和国反不正当竞争法〉若干问题的解释》第1条。

[3] 《最高人民法院关于适用〈中华人民共和国反不正当竞争法〉若干问题的解释》第24条。

决书。

—— 基本案情 ——

2009年5月，瑞典公司Mojang研发的3D沙盒游戏Minecraft（《我的世界》）于全球上线。2016年5月，网易公司获得了《我的世界》中国区域的独家运营权。同年，迷你玩公司研发的沙盒游戏《迷你世界》上线。2019年，网易公司提起诉讼，指出《迷你世界》抄袭了《我的世界》的游戏元素，二者游戏画面高度相似，构成著作权侵权及不正当竞争，请求法院判令迷你玩公司停止侵权、消除影响、中止游戏运营并赔偿损失。

—— 裁判摘要 ——

一审裁判摘要

《迷你世界》与《我的世界》中的267个基础核心元素构成实质性相似，认定《迷你世界》与《我的世界》游戏整体画面构成实质性相似。因此《迷你世界》构成著作权侵权，在已支持原告有关著作权保护主张的前提下，不再适用反不正当竞争法对涉案行为进行重复评判。

二审裁判摘要

尽管著作权法不保护游戏玩法规则本身，但是对于游戏玩法规则的具体表达，即游戏元素及其组合设计中具有独创性的表达部分可以获得保护。《我的世界》游戏整体画面构成类电作品，原告诉请保护的是涉案游戏整体画面的著作权。然而综合来看，两款游戏整体画面不构成实质性相似。但是游戏玩法规则具有竞争属性，能给经营者带来竞争优势和竞争利益。网易公司针对迷你玩公司大量抄袭游戏元素设计来开发运营《迷你世界》的相关行为，会造成实质性替代后果。综合本案情形，应当认定迷你玩公司相关行为违背了诚信原则和商业道德，扰乱游戏市场竞争秩序，构成《反不正当竞争法》第2条规定的不正当竞争行为。

▷ 拓展思考

目前，学术界和实务界就《反不正当竞争法》与知识产权专门法适用关系的认识，主要有兜底保护说、平行保护说和有限补充保护说之分。兜底保护说，又称附加保护说，主张《反不正当竞争法》在专门法保护之外为知识产权提供附加或者兜底的保护。[①] 由此引申出以下观点，凡知识产权专门法无法提供保

---

① 郑成思.反不正当竞争——知识产权的附加保护[J].知识产权，2003（5）.

护的领域，都由《反不正当竞争法》来兜底。平行保护说主张，《反不正当竞争法》与知识产权专门法可以成为两个平行的保护轨道。[①] 有限补充保护说认为，《反不正当竞争法》的保护不能抵触知识产权专门法的立法政策，并非毫无限制的全面兜底保护。[②] 最高法院在司法政策文件中明确指出，凡知识产权专门法已作穷尽规定的，原则上不再以《反不正当竞争法》作扩展保护，对于《反不正当竞争法》未作特别规定的，则应当慎重适用一般条款，防止因不适当地扩大不正当竞争范围而妨碍自由、公平竞争。[③] 例如在"上海美术电影制片厂有限公司、武汉新金珠宝首饰有限公司著作权权属、侵权纠纷、商业贿赂不正当竞争纠纷案"中，最高人民法院指出，动画电影《大闹天宫》及"孙悟空"美术作品已超过保护期进入公有领域，不得再以《反不正当竞争法》有关保护商品名称等为名，变相延长作品著作权的保护，抵触著作权保护的立法政策。[④]

## 三、反不正当竞争法一般条款的适用

◇ 核心知识点

通常认为，《反不正当竞争法》第2条是制止不正当竞争的一般条款。最高人民法院在下述"海带配额"案中明确强调，一般条款的适用需要满足以下三个条件：第一，被诉行为在《反不正当竞争法》中未予明确规定；第二，被诉行为确实损害了其他经营者的合法权益；第三，行为人的被诉行为违反了诚实信用原则，以及公认的商业道德而具有不正当性或可责性。[⑤] 所谓商业道德，是指特定商业领域普遍遵循和认可的行为规范。判断经营者是否违反商业道德，须综合考虑行业规则或者商业惯例、经营者的主观心态、交易相对人的选择意愿，消费者权益、市场竞争秩序、社会公共利益等因素，结合案件具体情况进行认定。行业主管部门、行业协会或者自律组织制定的从业规范、技术规范、

---

① 谢晓尧.超越荆棘的丛林：也论反不正当竞争法之适用[J].知识产权，2023（8）.
② 孔祥俊.反不正当竞争法补充保护知识产权的有限性[J].中国法律评论，2023（3）.
③ 《最高人民法院关于当前经济形势下知识产权审判服务大局若干问题的意见》第11条.
④ 最高人民法院（2017）最高法民申4621号民事裁定书.
⑤ 最高人民法院（2009）民申字第1065号民事裁定书.

自律公约等可以作为认定经营者是否违反商业道德的参考。①

○ 典型案例

山东省食品进出口公司（以下简称"山东食品公司"）、山东山孚日水有限公司、山东山孚集团有限公司诉青岛圣克达诚贸易有限公司（以下简称"圣克达诚公司"）、马某某不正当竞争纠纷案：山东省青岛市中级人民法院（2007）青民三初字第136号民事判决书；山东省高级人民法院（2008）鲁民三终字第83号民事判决书；最高人民法院（2009）民申字第1065号民事裁定书。

—— 基本案情 ——

山东食品公司是一家经营海带出口业务的公司。2001年至2006年期间连续获得了中粮集团下发威海地区产海带出口日本数量配额。马某某系山东食品公司员工，从事海带加工和出口工作，主要负责代表山东食品公司签署协议书、办理海带出口业务。2007年，马某某通过劳动仲裁终止了与山东食品公司的劳动合同。此后，中粮公司决定将威海海带出口日本业务交由圣克达诚公司执行。经交涉，山东食品公司取得320吨威海地区产海带出口配额，圣克达诚公司获得310吨威海地区产海带出口配额。经查，圣克达诚公司成立于2006年，法定代表人和监事为马某某的外甥和配偶。山东食品公司认为，马某某和圣克达诚公司抢夺了其对日出口海带的贸易机会，构成不正当竞争，诉至法院。

—— 裁判摘要 ——

一审裁判摘要

本案中，所谓对日出口海带贸易机会系指国内出口企业通过中粮集团分配而获得的可以就相关区域产特定数量海带对日出口的资格，实质上是一种商业机会。从2001年开始，这种对日出口海带贸易的机会便由包括山东食品公司在内的四家单位稳定享有，山东食品公司通过这种有利条件取得了竞争优势。马某某在山东食品公司工作期间，始终负责对日出口海带的收购和出口工作，熟悉该工作的全部流程。马某某将本属于山东食品公司的竞争优势为圣克达诚公司所有，属于将日本客户对自己基于履行职务行为所产生信赖的滥用，违背了诚实信用原则和公认的商业道德，构成不正当竞争。

---

① 《最高人民法院关于适用〈中华人民共和国反不正当竞争法〉若干问题的解释》第3条。

二审裁判摘要

竞争本身是经营者之间互相争夺交易机会的行为,在交易机会的得失之间,往往会给竞争对手造成损害。从本案查明的事实来看,马某某在为圣克达诚公司争取经营出口海带贸易时,明确表示代表圣克达诚公司,没有利用山东食品公司的名义,中粮集团、日本北海道渔联明知马某某已经离开山东食品公司,并基于对马某某个人的信赖而给予圣克达诚公司涉案贸易机会。因此马某某和圣克达诚公司的行为属于正当竞争。

再审裁判摘要

涉案对日出口海带配额是日本国政府设定的我国对日出口海带产品的被动配额,属于一种商业交易机会。但是在反不正当竞争法上,一种利益应受保护并不构成该利益的受损方获得民事救济的充分条件。利益受损方要获得民事救济,还必须证明竞争对手的行为具有不正当性。无证据表明马某某负有法定或者约定的竞业限制义务,日本客户亦是基于对马某某个人能力的信赖确定的出口配额。因此马某某和圣克达诚公司的行为不构成不正当竞争。

▷ 拓展思考

随着商业实践的不断发展,出现很多新类型的不正当竞争情形,司法上适用《反不正当竞争法》一般条款的案件越来越多。的确,一般条款的适用具有相当的弹性,对于法律未明确规范的行为具有一定的包容性。例如涉及数据爬取的案件通常是通过适用《反不正当竞争法》一般条款加以解决的。[1] 然而需要注意的是,通过自由竞争可以充分发挥市场配置资源的作用,过分干预竞争可能对自由竞争机制造成限制。因此《反不正当竞争法》一般条款的适用应当注意严格把握,避免不适当干预而阻碍市场自由竞争。类似地,模仿自由是竞争自由的应有之义,市场经营者原则上应当容忍其他经营者模仿自己的产品(或服务)来与自己竞争。只有在有证据表明模仿行为可能导致混淆,或者违反诚实信用和公认商业道德的情况下,才能适用《反不正当竞争法》进行规范。在法律层面,《反不正当竞争法》一般条款相对抽象,解释空间较大,可能导致同案异判现象的出现,因此也应当尽量避免向一般条款逃逸的现象出现。

---

[1] "深圳市腾讯计算机系统有限公司、腾讯科技(深圳)有限公司与浙江搜道网络技术有限公司、杭州聚客通科技有限公司不正当竞争纠纷案",杭州铁路运输法院(2019)浙8601民初1987号民事判决书;杭州市中级人民法院(2020)浙01民终5889号民事判决书。

## 第二节 混淆行为

### 一、混淆行为概述

混淆行为,又称为仿冒行为(passing-off)。在市场经营活动中,仿冒他人商业标志的现象时有发生。《反不正当竞争法》禁止经营者从事擅自使用与他人商品名称、包装装潢、企业名称、域名等相同近似标志,引人误认为是他人商品或者与他人存在特定联系的混淆行为。从本质上说,混淆行为的规定是对未注册为商标,但是通过在经营活动中使用从而具有识别商品、服务来源功能的其他商业标志的保护。《反不正当竞争法》明确禁止的混淆行为有以下四类:一是擅自使用与他人有一定影响的商品名称、包装、装潢等相同或者近似的标识;二是擅自使用他人有一定影响的企业名称(包括简称、字号等)、社会组织名称(包括简称等);三是擅自使用他人有一定影响的域名主体部分、网站名称、网页等;四是其他足以引人误认为是他人商品或者与他人存在特定联系的混淆行为。[①]

### 二、混淆行为规范保护的商业标志

#### (一)受保护商业标志的范围

1. 概说

《反不正当竞争法》中混淆行为条款保护的商业标志主要包括商品名称、包装、装潢等与商品有关的商业标志,企业名称、社会组织名称等与商主体有关的商业标志,以及域名等网络经营活动中使用的标志等。原则上,根据保护客体的不同,《商标法》和《反不正当竞争法》的保护范围可以明确进行划分。因此可以认为,《反不正当竞争法》通过混淆行为条款,对注册商标以外的商业标志(即未注册商标)提供保护。但是,根据《商标法》和相关司法解释的规定,将他人注册商标、未注册的驰名商标作为企业名称中的字号使用,误导公众的,属于不正当竞争行为,适用《反不正当竞争法》第6条第4项处理。[②]

---

① 《反不正当竞争法》第6条。
② 《商标法》第58条、《最高人民法院关于适用〈中华人民共和国反不正当竞争法〉若干问题的解释》第13条第2项。

该规范的底层逻辑是，基于权利冲突原理，作为字号的使用不应落入注册商标专用权的范畴。然而该种做法是否合适，值得进一步思考。①

2. 商品标志

◇ 核心知识点

《反不正当竞争法》保护的商品标志，包括商品或服务的名称、包装、装潢等。所谓商品包装，是指为识别商品，以及方便携带、储运而使用在商品上的辅助物和容器。商品装潢则是指为识别与美化商品而在商品或者其包装上附加的文字、图案、色彩及其排列组合。根据司法解释的规定，由经营者营业场所的装饰、营业用具的式样、营业人员的服饰等构成的具有独特风格的整体营业形象，可以认定为受《反不正当竞争法》保护的装潢。②

○ 典型案例

广东加多宝饮料食品有限公司（以下简称"加多宝公司"）与广州王老吉大健康产业有限公司、广州医药集团有限公司（以下简称"广药集团"）擅自使用知名商品特有包装装潢纠纷案：广东省高级人民法院（2013）粤高法民初字第1号民事判决书；最高人民法院（2015）民三终字第2号民事判决书。

—— 基本案情 ——

1995年，广药集团许可加多宝公司在红罐上使用"王老吉"商标。1997年，广药集团又与加多宝公司的母公司鸿道集团签订了商标许可使用协议，该协议到期后，双方签订补充协议延长许可期限。2012年5月，中国国际经济贸易仲裁委员会裁决上述补充协议无效，鸿道集团停止使用"王老吉"商标。2012年7月，广药集团与加多宝公司分别向法院提起诉讼，均主张享有"红罐王老吉凉茶"知名商品特有包装装潢的权益，并据此指控对方生产销售的红罐凉茶商品的包装装潢构成侵权。

---

① 朱冬，张玲.《商标法》第58条规范路径之反思与重构[J].知识产权，2023（1）.

② 《最高人民法院关于适用〈中华人民共和国反不正当竞争法〉若干问题的解释》第8条。

—— 裁判摘要 ——

一审裁判摘要

"红罐王老吉凉茶"包装装潢的权益享有者应为广药集团,广州王老吉大健康产业有限公司经广药集团授权生产销售的红罐凉茶不构成侵权。由于加多宝公司不享有涉案包装装潢权益,故其生产销售的一面"王老吉"、一面"加多宝"和两面"加多宝"的红罐凉茶均构成侵权。

二审裁判摘要

本案中的知名商品为"红罐王老吉凉茶",在红罐王老吉凉茶产品的罐体上包括"黄色王老吉文字、红色底色等色彩、图案及其排列组合等组成部分在内的整体内容",为知名商品特有包装装潢。结合红罐王老吉凉茶的历史发展过程、双方的合作背景、消费者的认知及公平原则的考量,因广药集团及其前身、加多宝公司及其关联企业,均对涉案特有包装装潢权益的形成、发展和商誉建树,各自发挥了积极的作用,将涉案特有包装装潢权益完全判归一方所有,均会导致显失公平的结果,并可能损及社会公众利益。因此涉案知名商品特有包装装潢权益,在遵循诚实信用原则和尊重消费者认知并不损害他人合法权益的前提下,可由广药集团与加多宝公司共同享有。广药集团与加多宝公司相互指控对方生产、销售的红罐凉茶商品构成擅自使用他人知名商品特有包装装潢的主张,均不能成立,对广药集团及加多宝公司的诉讼请求均予以驳回。

▷ **拓展思考**

作品名称是否属于《反不正当竞争法》所保护的商品服务名称?反不正当竞争法所保护的商品服务名称,应当具有识别商品、服务来源的功能。通常来讲,单部作品的名称一般都只指向特定作品,难以发挥识别来源功能;定期出版物、广电节目等系列作品的名称则易于发挥识别来源功能。① 因此对于单部作品名称的保护,需要严格审查其是否已经获得第二含义。② 司法实践已经开始对有影响的单部作品名称提供保护。例如在"商务印书馆有限公司与华语教学出版社有限责任公司侵害商标权及不正当竞争纠纷案"中,法院认定《新华字典》

---

① 彭学龙.作品名称的多重功能与多元保护——兼评反不正当竞争法第6条第3项[J].法学研究,2018(5).

② 陈绍玲.我国单部作品名称法律保护的困境及突破——兼评麦卡锡作品名称保护理论[J].政法论坛,2021(6).

构成未注册驰名商标;① 在"星辉海外有限公司诉广州正凯文化传播有限公司、李某某不正当竞争纠纷案"中,法院则明确指出,《喜剧之王》构成有一定影响的商品名称。②

服装款式是否属于《反不正当竞争法》所保护商品装潢?实践中,有的法院持否定观点。例如在"广州爱帛服饰有限公司与杭州莱哲服饰有限公司著作权侵权及不正当竞争纠纷案"中,法院认为,服装款式是指服装的式样,主要包括造型、轮廓、结构与搭配,应当纳入《反不正当竞争法》第6条第4项的保护范围。③

3. 商品主体标志

◇ 核心知识点

商品主体标志,包括企业名称、社会组织名称、姓名等。企业名称,是企业用于表明市场经营者身份的标志。一般来说,企业名称由行政区划名称、字号、行业或者经营特点、组织形式组成。④ 跨区域经营的企业,名称中可以不含行政区划名称;跨行业综合经营的企业,名称中可以不含行业或者经营特点。受《反不正当竞争法》保护的企业名称,既包括中国境内依法登记的企业名称,也包括在中国境内进行商业使用的境外企业名称。⑤ 此外,有一定影响的个体工商户、农民专业合作社(联合社),以及法律、行政法规规定的其他市场主体的名称亦受保护。⑥ 需要注意的是,受反不正当竞争法保护的商品主体标志不但包括全称,亦包括字号、简称。

○ 典型案例

天津中国青年旅行社与天津国青国际旅行社有限公司擅自使用他人企业名

---

① 北京知识产权法院(2016)京73民初277号民事判决书。

② 广州知识产权法院(2020)粤73民终2289号民事判决书。

③ 广州互联网法院(2021)粤0192民初11888号民事判决书。

④ 《企业名称登记管理规定》第6条。

⑤ 《最高人民法院关于适用〈中华人民共和国反不正当竞争法〉若干问题的解释》第9条第1款。

⑥ 《最高人民法院关于适用〈中华人民共和国反不正当竞争法〉若干问题的解释》第9条第2款。

称纠纷案：天津市第二中级人民法院（2011）二中民三知初字第135号民事判决书；天津市高级人民法院（2012）津高民三终字第3号民事判决书。[①]

—— 基本案情 ——

天津中国青年旅行社成立于1986年。2007年《今晚报》等媒体在报道天津中国青年旅行社承办的活动中就已经开始以"天津青旅"的简称指代天津中国青年旅行社。天津中国青年旅行社亦在报价单、旅游合同、合作文件、发票等资料、承办的若干届"盛世婚典"活动，以及经营场所各门店招牌上等日常经营活动中使用"天津青旅"作为企业的简称。2010年底，天津中国青年旅行社通过搜索引擎分别搜索"天津中国青年旅行社"或者"天津青旅"，在搜索结果的第一名并标注赞助商链接的位置，分别显示"天津中国青年旅行社网上营业厅 www.lechuyou.com 天津国青网上在线营业厅"或者"天津青旅网上营业厅 www.lechuyou.com 天津国青网上在线营业厅"，点击链接后进入网页是标称天津国青国际旅行社乐出游网的网站。天津中国青年旅行社诉请判令天津国青国际旅行社有限公司停止非法使用其企业名称全称及"天津青旅"简称的不正当竞争行为并赔偿经济损失。

—— 裁判摘要 ——

天津中国青年旅行社的企业名称及"天津青旅"的企业简称经过多年的经营、使用和宣传，已享有较高知名度。"天津青旅"作为企业简称，已与天津中国青年旅行社之间建立起稳定的关联关系，可以用来识别经营主体。对于具有一定市场知名度、并为相关公众所熟知、已实际具有商号作用的企业名称的简称，可以根据《反不正当竞争法》的规定，依法予以保护。

▷ 拓展思考

在《反不正当竞争法》修订之前，对企业名称的简称并未明文予以保护。但是在实践中，有些简称亦具有识别商品服务来源作用，应当给予与企业名称相同的保护。关键是权利人通过在商业活动中使用该企业名称简称，已经将特定简称与其自身之间建立起了稳定的关联关系，并为相关公众广泛知悉和认可，使该简称具有了与企业名称相同的作为商业标识的功能和价值。

造成企业字号之间冲突现象的体制诱因主要是我国企业名称登记由企业所在地市场监管部门负责。2020年，《企业名称登记管理条例》将之前的核准制

---

[①] 本案为最高人民法院发布的指导案例第29号。

改为申报制之后，更容易导致不同地域企业名称之间的冲突。目前，企业名称纠纷主要通过司法途径处理。有疑问的是，在不正当竞争行为成立的前提下，法院是否可以直接判令被告变更企业名称？在实践中，曾有法院采用肯定意见。然而司法解释明确，当事人主张判令被告停止使用或者变更其企业名称的诉讼请求依法应予支持的，应当判令停止使用该企业名称。① 换言之，法院不得直接判决被告变更企业名称。

企业字号之间冲突类案件中，老字号的传承导致的纠纷亦不少见。"成都同德福合川桃片有限公司诉重庆市合川区同德福桃片有限公司、余某某侵害商标权及不正当竞争纠纷案"中，法院明确指出，考虑到老字号的传承关系，与老字号具有历史渊源的个人或者企业在未违反诚实信用原则的前提下，将老字号注册为个体工商户字号或者企业名称，未引人误认且未突出使用该字号的，不构成不正当竞争或者侵犯注册商标专用权。②

4. 网络经营标志

◇ 核心知识点

《反不正当竞争法》所保护的网络经营标志，主要包括域名主体部分、网站名称、网页等。域名是经营者在网络上独有的地址标识，网站名称、网页等也是企业商品服务内容、形象、商誉等要素的综合体现，具有识别商品服务来源的功能。因此仿冒域名、网站名称、网页整体风格或者内容等，同样可能造成混淆。

○ 典型案例

上海柏丽居货运代理有限公司（以下简称"柏丽居公司"）与毕某某、上海孚睿吉商务咨询有限公司（以下简称"孚睿吉公司"）不正当竞争纠纷案：上海市高级人民法院（2008）沪民三（知）终字第174号民事判决书。

—— 基本案情 ——

柏丽居公司成立于2001年，经营货物代理等业务，注册有www.bridgerelo.com的域名。孚睿吉公司成立于2007年，经营货运代理等业务，法定代表人

---

① 《最高人民法院关于适用〈中华人民共和国反不正当竞争法〉若干问题的解释》第25条。

② 重庆市高级人民法院（2013）渝高法民终字00292号民事判决书。本案为最高人民法院发布的指导案例第58号。

为毕某某。2007年12月，毕某某注册bridgerelo.com.cn的域名，并与孚睿吉公司共同使用该域名，且该网站的网页内容等与柏丽居公司网站基本相同。柏丽居公司向法院起诉，主张孚睿吉公司、毕某某仿冒其域名及网站内容，构成不正当竞争行为。

—— 裁判摘要 ——

孚睿吉公司、毕某某明知已经存在bridgerelo.com域名，为了商业目的注册诉争域名并将其用于宣传、推广孚睿吉公司货运代理等业务，这些业务与柏丽居公司经营业务相同，可能使相关网络用户对柏丽居公司与孚睿吉公司之间的关系，以及孚睿吉公司提供的服务来源产生混淆，误导网络用户访问其诉争网站。

▷ 拓展思考

域名具有在网络上识别经营主体的功能，故仿冒域名可能导致相关公众误认的后果，为《反不正当竞争法》所禁止。司法解释规定，认定注册、使用域名等行为构成侵权或者不正当竞争应当符合以下要件：①原告请求保护的民事权益合法有效；②被告域名或其主要部分构成对原告驰名商标的复制、模仿、翻译或音译，或者与原告的注册商标、域名等相同或近似，足以造成相关公众的误认；③被告对该域名或其主要部分不享有权益，也无注册、使用该域名的正当理由；④被告对该域名的注册、使用具有恶意。[1]

## （二）受保护的条件："有一定影响"

◇ 核心知识点

受《反不正当竞争法》保护的商业标志，应当具有识别商品或者服务来源的功能，否则混淆将无从谈起。因此《反不正当竞争法》保护的商业标志须达到"有一定影响"的程度，即具有一定的市场知名度并具有区别商品来源的显著特征。[2] 首先，关于市场知名度的认定，应当考虑中国境内相关公众的知悉程度，商品销售的时间、区域、数额和对象，宣传的持续时间、程度和地域范

---

[1] 《最高人民法院关于审理涉及计算机网络域名民事纠纷案件适用法律若干问题的解释》第4条。

[2] 《最高人民法院关于适用〈中华人民共和国反不正当竞争法〉若干问题的解释》第4条第1款。

围，标识受保护的情况等因素综合认定。① 其次，通用名称、描述性、功能限定的标志等由于缺乏显著特征，不属于混淆行为规范所保护的商业标志。② 当然，除功能限定的标志以外，前述标志经过使用取得显著特征的，亦可以纳入保护范围。③ 除此以外，属于《商标法》第10条第1款规定的不得作为商标使用的标志的，亦不得依据混淆行为的规定主张保护。④

○ 典型案例

意大利费列罗公司（以下简称"费列罗公司"）诉蒙特莎（张家港）食品有限公司（以下简称"蒙特莎公司"）、天津经济技术开发区正元行销有限公司不正当竞争纠纷案：天津市第二中级人民法院（2003）二中民三初字第63号民事判决书；天津市高级人民法院（2005）津高民三终字第36号民事判决书；最高人民法院（2006）民三提字第3号民事判决书。⑤

—— 基本案情 ——

1984年，费列罗巧克力进入国内市场。1986年，费列罗公司在中国注册"FERRERO ROCHER"和图形及其组合的系列商标，并在中国境内销售的巧克力上使用。经过大力宣传，"FERRERO ROCHER"商标于2000年被国家工商行政管理部门列入全国重点商标保护名录。在我国香港、台湾地区，费列罗巧克力被称为"金莎"巧克力。蒙特莎公司成立于1991年，"金莎"商标于1991年核准注册。蒙特莎公司生产、销售的巧克力产品与费列罗公司的"FERRERO ROCHER"巧克力在包装、装潢上构成近似。费列罗公司提起诉讼，请求判令蒙特莎公司停止生产、销售与其包装、装潢近似的巧克力产品并赔偿经济损失。

---

① 《最高人民法院关于适用〈中华人民共和国反不正当竞争法〉若干问题的解释》第4条第2款。

② 《最高人民法院关于适用〈中华人民共和国反不正当竞争法〉若干问题的解释》第6条。

③ 《最高人民法院关于适用〈中华人民共和国反不正当竞争法〉若干问题的解释》第5条。

④ 《最高人民法院关于适用〈中华人民共和国反不正当竞争法〉若干问题的解释》第7条。

⑤ 本案为最高人民法院发布的指导案例第47号。

―― 裁判摘要 ――

一审裁判摘要

在费列罗公司、蒙特莎公司的巧克力产品均为我国知名商品的情况下，二者商品知名的时间先后及知名度的高低应当作为普通消费者能否误认的因素。"金莎"巧克力自20世纪90年代中期发展为全国知名商品。由于"金莎"巧克力的知名度高、知名持续时间长，使其相对于其他品牌的巧克力产生较强的区别性特征。"FERRERO ROCHER"商标与"金莎"商标均处于各自产品包装的显著位置，消费者能从巧克力的商标及生产厂家等不同之处进行分辨，以购买自己所需要的产品，近似的装潢不能成为消费者选择的障碍，尽管二者产品装潢近似，不足以使消费者产生误认。

二审裁判摘要

《反不正当竞争法》所指的知名商品，不能理解为仅指中国大陆知名商品。费列罗巧克力在进入中国大陆市场销售前，已经在巧克力市场知名并为相关公众知晓。FERRERO ROCHER系列巧克力产品包装、装潢具有显著的视觉特征和效果，且该产品自1984年已经开始在中国大陆公开销售。对此蒙特莎公司作为同业经营者，按其商业知识和经验，应当知悉。"金莎 TRESOR DORE"巧克力产品擅自使用费列罗巧克力特有的包装、装潢，是对费列罗公司的商品及商业活动造成混乱的不正当竞争行为。

再审裁判摘要

在国际已知名的商品，我国法律对其特有名称、包装、装潢的保护，仍应以在中国境内为相关公众知悉为必要。认定知名商品，应当考虑该商品的销售时间、销售区域、销售额和销售对象，进行宣传的持续时间、程度和地域范围，作为知名商品受保护的情况等因素，进行综合判断；也不排除适当考虑国际已知名的因素。根据费列罗巧克力进入中国市场的时间、销售情况，以及费列罗公司进行的多种宣传活动，属于在中国境内相关市场中具有较高知名度的知名商品。

▷ 拓展思考

在"费列罗"案中，最高人民法院明确，判断商业标识是否"具有一定影响"应当以中国境内的相关公众为判断主体，但对于商业标识在国际"具有一定影响"的，也可以作为"具有一定影响"的辅助考量因素。当然，这并不是要求相关商业标识的使用范围覆盖全国，在一定地域范围内具有一定影响力即可。对于具有一定影响的商业标识的保护主要集中在其具有影响力的地域内，即如果权利人的商业标识在经营者实施混淆行为的地域范围内具有影响力，则认定构成不正当竞争行为。但是对于权利人的商业标识尚未在经营者实施混淆使用或者虽有使用但尚未形成足以达到混淆后果的影响力的，则不予保护。此外，还应当考虑行为人的主观因素——在商业标识具有影响力的地域其他经营者恶意使用相关商业标识，由于这种行为可能恶意阻碍他人进入潜在市场，也可以认定构成不正当竞争行为；反之，行为人不知道他人在先存在具有一定影响的商业标识，在不同地域使用相同或近似标识，则构成善意使用，不应受到追究，但从规范市场秩序的角度出发，可以要求行为人附加区别性标识。①

## 三、混淆的认定标准

◇ 核心知识点

《反不正当竞争法》所禁止的混淆行为，只要具有混淆的可能性即可，并不要求必须有实际混淆发生。从混淆的内容来看，既包括来源混淆，又包括关联关系混淆。所谓来源混淆，也称为直接混淆，即相关公众对商品服务的提供者产生错误认识；所谓关联关系混淆，是指引人误认为与他人存在商业联合、许可使用、商业冠名、广告代言等特定联系。② 判断是否具有混淆可能性，可以参考商标侵权的认定方法，即考察标志相同或者近似、商品或服务所属领域、商业标识的知名度、相关公众注意程度、行为人主观恶意等因素进行综合判断。

○ 典型案例

兰建军、杭州小拇指汽车维修科技股份有限公司（以下简称"杭州小拇指公司"）与天津市小拇指汽车维修服务有限公司（以下简称"天津小拇指公司"）等侵害商标权及不正当竞争纠纷案：天津市第二中级人民法院（2012）二中民三知初字第47号民事判决书；天津市高级人民法院（2012）津高民三终字第0046号民事判决书。③

---

① 孔祥俊.反不正当竞争法的创新性适用[M].北京：中国法制出版社，2014：276-278.

② 《最高人民法院关于适用〈中华人民共和国反不正当竞争法〉若干问题的解释》第12条第2款。

③ 本案为最高人民法院发布的指导案例第30号。

—— 基本案情 ——

杭州小拇指公司成立于2004年，经营范围为汽车玻璃修补、汽车油漆修复、汽车配件等。杭州小拇指公司多次获得中国连锁经营协会颁发的中国特许经营连锁120强证书，2009年"小拇指汽车维修服务"被浙江省质量技术监督局认定为浙江服务名牌。天津小拇指公司成立于2008年，经营范围为小型客车整车修理等，该公司在从事小拇指汽车维修及通过网站招商加盟中，多处使用了"小拇指"标识。杭州小拇指公司请求判令天津小拇指公司停止使用"小拇指"字号经营，停止商标侵权及不正当竞争行为，并赔偿经济损失。

—— 裁判摘要 ——

一审裁判摘要

杭州小拇指公司营业执照中记载其没有任何许可经营项目，并且不能提交其从事汽车维修行业的相关许可证，故其无证据证明自己为合法的汽车维修行业经营者。因此杭州小拇指公司与天津小拇指公司在汽车维修行业并不存在具体的竞争关系，故杭州小拇指公司诉称的天津小拇指公司存在不正当竞争行为不能成立。

二审裁判摘要

杭州小拇指公司本身不具备从事机动车维修的资质，也并未实际从事汽车维修业务，但从其所从事的汽车玻璃修补、汽车油漆快速修复等技术开发活动，以及经授权许可使用的注册商标核定服务项目所包含的车辆保养和维修等可以认定，杭州小拇指公司通过将其拥有的企业标识、注册商标、专利、专有技术等经营资源许可其直营店或加盟店使用，使其成为"小拇指"品牌的运营商，以商业特许经营的方式从事与汽车维修相关的经营活动。因此杭州小拇指公司是汽车维修市场的相关经营者，与天津小拇指公司之间存在竞争关系，杭州小拇指公司有权提起本案不正当竞争之诉。

▷ 拓展思考

与《商标法》不同，《反不正当竞争法》对混淆的认定似乎并未将保护的范围限定于相同类似商品服务的范围。但是从体系解释的角度来看，《反不正当竞争法》对商业标志的保护程度仍然应当与标志的知名度相适应。尤其是在原告主张保护的商业标志既为注册商标，同时也是企业字号的情况下，更应当考虑体系上的平衡性。例如在"中赫集团有限公司与中赫时尚（北京）文化发展股份有限公司、北京中赫名雅装饰设计有限公司侵犯注册商标专用权及不正当竞争纠纷案"中，法院明确指出，在"中赫"商标尚未达到驰名程度的情形下，被告在不同经营领域使用"中赫"字号也不构成对原告字号的不正当竞争。①相反，在"深圳市大疆实业有限公司等与深圳市大疆创新科技有限公司侵害商标权纠纷案"中，法院认为，在"大疆"商标已经驰名的前提下，尽管被告经营的商品与涉案商标据以知名的商品并不相同或者类似，但是二者具有较大的关联性，被告的字号使用行为具有攀附原告商誉的意图，容易导致相关公众认为原、被告之间存在关联关系，构成不正当竞争。②

此外，关于特定联系的理解，有的法院将其扩展至提供商品、服务以外的领域。例如在"云南杨丽萍信息科技发展有限公司与云海肴（北京）餐饮管理有限公司、云海肴（北京）餐饮管理有限公司昌平天通苑店侵犯著作权侵权及不正当竞争纠纷案"中，法院认定，单独的舞蹈动作不足以达到独创性要求，不能作为舞蹈作品获得保护，但是云海肴公司整体经营装饰和菜品种类的云南地域特色明显，在经营场所突出位置使用的装饰图案，与杨丽萍《月光》舞蹈中的具有云南少数民族特色的典型表演形象高度近似，容易使消费者误以为杨丽萍公司与云海肴公司之间具有许可使用或者建立了广告代言关系，因此构成不正当竞争。③这种认定已经超出提供商品、服务的范畴，是否具有合理性，有待进一步讨论。

## 第三节　网络中的不正当竞争行为

### 一、概述

网络环境下除传统的不正当竞争行为外，出现了很多新型的不正当竞争行为。在总结司法经验的基础上，《反不正当竞争法》设置了专门的条文来规范

---

① 北京市高级人民法院（2021）京民终88号民事判决书。

② 北京市高级人民法院（2020）京民终521号民事判决书。类似的案例，如"山东华润旧机动车交易市场有限公司、华润知识产权管理有限公司不正当竞争纠纷案"，山东省高级人民法院（2020）鲁民终2266号民事判决书；"深圳平安国际大酒店有限公司、中国平安保险（集团）股份有限公司不正当竞争纠纷案"，广东省高级人民法院（2019）粤民终1853号民事判决书。

③ 北京知识产权法院（2022）京73民终2161号民事判决书。

网络中的新型不正当竞争行为。《反不正当竞争法》第 12 条规定，经营者不得利用技术手段，通过影响用户选择或者其他方式，实施妨碍、破坏其他经营者合法提供的网络产品或者服务正常运行的行为。具体来讲，《反不正当竞争法》明确禁止的网络中的不正当竞争行为主要包括：①未经其他经营者同意，在其合法提供的网络产品或者服务中，插入链接、强制进行目标跳转；②误导、欺骗、强迫用户修改、关闭、卸载其他经营者合法提供的网络产品或者服务；③恶意对其他经营者合法提供的网络产品或者服务实施不兼容；④其他妨碍、破坏其他经营者合法提供的网络产品或者服务正常运行的行为。但是由于上述条文抽象程度不高，对于实践中不断出现的新型不正当竞争行为难以完全适用。因此司法实践中法院更倾向于适用《反不正当竞争法》第 2 条来解决这些新问题。

## 二、流量劫持行为

◇ 核心知识点

在互联网时代，流量为王已成为竞争法则，很多竞争行为无论正当与否，其最终目的往往是争夺互联网中的流量。《反不正当竞争法》第 12 条第 2 款中，强制进行目标跳转属于流量劫持；误导、欺骗、强迫用户修改、关闭、卸载其他经营者合法提供的网络产品或者服务也可以实现流量劫持的效果。从技术上看，既可以通过域名劫持网络流量，亦通过用户端插件或者代码修改数据来劫持网络流量。[1]此外，通过比价软件、输入法、搜索引擎、应用市场 APP 下载、安全软件、导航网站等均可以实现流量劫持的效果。对于流量劫持的合法性，还是要结合《反不正当竞争法》的相关规定进行判断。例如司法解释明确规定，未经其他经营者和用户同意而直接发生的目标跳转，应当认定为"强制进行目标跳转"；但是如果仅仅是插入链接，目标跳转由用户触发的，则应当综合考虑插入链接的具体方式、是否具有合理理由，以及对用户利益和其他经营者利益的影响等因素认定是否构成不正当竞争行为。[2]

---

[1] 宋亚辉.网络干扰行为的竞争法规制——"非公益必要不干扰原则"的检讨与修正 [J].法商研究，2017（4）.

[2] 《最高人民法院关于适用〈中华人民共和国反不正当竞争法〉若干问题的解释》第 21 条。

○ 典型案例

浙江淘宝网络有限公司（以下简称"淘宝网"）诉上海载和网络科技有限公司（以下简称"载和公司"）、载信软件（上海）有限公司（以下简称"载信公司"）不正当竞争纠纷案：上海知识产权法院（2017）沪73民终198号民事判决书。

—— 基本案情 ——

载信公司开发的"帮5淘"购物助手是一个比价软件，利用搜索引擎对全网商品进行搜索，并进行横向价格对比、纵向价格对比及帮购服务。用户在安装、运行此软件后登录淘宝网时，淘宝网的页面中就插入了"帮5淘"的功能键和广告位图片，首先商品网页顶部插入"帮5淘"推荐的类似商品图片。除此之外，还在淘宝页面插入"帮5买"搜索框、收藏按钮、购物车等功能区，这些图片和功能位占据了淘宝页面的广告位。在商品详情页位置，插入推荐商品图片、价格走势标识、横向各个网站的目标商品价格。在原购买按钮附近插入减价按钮，一般显示"立减1元""现金立减"，用户在点击该按钮后，就会跳转至"帮5买"网站，并在登录后完成商品交易流程，消费者支付的款项进入载和公司账户，并未直接进入淘宝网平台，之后再由载和公司的员工在淘宝网下单购买目标货物，最后载和公司让对应的淘宝网商家向用户发货。

—— 裁判摘要 ——

"免费平台+收费推广"的商业模式系淘宝公司付出较大成本取得的，应当得到保护。"帮5淘"未经许可，在淘宝网页面关键位置插入减价按钮，以价格补贴的方式引导原先选择在淘宝网购物的用户改在"帮5买"网站获得购物服务，减损了淘宝网作为购物入口优先选择的优势，破坏了其用户黏性，造成消费者对原被告间关系的误认。该行为的本质系利用原告竞争优势，以对原告造成实质性损害的方式谋求自身交易机会，构成不正当竞争。

▷ 拓展思考

互联网竞争行为不断变化、层出不穷，流量的争夺日益白热化，相应的流量劫持行为也会日益演化，不断更新。流量劫持行为认定十分复杂，应采用多因素考量法和利益衡量原则进行综合认定。首先，"将得流量"是认定流量劫持的前提。"将得流量"是指按照用户使用习惯和互联网商业惯例，互联网产品或服务的提供者因其提供的产品或服务行为即将获得的准流量。其次，流量引导行为具有不正当性。实践中，有些技术接触行为是专门针对某些竞争对手而研发的，对特定对象市场优势的限制性干扰会降低该特定对象参与公平市场竞争的机会。若存在区别对待和技术歧视，则流量引导行为具有不正当性。再次，避免妨碍技术创新。应注意区分技术进步、科技创新与不正当竞争的界线，而不是仅有某些技术上的进步即应认为属于自由竞争和创新。[①] 最后，是否损害保护消费者的合法利益。很多流量劫持行为，是在用户不知情的情况下进行流量引导，显然损害了消费者的知情权。

### 三、广告屏蔽行为

◇ 核心知识点

视频广告是网络平台收入的主要来源之一。大部分的视频网站，都采用在视频播放之前进行广告播放，基本上都属于贴片广告。实践中，对于广告屏蔽可以适用《反不正当竞争法》第12条中关于误导、欺骗、强迫用户修改、关闭、卸载其他经营者合法提供的网络产品或者服务的规定进行处理。与此同时，广告屏蔽是否构成不正当竞争，还须综合屏蔽广告对于消费者利益的影响，以及对于视频网站收益的影响等因素进行慎重的考虑。

○ 典型案例

优酷网诉猎豹浏览器不正当竞争纠纷案：北京市海淀区人民法院（2013）海民初字第13155号民事判决书。

—— 基本案情 ——

猎豹浏览器通过一系列技术措施，向终端用户提供"页面广告过滤"功能。广告过滤功能默认是关闭的，需要用户主动开启才发生作用。当用户打开该功能后，优酷网原本投放的视频广告会被过滤。

—— 裁判摘要 ——

"广告+免费视频节目"模式背后具有可受法律保护之利益，该模式下的贴片广告不是恶意广告。扩大用户数量、维持用户忠诚度对互联网企业而言，

---

[①] 王艳芳.《反不正当竞争法》在互联网不正当竞争案件中的适用[J].法律适用，2014（7）.

均意味着赢得市场交易机会,获取交易利润,因此双方之间存在竞争关系。开发经营带有此项功能的猎豹浏览器也存在损害优酷网合法权益的主观过错,因此不符合技术中立原则。即便设置让用户主动选择启用的方式并不能改变该软件本身性质,仍不符合技术中立原则。屏蔽广告不是商业惯例。公平、自由的竞争环境有利于互联网企业获得最大限度的发展空间,这种发展空间的边界应为"互不干扰"。浏览器屏蔽广告功能不仅不是技术上无法避免的,反而是金山网络公司作为宣传亮点为吸引更多用户使用猎豹浏览器而刻意为之,主观过错明显,其行为破坏了优酷网完整的视频服务,进而挑战基础商业模式,构成不正当竞争。

▷ *拓展思考*

目前,司法实践对浏览器屏蔽广告行为的定性,仍然存在分歧。在"爱奇艺公司诉极科极客公司不正当竞争案"中,法院认定,极科极客公司在销售的"极路由"路由器中安装"屏蔽视频广告"插件,构成不正当竞争。[1] 相反,在"腾讯公司诉世界之窗浏览器不正当竞争案"中,法院则认定,世界之窗浏览器中虽然设置了广告过滤功能,但是并没有对原告作出针对性的技术对待,网络用户对具有广告屏蔽功能的浏览器具有现实需求,因此被告并不构成不正当竞争。[2] 此外,在"芒果TV诉青岛软媒网络科技有限公司不正当竞争案"中,法院认为,尽管广告屏蔽构成不正当竞争,但是由于原告未能提交任何证据证明受到实际损失,因此被告不必承担赔偿责任。[3] 虽然对此类行为的最终认识观点不一,但是考察浏览器屏蔽广告行为是否具有正当性的分析框架则观点较为统一,即应当坚持多因素分析法和利益衡量法。

---

[1] 北京知识产京知民终字第 79 号民事判决书。
[2] 北京市朝阳区人民法院(2017)京 0105 民初 70786 号民事判决书。
[3] 山东省高级人民法院(2017)鲁民终 1877 号民事判决书。

# 第二十一章 商业秘密权

## 第一节 商业秘密的定义和范围

一、商业秘密的定义

◇ 核心知识点

商业秘密(Trade Secret)一词源于英国,现已被广泛使用。虽然《TRIPS协议》使用"未披露信息"替代"商业秘密"一词,但两者并没有实质上的差异。在我国,商业秘密概念最早出现在 1991 年的《民事诉讼法》中[①],1993 年的《反不正当竞争法》对商业秘密进行了界定,该法第 10 条第 3 款规定:"商业秘密是指不为公众所知悉、能为权利人带来经济利益、具有实用性并经权利人采

---

① 1991 年《民事诉讼法》第 66 条规定:"对涉及国家秘密、商业秘密和个人隐私的证据应当保密。"第 120 条第 2 款规定:"……对涉及商业秘密的案件,当事人申请不公开审理的,可以不公开审理。"

取保密措施的技术信息和经营信息。"此定义明确了商业秘密的本质属性——特定的信息[①]；抽象出了商业秘密质的规定性——商业秘密的构成要件；划分出了商业秘密的范围——技术信息和经营信息。2017年《反不正当竞争法》第一次修正，在总结国内理论研究成果和司法实践经验的基础上对商业秘密的定义进行了修改完善，修正后第9条第3款规定："商业秘密是指不为公众所知悉、具有商业价值并经权利人采取相应保密措施的技术信息和经营信息。"这次修正有两点引人注意：一是突出强调商业秘密应具有商业价值性，可为权利人赢得市场竞争优势；二是突出强调权利人采取的保密措施应与商业秘密自身特点相适应，要具有针对性和合理性。2019年《反不正当竞争法》第二次修正，对商业秘密的定义进一步完善后规定："商业秘密是指不为公众所知悉、具有商业价值并经权利人采取相应保密措施的技术信息、经营信息等商业信息。"将商业秘密限定在商业信息的范畴，但不再从范围上限定商业秘密的表现类型。

○ 典型案例

北京一得阁墨业有限责任公司（以下简称"一得阁墨业公司"）诉高辛茂、北京传人文化艺术有限公司（以下简称"北京传人公司"）侵害商业秘密纠纷案：北京市第一中级人民法院（2003）一中民初字第9031号民事判决书；北京市高级人民法院（2005）高民终字第440号民事判决书；北京市高级人民法院（2008）高民监字第828号民事裁定书；高级人民法院（2011）民监字第414号民事裁定书。

—— 基本案情 ——

原告一得阁墨业公司生产"北京墨汁""一得阁墨汁""中华墨汁"，后两种墨汁配方被列为北京市国家秘密技术项目。被告高辛茂是公司的高级管理人员，负责管理企业技术研发工作。被告北京传人公司成立于2002年，主营墨汁产品，高辛茂是公司的最大股东，其妻是公司的法人代表。2003年一得阁公司解除与高辛茂之间的劳动关系。同年5月27日，一得阁公司购买了传人公司生产的"国画墨汁""书法墨汁""习作墨汁"，并对购买行为进行公证。一得阁认为上述三种产品和自己生产的"北京墨汁""一得阁墨汁""中华墨汁"

---

[①] 商业秘密作为商业信息，依附于载体存在。载体包括以下几类：纸介质载体，如文件、图纸等；电磁介质载体，如磁盘、U盘等；光介质载体，如光盘、电波等。通常产品、设备等不是载体。

在产品品质和效果表现上相同或实质相似,侵犯其商业秘密,向法院提起了诉讼,要求判令两被告停止使用一得阁公司的商业秘密,停止生产和销售墨汁产品并赔偿损失。

—— 裁判摘要 ——

一审、二审判决认为一得阁公司的"北京墨汁""一得阁墨汁""中华墨汁"的配方属于商业秘密,同时也属于公司秘密。高辛茂虽未与公司签订保守商业秘密的协议,但作为公司高级管理人员有法定的保守公司秘密的义务和竞业限制的义务,高辛茂在职期间违反上述义务担任与一得阁公司具有同类竞争业务的北京传人公司的股东。由于传人公司无法举证自己生产的与原告相同的墨汁产品的配方是自行研制开发或有其他合法来源,根据常理,可以推定高辛茂不可避免地将其工作期间掌握的商业秘密披露给传人公司,传人公司使用该商业秘密生产品质和效果相同或实质相似的墨汁产品与高辛茂共同侵犯了一得阁公司的商业秘密,应当承担相应的侵权责任。

另外,最高人民法院认为"一得阁墨汁""中华墨汁"的配方是商业秘密,同时也被列为北京市国家秘密技术项目,根据1998年1月4日发布的《国家秘密技术项目持有单位管理暂行办法》第7条的规定,涉密人员离、退休或调离单位时,应当与单位签订科技保密责任书,继续履行保密义务,直到该项目解密为止。

▷ **拓展思考**

本案涉及商业秘密与公司秘密[①],商业秘密与国家秘密[②]的关系。

公司秘密的范围除包括商业秘密外,还包括人事秘密、财务秘密、薪酬秘密等。[③] 公司的董事和高级管理人员有保守公司秘密(包括商业秘密)的法定义务和竞业限制义务。

商业秘密与国家秘密在某些秘密事项上存在重合和交叉。《中华人民共和国保守国家秘密法》第9条规定的国家秘密范围包括国民经济和社会发展中的秘密事项、科学技术中的秘密事项,经营者可以考虑将涉及上述内容的商业秘

---

① 公司秘密的概念出现在《公司法》第148条。

② 《保守国家秘密法》第2条规定:"国家秘密是关系国家的安全和利益,依照法定程序确定的,在一定时间内只限于一定范围的人员知悉的事项。"

③ 张黎.《中华全国律师协会律师办理商业秘密法律业务操作指引》解释[M].北京:北京大学出版社,2017:46.

密向国家有关部门申请确认为国家秘密。国家秘密关系国家安全和利益，具有公权色彩，由国家相关部门经法定程序审核确认，并随之确定密级、保护期限和承担保密义务人的范围。商业秘密关系经营者的市场竞争优势，属于私权，由经营者自行主张权利、决定保护期限和保密义务人的范围。

## 二、商业秘密的范围

◇ 核心知识点

商业秘密的范围包括技术信息、经营信息等商业信息。技术信息主要包括产品的设计方案、制作方法、制作工艺、流程，产品研发各环节的实验方案、实验数据，以及对成果产品进行试验的数据、方案等。技术信息可以是关于一项产品、工艺、材料及其改进的特定的完整的技术方案，也可以是完整技术方案中相对独立的各技术要素。经营信息主要包括管理诀窍、客户名单、货源情报、产销策略、投标标书和标底等。经营性信息可以互相配合形成经营者完整、系统的经营管理方案，为企业获取竞争优势，也可以按照经营者内部的不同分工相对独立发挥各自的作用。2019年《反不正当竞争法》第二次修正，将不能归类到技术信息和经营信息的其他商业信息纳入该法调整，扩大了商业秘密的保护范围。

# 第二节　商业秘密的构成要件

根据《反不正当竞争法》第9条第4款的规定，特定商业信息构成商业秘密需要具备三个要件[①]：不为公众所知悉；具有商业价值；权利人采取了相应保密措施。

## 一、不为公众所知悉

◇ 核心知识点

《最高人民法院关于审理不正当竞争民事案件应用法律若干问题的解释》

---

① 由于我国学者对商业秘密构成要件的概括存在分歧（详见张耕. 商业秘密法[M]. 厦门：厦门大学出版社，2012：6.），本书根据法条表述概括构成要件。

（以下简称《反不正当竞争法司法解释》）第 9 条规定，如果"有关信息不为其所属领域的相关人员普遍知悉和容易获得"，应当认定为"不为公众所知悉"。具体认定时应注意三点：①不是要求信息持有人之外的所有人不知悉，而是要求信息所属领域相关人员不知悉，不知悉具有相对性。"所属领域"，一般以生产要素组合为特征的经济活动来判定；"相关人员"，是指不承担信息保密义务的自然人、法人或者非法人组织。②不是所属领域相关人员个别人不知悉，而是普遍不知悉。③不容易获得，是指信息所属领域相关人员不能轻易通过合法方式获得，如不排除上述人员通过独立研发获得相同或实质相似的信息，也就是说相同的商业秘密可以并存，商业秘密不具有权利的唯一性。

商业秘密侵权诉讼中，被告举证证明下列情形之一的，可以认定原告信息不具有"不为公众所知悉"性：①该信息为所属技术或者经济领域的人的一般常识或者行业惯例；②该信息仅涉及产品的尺寸、结构、材料、部件的简单组合等内容，进入市场后相关公众通过观察产品即可直接获得；③该信息已经在公开出版物或者其他媒体上公开披露；④该信息已经通过公开的报告会、展览会等方式公开；⑤该信息从其他公开渠道可以获得。

○ 典型案例

再审申请人麦达可尔（天津）科技有限公司（以下简称"麦达可尔公司"）与被申请人华阳新兴科技（天津）集团有限公司（以下简称"华阳公司"）、一审被告王成刚、张红星、刘芳侵害商业秘密纠纷案：天津市第一中级人民法院（2017）津 01 民初 50 号民事判决书；天津市高级人民法院（2018）津民终 143 号民事判决书；最高人民法院（2019）最高法民再 268 号民事判决书。

—— 基本案情 ——

华阳公司是一家从事工业清洗维护产品研发、生产和销售的企业。产品范围主要包括清洗剂、润滑剂、密封剂等工业化学品。麦达可尔公司成立于 2015 年 10 月 30 日，由王成刚创立，成立之初所登记的法定代表人为张淑娟，系刘芳之母，登记的股东林海娜系王成刚亲属，于 2016 年 4 月变更法定代表人为王成刚，主要经营清洗剂的生产销售。王成刚于 1996 年入职华阳公司，曾任华阳公司董事、销售副总经理、总经理、副总裁，自 2012 年至 2016 年任华阳公司的法定代表人，于 2015 年 10 月底创立麦达可尔公司，任法定代表人和总经理。张红星于 2001 年入职华阳公司，曾任华阳公司技术部经理、技术服务部经理，于 2016 年 1 月入职麦达可尔公司，任技术部经理。刘芳于 2010 年入职华阳公司，曾任华阳公司销售服务部经理，于2015年10月底入职麦达可尔公司，负责人事行政工作。华阳公司与张红星、刘芳签订了保密协议，保密范围包括与客户业务、产品、服务有关的信息等商业秘密。华阳公司对客户信息采用ERP系统进行管理。在华阳公司的ERP系统中，存储的客户信息包括客户名称、品名、货品规格、销售订单数量、单价、联系人、电话、地址等。华阳公司对ERP系统中的部分客户信息进行了公证，并提交了相应的发票。华阳公司在本次诉讼中选择包含有43家客户信息的客户名单作为被侵犯的商业秘密。

—— 裁判摘要 ——

最高人民法院在审理中认为，人民法院在审理商业秘密案件中，既要依法加强商业秘密保护，有效制止侵犯商业秘密的行为，为企业的创新和投资创造安全和可信赖的法律环境，又要妥善处理保护商业秘密与劳动者自由择业、竞业限制和人才合理流动的关系，维护劳动者正当就业、创业的合法权益，依法促进劳动力的合理流动和自主择业。职工在工作中掌握和积累的知识、经验和技能，除属于单位的商业秘密的情形外，构成其人格的组成部分，是其生存能力和劳动能力的基础，职工离职后有自主利用的自由。受商业秘密保护的客户名单，除由客户的名称地址、联系方式，以及交易的习惯、意向、内容等信息所构成外，还应当属于区别于相关公知信息的特殊客户信息，并非是指对所有客户名单的保护。

本案中，根据麦达可尔公司提供的公证书，前述43家客户信息可以通过网络搜索得到。根据华阳公司提供的43家被侵权客户名单（2012—2015），客户名单主要内容为：订单日期、单号、品名、货品规格、单位（桶或个）、销售订单数量、单价、未税本位币、联系人、电话、地址。根据该客户名单，该表格为特定时间段内华阳公司与某客户的交易记录及联系人。本院认为，首先，在当前网络环境下，相关需方信息容易获得，且相关行业从业者根据其劳动技能容易知悉；其次，关于订单日期、单号、品名、货品规格、销售订单数量、单价、未税本位币等信息均为一般性罗列，并没有反映某客户的交易习惯、意向及区别于一般交易记录的其他内容。在没有涵盖相关客户的具体交易习惯、意向等深度信息的情况下，难以认定需方信息属于反不正当竞争法保护的商业秘密。

此外，根据麦达可尔公司提供的对比表，43家客户名单中重要信息相关联系人及电话号码，与华阳公司请求保护的均不相同的占比约86%，联系电话不同的占比约93%，且26家客户提交证明其自愿选择麦达可尔公司进行市场交易。

考虑本案双方均为工业清洗维护产品研发、生产和销售的企业。产品范围主要包括清洗剂、润滑剂、密封剂等工业化学品，由于从事清洗产品销售及服务的行业特点，客户选择与哪些供方进行交易，不仅考虑相关产品的性能、价格等信息，也会考虑清洗服务的质量，在联系人、联系电话较大比例不相同的情况下，也难以认定麦达可尔公司使用了华阳公司43家客户名单相关信息进行市场交易。

鉴于前述分析，结合华阳公司未与王成刚、张红星、刘芳签订竞业限制协议的事实，麦达可尔公司并不承担相关竞业禁止义务。因此在王成刚、张红星、刘芳既没有竞业限制义务，相关客户名单又不构成商业秘密，且相关联系人、联系电话较大比例不相同的情况下，法院难以认定麦达可尔公司、王成刚等人之行为构成侵犯华阳公司商业秘密。

▷ 拓展思考

客户名单是目前商业秘密纠纷中最多的一类案件。《反不正当竞争法》司法解释第13条规定："商业秘密中的客户名单，一般是指客户的名称、地址、联系方式以及交易习惯、意向、内容等构成的区别于相关公知信息的特殊客户信息，包括汇集众多客户的客户名册，以及保持长期稳定交易关系的特定客户。依据该条，客户名单满足以下条件可以认定为"不为公众所知悉"：①客户名单具有特定性。客户名单是特定客户的信息，商业秘密属于知识产权范畴，客体的特定性是知识产权作为支配权的必然要求。②客户名单具有特殊性。特殊性要求客户名单应具备客户交易习惯、交易意向等深度信息，这些特殊信息区别于客户名称、地址等一般性公知信息，是客户名单的秘密点。③客户名单具有相对稳定性。稳定性是客户名单特定化的要求，也是经营者获得客户特殊信息的基础。④客户名单不易获得。在竞争的市场环境下，经营者寻找、选定和争取客户（客户特定化过程）并与之形成长期稳定的交易关系（客户特殊信息的积累过程），需要付出努力和代价，他人非经同样的努力不易通过正当方式获得客户名单。

## 二、具有商业价值

◇ 核心知识点

对比《反不正当竞争法》2017年修正前后对商业秘密的界定，表述变化的地方之一就在此要件。修正前为"……，能为权利人带来经济利益具有实用性……"，修正后改为"……，具有商业价值……"。《反不正当竞争法》司法解释第 10 条规定，"有关信息具有现实或者潜在的商业价值，能为权利人带来竞争优势的"可以认定为"能为权利人带来经济利益具有实用性"，该条可以借用来认定有关信息"具有商业价值"性。商业秘密的价值性不能简单用货币金额来衡量，不要求必须是已经付诸实现的价值；在发生侵权行为时，不一定直接表现为权利人的经济损失，常常表现为权利人竞争优势的丧失，所以能带来竞争优势是价值性的本质体现。①

○ 典型案例

王者安诉卫生部国际交流与合作中心、李洪山、原晋林侵犯商业秘密纠纷案：北京市第一中级人民法院（2012）一中民初字第 7457 号民事判决书；北京市高级人民法院（2013）高民终字第 77 号民事判决书；最高人民法院（2013）民申字第 1238 号民事裁定书。

—— 基本案情 ——

原告王者安在作为被告卫生部国际交流与合作中心改革小组成员期间，利用自己十多年人力资源管理的经验，对中心薪酬管理问题进行分析研究，独立完成薪酬改革方案，并对方案实施细则采取了保密措施。原告诉称薪酬方案可以使自己获得职业竞争优势，并获取经济利益。被告李洪山以非法手段骗取原告薪酬改革方案，并将薪酬方案给原告的竞争对手原晋林使用，直接导致原告的岗位竞争优势丧失。该方案和其他改革方案一起经讨论修改后已被卫生部国际交流与合作中心付诸实施。原告认为三被告侵犯其商业秘密，诉请法院判令被告赔偿损失。

—— 裁判摘要 ——

最高人民法院法院认为，反不正当竞争法所指的竞争是特定经营主体之间在市场环境下的竞争，王者安主张的工作岗位竞争是单位内部职位竞争，不属于反不正当竞争法规范的竞争范围，因此三被告未侵害原告的商业秘密。

▷ 拓展思考

不具有市场属性的信息，不能在市场竞争中实现价值、体现影响力的信息，尽管不为公众所知悉，尽管采取了保密措施，尽管也给信息持有人带来了某些经济利益，仍然不构成商业秘密。信息持有人投入的成本是认定信息具有商业

---

① 张耕. 商业秘密法 [M]. 厦门：厦门大学出版社，2012：15.

价值时考量的重要因素，但不能片面地作为唯一因素。在中国青年旅行总社诉中国旅行总社侵犯商业秘密案中，法院指出，原告获得客户特殊信息过程中投入大量人力、物力的证据是法院认定客户信息具有商业价值的有力佐证，但权利人还应当对该信息可能带来的经济利益和竞争优势做充分的说明。①

## 三、权利人采取了相应保密措施

◇ 核心知识点

《反不正当竞争法》司法解释第 11 条规定，"权利人为防止信息泄露所采取的与其商业秘密具体情况相适应的合理保护措施"，应当认定为"采取了相应保密措施"。人民法院应当根据所涉信息载体的特性、权利人保密的意愿、保密措施的可识别程度、他人通过正当方式获得的难易程度等因素，认定权利人是否采取了相应保密措施。

商业秘密纠纷诉讼案中，原告举证证明的下列情形，在正常情况下足以防止涉密信息泄露的，法院应当认定权利人采取了保密措施：①限定涉密信息的知悉范围，只对必须知悉的相关人员告知其内容；②对涉密信息载体采取加锁等防范措施；③在涉密信息的载体上标有保密标志；④对于涉密信息采用密码和代码的；⑤签订保密协议；⑥对于涉密的机器、厂房、车间等场所限制来访者或者提出保密要求；⑦确保信息秘密的其他合理措施。

○ 典型案例

上诉人石家庄泽兴氨基酸有限公司（以下简称"泽兴公司"）、河北大晓生物科技有限公司（以下简称"大晓公司"）与被上诉人北京君德同创生物技术有限公司（以下简称"君德同创公司"）侵害技术秘密纠纷案：河北省石家庄市中级人民法院（2018）冀 01 民初 936 号民事判决书；最高人民法院（2020）最高法知民终 621 号民事判决书。

—— 基本案情 ——

君德同创公司就其研发的饲料级胍基乙酸产品的生产工艺采用技术秘密予以保护，且与可以接触相关技术信息的员工签订了《保密协议》。2010 年 6 月，

---

① 最高人民法院中国应用法学研究所.人民法院案例选·知识产权卷 4[M].北京：人民法院出版社，2017：2251.

君德同创公司与泽兴公司分别签订《关于北京君德同创与石家庄泽兴氨基酸公司联合开发胍基乙酸项目的战略合作协议》和《委托加工协议》，约定泽兴公司为君德同创公司加工饲料级胍基乙酸产品，未明确约定泽兴公司使用相关技术信息的期限，但约定了合同期限和保密期限，即合同有效期三年，双方协商同意，可以书面补充协议方式延长协议期限；合作期内及双方合作结束后三年内，泽兴公司必须对双方合作有关的销售数据、技术信息等进行保密，不得向任何人泄露任何相关资料。2014年6月，君德同创公司委托泽兴公司生产最后一批饲料级胍基乙酸，双方合作终止。2016年3月10日，君德同创公司发现泽兴公司将胍基乙酸作为饲料添加剂生产、经营、使用、宣传并销售给用户。2016年下半年始，君德同创公司发现大晓公司在对外宣传、参加展会、销售饲料级胍基乙酸产品时，宣称其生产工艺来自君德同创公司、泽兴公司或者与之有关。君德同创公司认为泽兴公司、大晓公司侵害其技术秘密，提起诉讼。

—— 裁判摘要 ——

最高人民法院二审认为，对于技术许可使用合同约定的保密期限届满后，被许可人是否仍负有保密义务的问题，由于技术许可合同首先遵循当事人意思自治原则，如果合同中明确约定保密期限届满后，被许可人可以许可他人使用、披露相关商业秘密，则被许可人实施上述行为不构成侵害商业秘密；如果技术许可合同并未明确约定保密期限届满后，被许可人可以许可他人使用、披露相关商业秘密，则需要根据双方签订合同的目的、双方的权利义务、合同对价、合同履行情况、商业惯例及诚信原则等，综合判断保密期限届满后，被许可人是否可以许可他人使用、披露相关商业秘密。

首先，包括技术秘密在内的商业秘密是民事主体依法享有的知识产权，任何人未经许可不得披露、使用和允许他人使用权利人的商业秘密。商业秘密自产生之日就自动取得，并具有相对排他性，即同一商业秘密可能由多个权利主体占有；同时商业秘密的保护期限具有不确定性，只要商业秘密不被泄露，就一直受法律保护。技术许可合同约定保密期间，仅代表双方当事人对该期间的保密义务进行了约定，该保密期限届满，虽然合同约定的保密义务终止，但被许可人仍需承担除自己使用以外的保密义务。其次，法律规定的保密义务既包括侵权法意义上的普遍的消极不作为义务，也包括基于诚实信用原则，在合同订立前、合同履行中、合同终止后的保密义务。对于当事人在订立合同过程中知悉的商业秘密，无论合同是否成立，都不得泄露或者不正当地使用，泄露或者不正当地使用该商业秘密给对方造成损失的，应当承担损害赔偿责任；合同终止后，当事人仍然有保密义务，未尽到保密义务的，应当向对方承担赔偿责任。最后，按照技术许可合同的性质，被许可人仅是获得了使用相关商业秘密的权利，合同中约定有保密期限，也不应当解释为保密期限届满后，受让人和被许可人可以许可他人使用甚至披露相关商业秘密。因披露商业秘密属于放弃商业秘密民事权利的行为，除非合同中有明确约定，否则该处分行为不能由非权利主体作出。技术许可合同中被许可人应当承担的保密义务至少包括未经许可人同意，不得擅自许可第三人使用相关商业秘密；应当按照合同约定采取保密措施，不应故意或者过失泄露相关商业秘密；对许可人提供或者传授的技术和有关技术资料，应当按照合同约定的范围和期限承担保密义务；对超过合同约定范围和期限仍需保密的技术，应当遵循诚实信用的原则，履行合同保密的附随义务。

综上，本案中泽兴公司在战略合作协议、加工协议约定的保密期限届满后，仅能自己使用涉案技术秘密，不能许可他人使用、披露涉案商业秘密。

▷ **拓展思考**

针对员工离职、跳槽可能带来的商业秘密泄露问题，单位通常采取签订保守商业秘密协议①或者竞业限制②协议的方式来应对，这也是商业秘密权利人保密措施的重要环节，也是在侵犯商业秘密的诉讼中权利人证明采取了保密措施的证据。《中华人民共和国劳动合同法》第 23 条规定："用人单位与劳动者可以在劳动合同中约定保守用人单位的商业秘密和与知识产权相关的保密协议。对负有保密义务的劳动者，用人单位可以在劳动合同或者保密协议中与劳动者约定竞业限制条款，并约定在解除或者终止劳动合同后在竞业限制期限内给予劳动者经济补偿。……"第 24 条规定："竞业限制的人员限于用人单位的高级管理人员、高级技术人员和其他负有保密义务的人员。竞业限制的范围、地域、期限由用人单位与劳动者约定，竞业限制的约定不得违反法律、法规的规定。在解除或者终止劳动合同后，前款规定的人员到与本单位生产或者经营同类产品、从事同类业务的有竞争关系的其他用人单位，或者自己开业生产或者经营同类产品、从事同类业务的竞业限制期限，不得超过 2 年。"竞业限制

---

① 保守商业秘密协议除了附属于劳动协议的，还包括单位与员工之外的人签订的保密协议。

② 竞业限制包括约定的竞业限制、法定的竞业限制。约定的竞业限制按照双方的协议来履行，法定的竞业限制按照《公司法》《中华人民共和国合伙企业法》等法律规定来履行。

协议附属于劳动合同，其存在的前提条件是单位有商业秘密。因竞业限制协议限制了员工的择业自由，还应约定竞业限制的合理期限和经济补偿内容，否则协议会被认定无效。

## 第三节　商业秘密侵权行为的认定与责任承担

### 一、概述

商业秘密和商业秘密侵权行为的认定是判断商业秘密侵权责任是否构成的前提条件。《反不正当竞争法》第9条列举了五类侵犯商业秘密的行为：①以盗窃、贿赂、欺诈、胁迫、电子侵入[①]或者其他不正当手段获取权利人的商业秘密；②披露、使用或者允许他人使用以上述手段获取的权利人的商业秘密；③违反保密义务[②]或者违反权利人有关保护商业秘密的要求，披露、使用或者允许他人使用其所掌握的商业秘密；④教唆、引诱、帮助他人违反保密义务或者违反权利人有关保护商业秘密的要求，获取、披露、使用或者允许他人使用其所掌握的商业秘密；⑤第三人明知或者应知商业秘密权利人的员工、前员工或者其他单位、个人实施上述违法行为，仍获取、披露、使用或者允许他人使用该商业秘密。[③]

### 二、商业秘密和商业秘密侵权行为的认定

◇ 核心知识点

在侵犯商业秘密的民事审判程序中，商业秘密权利人提供初步证据，证明其已经对所主张的商业秘密采取保密措施，且合理表明商业秘密被侵犯，涉嫌侵权人应当证明权利人所主张的商业秘密不属于本法规定的商业秘密。商业秘密权利人提供初步证据合理表明商业秘密被侵犯，涉嫌侵权人应当证明其不存在侵犯商业秘密的行为。在双方举证质证和法庭辩论过程中存在着经营者商业

---

① 2019年《反不正当竞争法》第二次修正，适应目前商业秘密载体数据化的存储趋势，新增对"电子侵入"手段侵犯商业秘密行为的规制。

② 2019年《反不正当竞争法》第二次修正，将之前的"违反约定"改为"违反保密义务"，全面包含了依据法律规定、合同约定，以及其他规范要求应承担保密义务的主体范围。

③ 2019年《反不正当竞争法》第二次修正，新增对"间接侵权"行为的规制，为特殊情况下权利人仅起诉间接侵权人承担责任明确了依据。

利益、社会公共利益、客户自由流动利益和员工自由择业利益的冲突，法官需要谨慎平衡这些利益关系，最终对原告的信息是否构成商业秘密，被告是否实施了侵犯商业秘密的行为作出认定，并最终判定被告的侵权责任是否成立。

○ 典型案例

北京力美达生物工程有限公司诉霸州市通用机械总厂（以下简称"通用机械厂"）等违反保密义务为他人加工制作同类产品商业秘密侵权案。[①]

—— 基本案情 ——

原告自主研制系列热熔胶涂布机制作技术，与被告通用机械厂签订定作合同，约定通用机械厂不得再给第二家加工此种系列产品，双方同时签订保密协议。通用机械厂违反协议约定为欣耘公司定作生产相同产品，在欣耘公司提供的图纸错误的情况下，按照原告的图纸为欣耘公司组装产品，该产品已经市场销售。原告认为被告以不正当手段获取、使用自己的技术秘密，诉请法院判令被告停止侵害、停止销售产品并赔偿损失。

—— 裁判摘要 ——

诉讼中被告欣耘公司辩称，原告通过展览、销售和发表学术论文的形式已经将热熔胶涂布机制作技术公开，具有一般技术常识的人，可以通过公开的信息研制与原告类似的产品，也可以拆卸产品获得其工艺构造，所以原告的产品设计和工艺流程不属于商业秘密。被告的技术有合法来源，生产销售不构成侵权。法院审理认为，原告热熔胶涂布机制作技术完整地固定于图纸和加工装配工艺中，原告发布的广告、说明书和学术论文并没有反映上述完整的技术方案，原告技术不属于公知信息。原告产品属于比较直观的机械产品，非保密义务人通过合法途径取得产品后进行反向工程获得该产品制作技术的行为，不构成侵权。但是根据鉴定机构的鉴定意见，被告的图纸并非根据对原告产品反向工程后绘制，根据被告提供的图纸生产不出类似原告的产品，事实上被告产品是另一被告通用机械厂按照原告图纸进行加工，所以被告技术有合法来源的抗辩不成立。

▷ 拓展思考

商业秘密侵权行为的认定过程也是法官平衡各种利益关系的过程，其中就包括商业秘密权利人的利益与合法取得相同信息的人的利益间的平衡。当原告

---

① 最高人民法院中国应用法学研究所.人民法院案例选·知识产权卷4[M].北京：人民法院出版社，2017：2256.

诉称被告信息与自己的信息相同时，被告可以相同信息有合法来源进行抗辩而否定行为的违法性。法院对以下两种抗辩应当认真审查：①被告自行开发。为此被告需提供完整体现其信息的载体，以及自己获得信息付出努力和代价的证据加以证明。②通过反向工程获得。《反不正当竞争法》司法解释第12条第2款规定："反向工程是指通过技术手段对公开渠道取得的产品进行拆卸、测绘、分析等而获得该产品的有关技术信息。"法院既要保护商业秘密，维护权利人的合法利益，防止他人非法获取、披露或者使用商业秘密，又要兼顾同业竞争的合法需求，在利益权衡之后作出最终的认定。

### 三、侵犯商业秘密的民事责任

◇ 核心知识点

商业秘密侵权责任主要有停止侵害和赔偿损失两种形式。

停止侵害包括停止对商业秘密的使用、扩散，责令保密等。《反不正当竞争法》司法解释第16条规定："人民法院对于侵犯商业秘密的行为判决停止侵害的民事责任时，停止侵害的时间一般持续到该商业秘密已为公众知悉为止。""如果据前款规定判决停止侵害的时间明显不合理的，可以在依法保护权利人该项商业秘密的情况下，判决侵权人在一定期限内或者范围内停止使用该商业秘密。"对于善意第三人，自其知悉前手的违法行为后，欲继续使用商业秘密，应当经权利人的同意，并支付使用费用。

赔偿责任的成立需要满足一般侵权损害赔偿责任构成的四个要件：有侵犯商业秘密的行为；有损害事实；行为人有过错；侵权行为与损害事实之间存在责任成立和责任范围的因果关系。一般情况下补偿性损害赔偿数额的确定有两种方式：侵权人因侵权所获得的利益；权利人被侵权所受到的损失。因侵权行为导致商业秘密已为公众所知悉的，应当根据该项商业秘密的商业价值确定损害赔偿额。商业秘密的商业价值，根据其研究开发成本、实施该项商业秘密的收益、可得利益、可保持竞争优势的时间等因素确定。如果经营者恶意实施侵犯商业秘密行为，情节严重的，还可以适用惩罚性赔偿，可以在按照上述方式确定的赔偿额的一倍以上五倍以下确定赔偿数额。① 上述两种方式都难以确定的，由人民法院根据侵权行为的情节判决给予500万元以下的赔偿。

---

① 继《商标法》规定惩罚性赔偿之后，商业秘密侵权也引入惩罚性赔偿制度。通过该制度的适用可以逐步对恶意实施侵权行为，情节严重的侵权情形类型化。

# 第二十二章

# 集成电路布图设计权

## 第一节 集成电路布图设计权的主体和客体

一、集成电路布图设计权的主体

原则上讲,集成电路布图设计权归属于布图设计创作者。由法人或者其他组织主持,代表法人或者其他组织意志创作,并由法人或者其他组织承担责任的布图设计,该法人或者其他组织视为创作者。如果布图设计由多人共同完成,则布图设计权由参加创作的人共同享有。接受委托创作的布图设计,其权利归属由双方约定,未做约定或者约定不明的,由受托人享有。

二、集成电路布图设计的客体和授权条件

◇ 核心知识点

集成电路,是指半导体集成电路,即以半导体材料为基片,将至少有一个是有源元件的,两个以上元件和部分或者全部互连线路集成在基片之中或者基片之上，以执行某种电子功能的中间产品或者最终产品。集成电路布图设计，则是指集成电路中至少有一个是有源元件的，两个以上元件和部分或者全部互连线路的三维配置，或者为制造集成电路而准备的上述三维配置。

受保护的集成电路布图设计应当具有独创性，即该布图设计是创作者自己的智力劳动成果，并且在其创作时该布图设计在布图设计创作者和集成电路制造者中不是公认的常规设计。当然，由常规设计组成的布图设计，其组合作为整体符合独创性要件的，仍然可以获得保护。对自己独立创作的与他人相同的布图设计进行复制或者将其投入商业利用的，不属于侵害集成电路布图设计权的情形。需要注意的是，布图设计的保护不延及思想、处理过程、操作方法或者数学概念等。

受保护的布图设计必须办理登记手续。根据《集成电路布图设计保护条例》第16条和《集成电路布图设计保护条例实施细则》第14条的规定，集成电路布图设计权利人在申请布图设计登记时，复制件或纸质图样是必须提交的，图样的电子版本是可以提交的，样品是进行商业利用的情况下必须提交的。

○ 典型案例

昂宝电子（上海）有限公司（以下简称"昂宝公司"）与南京智浦芯联电子科技有限公司（以下简称"南京芯联公司"）、深圳赛灵贸易有限公司（以下简称"深圳赛灵公司"）、深圳市梓坤嘉科技有限公司（以下简称"深圳坤刊嘉公司"）侵害集成电路布图设计专有权纠纷案：江苏省南京市中级人民法院（2013）宁知民初字第42号民事判决；江苏省高级人民法院（2013）苏知民终字第0182号民事判决书；最高人民法院（2015）最高法民申字第785号民事裁定书。

—— 基本案情 ——

2009年，昂宝公司获得名称为OB2535/6/8的集成电路布图设计登记证书。该布图设计在登记时已经投入商业使用。昂宝公司在登记时提交了集成电路样品及部分纸质图样。纸质图样共有两层：图样一"Metal-1"和图样二"Metal-2"，该两层均为金属层图样。昂宝公司以南京芯联公司和深圳赛灵公司直接复制并商业利用了本案布图设计，深圳梓坤嘉公司商业利用了本案布图设计为由，提起诉讼。

—— 裁判摘要 ——

一审裁判摘要

昂宝公司提交的布图设计图样，只有两层金属层图样，无法确定包含有源元件在内的各种元件与互连线路的具体内容。如果公众不能通过公开的图样，而只能通过商业利用的集成电路产品获得相关布图设计，势必与保护布图设计的法律宗旨相违背，也会导致布图设计的保护范围出现不确定性。在无法确定本案布图设计专有权保护范围的情况下，亦无法将被诉侵权的布图设计与之进行侵权对比。遂判决驳回昂宝公司的诉讼请求。

二审裁判摘要

登记对于布图设计专有权的确立具有公示性。对于登记时未投入商业利用的布图设计，因登记时不提交样品，应以复制件或者图样确定专有权的保护内容；而对于登记时已投入商业利用的布图设计，则专有权的保护内容应当以申请登记时提交的复制件或图样为准，必要时样品可以作为辅助参考。涉案布图设计在登记时已投入商业利用，上诉人昂宝公司在向国家知识产权局登记时，提交了集成电路样品，但其提交的图样仅包含单独两层金属层，并不包含任何一个有源元件。虽然涉案布图设计已获得专有权并仍处于有效状态，但由于不能以样品反推涉案两层金属层图样符合布图设计定义的基本要求，因此亦不能依据昂宝公司登记时提交的样品来确定涉案布图设计的保护内容。昂宝公司的上诉请求及理由缺乏事实和法律依据，驳回其上诉请求。

再审裁判摘要

申请布图设计登记时，应当提交布图设计的复制件或者图样。布图设计已投入商业利用的，应当提交含有该布图设计的集成电路样品。无论布图设计在登记时是否已经投入商业利用，对布图设计的复制件或图样的提交要求均没有差异。如果法院在相关诉讼程序中忽略复制件或图样的法律地位，直接依据样品确定布图设计保护内容，极有可能引发轻视复制件或者图样法律地位的错误倾向，也将使现行法律关于登记时应当提交申请资料的相关规定无法落实。昂宝公司所称布图设计的复制件或者图样无法精确表示布图设计的保护内容，而应以登记时提交的样品确定布图设计保护范围的相关主张，缺乏充分的事实和法律依据。

▷ *拓展思考*

当发生布图设计专有权侵权纠纷时，选择哪种载体所呈现的版图来确定涉案布图设计的保护范围，司法实践中做法不一。在"昂宝"案中，法院主张应以布图设计的复制件或者图样为标准判断保护范围。然而在"华润矽威科技（上海）有限公司诉南京源之峰科技有限公司侵犯集成电路布图设计专有权纠纷案"

中，法院认为，原告在将涉案布图设计申请保护时提交了布图设计图样和集成电路样品，并以此获得授权，故该图样或样品均可用来确定涉案布图设计专有权的保护范围。① 此外，在其他个别案件中，通过布图设计复制件或者图样来确定保护范围的难度较高。例如在"深圳天微电子诉深圳明微电子案"中，由于纸张大小及将布图设计分割打印等原因，无法通过所提交的图样完整、清晰地了解该布图设计的内容，法院最后通过集成电路样品确定了该案集成电路布图设计权的保护范围。② 法院不同的裁判规则，损害了司法公正。当布图设计的复制件或者图样不完整或不够清晰时，样品在确定保护范围时与图样具有同等的效力，还是只仅仅具有补充效力，有待相关法律进一步明确。有学者指出，当纸质图样上呈现的版图，能够清晰、完整地呈现布图设计全部细节时，应优先采用纸质图样为准；随着集成电路技术的进步，传统意义上的纸质图样已经无法清楚、完整地展示芯片内部版图的全部细节，以 0.35 微米技术为例，至少要放大 1000 倍才可能看清楚芯片内部的层次和具体细节，在登记时让申请人提交一个放大到 1000 倍以上的纸质图样，则申请成本过高，实践中也没有申请人这样做。况且如果采用纳米技术，对纸质图样的放大倍数要求会更高。因此当纸质图样不够清晰时，可以考虑以样品为准，经过专业机构剖片后，提取出来的版图能够准确地呈现布图设计的全部细节，在此基础上进行侵权比对，才能够使侵权判定结果公平公正。③

# 第二节　集成电路布图设计权的内容和限制

一、集成电路布图设计权的内容

◇ 核心知识点

1. 复制权，是指权利人依法对受保护的布图设计的全部或者其中任何具有

---

① 江苏省南京市中级人民法院（2009）宁民三初字第 435 号民事判决书。
② 深圳市中级人民法院（2009）深中法民三初字第 184 号民事判决书。
③ 曹志明，王志超. 集成电路布图设计专有权保护相关问题研究——国内首例侵权纠纷行政裁决案件引发的思考 [J]. 知识产权，2018（7）.

独创性的部分进行复制的专有权利。

2. 商业实施权，是指将受保护的布图设计、含有该布图设计的集成电路或者含有该集成电路的物品投入商业利用的专有权利。

关于"商业实施权"的效力范围，曾经在国际上存在重大分歧。以美国、日本为代表的发达国家极力主张商业实施权的效力范围包括三个层次，即从布图设计本身（第一层次），延伸到采用该布图设计制造的集成电路（第二层次），乃至使用受保护集成电路的产品（第三层次）；而广大的发展中国家则主张商业实施权的效力范围只包括两个层次，即从布图设计只延伸到采用该布图设计制造的集成电路（第二层次）。争论的结果是以美国、日本为代表的三层次说取代了发展中国家的两层次说，得到了《TRIPS 协议》的确认。[①]

○ 典型案例

钜泉光电科技（上海）股份有限公司（以下简称"钜泉公司"）诉深圳市锐能微科技有限公司（以下简称"锐能微公司"）、上海雅创电子零件有限公司（以下简称"雅创公司"）侵害集成电路布图设计专有权纠纷案：上海市第一中级人民法院（2010）沪一中民五（知）初字第 51 号民事判决书；上海市高级人民法院（2014）沪高民三（知）终字第 12 号民事判决书。

—— 基本案情 ——

2008 年 3 月 1 日，钜泉公司完成了名称为"ATT7021AU"的布图设计创作，并进行布图设计登记。原告主张其集成电路布图设计中具有独创性的共有十个部分。被告锐能微公司未经原告许可，复制原告受保护的布图设计，并与被告雅创公司为商业目的销售含有该布图设计的集成电路即 RN8209G 芯片和 RN8209 芯片。经鉴定：① RN8209、RN8209G 与原告主张的独创点 5（数字地轨与模拟地轨衔接的布局）相同；② RN8209、RN8209G 与原告主张的独创点 7（模拟数字转换电路的布图）中的第二区段独立升压器电路的布图相同。

—— 裁判摘要 ——

一审裁判摘要

钜泉公司 ATT7021AU 集成电路中独创点 5 和独创点 7 不属于常规设计，具有独创性。两被告制造、销售的 RN8209、RN8209G 芯片中包含了原告独创点 5 和独创点 7 享有的布图设计专有权，且锐能微公司的个别员工原先在原告

---

① 参见《TRIPS 协议》第 36 条。

处从事研发等工作,有接触原告集成电路布图设计的可能和机会,因此被告锐能微公司未经原告许可,复制原告 ATT7021AU 集成电路中具有独创性的独创点部分用于制造 RN8209、RN8209G 集成电路并进行销售,其行为侵犯了原告 ATT7021AU 布图设计专有权。雅创公司销售的涉案集成电路系锐能微公司制造,在钜泉公司未能举证两者系共同侵权的前提下,雅创公司不知道也没有合理理由应当知道涉案集成电路中含有非法复制的布图设计,故不应视为侵权。

二审裁判摘要

只要原告提供的证据,以及所作的说明可以证明其主张保护的布图设计不属于常规设计的,则应该认为原告已经完成了初步的举证责任。此时,被告主张相关布图设计是常规设计的,只要能够提供一份相同或者实质性相似的常规布图设计,就足以推翻原告关于非常规设计的主张。本案中,被告锐能微公司提供的证据不足以否定原告集成电路布图设计中的独创点 5 和独创点 7。原告集成电路布图设计具有独创性。由于集成电路布图设计的创新空间有限,在布图设计侵权判定中对于两个布图设计构成相同或者实质性相似的认定应采用较为严格的标准。然而在严格的判断标准下,被告锐能微公司被控芯片的布图设计仍与原告布图设计中的独创点 5 和独创点 7 中的部分构成实质性相似。受保护的布图设计中任何具有独创性的部分均受法律保护,而不论在整个布图设计中的大小或者所起的作用。

▷ 拓展思考

在侵权判断中,对于被复制的部分在占整体布图设计的比例,以及重要性上是否有所限制?《集成电路布图设计保护条例》第 30 条采用的措辞是"复制受保护的布图设计的全部或者其中任何具有独创性的部分"。对此进行文义解释,应理解为只要是布图设计中具有独创性的部分,无论该部分占整个布图设计的比例,以及该部分是否属于整个布图设计的核心部分,都应受到集成电路布图设计专有权的保护,即"非比例标准"。在本案中,法院采用这种对于集成电路布图设计非常彻底的保护标准,既是遵循了对"任何"二字的文义解释,也是从集成电路布图设计的技术特点、《集成电路布图设计保护条例》立法目的两方面进行的考虑。本案中,被认定实质性相似的两个部分虽然都不是核心部分,但是数模地轨衔接布图起到高抗干扰、高静电保护的作用,而独立升压器电路布图则是电压计数电路的必要部分。缺少这两部分,原被告的产品均有可能失去商业竞争优势。因此布图单元核心与否、占比大小并不是受法律保护的理由，而其中所蕴含的设计者有价值的智力成果、所体现的技术价值、市场价值，才是法律予以保护的基础。

## 二、集成电路布图设计权的保护期

我国《集成电路布图设计保护条例》第12条规定，布图设计专有权的保护期为10年，自布图设计登记申请之日或者在世界任何地方首次投入商业利用之日起计算，以较前日期为准。但无论是否登记或者投入商业利用，布图设计自创作完成之日起15年后，不再受保护。

## 三、集成电路布图设计权限制

◇ 核心知识点

《集成电路布图设计保护条例》规定的合理使用包括：①为个人目的或者单纯为评价、分析、研究、教学等目的而复制受保护的布图设计的；②在依据前项评价、分析受保护的布图设计的基础上，创作出具有独创性的布图设计的；③对自己独立创作的与他人相同的布图设计进行复制或者将其投入商业利用的。同时受保护的布图设计，含有该布图设计的集成电路或者含有该集成电路的物品，由布图设计权利人或者经其许可投放市场后，他人再次商业使用的，可以不经布图设计权利人许可，也不向其支付报酬。

《集成电路布图设计保护条例》规定的强制许可包括在国家出现紧急状态或者非常情况时，为了公共利益的目的，以及经人民法院、不正当竞争行为监督检查部门依法认定布图设计权利人有不正当竞争行为需要给予补救时三种情形。

此外，《集成电路布图设计保护条例》规定，在获得含有受保护的布图设计的集成电路或者含有该集成电路的物品时，不知道也没有合理理由应当知道其中含有非法复制的布图设计，而将其投入商业利用的，不视为侵权。但是行为人得到其中含有非法复制的布图设计的明确通知后，可以继续将现有的存货或者此前的订货投入商业利用，但应当向布图设计权利人支付合理的报酬。

○ 典型案例

南京微盟电子有限公司（以下简称"微盟公司"）与泉芯电子技术（深圳）有限公司（以下简称"泉芯公司"）侵害集成电路布图设计专有权纠纷案：广东省深圳市中级人民法院（2012）深中法知民初字第1120号民事判决书；广

东省高级人民法院（2014）粤高法民三终字第1231号民事判决书；最高人民法院（2016）最高法民申1491号民事裁定书。

—— 基本案情 ——

微盟公司的"ME6206线性稳压器芯片"的布图设计于2007年3月26日获得《集成电路布图设计登记证书》。微盟公司以泉芯公司在市场上销售的XQ6206芯片与微盟公司的涉案布图设计相同并构成侵权为由，提起诉讼。泉芯公司抗辩被诉QX6206芯片合法来源于案外人深圳市京众电子有限责任公司（以下简称"京众公司"），提交了对账单、送货单、增值税专用发票，主张其从京众公司购买JZ6206芯片后，更改标贴为"QX6206"进行销售。将被诉QX6206芯片分别与微盟公司备案的ME6206芯片、京众公司的JZ6206芯片就电路布图设计的版图相似度委托鉴定，鉴定结论显示，两者的版图相似度分别为89.04%和96.91%。

—— 裁判摘要 ——

一审裁判摘要

被诉侵权产品与涉案布图设计属相同产品。但泉芯公司提交的证据不能证明被诉侵权产品来源于京众公司，合法来源抗辩不能成立。判决泉芯公司停止侵权行为并赔偿微盟公司人民币40万元。

二审裁判摘要

根据泉芯公司提交的证据，多次、持续、大批量向京众公司购买了被诉侵权产品，相关交易在双方的对账单、送货单，以及增值税专用发票中均有明确指向。在微盟公司未能提供相反证据的情况下，可以认定被诉侵权产品即来源于京众公司。判决撤销一审判决，驳回微盟公司的诉讼请求。

再审裁判摘要

微盟公司没有提供证据证明泉芯公司知道或者应当知道QX6206中含有非法复制的布图设计。根据《集成电路布图设计保护条例》第18条的规定，布图设计公告内容通常仅包括相关著录项目信息，不包括布图设计的具体内容，公众若希望了解具体内容，仍需办理查阅手续。有证据证明通过合法途径获得被诉侵权产品，不知道也没有合理理由知道其中含有非法复制的布图设计的，合法来源抗辩成立。微盟公司没有提交证据证明泉芯公司查阅了布图设计的具体内容。故微盟公司的再审主张缺乏事实依据，不应予以支持。

# 第二十三章 植物新品种权

## 第一节 植物新品种权概述

### 一、植物新品种及植物新品种权的含义

我国《植物新品种保护条例》（以下简称《条例》）将植物新品种界定为："经过人工培育的或者对发现的野生植物加以开发，具备新颖性、特异性、一致性和稳定性并有适当命名的植物品种。"植物新品种权，是植物新品种育种人对其研发和培育的植物新品种所获得的一种专有权。

### 二、国际上对植物新品种保护的立法例及我国的做法

国际上对植物新品种保护的立法例主要有三种：①以德国为代表的采取专门法对植物新品种进行保护的品种权立法例；②以意大利和匈牙利为代表的采取专利制度对植物新品种进行保护的专利权立法例；③以美国为代表的同时采取专门法和专利法对植物新品种进行保护的混合立法例。

作为有着丰富生物资源的发展中国家，我国建立了自己的植物新品种保护制度。国际公约层面：1999年我国正式成为《国际植物新品种保护公约》（简称UPOV公约）的成员国。国内法层面：1997年国务院颁布了《条例》，规定对符合条件的植物新品种授予品种权；2015年修订的《中华人民共和国种子法》，加强了对植物新品种的保护；按照《专利法》第25条的规定，对于植物新品种不能授予专利权，但是对于植物新品种的生产方法可以按照专利法的规定授予专利权。由此可知，我国采取的是混合保护立法例。

## 第二节　植物新品种权的制度规则

### 一、植物新品种权的授权条件

◇ 核心知识点

授予植物新品种权，应当满足以下条件：

第一，应当属于国家植物品种保护名录中列举的植物的属或者种。《条例》对受保护的植物新品种的范围进行了限定，只有属于国家植物品种保护名录中列举的植物的属或者种才能申请植物新品种权。我国实际保护的植物属和种的数目已经远远超过了UPOV公约1978年文本的最低要求。

第二，新颖性。植物新品种在申请保护前，没有被推广使用。按照《条例》的规定，在申请日以前该品种繁殖材料未被销售，或者经育种者许可，在中国境内销售该品种繁殖材料未超过1年；在中国境外销售藤本植物、林木、果树和观赏树木品种繁殖材料未超过6年，销售其他繁殖材料未超过4年的，具备新颖性。

第三，特异性。植物新品种应当有一个或数个显著特征，使其明显区别于申请日之前已知的植物品种。这种性状不是因培养条件或肥力不同造成的差异。

第四，一致性。品种经过有性繁殖或无性繁殖，除了可以预见的变异之外，其相关特征或特性保持一致。

第五，稳定性。经过重复繁殖或者在特定繁殖周期结束时，其相关的特征或特性保持不变。《条例》要求申请人提交植物新品种繁殖材料，用于审查验证。但是审查机构不会对社会公众提供该繁殖材料。

第六，可指示性。受保护的植物新品种应当具有适当的名称、用以指示或识别某一特定品种，该名称应与相同或者相近的植物属或者种中已知品种的名称相区别，该名称经注册登记后即为该植物新品种的通用名称。

## 二、植物新品种权的临时保护

◇ 核心知识点

根据《条例》的规定，品种权人在授权前对植物新品种权享有临时保护。品种权人对在授权前他人未经允许而无偿使用该植物新品种繁殖材料的行为享有追偿权，即在授权后要求未经许可的商业性生产或销售植物新品种繁殖材料的主体支付使用费。[①]

○ 典型案例

河南金苑种业有限公司（以下简称"金苑种业"）与甘肃泓丰种业有限公司（以下简称"泓丰种业"）植物新品种追偿权纠纷案：甘肃省兰州市中级人民法院（2014）兰民三初字第12号民事判决书。

—— 基本案情 ——

玉米自交系"金系865"于2008年10月27日被申请植物新品种保护。2009年3月1日经初审合格后予以公告。2014年1月1日，经农业部公告授权，郑州伟科作物育种科技有限公司取得玉米"金系865"的植物新品种权。2012年8月1日，郑州伟科作物育种科技有限公司与原告金苑种业签署许可协议，约定将正在申请植物新品种权保护的"金系865"许可原告利用，生产经营玉米杂交种金诚508和伟科702，且不得擅自利用该品种生产其他杂交种。协议约定了原告向郑州伟科作物育种科技有限公司支付许可使用费的标准，同时还约定对于"金系865"的侵权行为，双方均可以自己的名义单独或共同提起民事诉讼，对于"金系865"在初审公告至授权期间他人的生产销售行为，授权原告行使追偿权。2013年7月，原告发现被告泓丰种业为商业目的利用"金系865"为父本生产玉米种，遂将被告诉至法院。

—— 裁判摘要 ——

最高人民法院《关于审理侵犯植物新品种权纠纷案件具体应用法律的若干

---

[①] 《植物新品种保护条例》第33条："品种权被授予后，在自初步审查合格公告之日起至被授予品种权之日止的期间，对未经申请人许可，为商业目的生产或者销售该授权品种的繁殖材料的单位和个人，品种权人享有追偿的权利。"

规定》（以下简称《若干规定》）第 1 条第 3 款明确，普通实施许可合同的被许可人经品种权人明确授权，可以提起诉讼。郑州伟科作物育种科技有限公司认可其委托原告行使追偿权的行为。追偿权是一种非依附于人身的债权，依法可以转让，原告金苑种业经有效授权行使该民事权利不违反法律的禁止性规定，诉讼主体适格。

品种权被授予后，自初步审查合格公告之日起至被授予品种权之日期间内，凡未经品种权人许可为商业目的利用授权品种的行为均构成对授权品种的不当使用，品种权人享有依法追偿的权利。被告泓丰种业为商业目的利用"金系865"为父本生产玉米种，由于生产当时"金系 865"尚未获得品种授权，故被告的生产行为不构成侵权，原告要求赔偿损失的诉请不能支持。因被告泓丰种业确因生产、销售获益，依法补偿适当损失应属合理。考虑到被告利用授权品种生产杂交玉米种的事实及实际种植亩数并依据公平原则，酌定本案补偿额为年实施许可费的 60%，即 30 万元。

▷ 拓展思考

本案中，新品种为粳稻，培育需着重在增产、提升食味品质等诸多方面进行改良创新，倾注了科技工作者的极大心血。被告未经品种申请人许可，也无种子生产经营许可证的情况下，在临时保护期内为商业目的生产、销售涉案粳稻繁殖材料的行为不宜简单地按照品种权人授权其实施许可的方式予以处理，应酌情提高相应的使用费数额，才能充分激励和提升种业育种创新能力，规范种子生产经营和管理行为，保障国家的粮食安全。

《条例》为品种权人设定的临时保护期，是国家赋予品种权人追偿授权公告前利益损失的权利，该条的立法目的在于全面保护品种权人的科技成果，追偿权的法理依据在于对获得品种权的育种人智力创造活动予以利益补偿和回报。在此期间内未经许可利用授权品种的，虽然不构成对授权品种的侵权，但品种权人可以主张补偿其利益损失，此时被追偿对象承担的民事责任应为民事补偿责任而非侵权赔偿责任。司法实践中需要注意的是如何公平合理地确定补偿的数额。

## 三、植物新品种权的内容

◇ 核心知识点

《条例》第 6 条规定："完成育种的单位或者个人对其授权品种，享有排他的独占权。任何单位或者个人未经品种权人许可，不得为商业目的生产或者销售该授权品种的繁殖材料，不得为商业目的将该授权品种的繁殖材料重复使用于生产另一品种的繁殖材料；但是，本条例另有规定的除外。"据此植物新品种权的内容包括：

第一，生产权。品种权人有权禁止他人未经其许可，为商业目的生产该授权品种的繁殖材料。

第二，销售权。品种权人有权禁止他人未经其许可，销售该授权品种的繁殖材料。

第三，使用权。品种权人有权禁止他人未经其许可，将授权品种的繁殖材料为商业目的重复使用于生产另一品种的繁殖材料。

第四，转让权。按照《条例》第9条的规定，植物新品种权可以依法转让。转让品种权的，当事人应当订立书面合同，并向审批机关登记，由审批机关予以公告。

○ 典型案例

甘肃省敦煌种业股份有限公司（以下简称"敦煌公司"）与河南省大京九种业有限公司（以下简称"大京九公司"）、武威市武科种业科技有限公司（以下简称"武科公司"）侵害植物新品种权纠纷案：河南省郑州市中级人民法院（2013）郑知民初字第96号民事判决书；河南省高级人民法院（2013）豫法知民终字第118号民事判决书；最高人民法院（2014）民申字第52号民事裁定书。

—— 基本案情 ——

玉米品种"吉祥1号"的品种权人为武威市农业科学研究院和黄文龙。2011年12月9日武威市农业科学研究院与黄文龙签订转让合同，约定黄文龙将其享有的"吉祥1号"玉米植物新品种权全部转让给武威市农业科学研究院。黄文龙将在此之前其与武科公司等签订的有关吉祥1号开发经营问题的协议中其享有的吉祥1号品种权的权利和义务转让给武威市农业科学研究院，由武威市农业科学研究院解决上述协议是否终止、解除或继续履行。

2011年12月16日武威市农业科学研究院与敦煌公司签订《玉米杂交种"吉祥1号"生产经营权转让合同》，约定武威市农业科学研究院转让其拥有的玉米杂交种"吉祥1号"品种的生产经营权给敦煌公司；武威市农业科学研究院以独占许可方式许可敦煌公司生产经营玉米杂交种"吉祥1号"，对侵权行为按国家有关法律法规提起诉讼。

2012年10月9日敦煌公司、武威市农业科学研究院、武科公司签订《2012年度吉祥1号玉米杂交种具体生产经营协议》，约定武威市农业科学研究院委托武科公司2012年度在甘肃省境内生产吉祥1号，武科公司不得授权其他单位或个人生产经营吉祥1号；2012年度武科公司的销售数量不得超过650万公斤，种子销售区域仅限于河南、甘肃省境内。

2013年1月25日敦煌公司在郑州公证购买了"吉祥1号"玉米种，该包装袋上标注："武研®""净含量4200粒""武科公司、大京九公司经销"等内容。敦煌公司对大京九公司和武科公司提起侵害植物新品种权之诉。

—— 裁判摘要 ——

一审裁判摘要

《植物新品种保护条例实施细则（农业部分）》第11条规定，转让品种权的，由农业部公告，并自公告之日起生效。黄文龙通过转让合同将其享有的"吉祥1号"玉米植物新品种权全部转让给武威市农业科学研究院，但原告敦煌公司并无证据证明转让已向农业部登记且农业部已予以公告，因此，原告敦煌公司认为武威市农业科学研究院取得"吉祥1号"植物新品种的全部品种权证据不足。

对于侵害品种权的行为，品种权人或者利害关系人可以直接向人民法院提起诉讼。独占实施许可合同的被许可人属于利害关系人可以单独向人民法院提起诉讼，排他实施许可合同的被许可人在品种权人不申请的情况下，可以提出申请。敦煌公司仅取得了部分品种权人的授权，不能证明其系吉祥1号玉米品种的独占实施许可的被许可人，故敦煌公司基于独占实施许可合同的被许可人提起侵害植物新品种权的诉讼无事实及法律依据。

二审裁判摘要

敦煌公司认为武科公司、大京九公司构成侵权的理由是其严重违反与敦煌公司"只能自行销售"的约定，直接证据仅是对大京九公司销售行为的公证。该证据不足以证明武科公司、大京九公司的生产经营超出了其被许可的范围，亦不足以证明敦煌公司的植物新品种权受到了侵害。

再审裁判摘要

植物新品种的权利变动只有向行政机关进行登记公示才具有权利外观，在品种权没有进行登记公示之前，品种权转让行为并未生效。因此不能认定武威市农业科学研究院是吉祥1号唯一的品种权人。植物新品种权存在两个以上权利主体，共有权人对权利的行使有约定的，从约定。涉案品种权共有人约定由武威市农业科学研究院单独行使品种权并享有诉权，而武威市农业科学研院又许可敦煌种业公司生产经营并授权其可以单独就侵害品种权的行为提起诉讼。敦煌种业公司属于涉案品种权的利害关系人，有权依法提起诉讼。根据现有证据无法认定违反三方协议约定的销售形式存在未经权利人许可生产、销售吉祥1号的侵害品种权的事实。武科公司、大京九公司的行为是否超出了三方协议约定的销售区域和销售形式，应通过是否违反合同的违约之诉解决。

▷ 拓展思考

登记公告是植物新品种权转让的生效要件，未经登记公告的转让行为不发生法律效力。植物新品种权存在两个以上权利主体，共有权人对权利的行使有约定的，从约定。没有约定或者约定不明的，有观点认为：可以考虑参照《专利法》第15条的规定，即专利权的共有人对权利的行使有约定的，从约定；没有约定的，共有人可以单独实施或者以普通许可方式许可他人实施该专利，许可他人实施该专利的，收取的使用费应当在共有人之间分配。[①]

### 四、植物新品种权的期限

国际上对植物新品种规定了较长的保护期。按照我国《条例》的规定，植物新品种的保护期，自授权之日起，藤木植物、林木、果树和观赏树木为20年，其他植物为15年。

### 五、植物新品种 DUS 测试

◇ 核心知识点

如前所述，植物新品种授权必须符合特异性（Distinctness）、一致性（Uniformity）和稳定性（Stability）的要求。DUS测试是由植物新品种审批机关委托指定的测试机构，运用一定技术和审查标准对植物品种的三性进行检测和分析的过程。我国主要采用田间种植的方式，由测试员按照测试指南的要求在植物的生长过程中对植物的性状进行观察与记录，将测试的结果与已知品种进行分析比较从而判定测试品种是否属于新品种，为植物新品种保护提供可靠的判定依据。《若干规定》第4条规定："对于侵犯植物新品种权纠纷案件涉

---

① 最高人民法院知识产权审判庭.中国知识产权指导案例评注（第七辑）[M].北京：中国法制出版社，2016：480.

及的专门性问题可以采取田间观察检测、基因指纹图谱检测等方法鉴定。对采取前款规定方法作出的鉴定结论，人民法院应当依法质证，认定其证明力。"

○ 典型案例

山东登海先锋种业有限公司（以下简称"登海公司"）与陕西农丰种业有限公司（以下简称"农丰种业"）、山西大丰种业有限公司（以下简称"大丰公司"）侵害植物新品种权纠纷案：西安市中级人民法院（2014）西中民四初字第00132号民事判决书；陕西省高级人民法院（2015）陕民三终字第1号民事判决书；最高人民法院（2015）民申字第2633号民事裁定书。

—— 基本案情 ——

先锋国际良种公司是"先玉335"植物新品种的权利人，其授权登海公司可以自身名义对侵害其植物新品种的行为提起诉讼。登海公司于2014年3月16日向法院起诉指控大丰公司生产、农丰种业销售的外包装为"大丰30"的玉米种子侵害"先玉335"的植物新品种权。北京玉米种子检测中心于2013年6月9日对送检的被控侵权种子进行了DNA检验，检验结果为："大丰30"与"先玉335"比较位点数40，差异位点数0，结论为二者相同或极近似。大丰公司对该检测结论持有异议，提交了农业部植物新品种测试中心出具的《农业植物新品种测试报告》（简称DUS测试报告），该报告的结论为"大丰30"具有特异性、一致性和稳定性。

—— 裁判摘要 ——

一审裁判摘要

登海公司所提供的DNA检测结论是建立在40对引物基础上的，这种检测方法实践中虽然常被用来证明两品种间遗传上相同或高度近似，但是由于40对引物所占引物数量的比例较小，DUS检测法更为准确。因为通过田间种植，两品种间是否存在差异、差异是否显著均可进行现场观测，数据、结论更为可靠，由此可以认定"大丰30"与"先玉335"相比具有特异性、一致性、稳定性，即"大丰30"和"先玉335"不是同一个玉米品种，因此大丰公司生产、农丰种业销售"大丰30"的行为不构成侵权。

二审裁判摘要

对于侵犯植物新品种权纠纷涉及的专门问题可以采用田间观察检测、基因指纹图谱检测等方法鉴定。一般认为，基因指纹图谱检测具有快捷、方便、成本低的优点，田间观察检测是最根本的方法，比较可靠，但需要的时间长。登海公司提交的 DNA 检测结论与大丰公司提交的 DUS 检测结论存在矛盾，登海公司不能提供更强的证据来否定大丰公司提交的 DUS 检测结论。根据谁主张、谁举证的原则，登海公司主张大丰公司及农丰公司侵权的理由不能成立。

再审裁判摘要

DUS 测试报告是通过田间种植表现出的特征特性，核实两个品种是否具有差异，且作为活体繁殖材料，其特征特性应当依据田间种植进行 DUS 测试所确定的性状为准。被诉侵权物的特征特性与授权品种的特征特性相同是认定侵害植物新品种权的前提条件。植物新品种的授权依据为田间种植的 DUS 测试，当田间种植的 DUS 测试确定的特异性结论与 DNA 检测结论不同时，应以田间种植的 DUS 测试结论为准。

▷ 拓展思考

UPOV 公约框架下植物新品种测试通常做法是通过田间种植试验，并利用 DNA 指纹图谱信息辅助筛选近似品种提高特异性评价效率。我国植物新品种测试与 UPOV 公约的基本原则一致，是依据相应植物测试技术与标准（DUS 测试指南、DUS 审查及性状描述总则等一系列技术文件），通过田间种植试验和室内分析对品种的 DUS 进行评价。

# 第三节　植物新品种权的限制

## 一、植物新品种权限制概述

UPOV 公约基于平衡育种者权利和社会公共利益的原则，对植物新品种权设置了非营利性使用、农民特权等权利限制。按照 UPOV 公约 1978 年文本第 9 条的规定，该权利限制不是没有边界的。首先，对植物新品种权进行限制必须符合公共利益的需要；其次，为推广品种而对植物新品种权进行限制的，成员国应给予育种者相应的报酬。

## 二、植物新品种权的限制规则

◇ 核心知识点

我国《条例》对植物新品种权做出的限制包括：①合理使用。利用授权品种进行育种及其他科研活动、农民自繁自用授权品种的繁殖材料，可以不经品种权人许可，不向其支付使用费，但不得侵犯品种权人的其他权利。① 实践中，一些制种公司为了逃避法律责任，采取隐蔽的方式实施侵权行为，自己隐身幕后，派技术员与农民接洽商谈制种事宜，并且不与农民签订委托制种合同，最终导致农民承担赔偿责任，这违背了《条例》保护农民自繁自用的目的。②强制许可。为了国家利益或者公共利益，审批机关可以作出实施植物新品种强制许可的决定，并予以登记和公告。取得实施强制许可的单位或者个人应当付给品种权人合理的使用费，其数额由双方商定；双方不能达成协议的，由审批机关裁决。品种权人对强制许可决定或者强制许可使用费的裁决不服的，可以自收到通知之日起3个月内向人民法院提起诉讼。② 除了《条例》中规定的情形，《植物新品种保护条例实施细则（农业部分）》还补充了两种强制许可的情形：①品种权人无正当理由自己不实施，又不许可他人以合理条件实施的；②对重要农作物品种，品种权人虽已实施，但明显不能满足国内市场需求，又不许可他人以合理条件实施的。③ 除了《条例》对植物新品种权做出的合理使用和强制许可限制，司法实践中，我国法院也会结合客观情况，基于公共利益因素的考量，对植物新品种权人的权利进行一定限制。

○ 典型案例

上诉人秦永宏与被上诉人江苏省高科种业科技有限公司侵害职务新品种权纠纷案：江苏省南京市中级人民法院（2018）苏01民初1453号民事判决书；最高人民法院（2019）最高法知民终407号民事判决书。

—— 基本案情 ——

江苏省高科种业科技有限公司（以下简称"高科种业公司"）为水稻新品种"南粳9108"的独占实施许可人，有权以自己名义对侵害水稻"南粳9108"植物新品种权的单位和个人追究法律责任。高科种业公司认为秦永宏未经许可擅自生产、销售"南粳9108"水稻种子的行为侵害了其独占实施的被许可权，诉请判令秦永宏停止侵权并赔偿经济损失50万元。秦永宏辩称，其利用自留种子生产商品粮的行为属于法律规定的"农民自繁自用"情形，不构成

---

① 《植物新品种保护条例》第10条。

② 《植物新品种保护条例》第11条。

③ 《植物新品种保护条例实施细则（农业部分）》第12条。

对"南粳9108"水稻新品种权的侵害。

—— 裁判摘要 ——

二审裁判摘要

秦永宏通过与其他农户签订转包合同的方式进行土地流转,并已实际获得973.2亩土地的经营权,该973.2亩土地有别于其基于家庭联产承包责任制所承包的土地。秦永宏经营的土地面积高达900余亩,其在该面积土地上进行耕种、收获粮食后售出以赚取收益的行为,不再仅仅是为了满足其个人和家庭生活的需要,而是具有商业目的。因此从秦永宏享有经营权的土地面积、种植规模、粮食产量,以及收获粮食的用途来看,其已远远超出普通农民个人以家庭为单位、依照家庭联产承包责任制承包土地来进行种植的范畴,原审法院将其认定为一种新型农业生产经营主体,具有事实依据和法律依据。若允许秦永宏播种上述面积土地所使用的繁殖材料均由自己生产、自己留种而无需向品种权人支付任何费用,无疑会给包括高科种业公司在内的涉案品种权利人造成重大经济损失,损害其合法权益。由于秦永宏在其通过转包获得经营权的973.2亩土地上进行耕种,未经许可生产"南粳9108"水稻种子并留作第二年播种使用的行为,不属于法律规定的"农民自繁自用"情形,应当取得涉案品种权利人的同意,并向品种权人或经授权的企业或个人支付费用。

▷ 拓展思考

"农民自繁自用例外"与植物新品种权保护制度是一并建立起来的,这一例外规则的建立,主要是考虑到了农民自收自种的自然权利,同时也兼顾了农民对现代育种业所做出的重大贡献,以留存满足生产所需一定数量种子的方式及时回馈农民的劳动付出。这一例外规则有其适用的特定时空条件限制。近年来,随着城市化进程的加快,农民大量进城,农村土地流转加速,上述规则所适用的时空条件也已经发生了变化,相应地,规则也应有所变化。在土地流转的过程中,我国原有的家庭联产承包责任制下每个农户耕地面积少、种植分散的特点也在逐渐发生变化,种粮大户、合作社的集约耕种、适度规模经营大量出现,现实变化要求我们进一步明确"农民自繁自用例外"规则的适用条件和适用范围。适用《种子法》第29条第(二)项规定的"农民自繁自用例外"至少应当满足以下两个条件:适用主体为农村承包经营户,即与农村集体经济组织签订农村土地承包经营合同,取得土地承包经营权的农村集体经济组织成员;适用范围不得超过该农村承包经营户自己承包的土地。对此应严守"农民自繁自用例外"的立法逻辑,严格解释适用《植物新品种保护条例》和《最高人民法院关于审理侵犯植物新品种权纠纷案件具体应用法律问题的若干规定》中的相关条文:将合作社、种粮大户、家庭农场等新型农业经营主体排除在该规则的适用主体范围之外;将通过各种流转方式获得经营权的土地排除在适用土地范围之外;种子用途应以自用为限,除法律规定的可以在当地集贸市场上出售、串换剩余常规种子外,不能通过各种交易形式将生产、留用的种子提供给他人使用。

## 第四节 植物新品种权侵权的判定

### 一、应用繁殖材料培育的品种特征、特性是否与授权品种特征、特性相同

◇ 核心知识点

未经品种权人许可,为商业目的生产或销售授权品种的繁殖材料的,是侵犯植物新品种权的行为。因此判定是否构成侵权,需要确定行为人生产、销售的繁殖材料是否是授权品种的繁殖材料。之所以将品种的繁殖材料规定为植物新品种权的保护范围,是因为该品种的遗传特性包含在品种的繁殖材料中,繁殖材料在形成新个体的过程中进行品种的繁衍,传递了品种的特征特性,遗传信息通过繁殖材料实现了代代相传,表达了明显有别于在申请书提交之时已知的其他品种的特性,并且经过繁殖后其特征、特性没有发生改变。植物种植季节性强、侵权取证时间特定,这些特点决定了植物新品种权的侵权行为与专利、商标、著作权侵权相比具有更加隐蔽的特征,这就使品种权人的维权之路要比其他知识产权人更加艰难。

○ 典型案例

莱州市金海种业有限公司(以下简称"金海种业公司")与张掖市富凯农业科技有限责任公司(以下简称"富凯公司")侵犯植物新品种权纠纷案:张掖市中级人民法院(2012)张中民初字第28号民事判决书;甘肃省高级人民法院(2013)甘民三终字第63号民事判决书。

—— 基本案情 ——

莱州市金海农作物研究有限公司是玉米杂交种"金海5号"的植物新品种权利人,其授权金海种业公司独家生产经营"金海5号",并授权金海种业公司对擅自生产、销售该品种的侵权行为,可以以自己的名义独立提起诉讼。2011年,富凯公司未经许可,在张掖市进行玉米制种。金海种业公司以富凯公司的制种行为侵害其"金海5号"玉米植物新品种权为由向张掖市中级人民法院提起诉讼。根据金海种业公司的申请,张掖中院对被控侵权玉米从活体玉米植株上随机提取玉米果穗,现场封存的方式进行证据保全,并委托北京市农科院玉米种子检测中心对被提取的样品与农业部植物新品种保护办公室植物新品种保藏中心保存的"金海5号"标准样品之间进行对比鉴定。该鉴定中心出具的检测报告结论为"无明显差异"。

—— 裁判摘要 ——

北京市农科院玉米种子检测中心出具的鉴定意见表明待测样品与授权样品"无明显差异",但在DNA指纹图谱检测对比的40个位点上,有1个位点的差异。依据中华人民共和国农业行业标准《玉米品种鉴定DNA指纹方法》NY/T1432—2007检测及判定标准的规定,品种间差异位点数等于1,判定为近似品种;品种间差异位点数大于等于2,判定为不同品种。品种间差异位点数等于1,不足以认定不是同一品种。对差异位点数在两个以下的,应当综合其他因素判定是否为不同品种,如可采取扩大检测位点进行加测,以及提交审定样品进行测定等,举证责任由被诉侵权一方承担。由于植物新品种授权所依据的方式是DUS检测,而不是实验室的DNA指纹鉴定,因此富凯公司如果提交相反的证据证明通过DUS检测,被诉侵权繁殖材料的特征、特性与授权品种的特征、特性不相同,则可以推翻前述结论。富凯公司经释明后仍未能提供相反的证据,亦不具备DUS检测的条件。因此,应认定富凯公司的行为构成侵犯植物新品种权。

## 二、所涉植物体既属于繁殖材料也属于收获材料的侵权判定

◇ 核心知识点

植物新品种权的保护范围只覆盖到繁殖材料,而不包括收获材料。对于既是繁殖材料也是收获材料的被诉侵权植物体,被诉侵权方往往抗辩自己用的是收获材料以逃避侵权指控;对于没有经过品种权人许可,种植授权品种繁殖材

料的行为，侵权方也常常抗辩自己是使用行为而非生产行为以逃避侵权指控。究竟如何认定该行为的性质，在实践中长期存在不同认识。下述案例，对该问题的处理进行了明确。

○ 典型案例

蔡新光与广州市润平商业有限公司（以下简称"润平公司"）侵犯植物新品种权纠纷案：广州知识产权法院（2018）粤73民初732号民事判决书；最高人民法院（2019）最高法知民终14号民事判决书。

—— 基本案情 ——

蔡新光2004年在红肉蜜柚果园中发现一个果皮呈粉红色的芽变分枝，后经连续三年的品种特性观察，确定为变异植株，并于2007年11月开始采取大树高接的方式从芽变分枝上采接穗进行嫁接繁殖，采用此种方法第二年即可坐果，2008年从子一代上采穗接子二代，2009年春继续从子二代上采穗高接子三代，同时对芽变母树及子代连续三年进行生物学特征特性观察调查、品质鉴评，栽培配套技术研究。经过连续三年的高接扩繁并经品种鉴定后，确定育成性状遗传稳定的新品种，遂于2009年10月20日请同行专家对芽变母树及子代果实进行鉴评。选育系谱图载明红肉蜜柚通过芽变嫁接成三红蜜柚。2009年11月10日申请"三红蜜柚"植物新品种权，于2014年1月1日获准授权，保护期限为20年。2018年，蔡新光发现润平公司在其经营的商场内向消费者连续、大量售"三红蜜柚"果实，遂起诉润平公司侵犯其植物新品种权。

—— 裁判摘要 ——

一审裁判摘要

结合蔡新光申请新品种权提交的材料，该新品种的培育和繁殖过程主要通过芽变嫁接的方式，并非利用植物外植体细胞通过组培技术进行，故侵权诉讼中判定繁殖材料时所坚持的标准应与此保持相对一致，若被诉侵权物并非用于嫁接繁殖的材料，一般不宜判定为繁殖材料，否则超出权利人培育植物新品种所付出的创造性劳动成果范围、与权利人申请新品种权过程中的应当享有的权利失衡。润平公司销售作为收获物的"三红蜜柚"果实的行为并未侵犯蔡新光的植物新品种权。

二审裁判摘要

首先，繁殖材料目前作为我国植物新品种权的保护范围，是品种权人行使独占权的基础。繁殖材料包括有性繁殖材料和无性繁殖材料，植物或植物体的一部分均有可能成为繁殖材料。植物新品种权所指的繁殖材料涉及植物新品种权的保护范围，其认定属于法律适用问题，应当以品种权法律制度为基础进行分析。判断是否为某一授权品种的繁殖材料，在生物学上必须同时满足以下条件：其属于活体，具有繁殖的能力，并且繁殖出的新个体与该授权品种的特征、特性相同。被诉侵权蜜柚果实是否为三红蜜柚品种的繁殖材料，不仅需要判断该果实是否具有繁殖能力，还需要判断该果实繁殖出的新个体是否具有果面颜色暗红、果肉颜色紫、白皮层颜色粉红的形态特征，如果不具有该授权品种的特征特性，则不属于三红蜜柚品种权所保护的繁殖材料。

其次，在当前技术条件下，组织培养受到植物品种的基因型、器官、发育时期等多方面条件制约，还需要避免品种产生变异，并非柑橘属的每一个品种都能通过组织培养进行繁殖，因此三红蜜柚果实内的汁胞难以被认定为繁殖材料。依据植物细胞的全能性理论，可以在植物体外复制携带品种的特异性的DNA序列进行繁殖得到种植材料，但该种植材料能否成为品种权的繁殖材料，仍要判断该植物体能否具有繁殖能力，以及繁殖出的品种能否体现该品种的特征、特性。简单地依据植物细胞的全能性认定品种的繁殖材料，将导致植物体的任何活体材料均会被不加区分地认定为是植物新品种权的繁殖材料。在本案中将收获材料纳入植物新品种权的保护范围，有违《种子法》《植物新品种保护条例》，以及《最高人民法院关于审理侵犯植物新品种权纠纷案件具体应用法律问题的若干规定》的相关规定。

再次，植物体的不同部分可能有多种不同使用用途，可作繁殖目的进行生产，也可用于直接消费或观赏，同一植物材料有可能既是繁殖材料也是收获材料。对于既可作繁殖材料又可作收获材料的植物体，在侵权纠纷中能否认定为是繁殖材料，应当审查销售者销售被诉侵权植物体的真实意图，即其意图是将该材料作为繁殖材料销售还是作为收获材料销售；对于使用者抗辩其属于使用行为而非生产行为，应当审查使用者的实际使用行为，即将该收获材料直接用于消费还是将其用于繁殖授权品种。除法律、行政法规另有规定外，对于未经品种权人许可种植该授权品种的繁殖材料的行为，应当认定是侵害该植物新品种权的生产行为。

最后，植物新品种保护制度保护的是符合授权条件的品种，通过繁殖材料保护授权品种。虽然在申请植物新品种权时提交的是采用以嫁接方式获得的繁殖材料枝条，但并不意味着授权品种的保护范围仅包括以嫁接方式获得的该繁殖材料，以其他方式获得的枝条也属于该品种的繁殖材料。随着科学技术的发展，不同于植物新品种权授权阶段繁殖材料的植物体可能成为育种者普遍选用的种植材料,即除枝条以外的其他种植材料也可能被育种者们普遍使用,在此情况下,该种植材料作为授权品种的繁殖材料,应当纳入植物新品种权的保护范围。

▷ 拓展思考

有性繁殖的植物新品种进入市场时,通常需要通过国家级或者省级的品种审定,并且申请生产经营许可证,然后在特定的制种基地生产繁殖材料进行销售。而对于大部分受保护的无性繁殖植物新品种来说,则不存在申请品种审定和生产经营许可证等有关生产、销售受保护品种的管理环节。因此与有性繁殖的植物新品种相比,无性繁殖的受保护品种在侵权繁殖技术上更为简单,种植地点更为隐蔽,同时也意味着品种权人的维权之路更加艰难。在过去已经发生的数百件植物新品种侵权诉讼中,只有极为少数案件涉及无性繁殖的植物新品种。虽然本案最终判决润平公司的行为不构成品种权侵权,但是强化品种权保护力度、扩大品种权保护范围的信号在本案中得到充分体现,同时判决书对植物新品种侵权认定规则的明确,尤其是对"除法律、行政法规另有规定外,对于未经品种权人许可种植该授权品种繁殖材料的行为,应当认定是侵害该植物新品种权的生产行为"的明确宣布,足以告诫所有商业性从事农业种植的企业和个人,应当切实尊重他人育种创新成果,保护他人的品种权。本案判决明确了植物新品种侵权纠纷中关于繁殖材料的判断标准、释明了植物新品种保护与繁育方式的关系等涉及植物新品种侵权认定的关键问题,将对我国植物新品种保护及育种创新产生深远影响。

# 第五节 植物新品种权侵权的民事责任

◇ 核心知识点

在植物新品种案件中,停止侵权和赔偿损失是侵权人应当承担的主要民事责任,但是如何计算侵权人所应承担的赔偿数额,是司法实践中的难点。《若干规定》第 6 条规定:"人民法院审理侵犯植物新品种权纠纷案件,应当依照民法通则第一百三十四条的规定,结合案件具体情况,判决侵权人承担停止侵害、赔偿损失等民事责任。人民法院可以根据被侵权人的请求,按照被侵权人因侵权所受损失或者侵权人因侵权所得利益确定赔偿数额。被侵权人请求按照植物新品种实施许可费确定赔偿数额的，人民法院可以根据植物新品种实施许可的种类、时间、范围等因素，参照该植物新品种实施许可费合理确定赔偿数额。依照前款规定难以确定赔偿数额的，人民法院可以综合考虑侵权的性质、期间、后果，植物新品种实施许可费的数额，植物新品种实施许可的种类、时间、范围及被侵权人调查、制止侵权所支付的合理费用等因素，在 50 万元以下确定赔偿数额。"

○ 典型案例

敦煌种业先锋国际良种有限公司（以下简称"先锋国际良种公司"）与新疆新特丽种苗有限公司（以下简称"新特丽公司"）、新疆生产建设兵团农一师四团（以下简称"四团"）植物新品种权侵权纠纷案：新疆生产建设兵团农十二师中级人民法院（2011）农十二民初字第 8 号民事判决书；新疆维吾尔自治区高级人民法院生产建设兵团分院（2012）新兵民二终字第 13 号民事判决书；最高人民法院（2014）民提字第 26 号民事判决书。

—— 基本案情 ——

先锋国际良种公司的"先玉 335"植物新品种于 2010 年 1 月 1 日获得授权，2010 年 7 月 22 日，先锋国际良种公司授权敦煌先锋公司享有"先玉 335"植物新品种保护的一切权利，并承担诉讼义务。2011 年 5 月 10 日，新特丽公司与四团签订了《玉米种子良繁购销合同》，约定由新特丽公司提供亲本，委托四团繁育 1900 亩玉米品种 HB—09、1600 亩玉米品种 XT—25。根据敦煌先锋公司的申请，一审法院对涉嫌侵权种子 XT—25 进行了证据保全。敦煌先锋公司申请对证据保全的涉嫌侵权种子 XT—25 进行鉴定，在对证据保全的过程和鉴定机构的选定均无异议的情况下，一审法院委托北京玉米种子检测中心就涉嫌侵权地提取的玉米果穗 XT—25 与标准的"先玉 335"进行鉴定。鉴定结论为待比品种与"先玉 335"差异点为 0，涉案种子与"先玉 335"无明显差异。

除索赔 500 万经济损失外，敦煌先锋公司同时要求二被告承担本案的调查费、律师费、鉴定费及诉讼费。

—— 裁判摘要 ——

一审裁判摘要

关于为制止侵权行为所支付的合理开支：法院已经确定了敦煌先锋公司赔偿数额，而调查费、律师费等维权过程中支付的合理开销是在赔偿数额难以确定的情况下才予以考虑，故调查费、律师费不予支持。

二审裁判摘要

关于证据保全的效力：一审法院虽未邀请有关专业技术人员参与取样，但综合考虑本案查明的事实与取样过程，一审法院的证据保全程序合法、有效。以法院保全的玉米种子为待比品种作出的鉴定报告可以作为认定新特丽公司侵权的依据。

关于为制止侵权行为所支付的合理开支：根据最高人民法院《若干规定》第6条的规定，侵权人赔偿数额难以确定时适用法定赔偿应包括合理维权成本，敦煌先锋公司维权过程中支付的合理开销应由侵权人负担。

再审裁判摘要

关于证据保全的效力：邀请有关专业技术人员参与田间取样并非法院证据保全的必经程序，不能以未邀请有关专业技术人员协助取样为由简单地否定证据保全的效力。

关于为制止侵权行为所支付的合理开支：《若干规定》第6条规定法定赔偿适用时考虑维权费用，并不意味着只有法定赔偿时才另行计算维权费用。

▷ 拓展思考

在植物新品种权案件的司法实践中，当事人申请法院或公证机关进行证据保全是一种常见的取证方式，实践中争议很大的是证据保全程序。[①] 有的法院认为，人民法院应邀请农业经营管理部门的专业技术人员到场，否则所取得的证据不具有代表性。在登海公司诉内蒙古乌拉特前旗种子公司侵犯植物新品种权纠纷案[②]中，原告登海公司在向人民法院起诉前，申请被告所在地公证处对被告正在筛选的品种进行证据保全。由于原告在申请证据保全的过程中，未申请专业机构种子经营管理站对保全的证据扦样，而是由公证员随意从筛选的品种中提取了样品，致使保全的证据只能代表样品部分而不能代表品种全部，因此呼和浩特市中级人民法院对公证证据的效力未采信而驳回了原告的诉讼请求。原告不服，提起上诉，内蒙古自治区高级人民法院亦维持了原判决。而在前述敦煌种业案中，最高人民法院明确了邀请有关专业技术人员参与田间取样

---

① 王怀庆.审理植物新品种权侵权案件法律适用问题探讨[J].科技与法律，2011（1）.

② 呼和浩特市中级人民法院（2002）呼经初字第29号民事判决书；内蒙古自治区高级人民法院（2003）内民三终字第8号民事判决书。

并非法院证据保全的必经程序。

《若干规定》第 6 条规定法定赔偿适用时考虑维权费用，并不意味着只有适用法定赔偿时才另行计算维权费用。关于维权费用如何计算的问题，植物新品种司法解释未作明确规定，但鉴于植物新品种权与专利权较为接近，在确定植物新品种纠纷案件维权费用时，可以参照适用《专利法》第 65 条第 1 款，即赔偿数额还应包括权利人为制止侵权行为所支付的合理开支。此外，根据《最高人民法院关于修改〈最高人民法院关于审理专利纠纷案件适用法律问题的若干规定〉的决定》第 22 条规定，"权利人主张其为制止侵权行为所支付合理开支的，人民法院可以在专利法第 65 条确定的赔偿数额之外另行计算"。因此敦煌先锋公司主张新特丽公司应赔偿其维权费用的诉讼请求应予支持。[①]

---

[①] 最高人民法院知识产权审判庭. 中国知识产权指导案例评注（第七辑）[M]. 北京：中国法制出版社，2016：490.

# 南开大学"十四五"规划精品教材丛书

## 哲学系列

| | |
|---|---|
| 世界科技文化史教程（修订版） | 李建珊 主编；贾向桐、张立静 副主编 |
| 实验逻辑学（第三版） | 李娜 编著 |
| 模态逻辑（第二版） | 李娜 编著 |

## 经济学系列

| | |
|---|---|
| 货币与金融经济学基础理论12讲 | 李俊青、李宝伟、张云 等编著 |
| 数理马克思主义政治经济学 | 乔晓楠 编著 |
| 旅游经济学（第五版） | 徐虹 主编 |

## 法学系列

| | |
|---|---|
| 知识产权法案例教程（第二版） | 张玲 主编；向波 副主编 |
| 新编房地产法学（第三版） | 陈耀东 主编 |
| 法理学案例教材（第二版） | 王彬 主编；李晟 副主编 |
| 环境法学（第二版） | 史学瀛 主编；申进忠、刘芳、刘安翠 副主编 |
| 环境法案例教材（第二版） | 史学瀛 主编；刘芳、申进忠、刘安翠、潘晓滨 副主编 |
| 家庭政策概论 | 吴帆 著 |

## 文学系列

| | |
|---|---|
| 西方文明经典选读 | 李莉、李春江 编著 |

**工学系列**

数字逻辑电路(修订版)　　　　　　孙昊、李文宇、孙青林、杨文霞 著
实验室安全：科研人员必修课　　　王满意、李长利 主编；
　　　　　　　　　　　　　　　　杨晓峰、赵雨霄 副主编

**管理学系列**

旅游饭店财务管理（第六版）　　　徐虹、刘宇青 主编
信息咨询概论　　　　　　　　　　柯平 主编